江西通史

主　编　钟起煌
顾　问　周銮书
副主编　邵　鸿　彭适凡（常务）　方志远

江西人民出版社
Jiangxi People's Publishing House
全国百佳出版社

《江西通史》编辑委员会

江西通史

——魏晋南北朝卷——

周兆望　著

东吴时期的青瓷虎子

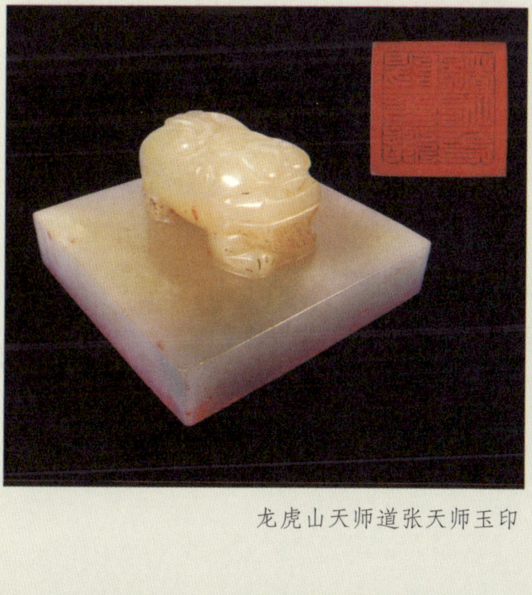

龙虎山天师道张天师玉印

青瓷六系罐（三国东吴高荣墓出土）

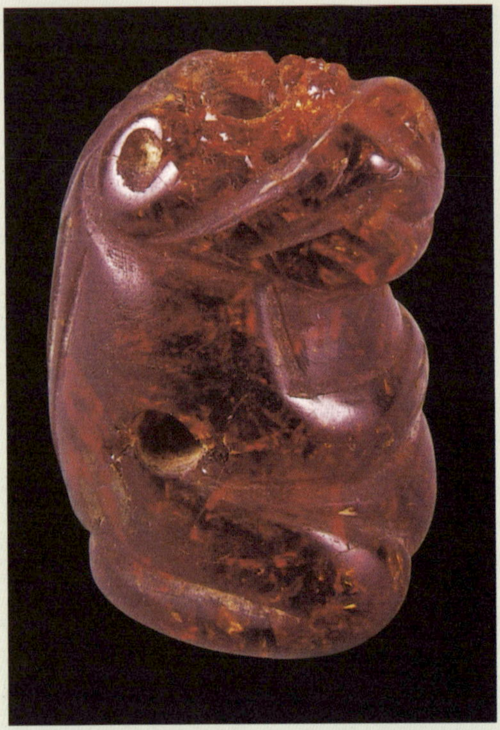

① 南朝时期的琥珀异兽

② 长鼓舞人青瓷博山炉（丰城荣塘出土）

③ 江西南昌出土的西晋时期的谌千铃铜印

④ 东晋宴乐漆盘

①	②
③	④

陆修静像

陶渊明像

《归去来兮图》（元代　何澄）

陶渊明祠

东林寺开山祖师慧远

庐山东林寺远公塔院

东林寺全景

总 序

钟起煌

世界上的很多事情都是由机缘而起因执著而成,包括我们这部《江西通史》。

说由机缘而起,是因为这件事情的发生几乎纯属偶然。2002年夏天,我和彭适凡、孙家骅同志谈到江西悠久的历史、谈到江西辉煌的文化,因而产生了组织专家编撰《江西通史》的设想,彭、孙二位当即认为此举当行而且可行。

说因执著而成,是因为一旦有这个想法,而且认为这是一件研究江西历史、弘扬江西文化的重要工程,就决心去做。为此,我征询了周銮书同志的意见,并邀请邵鸿和方志远同志共商此事,得到他们的热烈响应。2002年10月18日,在江西省文物局和江西师大历史文化与旅游学院共同举办的全省文博教育成果展示与经验交流会上,我向大会通报了编撰《江西通史》的意见,引起全体代表的热烈反响,大家用长时间的热烈掌声表示支持,认为这是贯彻"三个代表"重要思想、全面挖掘和整理江西传统文化、推进江西经济文化建设的一大盛事。有了这个共识,12月13日,准备工作进入实质性阶段。在我的主持下,召开了有关专家和编辑人员的联席会议,对编撰《江西通史》的指导思想、作者人选、工作日程、成果形式等具体问题展开了比较细致的讨论。2003年2月15日,召开了第一次编撰工作会,《江西通史》的编撰工作就此正式启动。

虽然说是机缘和偶然,但新的《江西通史》的编撰,实具备诸多因素和条件。

一、江西在中国历史上具有重要的地位。根据最新的考古发现,在江西这块土地上,人类的活动至少已有20万年历史,它是中华民族发展史和古代文明发展史的重要组成部分;唐末五代以来,随着全国经济重心的南移,江西遂为全国经济文化最为发达的省份之一，其物产之富、人才之众，举世瞩目；进入20世纪，江西又因为中央苏区的建立而成为全国苏维埃运动的中心。很难想象，在十分漫长的时段里，没有江西的中国历史将会是什么样子。

二、文献与实物资料丰富。江西既有“物华天宝、人杰地灵”之誉（唐王勃语），又素称“文章节义”之邦（宋司马光语）和“人文之薮”（清乾隆帝语），存世官修私撰文献极为丰富。近年来一系列的考古发现，既可弥补文字记载之不足，更可与文献资料相互印证，为编撰《江西通史》提供了可供参考的实证材料和科学依据。

三、前期成果丰硕、学术队伍整齐。老一辈的历史学家仍然健在，他们不但学术积累深厚，而且对研究江西历史有着强烈的责任心；中青年学者正趋成熟，他们继承了前辈学者的严谨学风，又吸收了新的研究方法和研究技术，思维敏捷，勇于创新。在他们的共同努力下，这些年来已有大批高质量的有关江西历史的学术成果问世，这些成果涉及江西历史的方方面面，为编撰《江西通史》奠定了坚实的学术基础。

四、政治环境宽松、经济形势发展。盛世修志是中国的传统。改革开放以来，政通人和，国泰民安，江西经济和全国一样，有较快速度的发展。这为编撰《江西通史》提供了自由的学术气氛和比较充裕的财力保证。近年来，江西的学术事业和出版事业取得了有目共睹的成就，连续获得中宣部“五个一”工程奖和国家图书奖、中国图书奖，给江西文化艺术界和学术界以振奋，也引起了各兄弟省市的关注。这些成就的取得，为我们组织大规模著作的编撰工作提供了经验。而周边各省如湖北、湖南、浙江以及其他省市新编通史的纷纷问世，对《江西通史》的编撰是有力的推动，也提供了有益的借鉴。

五、从我个人来说，当时也恰恰能分出一些精力和时间来抓这件事情。于是尽力协调各方面的关系，为作者们、编者们排除各种障碍，以保证这项重大工程的圆满完成。

四年来，《江西通史》的编撰工作得到了各方面的关心和支持。黄智权、吴新雄省长亲自过问此事并指示有关部门给予支持，省政协将其作为一件大的文化事业进行推动，省社联将其列为重大科研项目，江西师大、南昌大学、省社科院、省文物局、省博物馆和省考古所等有关单位也对参与编撰的专家们给予各种便利，出版部门派出了强大的编辑班子并准备了足够的启动和出版资金。特别要指出的是，各位作者在繁忙的教学和科研工作中，能够将《江西通史》的写作列入重要的工作计划并全身心地投入。我在第一次全体编撰会议上指出，《江西通史》的编撰是一项挖掘和弘扬江西历史文化传统的千秋事业，希望作者和编者将其视为自己学术生涯中的事业。事实证明，作者和编者们后来都是这样要求自己的。正是因为有了各方面的支持和全体编撰人员的共同努力，11卷的《江西通史》才能顺利地完成书稿并得到如期出版。

明代中期，随着区域经济文化的发展，修撰地方志成为一大文化现象。各省、各府乃至各县的省志、府志、县志大量涌现。此后遂为传统。盛世修志也不仅仅限于修前朝历史，更大量、更具有普遍意义的乃是修当地地方史。具有全局意义的江西省志也正是在这个时候产生的。自明中期以来，江西整体史著作已编撰过多部，其中著名的有：林庭㭿《江西通志》(37卷，明嘉靖四年)，王宗沐《江西省大志》(8卷，嘉靖三十五年；万历二十五年陆万垓增修)，于成龙、杜果《江西通志》(54卷，清康熙二十二年)，白潢、查慎行《西江志》(206卷，康熙五十九年)，高其倬、谢旻《江西通志》(163卷，雍正十年)，刘坤一、刘绎、赵之谦《江西通志》(180卷，光绪七年)，吴宗慈、辛际周、周性初《江西通志稿》(9编，民国三十八年)。20世纪末，又有许怀林的《江西史稿》(1994年，江西高校出版社)，陈文华、陈荣华主编的《江西通史》(1999年，江西人民出版社)问世。这些著作在保留江西历史遗存、挖掘江西历史文化方面作出了重要的贡献。如何在充分吸取前人成果的基础上有所发展、有所创新，是对新编《江西通史》的考验。

为了使新的《江西通史》更具有时代特色和历史价值，更具有划时代的意义，我们对这部著作提出了以下的要求。

一、中国历史是一个整体，我们在研究任何地方历史的时候，都不能脱离这个整体。因此，正确认识各个历史时期江西在全国政治经济格局中的地位就显得尤其重要，必须充分关注江西与中央、与周边地区的关系，不溢美、不自卑，不关起门来论江西，将《江西通史》写成一部与中华民族的整体有着血肉联系的江西历史。

二、《江西通史》是系统记述和研究江西历史的大型学术著作，由众多学者共同参与完成。一方面，各卷是作者的个人成果，是作者最新研究成果的结晶，可以也应该有自己的风格和特色，所以希望作者精益求精，使其成为各自领域的学术精品。另一方面，甚至更为重要的是，它又必须是一个整体，是一部“通史”，所以全书11卷必须有统一的体例和统一的要求，在文风上一定要力求简洁、明快。各卷作者务必服从整体、服从大局，使自己的作品成为整个《江西通史》的有机组成部分。

三、《江西通史》必须是一部真实、动态、有可读性的信史。所谓真实，是指史料翔实、言必有据。此“据”是经过考证后认为合理的，否则，“尽信书则不如无书”(孟子语)。这就需要每个作者既尽可能地系统爬梳和挖掘史料，又谨慎辨析和使用史料。所谓动态，是指用发展的眼光看问题，既将问题放在特定的历史背景之下，又特别关注它的演进过程，因为即使是同一件事物，其状态和作用也是随着时间的推移和社会的变迁而变化的。这就需要每个作者以历史唯物主义和辩证唯物主义的观点和方法去阐释历史、去探讨历史演进的规律。所谓有可读性，是指应该用流畅的文字、叙述的方法写作，展示的是作者的观点和结论，而不是考辨的过程，它的体例是史书而不是论文。无图不成书。图文并茂是中国出版物的优良传统和重要特点，《江西通史》应该在尽可能的情况下，收集能够说明江西历史各阶段各方面状况的历史图片，以加强其历史感和可信度，同时也使其更具有可读性。

四、以人为本，以民为本，以基层社会为本。所谓以人为本，指的是要写成人的历史，以人的活动为描述对象，即使是制度、习俗，也应尽可能地有人的活动。所谓以民为本，指的是尽可能地站在大众的立场上来叙述历史、看待历史，更多地叙述大众的活动。所谓以基层为本，是因为地方史本身就是基层乃至底层的历史，要尽可能地揭示基层组织和底层社会的活动状况。在此基础上，充分重视统治者和社会精英对社会的主导作用，重视自然环境、人文环境，特别是包括传统价值观念和现实政治制度等在内的上层建筑对个人、对大众、对底层的影响和制约作用，写成一部上层建筑与经济基础互动、国家权力与基层社会互动、社会精英与人民大众互动的历史。

11卷本《江西通史》即将付梓，我们希望它的出版能够成为江西历史研究的新的里程碑、能够成为江西文化史上的一大盛事。当然，能否达到这个目标，还要由读者和历史来检验。

【目录】

第二章

第三章

第六章

引言

189年，董卓之乱发生，汉献帝受制于人，中国历史实际进入三国两晋南北朝时期。自此至589年隋灭陈统一全国，前后历时4个世纪之久。魏晋南北朝是中国古代史上一个特定的历史时期，具有自己许多独特的特点：政治上出现大分裂、大割据，各民族政权林立，南北长期对峙；战乱频仍，广大中原地区饱受战乱蹂躏，生灵涂炭，经济凋敝，社会生产遭受严重的摧残和破坏；民族关系上出现民族大流徙、大激荡和民族大融合；思想文化上则是一个较为开放、弃旧图新、生机盎然的时代，各种新思想、新制度、新事物层出不穷。在这一历史大背景下，加之南方所受战乱相对较少，社会较为稳定，因此，江西和南方许多地区一样，获得了迅速发展的机遇，在社会经济、思想文化诸方面都有了长足的发展和显著的进步。

一

汉末大乱，天下无主，各地牧守豪强纷纷拥兵称雄，割据一方，相互混战，“大者连郡国，中者婴城邑，小者聚阡陌，以还相吞没”①。地处长江中游、战略地位重要而又物产富饶的江西更成为南北军阀共同垂涎的目标，河北军阀袁术、扬州刺史刘繇、庐江太守刘勋、广陵督笮融等人都曾对江西进行过激烈的争

① 《三国志》卷二《魏书·文帝纪》注引曹丕《典论·论文》，第89页，中华书局，1975。

夺,但是,他们都失败了。建安四年(199年)十二月,孙策夺取豫章郡,成了最后的胜利者。数年之内,孙氏占据江西全境。自此,除西晋短暂统一外,江西一直处于东吴、东晋、宋、齐、梁、陈六朝政权的相继统治之下。

六朝时期,江西行政区划发生了重大的变化。自199年孙策夺取豫章郡,至280年西晋灭吴,东吴统治江西首尾82年。郡县由东汉末的1郡25县增至6郡58县,除原豫章郡外,新增鄱阳、庐陵(今吉安)、临川、安成(今安福一带)4郡和庐陵南部都尉(行政级别与郡同),新增县邑33个,基本上奠定了现今江西省行政区划的基础。

两晋统治江西共140年(280—420年),其中西晋统治36年(280—316年),东晋统治104年(317—420年)。随着经济文化的发展,江西在全国的地位日趋重要。西晋惠帝元康元年(291)置立江州。两晋江西全境共有7郡58县,基本上与东吴时期相当,而于太康三年(282年)改庐陵南部都尉为南康郡(今赣州市),县邑名称也有若干变动。

南朝时期,特别是梁末陈初,江西的行政建制有着重大的变化,显得极为混乱。就郡县而论,变化不大:刘宋为7郡54县;齐为7郡53县;梁增至9郡61县,新增豫宁、巴山二郡;陈为10郡59县,新增安乐郡。但江州所辖范围逐步缩小,而州的数量却不断增多。西晋怀帝永嘉元年(307年)置立湘州,桂阳郡从江州划出;宋孝武帝怕江州强大,于孝建元年(454年)置立郢州,又将武昌郡从江州割走。梁末陈初,由于战乱、南方土著酋豪崛起等原因,江州被分割为南江州、西江州、北江州;梁大宝元年(550年),以临川郡置宁州;承圣二年(553年),改鄱阳郡为吴州;绍泰二年(556年),分江州的临川、安成、豫宁、巴山4郡置高州;陈至德四年(586年),以鄱阳郡还属江州。这一混乱状况前后持续了十几年之久,直至陈朝统治稳定之后,情况才有所好转。江州的治所初居豫章(今南昌),东晋成帝后移治寻阳(今九江),梁末再迁豫章。

二

六朝时期,江西的战略地位日趋重要,这是又一重大变化。在秦汉大统一局面下,江西地处中部地区,战略地位无足轻重;而到六朝时期,其重要性便日益凸显出来。孙氏占领江西后,苦心经营,根本原因就在于江西战略地位的极端重要性。东吴为防蜀抗魏,以保持鼎足而立的地位,主要从两方面发挥自己的优势：一是凭依长江天险，以此作为重要的军事屏障；二是大兴水师，立足于水战。而江西地处长江中游，赣北的寻阳形势险要，既是天然的军事屏障，又是训练水师、驻扎军队的军事重镇。赤壁战前，大都督周瑜奉命驻兵寻阳，大规模训练水师；赤壁之战中，孙、刘联军大败曹操，主要依靠的就是周瑜率领的三万精锐水师。周瑜之后，吕范、陆逊、陆抗、诸葛恪等大将相继驻屯柴桑（今九江市西南），常年在此驻有重兵。东吴之治所或都城曾几经迁徙：建安五年（200年），孙策始治吴（今苏州）；建安十三年（208年），孙权由吴徙治京口（今镇江市）；建安十六年（211年），徙治建邺（今南京市）；魏黄初二年（221年），孙权自公安都鄂，改名武昌；吴黄龙元年（229年），孙权于武昌称帝；次年九月，回迁建邺；甘露元年（265年），孙皓又一度徙都武昌，一年后迁回建邺。孙氏自割据江东，凡治吴8年，居京口3年，都武昌9年，都建邺60年，其迁徙的范围不外乎今江苏和湖北境内。当其定都江苏境内时，江西则成为东吴政权向前开疆拓土、夺取长江中游的前沿基地。建安二十四年（219年）十月，吕蒙"白衣渡江"，擒杀关羽，袭夺荆州，即从寻阳发兵。当它定都武昌时，江西又成为东吴政权的坚固后院，可随时提供充足的粮饷和兵员。江西之战略地位既然如此重要，东吴政权对之苦心经营便可想而知。

东晋时期，江州的战略地位显得更加重要。其时，北方少数民族政权力量强大，时刻窥视江南，划江而守便成为东晋王朝对付北方威胁的基本国策。"江州，国之南藩，要害之地"[①]。不仅江州之寻阳是防御北方少数民族政权南侵的重要军事屏障，而且整个江州地处荆、扬之间的军事要冲，上可控扼荆州，下可屏藩京师，正如时人刘毅所说："江州在腹心之内，凭接扬豫，藩屏所倚，实为重复。"[②]江州所处的重要制衡地位，使它成为东晋门阀士族在长期的上下游之争中首先要控制的目标。再者，江州地区多流民，丰粮谷，乃兵甲所聚之地。在东晋门阀政治下，大族擅权，皇权驾空，谁能夺得江州，谁就能取得政治上的主动权，进而遥控朝廷，保持家族的最大利益。因此，终东晋一朝，司马氏皇室与大族之间，王、庾、桓、谢等大族相互之间对江州的争夺至为激烈。

首先控制江州的是号称东晋第一高门的琅琊王氏。王敦因坐镇武昌指挥平定杜弢流民起义军有功，被司马睿擢升为镇东大将军，加江、扬、荆、湘、交、

① 房玄龄《晋书》卷八一《刘胤传》，第2114页，中华书局，1974。

② 《晋书》卷八五《刘毅传》，第 2208 页。

广六州都督，江州刺史。司马睿称帝(即晋元帝)的第二年(318年)，又以王敦为江州牧。王敦开始自选刺史以下官吏，利用荆、江二州的优越条件，极力壮大个人实力，逐渐骄横起来，遂欲专制朝廷，有问鼎之心。永昌元年(322年)正月，王敦以诛侍中刘隗为名，于武昌举兵作乱，反叛朝廷，图谋篡位，并很快攻破建康，逼晋元帝封他为丞相，仍领江州牧。次年，王敦再次举兵内向。直至太宁二年(324年)，王敦病重，明帝才下令讨伐，将叛乱平息。王敦作乱期间，以从弟王舒为荆州刺史、王彬为江州刺史、王棱为豫章太守，始终把江州牢牢地控制在自己手中。晋元帝为削弱王敦实力，曾一度以陶侃为江州刺史，但未获成功。王敦之乱，虽自荆州发动，但其势力的形成，实始于江州。

王敦之乱后，明、成二帝相继将江州收归朝廷，先后以心腹重臣应詹、温峤为江州刺史。其时，陶侃出任荆州刺史，拜征西大将军，拥重兵居上流，温峤刺江州实为防遏陶侃。

咸和四年(329年)二月，苏峻之乱平定，颍川大族庾亮与琅琊王氏开始对江州进行争夺。这年四月，温峤卒，其军司马刘胤继为江州刺史。刘胤本非方伯之才，在任纵酒淫乐，不恤政事，大殖财货，年底即被朝廷免职。后将军郭默乘机擅杀刘胤，司徒王导即用之为刺史，以图控制江州。太尉陶侃闻之大怒，即刻出兵斩郭默于军门，明帝下诏以陶侃都督江州，领刺史，使王导的愿望落空。咸和九年(334年)六月，陶侃卒，庾亮出任江、荆、豫、益、梁、雍六州都督，领江、豫、荆三州刺史，镇武昌，终于实现了控制江州的多年夙愿。庾亮刺荆、江二州共6年，咸康六年(340年)正月卒，其弟庾翼继为江、荆等六州都督。庾氏独占江、荆二州，使琅琊王氏坐困建康，动弹不得，王导心中愤懑。迫于王氏压力，庾亮临终前，主动举荐王羲之为江州刺史；庾翼也将江州刺史让给了王允之，这是庾氏所不愿意的。咸康八年(342年)正月，庾翼之弟豫州(侨州，治芜湖)刺史庾怿给王允之封送了一坛毒酒，其用意不言自明。王允之立即察觉，并秘密上奏朝廷，结果庾怿反被迫饮鸩自杀。可见，王、庾明争暗斗之激烈。康帝建元元年(343年)八月，庾翼移镇襄阳，准备北伐，又以其弟庾冰为江州刺史。十月，庾冰卒，庾翼复督江州。穆帝永和元年(345年)七月，庾翼卒，江州刺史之职逐渐转入大族桓氏之手。从庾亮至庾冰，庾氏刺江州前后达11年之久。

桓氏继庾氏之后执掌朝权，世莅荆土，又控摄江州。桓温为荆、梁等4州都督，自领兵居上游，而以其弟桓云、桓冲相继为江州刺史，居兵寻阳。自哀帝隆和二年(363年)至孝武帝宁康元年(373年)，桓冲刺江州凡10年。桓冲之后，先后继为江州刺史者有桓石秀、桓嗣、桓伊及东晋后期的桓玄、桓伟、桓石生等。

晋孝武帝宁康八年(373年),桓温卒,谢安当国,谢氏、桓氏江州之争趋于缓和。谢安是东晋著名贤相,面对强敌压境的严重局势,他强调"镇以和靖,御以长算",注意团结各方面人士,正确处理统治阶级内部的各种矛盾和关系。他把重点放在对长江下游徐、兖等州(侨州)的经营上,并精心组建了一支能征善战的北府兵,既可用于抵御前秦,又可抗衡上游。他不但不与长期控制荆、江两州的桓氏发生正面冲突,反而主动把江州刺史让给桓冲等人。因此,在他当政时期,"君臣和睦,上下同心",为淝水之战奠定了胜利的基础。

晋孝武帝太元九年(384年)九月,谢安去世,会稽王司马道子、司马元显父子相继出任宰相,秉国弄权,政治日趋腐败,东晋进入后期阶段。

东晋后期,统治集团内部矛盾激化,藩镇抗衡中枢,藩镇之间相互火并的事件接连不断,他们往往以兵戎相见,大动干戈,而江州则成为众军阀鏖战和争夺的重要场所。晋安帝隆安元年(398年)七月,兖州(侨州,治京口,今镇江)刺史王恭联合豫州刺史庾楷、荆州刺史殷仲堪、南蛮校尉桓玄,首先举兵对抗朝廷,擒获司马道子的心腹江州刺史王愉于临川。不久,王恭兵败,遭擒杀。殷仲堪等人只得退兵寻阳,相互结盟,推桓玄为盟主,宣布不受朝命。事隔不久,他们却因内部矛盾重重而相互火并起来。隆安三年(399年)十二月,桓玄攻杀殷仲堪、杨佺期,专有荆楚,一时势力大盛,朝廷被迫任命他为荆、司、雍等八州都督,领荆、江两州刺史。晋安帝元兴元年(402年)正月,桓玄举兵东下,经寻阳直指建康,大败司马氏军队,乘机夺取政权。次年十二月,登上皇帝宝座,建国号曰楚,迁晋安帝于寻阳。

桓玄的所作所为和暴露出来的极大政治野心,引起北府兵将领刘裕等人的严重不满和极度恐慌。元兴三年(404年)二月,在经过周密部署后,刘裕自京口起兵讨伐桓玄。桓玄一战而溃,只过了80多天的皇帝瘾就被赶下了台。桓玄率众浮江南走,往西退至寻阳,刘裕随后紧追不舍。夏四月,双方大战于桑落洲(今都昌县内);五月,又战于峥嵘洲(今武昌县内),桓玄均大败,在逃往四川途中,于枚回洲(今湖北江陵县南)被益州都护冯迁所杀。桓玄败亡后,东晋大权逐渐落入北府兵将领刘裕之手。420年,刘裕建宋代晋,开始了南朝的统治。

刘宋以降的南朝4代,江州仍保持着重要的战略地位,各朝统治者无不加强对江州的控制。刘宋王朝鉴于东晋大族出居重镇,专兵擅权,皇权驾空的历史教训,开始削夺大族兵权。凡重要州镇,在立国之初,多由功臣充当,一旦政权稳定，则改由宗王出镇。宗王出居重要州镇，虽可收巩固统治的一时之效，但同时也引发出王室内部的许多纠葛和纷争，尤以江州表现最为突出。宋文帝元嘉十七年(440年)九月，以彭城王刘义康为江州刺史，出镇豫章，数年后即发生孔熙先、范晔等人谋立义康为帝的事件，结果范晔等人被杀，刘义康被赐死。元嘉三十年正月，太子刘劭弑父(宋文帝)自立，江州刺史、武陵王刘骏凭借自己的雄厚实力，在沈庆之的支持下，起兵寻阳，杀死刘劭，夺得帝位，是为孝武帝。

宋孝武帝初登帝位，即发生了江州刺史臧质与荆州刺史、南郡王刘义宣联兵争夺帝位的闹剧，但旋遭失败。孝武帝忌荆、江二州强大，乃分荆州之江夏、竟陵、随、武陵、天门，江州武昌、豫州西阳凡八郡置郢州，治江夏。自此，武昌自江州分出，境域有所缩小。宋孝武帝析分江州，并未从根本上解决江州强大难制的问题。

泰始元年(465年)十二月，宋明帝即位，天下同反，江州首先发难。是月，江州刺史刘子勋在长史邓琬的挟持下起兵寻阳，郢州刺史安陆王刘子绥、荆州刺史临海王刘子顼、会稽太守寻阳王刘子房及东部诸郡纷纷举兵响应，反叛规模空前。次年二月，子勋即皇帝位于寻阳，改元义嘉。宋明帝费了九牛二虎之力，历时9个月，才将反叛全部平息。刘宋王室内部长期骨肉相残，势力大衰，遂使他族有机可乘，右卫将军萧道成逐渐攫取大权。

苍梧王元徽二年(474年)五月，江州反叛事件再次发生，桂阳王刘休范率众两万、骑五百，出兵寻阳，昼夜取道，直指建康，与官军大战于台城，萧道成派刺客杀死刘休范，叛乱平息。这时，萧齐代宋只是时间问题了。

萧齐吸取刘宋一代江州频频发生反叛事件的教训，进一步加强了对江州地区的控制。萧道成称帝前，即相继以其世子萧赜、次子萧嶷为江州刺史，以加强对江州这块战略要地的控制。称帝后，又以诸子相继刺江州。萧齐对江州的控制，虽然基本沿用刘宋时以诸王出镇的方针，但却大大加强了典签对出镇诸王的严密监视。萧齐以典签严密监视诸州，确实大大减少了反叛事件的发生；但与此同时，由于诸王刺史无权，地方力量虚弱，一旦出现政治突发事件，朝廷便无法驾驭。在此情况下，雍州刺史萧衍乘虚而入，夺得萧齐政权。

萧梁立国之初，即在江州遇到麻烦。天监元年(502年)四月，梁武帝即皇帝位。五月，原萧齐大将陈伯之拥强兵据江州，不受朝廷之命，起兵寻阳。欲先平豫章，开通南路，然后席卷北向，以取建康。梁武帝急调重兵，实行两面夹击，伯之表里受敌，遂败走，渡江投北魏。

江州本是梁武帝成就帝业的基地,其重要性他是极为清楚的。早在起兵之初,他便把九江比作关中、河内,叮嘱心腹郑绍叔要好好镇守寻阳,保障粮运供给,以成就帝业。陈伯之的反叛平定后,相继以开国元勋王茂、曹景宗、萧颖达为江州刺史,以控制那里的局势。政局稳定后,则效法前朝,先后以宗王刺江州。侯景之乱后,全国局势大乱,江州刺史更替频繁,情况当另作别论。

三

六朝时期,江西社会经济经历了由逐步开发、持续发展到长足进步的过程,呈现出良好的发展势头,这是该时期江西地区发生的另一重大变化。东吴政权曾对江西进行苦心经营:一方面对江西境内的山越进行大规模征讨,大批山越人民被迫徙居平地,"强者为兵,羸者补户",他们当兵、屯田,垦辟荒地,兴修水利,发展生产,为发展江西社会经济作出了重要贡献;另一方面,东吴在江西各地广设郡县,建立较为完整的各级行政机构,并派遣得力官吏以加强管理,带领和组织当地人民进行经济和文化建设,促进了江西社会的发展和进步。

在东晋统治的104年中,虽有战乱,但时间毕竟是短暂的,江西社会经济仍然在曲折中得到继续发展。《晋书·武帝纪》记载说:"自晋氏南迁,迄于太元(晋孝武帝年号,376—396年)之世,百许年中,无风尘之警,区域之内,晏如也。"长期安定的社会环境,客观上给整个江南地区的经济发展创造了良好的环境条件,加之中原人民为躲避战乱而潮水般南渡,以及江西地区有着自己得天独厚的优越条件,这一切都为东晋时期江西社会经济的持续发展提供了保证。

此时的江西,农业发展迅速,粮谷充实,豫章及鄱阳湖四围一带是著名的产粮区和粮储之地,下游的建康和上游的荆州等地常依赖江州的漕运供给。与此同时,手工业、商业、矿冶业等各个部门都有一定程度的发展和进步。自刘宋初至侯景之乱前(420—548年),南朝保持了近130年之久的相对安定局面,在此期间,江西社会经济有着长足的进步。首先,农业生产得到快速发展。刘宋时,江西已成为江南稻米的重点产区之一,鄱阳湖流域更成为南朝的著名粮仓。萧梁时,京城之外有豫章仓、钓矶仓(今都昌县内)、钱塘仓三大粮仓,江西占有其二。除水稻外,麦、粟、菽、桑、麻等多种农作物与经济作物广为种植,水果栽培技术和园艺业也有相当的进步。与此同时,一大批水利工程也随之修建起来。其次，农业的发展推动了手工业的进步。纺织、制茶、酿酒、竹木器制造、造船、陶瓷、矿冶等各个部门异军突起，令人刮目相看。第三，在农业和手工业发展的基础上，商业出现了繁荣，豫章、寻阳、浮梁等城市水运便捷，人口稠密，经济发达，是重要的商业都会。经济的发展又孕育出众多的富室豪家，所谓寻阳三姓“陶、翟、骞”和豫章五姓“熊、罗、雷、谌、章”，实际上就是六朝时发迹的大族豪家。

四

魏晋南北朝是中国历史上第二次百家争鸣、学术繁盛的时代。在时代的氛围中和经济发展的推动下，江西地区的儒、佛、道、玄交融发展，在文学、史学、科学技术诸方面也都取得了一定的成就。

当魏晋玄学兴盛、儒学式微之际，江西的儒学文化却方兴未艾。西晋鄱阳内史虞溥首先在郡内大兴学校，广招学徒，颁布条例，教以儒学，至者700余人；豫章太守会稽孔冲以《诗》、《书》、《礼》、《易》及《孝经》、《论语》教授学生，在郡内大兴儒风。东晋范宣，家于豫章，幼而好学，手不释卷，夜以继日，遂博综群书，尤善《三礼》；以讲授为业，四方学子，闻风宗仰，自远而至，讽诵之声，有若齐鲁。太元中(376—384年)，范宁为豫章太守，在郡大设庠序(学校)，改革旧制，课读《五经》，教授学生常数百人。“由是江州人士并好经学，化二范之风也”。

与此同时，江西的佛、道二教也逐渐兴盛起来。早在东汉时，江西境内就有了当时最早的一批寺院。东晋时，庐山已发展成为全国著名的佛教中心之一，在慧远法师的周围聚集了一大批高僧、居士和学者名流，他们兴建庙宇，谈佛论玄，翻译佛经，倡导法理，弘扬佛法，使庐山名震遐迩，一跃而成为佛教名山。

刘宋时，庐山又开始成为传播道教的重要场所，著名道士陆修静在庐山东南麓建简寂观，在此编纂道书，制定道教的斋戒仪式，影响甚大。东晋许逊则是江西民间影响较大的道教人物，他曾任旌阳(今湖北枝江一带)县令，人称许旌阳。传说他曾在鄱阳湖区率民治水，成效显著，赢得了人民的尊敬。为了纪念他，各地建立了不少祭祀他的宫观，许真君与万寿宫便成了江西的一大标志。此外，清江阁皂山、峡江玉笥山等都是道教所说的洞天福地，传说魏晋时期的著名道教人物葛玄、葛洪都曾在此炼丹修道。而对道教影响最大的当属贵溪县西南的龙虎山，它是第一代天师张道陵最初修道炼丹的地方，既是中国道教的发祥地，又是天师正一道的祖庭。自第四代天师张盛于西晋永嘉年间(307—313年)从北方返回龙虎山后，历代天师在此代代相传，使道业承传不替。自三国至陈末，天师共传六代，第十代天师张子祥，仕隋为洛阳尉，后弃官嗣教。

六朝时期，江西在文学、史学和科学技术等方面也取得了一定的成就。居家寻阳柴桑(今九江市西南)的陶渊明是中国文学史上著名的田园诗人，他生活于晋宋之际，一生创作了大量歌咏农村景色和村居生活的诗作，保存至今的作品尚有120多首。他的诗歌看似平淡，却很自然，具有高度的艺术魅力，唐代大诗人李白、杜甫、王维、孟浩然、韦应物等人都曾受到过陶诗深远的影响。其诗风甚至影响至今，故鲁迅先生称誉他是伟大的作者。此外，东晋大书法家王羲之、南朝大文学家谢灵运等都曾在江西留下过他们的足迹和作品。在史学方面，这一时期产生了以雷次宗《豫章记》为代表的一批早期江西地方史籍，记述了本地的民情风俗，是研究江西古代史不可多得的好材料。豫章人吴猛、建昌(今永修西南)人幸灵则是江西名医，擅长疗疾，救活了不少民众。

总之，六朝时期是古代江西由贫穷落后走向逐步开发、发展的重要转折时期，具有承前启后的巨大作用，其经济文化的蒸蒸日上，为唐宋时期江西社会的全面发展和繁荣奠定了牢固的基石。

第一章
东吴对江西地区的占领和统治

东汉末年，在群雄对江西地区的激烈争夺中，孙策成了最后的胜利者。自199年起，孙氏开始了对江西地区的统治，直至280年西晋统一全国，东吴统治江西地区前后达82年之久。为了稳定和巩固这一重要的战略要地，东吴政权在江西境内大规模征讨山越，进行屯田，兴修水利，垦辟荒地，发展生产；同时，广设郡县，委派各级官吏以加强管理，使江西地区得到了较好的治理和开发。从此，江西社会开始了新的起步，经济文化呈不断上升的趋势。

第一节 汉末军阀对江西地区的争夺和孙策独占豫章郡

一、袁术、刘繇在豫章的角逐

袁术，字公路，汝南汝阳(今河南汝南)人。出身世家大族，父祖四世居三公之位，门生、宾客遍于天下。董卓之乱中，他与堂兄袁绍等人共同起兵讨伐董卓，很快成为北方屈指可数的大军阀。初驻兵南阳，因与袁绍不和，兄弟各立党援，以相图谋，术结好公孙瓒而绍连刘表，舍近交远，曹操遂与袁绍联兵，大破术军。袁术率余部南下败逃九江(秦汉时的九江郡)，集兵于淮北。又进兵寿春(今安徽寿县)，赶走扬州刺史陈瑀，占领扬州，兼称徐州伯，自署官吏，并不断向四围扩大势力。约在兴平元年(194年)，豫章太守周术病卒，袁术即任命诸葛亮叔父诸葛玄为豫章太守,以图占据江西。玄乃携亮及亮弟均走马上任南昌。汉朝廷闻知此事,更选朱皓代玄。朱皓势单力薄,遂向扬州刺史刘繇借兵攻玄,玄退保西城(今南昌县西)。兴平二年十二月,诸葛玄在做了一年左右的豫章太守后,被迫离开南昌,携诸葛亮兄弟投奔旧友荆州牧刘表。至此,袁术图谋据有江西的计划宣告失败。

刘繇,东莱牟平(今山东牟平)人,汉末避乱江淮。兴平元年,被朝廷任命为扬州刺史。时袁术在淮南,刘繇惧其势力强大而不敢至扬州上任,乃暂驻曲阿(今江苏丹阳)。后又连遭袁术、孙策的攻击,遂退至丹徒(今江苏镇江市东南),并准备退守会稽(今浙江绍兴)。这时,名士许劭劝他说:"会稽富实,策之所贪,且穷海隅,不可往也。不如豫章,北连豫壤,西接荆州;若收合吏民,遣使贡献,与曹兖州相闻,虽有袁公路隔在其间,其人豺狼,不能久也。"[①]刘繇当即采纳了许劭的建议,将手下数万人马兵分两路,一路随新任豫章太守朱皓进军南昌,以驱逐袁术所署豫章太守诸葛玄;自率一路主力溯江西上,驻兵彭泽,准备一举夺取豫章。并遣广陵相笮融为前锋,助皓攻玄。孰料笮融野心勃勃,早已唾涎豫章这一富庶之地,刚抵南昌,便设计杀害朱皓,自领豫章太守。刘繇即刻进军讨融,为融所败,又重新招合属县兵马,攻破笮融。笮融败逃入山,被当地山民所杀。不久,刘繇也病死。

袁术、刘繇诸人对豫章进行了近1年的角逐和争夺,结果两败俱伤,谁也没有达到目的。

二、刘勋出兵伐上缭

刘勋系袁术故吏,被袁术封为庐江(治舒,今安徽庐江西南)太守,他是继袁术、刘繇等人之后染指江西的又一地方军阀。建安二年(197年)春正月,袁术为过皇帝瘾,称帝于寿春(今安徽寿县),自称仲家,署置公卿百官,郊祀天地。袁术称帝之后,骄奢淫逸,后宫数百,无不衣罗纨,厌粱肉,部下及百姓饥困,莫之收恤。不久,资财空尽,不能自立,乃烧宫室,投奔其部曲将陈简、雷薄于灊山(今安徽霍山县东北),遭陈简等拒绝。袁术被逼得走投无路,士卒散走,忧惧不知所为,遂遣使归帝号于堂兄袁绍,打算重返北方,途中遭刘备邀击,只得退回寿春。建安四年六月,至江亭,愤慨发病,呕血而死。袁术堂弟袁胤畏惧曹操,不

① 司马光《资治通鉴》卷六一·汉献帝兴平二年(195),第1973页,中华书局,1956。

敢居寿春,率其部曲奉袁术灵柩及妻子投奔庐江太守刘勋于皖城(今安徽潜山县北)。

刘勋粮草本不富足,一下子又增加许多部曲,无法供养,于是想到了盛产粮食的豫章郡。遂于建安四年十一月,遣其堂弟刘偕告籴于豫章太守华歆。华歆派遣属吏领着刘偕来到上缭(今靖安县境),要求诸宗帅[①]共出三万斛米以与偕。诸宗帅不愿把米卖给外地军阀,刘偕在上缭住了一月之久,才得米数千斛,心中极为恼怒,于是向刘勋报告情况,要他立即派兵攻伐上缭,夺取粮米。

孙策忌恶刘勋兵强,想让他火中取栗,自己从中渔利,便假装恭敬地劝说道:"上缭宗民数欺鄙郡,欲击之,路不便。上缭甚富实,愿君伐之,请出兵以为外援。"并派人送去一些珠宝和葛布加以贿赂。刘勋大喜,内外尽贺,只有扬州名士刘晔规劝说:"上缭虽小,城坚池深,攻难守易,不可旬日而举也。兵疲于外而国内虚,策乘虚袭我,则后不能独守。是将军进屈于敌,退无所归,若军必出,祸今至矣。"[②]刘勋自恃兵强,不听劝阻,遂伐上缭。至海昏(今永修),宗帅皆空壁逃匿,勋了无所得。

三、孙策夺取豫章郡

孙策为建立江东政权,竭力扩充地盘,对于与之相邻的豫章郡更是志在必得。为此,他煞费苦心,计划周详,准备一步步地将豫章郡争夺到手。

扬州刺史刘繇病卒于豫章后,士众万余人,欲奉豫章太守华歆为主;华歆不敢"因时擅命",严辞谢绝。一个多月后,刘繇的部众仍无所归附。孙策抓住良机,即派大将太史慈前往豫章。临行前,孙策叮嘱道:"今儿子(指刘繇长子刘基,时年14岁)在豫章,卿往视之,并宣孤意于其部曲,部曲乐来者便与俱来,不乐来者且安慰之。并观察子鱼(华歆字)所以牧御方规何似,视庐陵、鄱阳人民亲附之否?"孙策的意思很明确,太史慈此行的目的,一是为了安抚和收容刘繇部众,以扩大自己的实力;二是为了打探华歆的虚实,摸清其为政的能力和方略,以及当地人民对他的亲附程度。这是他夺取豫章的第一步。两个月后,太史慈回来报告说:"华子鱼良德也,然非筹略才,无他方规,自守而已。又丹杨僮芝自擅庐陵,诈言被诏书为太守。鄱阳民帅别立宗部,阻兵守界,不受子鱼所遣长

① 山越大多聚族而居,其宗族首领称宗帅,宗族之民称宗民。

② 《资治通鉴》卷六三·汉献帝建安四年(199),第2020页。

吏……子鱼不但不能谐庐陵、鄱阳，近自海昏有上缭壁，有五六千家相结聚作宗伍，惟输租布于郡耳，发召一人遂不可得，子鱼亦睹视之而已。”[①]孙策听后拍掌大笑，乃有兼并之意。

刘繇既死，袁术相继败亡，长江中下游有实力的地方军阀就只剩庐江太守刘勋了。如何铲除刘勋，是孙策夺取豫章郡的关键一步。为此，他巧设圈套：先是卑辞甘言，极力诱说刘勋攻伐上缭，并施以小恩小惠；继而分遣堂兄孙贲、孙辅率精兵8千屯居彭泽，以切断刘勋的退路；自己则和江夏太守周瑜统重兵二万直捣刘勋的老巢皖城，一举攻克之，夺得袁术、刘勋妻子及其部曲三万余人，一时实力大增。与此同时，他任用汝南人李术为庐江太守，给兵三千人以守皖城，并将所得之民尽皆东迁于吴(今苏州)。刘勋至海昏、上缭夺粮，一无所获，发现上当，然为时已晚，还军至彭泽，孙贲、孙辅邀击，破之。刘勋率残部自寻阳西逃，告急于刘表，求救于黄祖，黄祖遣其子射率水军五千人助勋。孙策再攻勋，大破之。刘勋走投无路，独与麾下数百人北投曹操。

孙策既灭刘勋，清除了夺取豫章郡前进道路上的最大障碍后，又立即实施其第三步战略：以武力逼迫豫章太守华歆交权。华歆毕竟是个文人，虽然为政清静不烦，很受吏民爱戴，但既无谋略，又乏兵力，孙策根本不把他放在眼里。建安四年(199年)十二月，孙策将夺取豫章，先屯兵于椒丘(今新建县东北)。对功曹虞翻说：“华子鱼自有名字(即名气很大)，然非吾敌也；加闻其战具甚少，若不开门让城，金鼓一震，不得无所伤害。卿便在前具宣孤意。”虞翻遵命而行，往见华歆说：“讨逆将军[②]智略超世，用兵如神，前走刘扬州(即刘繇)，君所亲见；南定鄙郡(即会稽郡)，亦君所闻也。今欲守孤城，自料资粮，已知不足，不早为计，悔无及矣。今大军已次椒丘，仆便还去，明日日中迎檄不到者，与君辞矣。”[③]华歆面对威胁和恐吓，只好知趣地回答：“歆久在江表(指长江以南地区)，常欲北归；孙会稽来，吾便去也。”[④]于是连夜发布让城的文告。次日清晨，派遣属吏迎孙策入城。孙策立即率领大队人马浩浩荡荡进入南昌城，刘歆脱下官服，头戴葛巾相迎。孙策大受感动，待之以上宾之礼。就这样，孙策在前后不到一个月的时间内，迅速将豫章郡攘夺到手，成了最后的胜利者。

① 《三国志》卷四九《吴书·太史慈传》注引《江表传》，第1189、1190页。

② 曹操表荐孙策为讨逆将军，史称孙讨逆。

③ 《三国志》卷五七《吴书·虞翻传》注引《江表传》，第1318页。

④ 《三国志》卷十三《魏书·华歆传》注引胡冲《吴历》，第402页。

孙策随即将豫章郡分出庐陵郡，以孙贲为豫章太守，以孙辅为庐陵太守。时丹杨人僮芝自署庐陵太守，孙策留孙贲领兵居南昌，令孙辅率兵直扑庐陵，以周瑜镇守巴丘（今峡江县）为辅声援。恰在此时，僮芝病死，孙辅得以顺利进据庐陵。

第二节 江西境内的山越及与东吴政权的战争

一、江西境内山越的分布及其人口蠡测

山越，古代越人的后裔，因其大抵居于山区，故谓山越，也称山民、山中人；其首领则称帅、大帅或民帅。山越因常常“起为暴乱”，故往往被统治者诬为山贼、叛贼、山寇、山虏等；又因山越往往聚宗而居，结成部伍，组织武装，以反抗封建政府的横征暴敛及外来势力的压迫，故又称为宗部或宗伍，其首领称为宗帅。稽诸史实，山越并非全是古代越人的后裔，其中也包括一部分居住在山区的汉人和其他少数民族。

江西本是古代“百越”和华夏族杂居之地，自古以来就是越人的主要活动地区之一。早在春秋时期，百越的一支——干越就活动在赣东北的余干一带。《太平御览·州郡部》引韦昭《汉书》注：“干越，今余干县之别名。”清《江西统志·地理》载：“余干县，本春秋时越西界干越地，故地在今江西余干县东北。”战国至秦汉，不少越人一直活动在江西境内。秦朝末年，番阳（今鄱阳）令吴芮曾率越人举兵以应诸侯。汉武帝灭闽越后，大批越人被徙居江淮间，东瓯王望也率众4万余人迁居庐江郡，其中又有部分越人进入江西境内。西汉时，曾发生“南海民在庐江界中反”的事件，唐长孺先生认为“南海民即越人”，并引《水经·江水注》：“豫章为庐江南部。”[1]大量事实表明，自先秦至秦汉，江西境内的越人一直比较活跃。

三国东吴时，越人的后裔“山越”广泛散布于今安徽、浙江、江西、福建、两广等省境内，尤以皖南、浙西、赣北、赣东北及福建崇安、建阳等县的山越最为集中，也最为活跃。

① 唐长孺《魏晋南北朝史论丛》第9、12页，生活·读书·新知三联书店，1978。

据《三国志·吴书》中的有关记载，江西境内山越的分布及活动情况大致如下：

鄱阳郡山越：建安八年(203年)，孙权西伐黄祖，还经豫章，鄱阳诸县山越纷纷暴动，乃“使吕范平鄱阳，程普讨乐安(今乐平)，太史慈领海昏(今永修)，韩当、周泰、吕蒙等为剧县令长”①；同年，鄱阳宗帅洪明、洪进、苑御、吴免、华当等五人“率各万户，连屯汉兴”；吴五“六千户别屯大潭”；邹临“六千户别屯盖竹”。他们率众“同出余汗(今余干)”②。

建安十年(205年)，上饶山越复起，孙权使将军贺齐讨之，分上饶为建平县；二十一年(216年)、黄武四年(225年)，鄱阳宗帅尤突、彭绮先后“作乱”。尤突接受曹公印绶，“化民为贼”；彭绮自称将军，“攻没诸县，众数万人”③；赤乌六年(243年)，鄱阳民帅吴遽等为乱，“攻没城廓，属县摇动，(陈)表便越界赴讨，遽以破败，遂降”④；太平二年(257年)八月，鄱阳、新都民为乱，孙亮分遣廷尉丁密、步兵校尉邓胄、将军钟离牧率众讨之。

另外，还有两次鄱阳山越“作乱”事件，史书未载年月。一次是彭虎率众数万人作乱，孙权遣“董袭与凌统、步骘、蒋钦各别分讨”。另一次是“鄱阳山贼蜂起，攻没城廓，杀略长吏，处处屯聚”⑤。

豫章郡山越：主要分布于豫章东部、南城、建昌(今奉新)、临川等地。建安十八年(213年)，“豫章东部民彭材、李玉、王海等起为乱贼，众万余人”⑥。孙权征合肥时，曾命张昭“攻破豫章贼率周凤于南城”⑦。将军潘璋迁豫章西安(今武宁县)长，邻县建昌山越“起为贼乱，转领建昌……讨治恶民，旬月尽平”⑧。宗帅董嗣曾“负阻劫抄，豫章、临川并受其害”⑨。海昏、上缭一带更是山越活动的重要据点，“海昏有上缭壁，有五六千家相聚作宗伍”⑩。

---

① 《三国志》卷四七《吴书·孙权传》，第1116页。

② 《三国志》卷六〇《吴书·贺齐传》，第1378页。

③ 分见《三国志》卷六〇《吴书·贺齐传》，第1380页；同书卷四七《吴书·孙权传》，第1131页。

④ 《三国志》卷五五《吴书·陈武传子表附传》，第1290页。

⑤ 分见《三国志》卷五五《吴书·董袭传》，第1291页；同书卷五六《吴书·朱桓传》，第1312页。

⑥ 《三国志》卷六〇《吴书·贺齐传》，第1379页。

⑦ 《三国志》卷五三《吴书·张昭传》注引《吴书》，第1221页。

⑧ 《三国志》卷五五《吴书·潘璋传》，第1299页。

⑨ 《三国志》卷六〇《吴书·周鲂传》，第1391页。

⑩ 《三国志》卷四九《吴书·太史慈传》注引《江表传》，第1190页。

庐陵郡山越：庐陵郡山越相对较少，史载该郡山越“作乱”事件也不多，且间隔时间较长，明确记载的主要有三次：建安十九年（214年），“庐陵贼起，诸将讨之不能擒……复令吕蒙讨之”[①]；嘉禾三年（234年）十一月，“庐陵贼李恒、罗厉等为乱”[②]；赤乌六年（243年），“豫章、庐陵宿恶民并应吴遽为寇”[③]。

从上述史实可以看出，江西境内山越的分布具有如下两个显著特点：

其一，分布范围广，几乎遍及江西全境。东吴时期，江西境内共设有豫章、鄱阳、庐陵、临川、安成及庐陵南部都尉六郡，其中临川、安成、庐陵南部都尉是东吴晚期分别由孙亮、孙皓分豫章、庐陵二郡设立的。孙权在位期间，只有豫章、庐陵、鄱阳三郡，其时正是孙氏政权与山越斗争最激烈的阶段，通过一系列的征剿，大体将山越“暴乱”平息，故史书所载山越活动范围仅上述三郡，实际上6郡之内皆有山越。史籍明确记载有山越活动的县达十余个，计有鄱阳、上饶、余干、乐安（今乐平）、寻阳、西安（今武宁）、建昌（今奉新）、海昏（今永修）、临川、南城、宜春等，说明这些县内山越颇多，故史家特意点明。

其二、以鄱阳湖为中心的周围地区，山越特别集中，呈现出赣北、赣东北山越最多，赣中次之，赣南较少的趋势。上述列举的十余县，绝大部分在鄱阳、豫章郡内。从江西境内山越的居住地来看，他们并非皆在山区，早在孙氏势力进入江西之前，他们当中的一部分已经迁居平地，如豫章郡内的海昏县有上缭壁，“有五六千家相聚作宗伍”。时人刘晔说：“上缭虽小，城坚池深，攻难守易。”这座带有军事性质的坞壁既然有城有池，而且聚集着五六千家，必定是建立在平地之上的。鄱阳湖四周多为冲积平原，这一带山越最多，其中必有相当部分早已居于平地。

江西境内山越究竟有多少人户，由于有明确数字记载的史料极少，故很难作出准确统计，只能根据有关史料进行大致推算。

在现有史料中，数字较为具体、清晰的仅两条：《三国志·吴书·孙策传》：“时豫章上缭宗民万余家在江东。”我们暂以10,000家计；《三国志·吴书·贺齐传》：建安八年（203年），“贼洪明、洪进、苑御、吴免、华当等五人率各万户，连屯汉兴，吴五六千户别屯大潭，邹临六千户别屯盖竹，同出余汗（今余干）。”洪明等人因不堪孙权的征剿，他们“同出余汗”，率领大批宗民跑到了毗邻的闽北山

① 《三国志》卷五四《吴书·吕蒙传》，第1276页。

② 《三国志》卷四七《吴书·孙权传》，第1140页。

③ 《三国志》卷五八《吴书·陆逊传》，第1352页。

区,分别屯聚于汉兴、大潭、盖竹三地。毫无疑问,这批人应该是鄱阳山越,而不是福建境内山越,否则,“同出余汗”一语便无法理解。这是江西境内山越发动的一次最大规模的“暴乱”,共达62,000户。

洪明等人所率鄱阳宗民,加上豫章上缭宗民,总数在72,000户以上。东汉时,江西仅设有豫章一郡,据《后汉书·郡国志》载,时豫章郡有户406,496,口1,668,960,平均每户约4.1人,按此折算,上述两处山越总口数接近30万人。

另外,还有部分史料数字比较模糊,现引录于后,并作简要分析。

《三国志·吴书·董袭传》:“鄱阳贼彭虎等数万人,袭与凌统、步骘、蒋钦各别分讨。”数万人是约数,我们暂以30,000人估算,当不为高。

《三国志·吴书·贺齐传》:建安十八年(213年),“豫章东部民彭材、李玉、王海等起为乱贼,众万余人。”此处暂以10,000人计算。

同传载:建安二十一年(216年),鄱阳民尤突等为乱,贺齐与陆逊讨破之,“斩首五千,料得精兵八千人。”这里只讲斩首和挑选出的精兵人数,当然不包括参加作乱的其他宗民。东吴对待山越的一贯政策是“强者为兵,羸者补户”,其他宗民应大多成为编户齐民。我们对参加此次作乱的宗民人数粗略估计,仅按13,000计。

《三国志·吴书·孙权传》:黄武四年(225年),“鄱阳贼彭绮自称将军……众数万人。”这里也按30,000人估算。

《三国志·吴书·潘璋传》:潘璋讨平建昌宗民,“召合遗散,得八百人将还建邺。”此“八百人”应是挑选出的精兵,所以被带回建邺。此处暂按800人计。

《三国志·吴书·陆逊传》:陆逊讨平豫章、庐陵,“宿恶民……料得精兵八千人。”此处按8,000人计。

《三国志·吴书·孙休传》:永安七年(264年),“豫章民张节等为乱,众万余人。”此处按10,000人计。

上述部分史料,如按直观数字统计,人数也在10万以上,以每户4人折算,合25,000户。连同洪明等人所率鄱阳山越及豫章上缭宗民在内,其时江西境内山越总户数接近10万,口数约40万,相当于江西全部人户的1/4。这是最低的估算,山越的实际人户当不止此数。

这里需要说明的是,当时“作乱”的鄱阳山越居多,其大规模“作乱”的间隔时间不很长,有些“暴乱”很可能发生在同一地区,如彭姓宗帅发动的三次“作乱”事件(其中彭旦“作乱”无人数记载)大致属此类型。因此,统计人数时难免有所重复。不过,本文只根据直观数字予以统计,那些"补户"的山民人数因史书缺载而未能计算在内。而且还有许多次山越"作乱"事件,史籍完全没有数字记载,如《三国志·吴书·朱桓传》载:"后丹杨、鄱阳山贼峰起……桓督领诸将,周旋赴讨,应皆平定。"这样大规模的反抗,人数肯定不少。如将上述两种情况加以抵销,本文的统计数字就比较接近实际。尽管这种估算不很准确,但不无参考价值。

二、山越与东吴政权的长期战争

孙氏占领江西后,四处搜括劳动人手和兵员,征收赋税,征发徭役,扰乱了境内广大山越人民安定宁静的生活,遭到他们顽强激烈的反抗,双方因此而进行了长期的战争。

东吴政权视山越人民的反抗斗争为"暴乱"、"作乱"。为了对付山越,孙权倾其全力,先后调遣周瑜、吕范、程普、太史慈、黄盖、韩当、周泰、吕蒙等几乎所有心腹爱将,对江西境内的各地山越进行大规模的征讨。自孙策夺取豫章郡后不久,山越的"作乱"事件便接二连三地发生。现按时间顺序,将山越的"作乱"事件罗列于下:

建安五年(200年),孙策卒,孙权继立。"是时惟有会稽、吴郡、丹杨、豫章、庐陵,然深险之地犹未尽从……(权)分部诸将,镇抚山越,讨不从命。"[①]

建安八年(203年),鄱阳各县山越首先纷纷暴动。孙权使吕范平鄱阳,程普讨乐安(今乐平),太史慈领海昏(今永修),韩当、周泰、吕蒙分别出任政务繁重难治的县令、县长,以镇抚各县山越[②]。

同年,鄱阳山越因不堪孙权的征讨,宗帅洪明、洪进、苑御、吴免、华当等五人各率万户,吴五、邹临各率六千户,同出余干,分别屯于闽北山区的汉兴、大潭、盖竹等地。

建安十年(205年),上饶山越复起,孙权使贺齐讨之。

建安十八年(213年),豫章东部山越彭材、李玉、王海等"起为乱贼",众万余人。

建安十九年(214年),孙权征合肥,命张昭攻破豫章贼帅周凤于南城。同年,庐陵山越作乱,诸将讨击不能擒,复令吕蒙讨之。

---

① 《三国志》卷四七《吴书·孙权传》,第1115—1116页。

② 本目所用史料及出处均见本节上一目,这里不再一一注明。

建安二十一年(216年),鄱阳宗帅尤突接受曹公印绶,“化民为贼”。

黄武四年(225年)十二月,鄱阳宗帅彭绮自称将军,攻没郡县,众数万人。黄武六年正月,彭绮被俘,起兵失败。

嘉禾三年(234年)十一月,庐陵山越李恒、罗厉等为乱。

赤乌六年(243年),鄱阳民帅吴遽等攻没城廓,属县震动。同年,豫章、庐陵宿恶民响应吴遽作乱。此所谓“宿恶民”,即经常反抗东吴政权的山越人。

太平二年(257年)八月,鄱阳、新都民为乱,孙亮分遣廷尉丁密、步兵校尉邓胄、将军钟离牧率军讨之。

永安七年(264年),豫章宗帅张节率众数万人作乱。

以上仅是有明确时间记载的山越反抗事件,而无时间记载的还有若干例子,如宗室孙邻做过近20年的豫章太守,曾对当地山越进行过长期的征讨,史称他“在郡垂二十年,讨平叛贼,政绩修理”[①]。何时“讨平叛贼”,并不明晰。鄱阳宗帅彭虎曾率众数万人为乱,也不知发生于何时。《三国志·吴书·朱桓传》载:“后丹杨、鄱阳山贼蜂起,攻没城廓,杀略长吏,处处屯聚。桓督领诸将,周旋赴讨,应皆平定。”这是鄱阳山越发动的一次范围广泛、声势浩大的反抗斗争,也没有交待具体时间。特别是山越比较集中的海昏、上缭等地,自汉末以来,曾发生过多次大规模反抗外来军阀的斗争,均无时间记载。

综上所述,可以看出江西境内山越对东吴政权的反抗斗争具有如下特点:

一是时间长,次数多。自建安五年(200年)孙权继立后,山越人民便开始了对东吴政权的斗争,直至永安七年(264年),斗争才基本告一段落,前后延续了半个多世纪之久。见诸史籍的“暴乱”事件,仅有明确时间记载的就达13次之多,如加上时间不明的,总计应在20次以上,差不多平均每三年就要发生一次大的反抗斗争,可谓此起彼伏。江西古代劳动人民素有反抗封建统治的优良传统,但如此频繁激烈的反抗斗争,在江西古代史上是极为罕见的。

二是范围广,规模大。山越人民的反抗斗争波及鄱阳、寻阳、余干、乐安(今乐平)、上饶、西安(今武宁)、建昌(今奉新)、海昏(今永修)、临川、南城、宜春等十余县,遍布赣北、赣东北、赣中广大地区,参与反抗斗争的人户动则上万人、数万人,甚至数万家,累计人数竟达三四十万之众,数目惊人。可以说,当时凡有山越人聚居的地区,就有山越人民的反抗斗争。

① 《三国志》卷五一《吴书·宗室孙贲传子邻附传》,第1210页。

三是斗争的频率呈逐步下降的趋势。孙氏统治初期,由于孙氏势力突然进入江西地区和对江西各地的逐步渗入,山越人民的平静生活一下被打破,具有反抗外来势力固有传统的山越人,一时难以适应新的生存环境,更不满意孙氏政权对赋税徭役的征敛,遂群起而抗争,斗争至为激烈。203—205年间,鄱阳诸县山越纷纷暴动,每年都有一次甚至几次大规模的暴动事件,形成了所谓"山贼蜂起"的局面。随着孙氏政权对山越征剿力度的加大,山越人民被一批一批地徙居平地,开始逐步适应新的生存环境,其反抗斗争的频率也随之逐年下降,暴动的时间往往相隔数年甚至十几年。东吴中晚期,暴动次数明显减少,相隔时间大都在十年以上,如赤乌六年(243年)鄱阳民帅吴遽"为乱",至太平二年(257年)八月,鄱阳、新都民"为乱",两者相隔14年之久。永安七年(264年),豫章宗帅张节率领数万山越发动了最后一次大规模的反抗斗争,距上次斗争也有七年之久。这一趋势与东吴整个全国的形势关系密切。吴嘉禾三年(234年)八月,吴将诸葛恪领丹杨(今安徽当涂东北)太守,动员了周围吴郡、会稽、新都、鄱阳四郡的兵力,对丹杨山越发动了一次最大规模的进攻,经三年的战争,最后迫使十多万山越人出山,从中挑选四万人为兵,其余徙迁外县,令居平地,成为郡县编户齐民。在东吴的全面进攻下,山越大规模的反抗被基本平息。而鄱阳与丹杨毗邻,丹杨是皖南山越最集中的地区,丹杨山越被平息,无疑是对鄱阳山越的沉重一击。此后,江西境内山越"作乱"事件显著减少,应与此密切相关。

东吴对山越的长期用兵,以武力迫使山越人民出山,不仅破坏了他们的平静生活,也加重了他们的负担;在长期的战争中,山越人民付出了沉重的代价,这对他们来说无疑是个痛苦的过程。但在客观上又促进了山越地区的开发,加速了山越人民经济文化的发展,有利于山越和南方各民族的融合,推动了社会的进步。

三、山越人民对江西经济文化发展的贡献

东吴时期,江西境内的山越如此之多,实际上已成为一支仅次于汉族的劳动大军,他们世世代代在这块美丽富饶的土地上生息繁衍,为开发和建设自己的家园而披荆斩棘,辛勤耕耘。由于和汉族人民长期杂居,频繁交往,在汉族先进经济文化的影响下,他们已与汉族没有多大差别,其生产水平已大体接近汉族。其时,江西社会得到较快的开发,经济得到一定的发展,因此不能低估山越人民的作用及其作出的特殊贡献。

鄱阳湖——赣江流域雨量充沛，土地肥沃，物产丰富。得天独厚的优越条件，加之山越人民的勤奋经营，同汉族一样，他们当中也产生了一批大族地主，这是江西经济、社会有了较大发展的重要表现之一。孙权曾称鄱阳山越宗帅为"旧族名帅"，说明他们是很有影响的大地主豪强。吴大将太史慈则说："鄱阳民帅别立宗部，阻兵守界，不受……长吏。"[①]这与曹魏大将邓艾所说"吴名宗大族，皆有部曲，阻兵仗势，足以建命"[②]的情况没有多大区别。事实上，当时举兵与孙氏相抗的鄱阳宗帅彭绮、彭虎、洪明、洪进、尤突、吴遽诸人及豫章宗帅彭材、李玉、王海、张节等都是典型的大地主豪强，他们控制的宗民大都在数万以上，也必然占有大量的良田沃土，正如唐长孺先生所说："大族之所以著称，不仅仅由于族大人多，更重要的是他们在经济上获得特殊利益，即是广大土地与劳动力的占有者，从而形成政治上的优势。"[③]此等山越旧族实际上就是会稽的虞、魏、孔、贺四姓及吴郡的朱、张、顾、陆四姓那样的豪强大地主，所不同的仅仅在于他们不是孙氏集团中的宗族联盟成员，而是被征讨的对象，政治上无地位可言。山越中大批地主豪强的涌现，反映了当地经济开发的程度和生产的发展。

为了保护自身的利益不受侵犯，宗帅们部勒宗民，组织武装，据守险阻，到处营建坞壁、屯邸之类的军事据点，既用于军事防御，也用于组织生产。海昏县内的上缭壁"城坚池深"，"有五、六千家相聚作宗伍"，就是一座典型的坞堡。鄱阳大帅彭绮曾建有彭绮城[④]，大概也是一座类似上缭壁的坞堡。其他山越大帅也都有各自的军事据点，所谓"鄱阳山贼蜂起，处处屯聚"，说的就是这种情况。此处所说的"屯"即"屯邸"，既然"处处屯聚"，则说明屯邸之多。如同当时遍及北方各地的坞堡、营垒一样，山越宗帅所立的坞壁、屯邸同样具有军事防御和组织生产的双重职能，被迫投依他们的宗民在严格的军事编制下，既是佃客，又是兵士，平时生产，战时出征，从而形成自给自足的"坞壁经济"。一些学者称这种坞壁经济为地主大田庄的经营形式，具有"在建筑形式上的坞壁化，生产组织形式的军事化，以及利用宗族血缘关系掩盖阶级剥削等特征"[⑤]。此说不无

---

① 《三国志》卷四九《吴书·太史慈传》注引江表传，第1190页。

② 《三国志》卷二八《魏书·邓艾传》，第777页。

③ 唐长孺《魏晋南北朝史论丛》第12页，生活·读书·新知三联书店，1978。

④ 清·同治《饶州府志》。

⑤ 高敏《秦汉魏晋南北朝土地制度研究》，第181页，中州古籍出版社，1986。

道理。东晋人葛洪《抱朴子·吴失篇》记载说：东吴大族“僮仆成军，闭门为市，牛羊掩原隰，田池布千里”。这里所说虽主要是指吴郡、会稽的地主大田庄经济，但并不排除江西境内也有地主大田庄的客观事实。海昏上缭壁是一座典型的坞堡，也是一个地主大田庄。彭绮、彭虎等旧族名帅拥有自己的田庄经济，也应无可怀疑，规模虽不一定有吴郡、会稽的地主田庄大，但从他们控制的宗民人数来看，也较为可观。

东吴时，南方社会经济有了长足的进步，江西地区是孙氏致力经营的重要目标，同样得到较大的发展。至南朝刘宋时，鄱阳、豫章等郡均成为较富庶的地区，“嘉蔬精稻，擅味于八方……沃野垦辟，家给人足，蓄藏无缺”[①]。这一情况的出现，离不开汉末东吴以来奠定的厚实基础。山越旧族名帅经营的坞壁化田庄，客观上有利于当地经济的发展，特别是对山区的开发起了重要的作用，从而加速了整个江西地区经济发展的步伐。鄱阳湖——赣江中下游是江西境内开发最早、也是最富庶的地区，而这一带恰恰是山越最集中的地方，我们不能将此看成历史的巧合，而是汉族人民和山越等各族人民世世代代携手并进、共同开发的结果。

孙吴在江西境内新增设的郡县，也大部分是在平定当地山越前后设置的。建安四年(199年)，孙策讨平海昏、上缭等地山越，平定庐陵僮芝，遂分豫章为庐陵郡。建安八年，孙权对豫章郡内山越大加征讨；建安十年，又使贺齐讨上饶。经数年的大规模用兵，占据了山越的不少地盘，遂于建安十五年(210年)分豫章为鄱阳郡。尔后，孙权又相继讨平了豫章东部宗帅彭材、李玉、王海及董嗣等，至太平二年(257年)，孙亮乃分豫章东部为临川郡。孙皓宝鼎二年(267年)，分豫章、庐陵、长沙为安成郡。《三国志·吴书·孙皓传》注引皓诏曰：“立郡以镇山越。”可见安成郡是为了平定山越而特别设立的。西汉时，江西全境仅豫章一郡，辖县二十一，东汉末增至二十五，东吴时扩大到六郡五十八县。行政建制的巨大变化，根本原因是人口增加、土地得到大面积开发的结果，但也不能忽视山越人民大批出山，从而成为郡县编户齐民的事实。如建安十八年，孙权使贺齐讨平豫章东部宗帅彭材等人后，“诛其首恶，余皆降服。拣其精健为兵，次为县户”[②]。嘉禾四年(235年)，遣吕岱讨平庐陵宗帅李恒、路合等人后，孙权下诏

① 乐史《太平寰宇记》卷一〇六·洪州条引《豫章记》。

② 《三国志》卷六〇《吴书·贺齐传》，第1379页。

曰:"又得恶民以供赋役"云云。这些事实正反映了上述情况。大批山越人民被迫出山,又必然为新地区的开发作出贡献。

山越人民在政府的组织下,兴修水利,参加屯田,垦辟荒地,发展生产,这是他们为开发江西经济而作出贡献的又一重要表现。东吴为保持鼎足而立的形势和长期战争的需要,自孙策立国始,在长江沿岸及山越人集中地带广兴屯田,大修水利,积极发展农业生产。其屯田的劳动力来源主要有二:一是南渡的北方流民,二是被征服的山越人。豫章、鄱阳作为山越的聚居之地,遂成为东吴屯田的重要区域之一,其屯田规模虽然远没有庐江(今安徽潜山县)、毗陵(今江苏武进县)那样大,但也不可忽视。《三国志·吴书·太史慈传》载:"策于是分海昏、建昌左右六县,以慈为建昌都尉,治海昏。"都尉是屯田都尉的简称,乃县级屯田农官。据此可知,孙氏在今江西永修、奉新一带六县曾实行过一定规模的屯田,屯田的主要劳动力显然是刚被征服的海昏各县的山越人。《水经·赣水注》云:"又富水左右,公私裂溉,咸成沃壤,旧吴屯所在。"富水乃富城县之河流,吴时富城县,晋武帝太康元年(280年)更名丰城县。由此可证,东吴在今江西丰城市兴修了许多水利工程,公私受灌溉之利,致使富水两岸皆变为良田,其屯田规模也不算小。丰城市位于豫章郡东部,是山越活跃的地区之一,山越人参加屯田必无疑问。今江西九江市一带屯田更多,孙权曾"别赐(吕蒙)寻阳(今九江市西)屯田六百人"[①],诸葛恪曾屯田于柴桑(今九江市西南)[②]。鄱阳郡乃"山贼蜂起"之地,东吴用兵最勤,先后讨平了彭绮、彭旦、彭虎、尤突、吴遽等旧族名帅,在被征服的大批山越人中,有相当部分用于屯田更在情理之中。大规模屯田的结果,使土地得到大面积开发,许多荒地被辟为良田,加之水利的兴修,水稻种植的推广,大大地推动了农业的进步和经济的发展,山越人民对此作出的特殊贡献是不言而喻的。

此外,山越人民在农作物种植、手工业生产诸方面也作出了应有的成绩。同汉族一样,江西境内的古代越人有着种稻的悠久历史,至西汉时已发展到一定的水平,所谓"越人欲为变,必先田余干"就是生动的说明。山越继承先民的优良传统,又将水稻生产推进了一大步。海昏、上缭山越就种植了不少水稻,产量也不低,否则,豫章太守华歆就不会下令使诸宗帅一次出米三万斛。除交纳

① 《三国志》卷五四《吴书·吕蒙传》,第1276页。

② 《三国志》卷六四《吴书·诸葛恪传》,第1432页。

粮食外，上缭山越还要每年“输租布于郡”①，说明纺纱织布是他们重要的家庭手工业。至于布的种类及工艺水平如何，史载不详。不过，我们可以通过其他材料予以推知。1979年，江西省博物馆对贵溪境内的春秋末至战国时期的越人崖墓进行了清理发掘，出土了许多纺织品，包括“麻布、土黄布、绢和印花织物等。根据上海纺织科学院鉴定，麻的品种主要是江西地区盛产的大麻和苎麻，绢的原料是山越家蚕丝，印花织物是目前我国已发现的最早的双面印花苎麻织物”。“印花的程序大致是经过煮炼、染色之后，即行整理熨平、再铺贴于平滑坚实又略有弹性的垫板上，然后用型板印花”②。两千多年前的江西境内古越人尚且有如此高超的织造技术，其后裔山越只会大大超过前人，而绝不会在此水平之下。再者，封建国家向农民征收租调，一般都是上乘之物，上缭山越每年向官府交纳租布，其产量和质量应该都是较高的。

有关山越人民的冶铸技术，我们也只能从极少的史料中寻找蛛丝马迹。《三国志·吴书·诸葛恪传》载：“丹杨地势险阻，与吴郡、会稽、新都、鄱阳四郡邻接，周旋数千里，山谷万重……山出铜铁，自铸甲兵。”这“周旋数千里”的地方便包括今江西上饶、德兴等县在内。所谓“山出铜铁，自铸甲兵”，就是山越人自己开采铜铁矿，加工冶炼，铸造各种武器。赣东北的余干曾是古代干越人的活动据点，其所属的德兴一带，自古以来就是我国著名的铜矿产区，早在战国时期，干越人铸造的青铜剑以其锋利无比而闻名于世。鄱阳山越继承先民遗业，开采铜铁，自铸甲兵也就毫不足奇。他们频繁发动“暴乱”，动则数万人，需制大量兵器，如果没有发达的矿冶业和一定的铸造技术，则是难以想象的。

由于旧史对山越的经济文化状况与社会生活记载极少，研究起来颇为困难，其他方面的情况，这里就难以备叙了。

江西境内山越在汉末三国的历史舞台上活跃了近一个世纪之后，如同其他地区的山越一样，基本融合于汉族之中，或改变名称而成为新的民族，如现在的畲族、瑶族等南方少数民族即由山越演变而来。晋代以后的文献资料虽偶尔还有会稽、浙东、岭南等地山越的零星记载，但却再也见不到山越在江西境内活动的痕迹。山越的名称基本消失了，但山越人民作出的特殊贡献却永垂史册。六朝时期，江西地区得到较大程度的开发，社会经济的各个方面均有很大

① 《三国志》卷四九《吴书·太史慈传》注引《江表传》，第1190页。

② 刘诗中《贵溪崖墓所反映的武夷山地区古越族的族属及文化特征》，载《文物》1980年第11期。

的进步,从而进入崭新的发展阶段,其中渗透着数十万山越人民辛勤劳动的汗水。

综上所述,孙吴时期江西境内的山越遍布各地,是一支仅次于汉族的劳动和建设大军,其总户数接近十万,总人数约四十万。他们在宗帅的部勒下辛勤耕耘,建造家园;在政府的组织下,参加屯田,兴修水利,发展生产。迁居平地后,又为新地区的开发作出了贡献。无论在农业、手工业诸方面,他们都做出了应有的成绩。山越人民的历史作用不能低估,其特殊贡献不可磨灭,应该在江西古代史上写下应有的光辉一页。

第三节 东吴对江西地区的治理与开发

一、郡县的建置

孙氏占领江西后,加强了对山越人民的镇压,以巩固其在江西境内的统治。同时,随着山越的大批出山,人口的增殖,生产的发展,加强对江西地区的治理就势在必行,建立完备的行政管理体系就显得十分必要。自199年孙策夺取豫章始,孙氏政权陆续增设新的郡县,至东吴晚期,江西全境郡县由东汉末的一郡二十五县增至六郡五十八县。具体情况如下:

豫章郡,汉旧郡,治南昌。下辖十七县:南昌、海昏(今永修)、新淦(今樟树)、建城(今高安)、上蔡(今上高)、永脩、建昌(今永修西南)、吴平(今新余市东北)、西安(今武宁)、彭泽、艾县(今修水县西)、宜丰、阳乐、富城(今丰城)、新吴(今奉新)、钟陵(今进贤)、豫章东部。其中吴平、西安、阳乐、富城、豫章东部等5县为吴新立县,余为汉旧县。

鄱阳郡,建安十五年(210年),孙权分豫章郡立,治鄱阳。下辖九县:鄱阳、广昌、乐安(今乐平)、余汗(今余干)、鄡阳(今都昌东南)、历陵(今德安东)、葛阳(今弋阳)、上饶、建平(今上饶境内)。其中广昌、乐安、葛阳、上饶、建平五县为吴新立县,余为汉旧县。

庐陵郡,治高昌(今泰和西北)。下辖十县:西昌(今泰和)、高昌、石阳(今吉水县北)、巴丘(今峡江)、南野(今南康县西南章江南岸)、东昌(即永和,今吉安县地)、新兴(今遂川)、吉阳(今吉水县东)、兴平(今永丰县东北)、阳城。其中除石阳、南野为汉旧县外,其余八县均为吴时新立。

关于庐陵郡建置的时间问题,其说不一。一说是初平二年(191年)立。《水经注》卷三九《赣水》条:"又东北过石阳县西。汉和帝永平九年,分庐陵立。汉献帝初平二年,长沙桓王(孙策)立庐陵郡,治此。"《水经注》虽是一部古代地理名著,但郦道元一生未曾到过南方,其所记南方水道多纰误,故此说未必可信。二说是兴平元年(194年)立。沈约《宋书》卷三六《州郡二》载:"庐陵太守,庐陵本县名,属豫章,汉献帝兴平元年,孙策分豫章立。"唐人撰《晋书》因袭此说,该书卷一五《地理下》称:"献帝兴平中,孙策分豫章立庐陵郡。"兴平共两年,但不知系于何年。三说是兴平二年(195年)孙策分豫章郡立。《太平寰宇记》卷一〇八《虔州》条:"东汉兴平二年,分豫章置庐陵郡,而赣县属焉。"四说是建安四年(199年)立。稽考史籍,此说较为可信。据《三国志·吴书·孙破虏传》载,是年孙策夺取豫章,即"以孙贲为豫章太守,分豫章为庐陵郡,以贲弟辅为庐陵太守"。同书《周瑜传》也载:建安四年,随孙策"还定豫章、庐陵,留镇巴丘。"《资治通鉴》卷六三记载尤明:建安四年,"策分豫章为庐陵郡,以孙贲为豫章太守,孙辅为庐陵太守。会僮芝病,辅遂进取庐陵。"

临川郡,太平二年(257年)孙亮分豫章东部都尉立,治南城(今南城县东南)。下辖十县:临汝(今抚州市西)、南城、西平、东兴(今黎川县境内)、南丰、永城(今黎川县境内)、宜黄、安浦(今乐安县南)、西城、新建。其中除临汝、南城为汉旧县外,其余八县皆为吴时新立。

安成郡,孙皓宝鼎二年(267年)分豫章、庐陵、长沙三郡立,治平都(今安福东南)。下辖六县:平都、宜春、新喻(今新余市)、永兴、安成(今安福)、萍乡。其中平都、宜春、安成三县为汉旧县,新喻、永兴、萍乡三县为吴新立县。

庐陵南部都尉,嘉禾五年(236年)孙权立(一说孙皓立),治雩都。下辖六县:雩都(今于都)、赣县、扬都(今宁都)、平阳、安南(今南康)、揭阳。其中雩都、赣县为汉旧县,其余四县为吴新立县。这一由都尉治理的地区,西晋灭吴后的第三年,即晋武帝太康三年(282年)改为南康郡。

赤壁战后的第二年,即建安十四年(209年)十二月,孙权曾一度设立彭泽郡,以裨将军吕范领彭泽太守,下辖彭泽、柴桑、历陵[①]三县,以加强对这一战略要地的控制,但不久即废。

① 历陵:《三国志·吴书·吕范传》作"历阳",《三国志集解·吕范传》作"历陵"为是。

郡县数量的迅速增加和行政建置的初步完备，是东吴政权加强对江西地区治理和开发的重要表现，奠定了江西行政区划的基本格局。自此，江西由原来1个政治、经济、文化中心区变成了六个政治、经济、文化中心区，有利于江西社会的开发和经济的发展，不过豫章郡在六郡中仍保持着头等重要的地位。这时，豫章等六郡仍属扬州，江西还不是直属于中央的州级独立行政单位。

二、江西地区的重要战略地位

江西地处长江中游腹心地带，东连吴会，西接荆楚，北近豫州，襟江带湖，境内赣江、抚河、信河、昌河、修水、锦江、袁河等河流纵横其间，港湾河汊繁密如网，湖泽池沼星罗棋布，物产丰富，交通便利。如果说，在秦汉大统一的历史条件下，江西的战略地位尚不足以显示其重要性，那么，在长期分裂割据的魏晋南北朝时期，对于地处长江以南的六朝政权来说，其重要的战略地位便日益凸显出来。

东吴据有江东，长期与曹魏、蜀汉形成了南北分立、东西对峙，即所谓三国鼎立的政治格局。在这一政治局面下，江西的战略地位显得极为重要。孙氏势力是以吴(今苏州)会(即会稽郡，今浙江绍兴)为根基逐步发展起来的，孙策占领吴会后，第一个夺取的重要战略目标便是豫章郡。为此，孙策费尽心机，先后击灭了庐江太守刘勋，赶走了豫章太守华歆，于建安四年(199年)将豫章郡争夺到手。从此，江西地区既成为东吴政权向西开疆拓土的前进基地，又是其东部都城建邺的牢固后院。

孙策、孙权相继连年西攻黄祖、击刘表，以图夺取荆州，皆以豫章为基地。为了巩固这一基地，以防刘表势力的渗入，孙策曾派太史慈等大将驻兵海昏，加强防御。《三国志·吴书·太史慈传》称："刘表从子盘，骁勇，数为寇于艾(今修水县西)、西安(今武宁县西)诸县。策于是分海昏、建昌左右六县，以慈为建昌都尉，治海昏，并督诸将讨盘。盘绝迹不复为寇。"孙权则派出大批将领和军队，连年对江西境内的山越进行大规模的征剿，以稳定当地的社会秩序。经过近十年的征战，建安十三年(208年)春，孙权使吕蒙擒杀黄祖，消灭了刘表的有生力量，离夺取荆州仅一步之遥。同年十月，曹操率大军南下，刘表次子刘琮束手投降，荆州首先成了曹操的囊中之物；随后赤壁之战发生，孙、刘联军以少胜多，大败曹军，曹操得荆州而复失，荆州旋被孙权、刘备瓜分。建安十五年(210年)，刘备亲自东下，向孙权提出"都督荆州"，其用意是要把东吴占领的荆州数郡划归自己管辖。孙权采纳了鲁肃的建议，将荆州借与刘备，以共拒曹操，这在事实上等于承认刘备对荆州的全部占有。刘备独占荆州后，长期借而不还，由此双方展开了激烈的争夺。

为了夺回荆州，孙权仍以江西地区为基地，一步步实施自己的计划。建安二十二年(215年)五月，孙权令驻兵寻阳的吕蒙率兵两万直趋长沙、零陵、桂阳(今湖南郴州)三郡。吕蒙移书长沙、桂阳，二郡皆望风归服，零陵太守郝普也随之出降。这时，刘备闻知曹操将攻汉中，害怕丢失益州，遂遣使向孙权求和。于是双方重新中分荆州，约定以湘水为界：长沙、江夏、桂阳以东属孙权，南郡、零陵、武陵以西属刘备。建安二十四年(219年)，吕蒙"白衣渡江"，袭夺荆州，再次从寻阳发兵。史称："蒙至寻阳，尽伏其精兵 䑠䑸中，使白衣摇橹，作商贾人服，昼夜兼程，至羽所置江边屯候，尽收缚之，是故羽不闻知。遂到南郡，士仁、糜芳皆降。蒙入据城，尽得羽及将士家属，皆抚慰。"正在此时，孙权也从寻阳赶来，关羽自知孤立无援，走入穷途末路，乃败走麦城，手下将士皆弃关羽而降。"孙权使朱然、潘璋断其径路，即父子俱获，荆州遂定"①。

孙权擒杀关羽，独得荆州后，曾拜周泰为汉中太守，试图取巴蜀，并汉中，虽主要立足于荆州，但仍然置豫章、鄱阳等郡于重要地位。黄龙元年(229年)，孙权东迁建邺，留太子、皇子及尚书九官于武昌，乃征上大将军陆逊辅佐太子，"并掌荆州及豫章三郡事，董督军国"。对此，胡三省解释说："三郡，豫章、鄱阳、庐陵也。三郡本属扬州，而地接荆州，又有山越，易相扇动，故使逊兼掌之。"②可见孙权对江西地区重要战略地位的一贯重视程度。

与此同时，江西地区还是东吴西部都城武昌的重要粮食供应地。魏黄初二年(221年)，孙权自公安都鄂，改名武昌；吴黄龙元年(229年)，孙权称帝于武昌，次年九月，迁都建邺；甘露元年(265年)，孙皓又一度徙都武昌，一年后迁回建邺。东吴政权前后都武昌九年，而粮食多依赖下游供给。《三国志·吴书·陆凯传》说："皓徙都武昌，扬土百姓溯流供给，以为患苦。"孙皓时，武昌乏粮；孙权时，情况当无例外。时江西属扬州，又紧邻武昌，且多粮米，必然是武昌用粮的重要供应地。武昌为何乏粮？陆凯指出："武昌土地，实险而瘠确。"说的是武昌所处地势险要，但土地贫瘠，它适合用作军事重地，却不适合作王都而安国养

① 《三国志》卷五四《吴书·吕蒙传》，第1279页。

② 《资治通鉴》卷七一·魏明帝太和三年(229)，第2256页。

民。故当时童谣曰："宁饮建邺水，不食武昌鱼；宁还建邺死，不止武昌居。"

赣北的寻阳、柴桑等地又是孙氏政权训练水师的理想场所和驻兵要地。东吴为防蜀抗魏，以保持鼎足而立的地位，主要从两方面发挥自己的水上优势：一是凭依长江天险，以此作为重要的军事屏障；二是多造船舰，大兴水师，立足于水战，即所谓"以江汉为池，舟楫为用"。孙权与蜀汉使臣邓芝论吴、蜀地理形势时说："蜀有重险之固，吴有三江之阻，合此二长，共为唇齿，进可并兼天下，退可鼎足而立，此理之自然也。"[①]陆机《辨亡论》也说：吴"东负沧海，西阻险塞，长江制其区宇，峻山带其封域，国家之利未见有弘于兹者。"可见，长江对于东吴政权之重要性非同小可。为了巩固天然屏障，孙权在长江沿线派遣谋臣猛将，部署重兵，控遏江陵、武昌、寻阳、柴桑、濡须等军事重镇。寻阳、柴桑滨江面湖，既是训练水师的理想场所，又是驻兵重地。赤壁战前，大都督周瑜驻兵鄱阳，曾在宫亭湖(因湖旁庐山下有宫亭庙而得名，后专指今星子县东南至南昌境的鄱阳湖的一部分)大练水军。赤壁之战中，孙、刘联军的主力就是由周瑜、黄盖率领的三万精锐水师，由于指挥得当，终能出奇制胜，以少胜多，大败曹军，立下赫赫战功。赤壁战后，吕蒙拜偏将军，领寻阳令，孙权又以寻阳、阳城两县为其奉邑，寻阳遂成为吕蒙的长年驻兵重地；吕蒙与关羽激烈争夺荆州，先后两次皆从寻阳发兵。建安二十二年(217年)，鲁肃卒，吕蒙代肃领兵，西屯陆口(又名蒲圻口，今湖北嘉鱼县西南，陆水入长江处)，这才离开驻兵近十年的寻阳。

与寻阳毗邻的柴桑(今九江市西南八至十千米处)，尤为东吴屯兵重地。建安十三年(208年)，曹操率大军席卷而南，直指荆州，自江陵沿江东下，孙、刘危急，诸葛亮见孙权于柴桑，共商拒敌大计。孙权既在柴桑，说明东吴在柴桑屯有重兵，孙权初统事，即以徐盛为别部司马，"授兵五百人，守柴桑长，拒黄祖"[②]。建安十一年(206年)，江夏太守黄祖遣将邓龙率兵数千人入柴桑，周瑜追讨，生擒龙送吴。东吴不仅在此设有专门的柴桑督，以统领和训练军队，而且修有坚固城围等防御工事。赤壁战后，大将吕范领彭泽太守，以彭泽、柴桑、历陵为奉邑，后迁平南将军，屯柴桑。其后，陆逊次子陆抗、诸葛瑾之子诸葛恪等著名将领曾先后出任柴桑督。《资治通鉴》卷七四·魏正始四年(243年)载：是年十一月，诸葛恪"欲图寿春。太傅(司马)懿将兵入舒(今安徽庐江县西南)，欲以攻

① 《资治通鉴》卷七〇·魏文帝黄初四年(223)，第2217页。

② 《三国志》卷五五《吴书·徐盛传》，第1298页。

恪,吴主(孙权)徙恪屯于柴桑”。胡三省注:“柴桑县,汉属豫章郡,吴属武昌郡,有柴桑山;在今江西德化县西九十里。”《三国志·吴书·陆逊传》载:赤乌九年(246年),陆抗“迁立节中郎将,与诸葛恪换屯柴桑。抗临去,皆更缮完城围,葺其墙屋,居庐桑果,不得妄败。恪入屯,俨然若新。而恪柴桑故屯,颇有毁坏,深以为惭。太元元年,就都治病,病差当还……太平二年(257年),魏将诸葛诞举寿春降,拜抗为柴桑督,赴寿春。”孙皓世,陆逊族曾孙陆式再为柴桑督、拜扬武将军。晋以后,柴桑历为寻阳郡和江州治所。

此外,寻阳附近的半洲城(位今九江市西北32千米处的长江边上,地属九江县城子镇乡火龙村)也是东吴沿江置督的军事要地之一。《三国志·吴书·张昭传》载张昭弟子张奋官至“平州”都督,据《三国志辨误下》称,此“平州”为“半州”之讹。潘璋曾拜偏将军,领百校,屯半洲。

三、东吴对江西地区的经营

由于江西地区战略地位的极端重要性,孙氏占领江西后,对之苦心经营,大力加强了对江西各地的治理和开发。

首先,如前所述,孙氏政权在江西境内广设郡县,建立较为完整的行政体系,以加强对江西地区的有效控制和管理,巩固统治。

与此同时,东吴政权还向江西各地派出大批得力的文臣武将,以充实各级行政机构。据《三国志·吴书》统计,在东吴统治江西地区的八十年中,有下列人士曾先后出任过江西各郡县的行政长官或军事首领。

建安四年(199年),孙策初定豫章,分豫章为庐陵郡,即以自己的两个堂弟孙贲、孙辅分别担任豫章、庐陵太守。孙贲领郡十一年,卒于任所。其子孙邻继为豫章太守,在郡近二十年。

建安八年,孙权“使吕范平鄱阳,程普讨乐安,太史慈领海昏,韩当、周泰、吕蒙等为剧县令长”[①]。所谓“为剧县令长”,就是出任山越人比较集中、难于治理的县令、县长。

建安十年,孙权使贺齐讨上饶,分为建平县。

大都督周瑜在江西境内活动频繁,足迹遍于豫章、庐陵、鄱阳各地。曾随孙策进兵寻阳,破刘勋,讨江夏,还定豫章、庐陵,留镇巴丘(今峡江)。孙权时,驻

---

① 《三国志》卷四七《吴书·孙权传》,第1116页。

兵寻阳多年，在宫亭湖大规模训练水师；又讨黄祖将邓龙于柴桑，生擒之。

《三国志·吴书·程普传》："又从(孙权)征江夏，还过豫章，别讨乐安，代太史慈备海昏。"

同书《黄盖传》："诸山越不宾，有寇难之县，则用盖为守长。"先为石城县令，后转春谷长、寻阳令。"凡守九县，所在平定。"

同书《韩当传》："从征刘勋，破黄祖，还讨鄱阳，领乐安长，山越畏服。"

同书《蒋钦传》："与策周旋，平定三郡，又从定豫章。调授葛阳(今弋阳)令，历三县长，讨平盗贼，迁四部都尉。"

同书《周泰传》："后从攻皖，及讨江夏，还过豫章，复补宜春长，所在皆食其征赋。"

同书《徐盛传》："孙权统事，以为别部司马，授兵五百人，守柴桑长。"

同书《潘璋传》："迁豫章西安长。刘表在荆州，民数被寇，自璋在事，寇不入境。比县建昌起为贼乱，转领建昌，加武猛校尉，讨治恶民，旬月尽平，召合遗散，得八百人，将还建邺。"合肥之役后，拜偏将军，遂领百校，屯半洲。

赤壁战后，孙权拜吕蒙偏将军，领寻阳令。陆抗、诸葛恪、陆式等人先后为柴桑督，驻兵柴桑多年。

黄武四年(225年)，鄱阳大帅彭绮作乱，孙权以周鲂为鄱阳太守，讨平之。周鲂在郡十三年，卒于任所。

赤乌(238—251年)中，鄱阳、建安、新都三郡山民作乱，钟离牧出任监军使者，讨平之。

丞相顾雍长子顾邵，年二十七，起家为豫章太守。顾邵卒，吕蒙荐江夏太守蔡遗为豫章太守，孙权用之。

吴郡张敦，名声亚于顾邵，而与陆逊等人齐名。孙权时，出补海昏令，年三十二卒。孙权晚年，以南阳人谢景为豫章太守，数年卒官。韦曜笃学好古，博览群书，有记述之才，曾为西安(今武宁县西)令。

以上仅见诸正史记载的几近三十人，应该都是些职位较高、军功卓著、政绩突出，或得宠于孙氏者。如周瑜与孙策同年友善，有升堂拜母之交；两人又是连襟，时桥公有两女，皆国色，孙策自纳大乔，瑜纳小乔。孙权统事，周瑜留吴(今苏州)，以中护军与长史张昭共掌众事，成为孙权的左膀右臂；建安十三年春，拜前部大都督，雄姿英发，胆略兼人，战功显赫。吕蒙为孙权心腹爱将，果敢有胆，筹略奇至，图取关羽，计夺荆州，数立奇功。顾邵、陆抗、陆式、张敦诸人，皆江东名家大族，是东吴政权依靠的主要对象，所谓"先帝（孙权）外仗顾、陆、朱、张"也。至若程普、黄盖、韩当、蒋钦、周泰、徐盛、潘璋诸将，史家谓之皆江表之虎臣，孙氏之所厚待者。诸葛恪乃左将军诸葛瑾之子、蜀相诸葛亮之侄，也素为孙氏所倚重。

大批文臣武将任职于江西境内各郡县，在东吴政权的统一部署和指挥下，肩负起平定山越、稳定封建统治秩序的重任；并组织当地人民披荆斩棘，垦辟荒地，兴修水利，发展经济，兴办文化事业，在艰难困苦的环境中，努力开发江西社会，可谓筚路蓝缕。

孙贲、孙辅、吕范、太史慈、程普、韩当、周泰、吕蒙、贺齐、全综、吕岱、周鲂、钟离牧等一大批军事将领曾先后参与了对江西境内各地山越的征讨，以武力迫使山越人民出山，徙居平地。这些军事将领在征讨山越的同时，又大多兼领各郡县行政长官，组织当地人民广开屯田，发展经济。通过大规模的屯田，使许多荒地被辟为良田，大大加速了当时江西社会的开发和进步。

在众多的文臣武将中，不乏政绩突出的奉职佳吏，江西人民对之有口皆碑。如将军黄盖任寻阳等县县令，"当官决断，事无留滞，国人思之"①。孙辅为庐陵太守，"抚定属城，分置长吏"。孙邻任豫章太守近二十年，"讨平叛贼，功绩修理。"周鲂为鄱阳太守，"在郡十三年卒，赏善惩恶，威恩并行。"

政绩尤为突出者，当数豫章太守顾邵。

顾邵，字孝则，吴郡吴县（今苏州市）人，出身于号称吴姓"顾陆朱张"四大名门大族中的头等高门。其父顾雍，为丞相十九年，顾家子弟布满朝廷内外。他"博览群书，好乐人伦"。年轻时与舅陆绩齐名，而陆逊、张敦、卜静等人都在他的名气之下。他广泛结交士人，"自州郡庶几及四方人士，往来相见，或言议而去，或结厚而别，风声流闻，远近称之"。因为出身高门，名气又大，孙权将兄长孙策的女儿许配给他为妻。年二十七，起家为豫章太守。上任时，数百人为之饯行。来到南昌后，广为善举，为江西人民办了许多好事："下车祀先贤徐孺子之墓，优待其后；禁其淫祀非礼之祭者。小吏资质佳者，则令就学，择其先进，擢置右职；举善以教，风化大行。"②

南朝梁代人殷芸在其《殷芸小说》卷六《吴蜀人》中也记载说："顾邵为豫

① 《三国志》卷五五《吴书·黄盖传》，第1285页。以下史料未注明出处者，皆见《吴书》本传。

② 《三国志》卷五二《吴书·顾雍传子邵附传》，第1229页。

章,崇学校,禁淫祀,风化大行。"并生动地讲述了一个顾邵捣毁山庙及与鬼神斗智斗勇的有趣故事:

> (顾邵)历毁诸庙,至庐山庙,一郡悉谏,不从。夜,忽闻有排大门声,怪之。忽有一人开阁径前,状若方相,自说是庐山君。邵独对之,要进上床,鬼即入坐。邵善《左传》,鬼遂与邵谈《春秋》,弥夜不能相屈。邵叹其精辩,谓曰:"《传》载晋景公所梦大厉者,古今同有是物也。"鬼笑曰:"今大则有之,厉则不然。"灯火尽,邵不命取,乃随烧《左传》以续之。鬼频请退,邵则留之。鬼本欲凌邵,邵神气湛然,不可得乘。鬼反和逊,求复庙,言旨恳至。邵笑而不答。鬼发怒而退,顾谓邵曰:"今世不能仇君,三年之内,君必衰矣,当因此时相报。"邵曰:"何事匆匆,且复留谈论。"鬼乃隐而不见,视门阁悉闭如故。如期,邵果笃疾,恒梦见此鬼来击之,并劝邵复庙。邵曰:"邪岂胜正?"终不听。后遂卒。

这一故事,如果剔除其中的迷信成分,不难看出顾邵捣毁神鬼山庙、禁止淫祀的决心和勇气,竟连有名的庐山庙也给捣毁了,以至宁死都不肯与以庐山庙鬼神为代表的邪恶势力相妥协。

顾邵的善举,归纳起来主要有四:一是上任伊始,祭祀东汉南昌著名高士徐孺子,并优待其后人,借以提倡重视贤才,树立恭俭义让的优良道德风尚;二是禁止淫祀,即禁止一切不合乎封建礼教的祭祀活动,以抑制迷信和节约社会财富;三是兴办学校,培养人才,选拔那些资质好的小吏入校就学,从中挑选出成绩优异者担任重要官职,以加强对豫章郡的治理,促进江西社会的发展;四是教人为善,在全郡普遍形成了良好的社会风气。因为治郡有方,政绩突出,时人尊之为顾豫章。颍川人周昭著书赞之曰:"成人之美,不成人之恶,豫章有之矣。"①史臣评述说:"顾邵虚心长者,好尚人物,周昭之论,称之甚美。"②顾邵在郡五年,卒于任所,时年三十五。

顾邵去世后,孙权问臣下谁可继为豫章太守,吕蒙荐举江夏太守蔡遗。蔡遗也是一位奉职佳吏,于是孙权用之,他在豫章郡也有一定的治绩。

---

① 《三国志》卷五二《吴书·步骘传》,第1241页。

② 《三国志》卷五二《吴书·张顾诸葛步传》,第1242页。

孙权晚年以谢景为豫章太守。谢景,字叔发,南阳宛县(今河南南阳市)人,太子孙登称道他“通敏有识断”。是说他思想通达而敏捷,有见识,能断大事。孙登临终前上疏孙权,请求对谢景加以重用,“入宜委腹心,出可为爪牙”。孙权用之为豫章太守。“在郡有治迹,吏民称之,以为前有顾邵,其次即景”①。可见谢景的政绩也很突出,仅仅次于顾邵,在郡数年卒官。

顾邵尊礼名贤、倡导优良道德风尚的善举为稍后的多任豫章太守所继承。《豫章记》云:“徐孺子墓在郡南十四里,曰白社亭。吴嘉禾中,太守长沙徐熙于墓隧种松,太守南阳谢景于墓侧立碑。永安中,太守梁郡夏侯嵩于墓旁立思贤亭。松、碑、亭今并在。松大可抱,亭世世修治,今谓之聘君亭。”

大批良吏出任江西境内各级行政长官,且政绩卓著,使江西地区得到了较好的治理,大大加快了江西地区社会的开发和经济文化的进步。

在东吴统治江西的80余年中,由于采取了一系列较好的措施,使江西地区社会发生了许多新变化,并为日后江西经济文化的持续发展奠定了坚实的基础。

① 《三国志》卷五九《吴书·吴主五子传谢景附传》,第1366页。

第二章

晋代江西的治乱与门阀士族对江西的争夺

265年，司马炎逼魏元帝禅位，自称皇帝，是为晋武帝，国号晋，都洛阳，史称西晋。280年，西晋灭吴。至此，结束了自汉末董卓之乱以来历经90年的分裂割据局面，中国又重新归于统一。

西晋统治共52年(265—316年)，而真正统一全国的时间前后不过十年之久。290年，晋武帝死，惠帝继位，随之发生了八王之乱和永嘉大乱，广大的中原地区从此陷入了空前的战乱之中。永嘉元年(307年)，东海王司马越以司马睿为安东将军，都督扬州江南诸军事，镇建邺(今南京)。永嘉五年，司马睿平华轶，定江州，开始了对江西地区的统治。晋元帝建武元年(317年)三月，司马睿称晋王，第二年称帝(晋元帝)，都建康(即建邺)，史称东晋。在两晋统治江西的140年(280—420年)中，西晋统治首尾不过36年(280—316年)，而东晋统治的时间则长达104年(317—420年)之久。

在两晋统治时期，江西在行政建制、战略地位等方面都发生了重大变化，社会经济、文化有显著的发展和进步。江州的设立，使江西地区第一次成为直属于中央的州一级独立行政单位；而南北分裂的政治局面，又使江西地区处于特殊的战略制衡地位，东晋以王、庾、桓、谢为代表的门阀士族对江州展开了激烈的争夺。两晋之交及东晋晚期，江西地区战乱频仍，流民起义，孙恩、卢循之乱及军阀间的战争接连不断，硝烟四起，给当地的社会与经济一度带来惨重的破坏，人民历经磨难。但是，在这近一个半世纪的时间里，战乱毕竟是短暂的，江西人民利用长期的和平安定局面，勤奋耕耘，努力发展自己的经济和文化，使家乡的面貌不断发生改变。

第一节 江州的设立及其特殊的战略地位

一、江州的设立与郡县变动及人户

两晋时期,江西的行政建制发生了重大变化。太康三年(282年),即晋武帝灭吴、统一全国后的第三年,改庐陵南部都尉为南康郡。晋惠帝元康元年(291年),因荆、扬两州疆土广远,难于治理,加之江西地区经过东吴以来近百年的开发和发展,社会经济、文化都有了很大的进步,在全国的地位日趋重要,于是割扬州之豫章、鄱阳、庐陵、临川、南康、建安、晋安,荆州之武昌、桂阳、安成合十郡,因江水之名而置江州。从此,江西作为直属于中央州一级的独立行政机构,跻身于全国大州的行列,这是江西地区在行政建制上的一次重大变化,也为江西日后的进一步发展提供了新的条件和机遇。晋怀帝永嘉元年(307年),置立湘州,桂阳郡从江州划出。江州初治豫章,晋成帝咸康六年(331年)移治寻阳,庾翼又治豫章,不久还治寻阳。

晋惠帝永兴元年(304年),又分庐江之寻阳、武昌之柴桑两县置寻阳郡,属江州。这是新增的一郡,初治寻阳,后移治柴桑。

两晋时期,江西共有七郡五十八县。各郡统县情况如下:

豫章郡,统十六县:南昌、海昏、新淦、建城(今高安)、望蔡(今上高)、永脩、建昌、吴平、豫章、彭泽、艾、康乐(今万载县北)、丰城、新吴(今奉新)、宜丰、钟陵。

临川郡,统十县:临汝(今抚州市西)、西丰(今临川县南)、南城、东兴(今黎川县境内)、南丰、永成(今黎川县境内)、宜黄、安浦、西宁、新建。

鄱阳郡,统八县:广晋(今景德镇与彭泽之间地)、鄱阳、乐安(今乐平)、余汗(余干)、鄡阳(今都昌县东南)、历陵(今德安东)、葛阳(今弋阳)、晋兴。

庐陵郡,统十县:西昌(今泰和)、高昌、石阳(今吉水县北)、巴丘(今峡江)、南野、东昌(今吉安县地)、遂兴(今遂川)、吉阳、兴平(今永丰县东北)、阳丰(今峡江县南)。

南康郡,统五县:赣、雩都、平固(今兴国)、南康、揭阳。

安成郡,统七县:平都(今安福)、宜春、新喻、永兴、安复(今安福县西)、萍乡、广兴(今永兴西北、莲花以南)。

寻阳郡,统二县:寻阳、柴桑。

东晋时,郡县有若干变动。晋元帝初,寻阳郡又置九江、上甲两县,不久又省九江县属寻阳县。安帝义熙八年(412年),省寻阳县入柴桑县,柴桑仍为郡,后又省上甲县入彭泽县。寻阳乃战略要地,根据形势需要,寻阳郡所统县变动较大,多时统四县,少时仅统一县,而以统二县的情况居多。

设置侨州郡县,是东晋政权在行政建制上采取的一项特殊措施。西晋末,北方大乱,中原人民为躲避战乱,像潮水般越淮渡江,奔向江南。永嘉元年(307年),司马睿移镇江东,一大批北方流民相率过江。太兴元年(321年),祖逖病死,北伐失败,黄河以南、淮水以北土地尽失,流民渡江者转多。成帝时期,苏峻、祖约叛乱,穆帝以后又相继发生了后赵政权瓦解、桓温出兵关中。淝水战后,苻坚败亡,黄河流域再度分裂,以及刘裕北伐、关中得而复失等重大事件,北方流民又一批批渡江南来。东晋政权为了维护南迁士族豪强的利益,稳定统治秩序,扩大剥削对象,便在南渡北人比较集中的地区,采用他们原籍的名称,侨置州郡县。南渡北人称侨民,侨者即乔迁、客居之意。当时,在寻阳郡境内先后设置的侨郡有新蔡郡、松滋郡、弘农郡、安丰郡、西阳郡、太原郡等。安帝时改松滋郡为松滋县、弘农郡为弘农县,并属寻阳郡。侨民另立户籍,称白籍,以示与土著人相区别。土著人则立黄籍。侨民起初并不纳税服役,主要是为了照顾北来士族地主的利益,因为他们庇荫着大量的佃客、部曲。随着时间的推移,侨民久安其业,为了增加封建国家的租税收入,扩大兵员,成帝咸和年间(326—334年)开始实行"土断",即不论侨民、土著人,一律按土断籍,向国家纳税服役。正如豫章太守范宁向晋孝武帝陈时政所说:

> 古者分土割境,以益百姓之心;圣王作制,籍无黄白之分。昔中原丧乱,流寓江左,庶有旋反之期,故许其挟注本郡。自尔渐久,人安其业,丘垄坟柏,皆以成行,虽无本邦之名,而有安土之实。今宜正其封疆,以土断人户,明考课之科,修闾伍之法。①

通过土断,侨州郡县被相继撤销并合,侨民的优复待遇也随之被取消。政

① 《晋书》卷七五《范汪传子宁附传》,第1986页。

府的剥削对象大为增加,因此而造成一时的“财阜国丰”现象。但由于北方流民持续不断地渡江南来,土断也相继进行,自东晋至南朝,前后共实行了九次土断,直至陈文帝天嘉元年(560年),南朝实行最后一次土断为止。土断政策的实行,逐步泯灭了侨民与土著人之间的界线,有利于南北各族人民的相互融合,大大促进了江南社会经济和文化的发展。

据《晋书·地理志》对太康元年(280年)全国各州郡户口的统计记载,现将江州各郡的户数列表如下:

郡别	豫章	临川	鄱阳	庐陵	南康	安成	寻阳
户数	35,000	8,500	6,100	12,200	1,400	3,000	?

从上表看出,时豫章、临川、鄱阳、庐陵、南康、安成六郡共有户数66,200,而当时全国有户2,480,797[①],江西占2.67%。寻阳郡户数史籍缺载,但它是一个仅统二县的小郡,户数当不会太多,姑按豫章等六郡平均每县(共56县)的户数估算,则寻阳郡有户2,364。这样,江西全境7郡共有户68,564。西晋太康初,全国户数为2,480,797,口数为16,163,863,平均每户6.5人。依此推算,当时江西的人口约为445,666。而东汉顺帝永和五年(140年),全国有户9,336,665,口47,892,413;豫章郡有户406,496,口1,668,906[②],户、口数分别占全国的4.35%和3.48%。自汉末以来,江西地区同全国一样,户口急剧下降。三国时东吴有户仅520,300,口2,400,000,江西户口虽史籍无载,但数量之少可想而知。280年,西晋灭吴统一全国后,江西的户数和口数仅为东汉永和五年的16.9%和26.7%,分别锐减了83.1%和73.3%,跌落到自秦汉以后历代人口记录的最低谷。不过比西晋名士傅咸所说“户口比汉十分之一”[③]的全国情况要好。

人口锐减,原因是多方面的。

首先是汉末以来的长期战乱,造成人口大量非正常减耗,正如曹操在其著名的《蒿里行》诗中所说:“万姓以死亡,白骨露于野;千里无鸡鸣,生民百遗一。”这一情况在中原一带尤为严重。

二是豪强地主大量隐占户口,统计严重失实。

---

① 表中全国户数根据《晋书·地理志》所列19州户数统计所得,而该志《总叙》谓为2,459,840户,与此不符。

② 范晔《后汉书》卷三二《郡国志》,第3491页,中华书局,1965。

③ 《晋书》卷四七《傅玄传子咸附传》,第1324页。

三是疾疫流行,造成一定数量的人口死亡。当时三国魏、吴境内均有疾疫流行,骆统在给孙权的上书中说到,由于吴国赋役繁重,"加之殃疫死丧之灾,郡县荒虚,田畴芜旷,听闻属城,民户浸寡,又多残老,少有丁夫,闻此之日,心若焚燎"[①]。可见,东吴因疾疫而死亡的人口应不在少数。江西是东吴经营的重要地区,情况当不例外。

四是人口自然出生率的空前下降。由于长期战乱,赋役繁重,疾疫流行,人民无生产生活之保障,难以安居乐业,故人口的自然出生率很低。即或生儿育女,成活率也不高,必然会导致人口再生产的严重下降。史载汉末三国之际,"天下未定,民皆骠轻,不念生殖;其生子无以相活,率皆不举"[②]。东吴的情况也不例外,骆统曾上疏孙权说:"又闻民间,非居处小能自供,生产儿子,多不起养;屯田贫兵,亦多弃子。天则生之,而父母杀之。"如此下去,将使"民兵减耗,后生不育,非所以历远年,致成功也。"因而劝谏孙权要"留神思省,补复荒虚,深图远计,育残余之民,阜人财之用。"[③]

二、江州特殊的战略地位

东晋时期,江州的战略地位显得更加重要。东晋政权为抵御北方少数民族政权军事力量的南下,除了以长江天堑为防线,在沿江(包括寻阳一带)常年驻屯重兵外,江州还处于东晋朝廷内部荆扬之争中特殊的制衡战略地位。

吴廷燮在《东晋方镇年表·序》中,论东晋一朝的疆域大势时说:"东晋疆域,广狭无恒。扬、荆、徐、豫皆为重镇;扬本畿甸,谷帛所出,领以宰辅;荆居上流,甲兵所萃,号曰分陕;徐曰北府,豫曰西藩。江、兖、雍、梁亦称雄剧。益、宁、交、广斯为边寄,冀、幽、青、并名存而已。"[④]所谓江州"雄剧",是说江州是个强大而又形势险要的军事重镇。对此,古代史家多有论述。司马光在《资治通鉴》中说:"初,晋氏南迁,以扬州为京畿,谷帛所资皆出焉;以荆、江为重镇,兵甲所聚尽在焉,常使大将居之。"[⑤]唐代杜佑说:江州"中流襟带,常为重镇。"[⑥]《晋书·

① 《三国志》卷五七《吴书·骆统传》,第1335页。
② 《三国志》卷一六《魏书·郑浑传》,第509页。
③ 《三国志》卷五七《吴书·骆统传》,第1336页。
④ 见《二十五史补编》。
⑤ 《资治通鉴》卷九七·宋孝武帝孝建元年(454),第4020页。
⑥ 杜佑《通典》卷一八二《州郡十二·江州条》,第4840页,中华书局,1992。

刘胤传》则说:“江州,国之南藩,要害之地。”

江州之为重镇,主要是由三方面优势构成的。

一是流民众多,兵员充足。《晋书·刘胤传》载:“自江陵至建康,三千余里,流人万计,布在江州。”有些学者据此认为,西晋永嘉大乱后,进入江州的北方流民只有一万余人,其实这一估计是不够准确的。所谓“流人万计”,是说自江陵至建康之间三千余里的长江沿线,散布在江州境内的流人之多,可以万数来计算,也可能是若干万。其实,自永嘉大乱后,北方流民席卷而南,势如潮水,究竟南下有多少人,当时谁也无法进行准确统计,史家也只能作出粗细估计。再说史家撰史一般是十分审慎的,如果是万人或万余人,何不直书“流人万人(或万余人),布在江州”?因此,将之理解为流人可以万数来计算较为妥当。东晋为安置北来流民,曾在江州境内先后设立了新蔡、松滋、弘农、安丰、西阳、太原等六侨郡,人数应不在少数;《宋史·地理志》也说:江西“川泽沃衍,有水物之饶,永嘉东迁,衣冠多所萃止,其后文物颇盛……”据现有史料估计,永嘉南渡入江州的北方流民至少在数万人以上。这些流民,勇敢尚武,只需组织起来,略加训练,便可为兵。

二是盛产粮食,粮储丰富。经东吴、西晋时期一百余年的开发,至东晋时,江州的农业生产已有了很大的发展,开始成为江南稻米的重点产区之一,经常向外输出粮食。当时无论是下游的都城建康,还是上游的军事重镇武昌,都要依赖江州的粮食供给;同时,江州还要向其他州镇提供大量军粮、军需,动则米十万斛、布五千匹,数量特别巨大(详本书第四章第二节)。如果没有发达的农业和充足的粮储,则是难以想象的。

三是交通便捷,商业发达。东晋南朝时,赣江是条黄金水道,由建康经赣江通广州的航运交通频繁;南海诸国及西亚与六朝的海上交通贸易也很发达,其货物到达广州后,即经赣江航道抵达建康。温峤去世后,军司马刘胤接任江州刺史,他以官经商,大殖财货,商贩百万,正是利用江州“商旅继路”、络绎不绝的优势。江州的寻阳是当时著名的商业都会,《晋地道志》称:“寻阳南开六道,途通五岭,北导长江,远行岷汉,来商纳贾,亦一都会也。历宋、齐、梁、陈,弹压九派,襟带上流,自晋以来,颇为重镇。”①

江州特殊的制衡战略地位,其地理条件起着决定性的作用。江州居荆、扬

① 《太平寰宇记》卷一一一·江州条。

之间的军事要冲,其治所寻阳地处长江中游,离京畿颇近,顺流沿江东下,一日可抵建康。若屯兵湓口,内可屏藩朝廷,外可援助夏口(今汉口),还可为四方声援。特别是在东晋朝廷与方镇之间的上下游之争中,这一制衡地位显得尤为突出。当代著名史家田余庆先生在《东晋门阀政治》一书中指出:“江州若合于荆州,上游就更能自主,从而对下游的优势也会加大,建康将受到威胁;江州若控制在建康朝廷之手,荆州方镇将难于独立,有可能受制于建康。”东晋一朝方镇与朝廷的矛盾和冲突,始终围绕着上下游荆、扬之争展开,而处于荆、扬之间的江州,其制衡战略地位表现得极为突出。

东晋之权臣,凡于上游荆州起兵反叛朝廷,或以荆州为基地而遥控朝权者,莫不同时夺取江州,然后合荆、江两州之力,以达到自己的政治目的。东晋是个典型的门阀社会,大族专兵擅权、皇权驾空是其鲜明的政治特征。东晋人韦华奔后秦后,论本朝政治云:“晋主虽有南面之尊,而无统御之实。政出多门,权去公家,遂成风俗。”[①]东晋大族专兵擅权的关键是出镇上游、手控强兵,以上游而制建康。这一现象贯穿于东晋一朝的始终,自东晋初年的王敦之乱到后期的桓玄篡位,莫不如此。

建兴三年(315年)二月,王敦被司马睿擢升为镇东大将军,加都督江、扬、荆、湘、交、广六州诸军事,兼江州刺史。这是东晋首任江州刺史。东晋立国的第二年即太兴元年(318年)四月,加王敦江州牧,江州置牧始于此。江州置牧之事在历史上极为罕见。自汉以来,州一级行政长官本为刺史,东汉后期,汉灵帝为了防范农民起义和加强对地方豪强、州郡官吏的控制,于中平五年(188年)采纳了大臣刘焉的建议,改刺史为州牧,选择那些有名望而又可靠的宗室重臣充任,给予他们一州之军政大权,统治一方,“州牧之任,自此重矣”[②]。魏晋以来,只有少数权臣才能出任重要州镇的州牧。王敦首任江州牧,既是他位高权重的表现,也反映江州地位的重要。这年十月,又以王敦为荆州牧。自此,王敦手握强兵,专任阃外,利用荆、江两州的优越条件,极力壮大个人实力,逐渐骄横起来,遂欲专制朝廷,有问鼎之心。自永昌元年(322年)正月至太宁二年(324年),王敦前后两次举兵作乱。王敦之乱虽自荆州发动,但其势力的逐步形成实始于江州。由于王敦合荆、江两州之力,政治上显得极为主动,故敢于发动叛乱。

① 《晋书》卷一一七《姚兴载记上》,第2980页。

② 杜佑《通典》卷三三《职官十四·州牧刺史》,第885页。

王敦之乱后，明、成二帝有了前车之鉴，乃以陶侃为荆州刺史，同时先后选派得力的心腹重臣应詹、温峤出任江州刺史。应詹是参与平定王敦之乱的功臣，颇受朝廷信赖；温峤则是从中原来到建康向司马睿奉表劝进的老臣，对司马氏皇室忠心耿耿。应詹、温峤刺江州的真正目的，《晋书·温峤传》说得很明确："征西将军陶侃有威名于荆楚，又以西夏为虞，故使峤为上游形援。咸和初，代应詹为江州刺史。"原来朝廷对陶侃也不放心，怕荆州再出乱子，再次为之忧虑，故使温峤刺江州，居上流以援朝廷，以江州而制上游。咸和二年(327年)四月，历阳太守苏峻、豫州刺史祖约联兵反叛朝廷，温峤欲率兵勤王，当权的外戚庾亮马上致书温峤，忧心忡忡地劝阻说："足下无过雷池一步也！"雷池位今安徽望城县东南，庾亮的意思是要温峤好好坐镇江州，不要越过雷池到京师去，以防荆州不测，足见朝廷对江州的重视和对荆州的高度警惕。应詹、温峤没有辜负朝廷的重托，前后刺江州7年(323—329年)，不但使江州得到较好的治理，还对上游荆州起到了重要的制约作用。在这几年时间内，由于江州对荆州的有效制约，加之陶侃并非王敦之类的政治野心家，能常"怀止足之分，不与朝权"，故上游方镇与下游朝廷之间保持了数年之久的安定局面。

咸和四年(329年)二月，苏峻之乱刚刚平定，江州接连发生了两起乱子。四月，温峤病卒，军司马刘胤继为江州刺史。随着职位的提高，刘胤日渐骄纵起来，终日"纵酒耽乐，不恤政事，大殖财货，商贩百万"。当时曾有人担心地说：江州"要害之地，而胤以侈汰之性，卧而对之，不有外变，必有内患。"[①]果不出所料，就在朝廷下令罢免其官之际，后将军郭默乘机擅杀刘胤，占据湓口。司徒王导姑息养奸，不仅不予追究，反而用他为江州刺史。太尉陶侃闻之大怒，即出兵东下湓口，斩郭默于军门。朝廷无力控制方镇，只好承认既成事实，以陶侃兼领江州刺史。陶侃前后刺江州五年，继续与朝廷相安无事。

咸和九年(334年)六月，陶侃病逝，庾亮都督江、荆、豫、益、梁、雍六州诸军事，领江、荆、豫三州刺史，镇武昌，终于实现了控制江州的多年夙愿。从此，庾氏坐镇上流，拥强兵，遥执朝廷之权。庾亮刺江、荆二州共六年，咸康六年(340年)正月卒。其弟庾翼、庾冰继为江、荆等六州都督，兼江州刺史。庾氏独占江、荆二州，使司徒王导坐困建康，动弹不得。为此，王导心中愤懑，却又无可奈何，每当遇到刮西风的日子，他一面举起手中的扇子去挡灰尘，一面慢悠悠地说：

① 《晋书》卷八一《刘胤传》，第2114页。

"元规尘污人。"[1]意思是说,从上流庾亮(字元规)那里刮来的灰尘太脏了。不满之情,溢于言表。从庾亮至庾冰,庾氏刺江、荆二州前后达十一年之久,在此期间,一直遥执朝权。

桓氏继庾氏之后世莅荆土,又控摄江州,执掌朝权。穆帝永和元年(345年),久据荆州的庾翼病死,其子年少乏才,难以担当重任,朝廷乃以桓温为都督荆梁等4州诸军事、安西将军、荆州刺史,领护南蛮校尉、假节,上游兵权遂集中于桓温之手。但这时居中辅政的是会稽王司马昱,江州刺史为王羲之,在荆、扬之争中居于缓冲地位。终永和(345—356年)之世,桓温始终未能控制江州,故无力专制朝政,其势力只能向西、北发展。永和二年,桓温率众西伐,次年三月灭蜀,声望得到极大提高。以后又连续进行了三次北伐,太和四年(369年)最后一次北伐前燕而兵败枋头(今河南浚县西南淇门渡),威望因此低落。桓温希图通过北伐而达到禅代的目的虽然未能实现,但却达到了控制江州的目的。就在北伐期间,先是以其二弟桓云出任江州刺史,领镇蛮护军;兴宁元年(363年)十月,其五弟桓冲继为江州刺史,前后凡十年,直到孝武帝宁康元年(373年)桓温去世时为止。正因为桓温将荆、江二州牢牢地控制在自己手中,故能左右朝政,废立专权。太和六年(371年),废海西公司马奕而立简文帝司马昱。简文帝名义上是皇帝,实际上是"常惧废黜"的傀儡。

桓温死后,桓氏家族继续控制荆、江二州。桓温三弟桓豁、五弟桓冲相继出任荆州刺史,其侄桓石秀、桓石生、桓嗣及族人桓伊等相继为江州刺史。其时谢安当国,桓氏让出了扬州。谢安是东晋著名的贤相,他无意与桓氏争夺上游,而是在下游组建了一支精悍善战的北府兵,从而使荆、扬之间出现平衡状态,矛盾暂趋缓和。

东晋晚期,宗室司马道子、司马元显父子掌权,朝政腐败,导致方镇纷纷起兵和桓玄篡位的局面。桓玄篡位的关键一步也是首先夺得江州,再取荆州。隆安元年(398年)七月,桓玄联合兖州刺史王恭、豫州刺史庾楷、荆州刺史殷仲堪,共同举兵对抗朝廷,他们进攻的第一个目标便是江州,并很快擒获了司马道子的心腹、江州刺史王愉于临川,从而解除了下游对上游的直接威胁。次年十二月,桓玄又火并了荆州刺史殷仲堪、雍州刺史杨佺期,专有荆楚,一时势力大盛,朝廷被迫任命他为荆、司、雍等8州都督,领荆、江二州刺史。此时,孙恩、

① 《晋书》卷六五《王导传》,第1753页。

卢循一伙五斗米道徒乘机从海岛登陆作乱,造成东土饥荒,漕运不继。桓玄利用荆、江二州在地理和物资上的优势,封锁长江,禁止上游物资向下游运输,使下游粮荒更加严重。一切准备就绪后,元兴元年(402年)正月,桓玄举兵东下,经寻阳直指建康,大败司马氏的军队,顺利夺取政权。次年十二月,逼晋安帝退位,自己登上皇帝宝座,建国号曰楚。桓玄称帝虽然很快失败,但他却不肯轻易放弃江州。元兴三年二月,桓玄挟安帝退兵寻阳;四月,与刘裕大战于桑落洲(今都昌县内),双方对江州进行了激烈的争夺。

刘裕讨灭桓玄后,于义熙二年(406年)十二月派遣得力大将何无忌都督荆、江、豫三州八郡军事,兼江州刺史,驻兵寻阳,自己率部北伐南燕。其时,占据广州的卢循见有机可乘,遂采纳了徐道覆"直指寻阳"的建议,率军从广州直向江州推进。于是,江州又成了双方反复争夺的重要战场。前后经三次激战,直至义熙六年(410年)十二月,才将卢循势力逐出江州,稳住了那里的局势。

纵观东晋一朝百余年的历史,江州在上游方镇与下游朝廷的长期相争中,起着举足轻重的作用,其特殊的制衡战略地位非他州所能及。

第二节
两晋之交的江州政局

一、张昌起兵和对江州的短暂控制

291年,晋武帝病死,太子司马衷继位,是为惠帝。由于惠帝是个著名的白痴皇帝,毫无执政能力,统治集团内部立即爆发了一场激烈的争权夺利斗争,参与这场斗争的主要有宗室八王,史称"八王之乱。"晋末的"八王之乱"给人民带来了深重的灾难,随之而来的是几乎发生在全国各地的旱、涝、虫、霜等严重的自然灾害;与此同时,大饥馑、大瘟疫接踵而至。空前的天灾人祸使大量无辜的人民几乎陷于绝境,从而出现了西晋末年的人民大流徙。随着战乱的持续,自然灾害的日益严重,以及官僚的极端腐败,流民问题愈演愈烈。

西晋末年的流民总数,见于正史记载的达30余万户,占当时全国户口的1/12强。这些流民怀着求生的欲望,拖儿带女、背井离乡,但到达目的地后,或仍是满目疮痍,无法安身立命;或被当地官府和地主豪强任意欺凌,被迫起来反抗。因此,全国各地相继爆发了流民大起义。301年,当秦、雍六郡流民在李特的率领下于益州起义时，荆州地区也相继发生了张昌起义。

张昌，本义阳(今河南信阳县北)蛮人，年青时为平氏县吏，武力过人，好论攻战，每自占卜，言应当富贵。时新野王、荆州都督、镇南大将军司马歆为政苛暴，不得民心，蛮夷并怨，张昌聚众数千人，欲起兵。恰在此时，朝廷发布《壬午诏书》，征发荆州武勇赴益州镇压那里的流民起义，号曰“壬午兵”。人民惧怕远征，都不愿行，而诏书督遣严急，所经地界停留五日者，二千石一律免官。于是郡县官长皆亲自出面驱逐，辗转不远，则屯聚而为劫掠。是岁江夏郡(今湖北云梦一带)喜获丰收，流民前往就食者数千人，张昌乘机进行煽动。

惠帝太安二年(303年)五月，张昌于安陆县(今湖北安陆)石岩山屯聚，很多流民及避戍役者都去投奔他。张昌见时机成熟，乃以道教为号召，正式发动流民起义。他利用在群众中广泛流行的“老君当治，李弘应出”的谶语，改姓名曰李辰，极力拉近与李弘的关系，以救世“真君”的面目出现，并宣称：“当有圣人出为民主。”得山都县吏丘沈，更其姓名曰刘尼，诈称汉帝后代，立之为天子，说：“此圣人也。”张昌自为相国，建国号曰汉，署置百官。“于石岩中作宫殿，又于岩上织竹为鸟形，衣以五彩，聚肉于其傍，众鸟群集，诈云凤凰降，又言珠袍、玉玺、铁券、金鼓自然而至”。乃下赦书，改元神凤。又造流言说：“江淮已南当图反逆，官军大起，悉诛讨之。”[①]于是人们互相煽动，人心惶惧，百姓从之如归，江沔间一时猋起，竖牙旗，鸣鼓角，以应张昌，旬日之间，众至三万。起义军皆以绛帕裹头，以羽毛着面，这与张角起义军皆头着黄巾有些近似。流民军声势浩大，善于作战、英勇无敌。新野王司马歆上表朝廷请讨张昌说：“妖贼张昌、刘尼，妄称神圣，犬羊万计，绛头毛面，挑刀走戟，其锋不可当。请台敕诸军，三道救助。”张昌遣军四路出击，北向豫州，东攻弋阳，西攻宛，破武昌，围襄阳，将前来围剿的各路官军打得大败，先后击破太守弓钦、骑督靳满，斩杀了南阳太守刘彬、平南将军羊伊、镇南大将军司马歆等。朝廷急调刘弘代歆为镇南将军、荆州都督，结果刘弘统率的大批官军也被流民军击败。

太安二年七月，张昌乘胜攻取江南诸郡。起义军的一支由石冰率领进攻扬州，大败刺史陈徽，诸郡尽没。又攻破江州，占领豫章，并相继占领武陵、零陵、长沙、武昌等郡，豫章太守阎济、武陵太守贾隆、零陵太守孔纮、武昌太守刘根皆被杀。临淮人封云也起兵攻徐州以响应石冰。这样，在短短的三个月时间内，

---

① 《晋书》卷一〇〇《张昌传》，第2612页。下引史料同。

起义军控制了荆、江、徐、扬、豫五州大部分地区，并在各州郡建立政权，署置官吏。

是年八月，刘弘遣司马陶侃、参军蒯桓、皮初等率军围攻张昌于竟陵(今湖北钟祥县一带)，豫州刺史刘乔又遣将军李杨、督护尹奉统兵向江夏以相互配合。张昌与陶侃等苦战累日，终为所败，乃与丘沈走入下儁山(今湖北通城县西北)。

这年十二月，义兴(今江苏宜兴)豪强周玘率领江东地主武装讨伐石冰。在官军的配合下，永兴元年(304年)三月，石冰兵败被杀。同年八月，张昌也为荆州官兵所擒杀，同党皆夷三族。至此，荆楚流民起义惨遭镇压，宣告失败。

张昌从起兵到最后失败，前后历时一年零三个月，而其控制江州的时间则更短，仅仅只有两个月之久，未能产生多大影响。但毕竟在江州建立过政权，署置了官吏，从而作为江西古代史上的一件大事而载入史册。

二、陈敏割据势力对江州的渗入

张昌起义失败后，陈敏割据势力又开始觊觎江西，妄图把江州变成自己的势力范围。

陈敏，庐江(今安徽庐江西南)人。年青时有些办事能力，以郡廉吏补尚书仓部令史，管理国家粮库。“八王之乱”期间，赵王伦篡逆，齐王冏、河间王颙、成都王颖共起兵讨伦，双方相持不下，久屯不散，京师仓廪空虚，军粮奇缺，陈敏建议把南方积压数十年的米谷漕运到中原，以解燃眉之急。朝廷从之，以敏为合肥度支，迁广陵(今江苏扬州)度支，负责漕运事宜。由此，他掌握了一支漕运兵，并利用这支军队配合江东地主武装，残酷地镇压了石冰流民起义军，因功而拜广陵相。

陈敏既克石冰，自谓勇略无敌，逐渐滋长个人野心，遂欲效法孙权，有割据江东之志。其父闻之，愤怒地说：“灭我门者，必此儿也。”[①]不久忧愤而死，敏以丧去职。守丧期满，执掌朝权的东海王司马越起用陈敏为右将军、前锋都督，以壮大个人实力。此时，中原大乱，四方交争，天下无主，民不聊生。陈敏认为时机已到，遂请求东归，大肆招兵买马。永兴二年(305年)十二月，正式据历阳(今安徽和县)起兵反晋。这时，吴王常侍甘卓自洛阳弃官东归，来到历阳，陈敏极力

① 《晋书》卷一〇〇《陈敏传》，第2615页。

拉拢，为子景娶卓女，并让卓假称皇太弟令，拜敏为扬州刺史，两人相为表里。原扬州刺史刘机、丹杨太守王旷畏惧陈敏势力，皆弃城望风而逃。

陈敏自称扬州刺史后，立即派兵四处攻略。遣其弟陈恢率钱端等将领南取江州，刺史应邈逃奔弋阳，江州成了他夺取的第一个重要目标，相继占领了豫章、庐陵等地。接着，又遣其弟陈斌东略江浙诸郡，占有吴越之地。同年底，敏以陈恢为荆州刺史，命其与钱端率部溯江西上攻武昌，敏遂据有江东。但陈恢部在武昌遭到了晋军的沉重打击，晋荆州刺史刘弘以陶侃为前锋都护进行抵御。侃以运船为战舰，与恢战，屡破之；又与皮初、张光、苗光共破钱端于长岐（今武昌附近）。

在江州，陈敏割据势力也遭到了当地人民的顽强抵抗，醴陵（今湖南醴陵县）令虞潭东下，组织力量"讨敏弟赞于江州"。广州刺史王矩上表朝廷以潭领庐陵太守。由于陈敏割据势力的杀戮破坏，虞潭"绥抚荒余，咸得其所。又与诸军共平陈恢，仍转南康太守"[①]。

为了巩固割据政权，陈敏极力拉拢、笼络江东名士与地主豪强。以顾荣为右将军，贺循为丹杨内史，周玘为安丰太守，"凡江东豪杰、名士，咸加收礼，为将军、郡守者四十余人；或有老疾，就加秩命"[②]。并命僚佐推举自己为都督江东诸军事、大司马、楚公，加九锡。又称说得到朝廷诏命，要自江入沔、汉，奉迎銮驾，以图与执掌朝权的司马越争雄。然陈敏刑政无章，不为英俊所附；子弟凶暴，所在为患。顾荣、周玘等忧之。庐江内史华谭给顾荣写信说："陈敏盗据吴、会，命危朝露……今以陈敏凶狡，七第顽冗，欲蹑桓王（指孙策）之高踪，蹈大皇（指孙权）之绝轨，远度诸贤，犹当未许也。"[③]华谭在信中指出陈敏割据江东，危如累卵；大骂他凶狡顽冗，是个下才，要效法孙策、孙权是不可能的，并力劝顾荣不要为之所用。顾荣本有图敏之心，及得书，甚为惭愧，于是遣使密报征东大将军刘准，使发兵临江，自己为内应，剪发为信。刘准得报，于永嘉元年（307年）二月遣扬州刺史刘机等出历阳讨敏。

陈敏使其弟广武将军昶及将军钱广率兵数万屯乌江，又遣弟宏为历阳太守，屯牛渚，以备官军。周玘收买同郡人、昶司马钱广杀昶。陈敏遣甘卓讨广，坚

① 《晋书》卷七六《虞潭传》，第2013页。

② 《资治通鉴》卷八六·惠帝永兴二年（305），第2715页。

③ 《资治通鉴》卷八六·晋怀帝永嘉元年（307），第2725页。

甲利兵全都交给他。周玘又与顾荣游说甘卓,劝其反正,卓遂诈称疾病,迎女、断桥,收船南岸,与玘、荣及丹杨纪瞻共攻敏。陈敏自率万人讨卓,顾荣统一指挥诸军一齐进攻。在官军的配合下,敏军一时溃散。陈敏单骑北走,被追获于江乘(今江苏句容县北),斩于建邺,夷三族。于是会稽等郡尽杀陈敏诸弟。

陈敏割据政权只经过短短的一年零三个月便遭到彻底的覆灭,其势力渗入江州也仅是昙花一现。

三、司马睿平华轶,定江州

永嘉(307—313年)中,华轶出任江州刺史。

华轶,字彦夏,平原(今山东平原县西南)人,汉末豫章太守华歆曾孙。年轻时富有才干,名闻当世,仁厚爱人,博采众议,受到人们的普遍赞誉。初为博士,累官至散骑常侍。东海王司马越为兖州牧,引为留府长史,继迁江州刺史。

时值乱世,礼教凋零,华轶却在江州崇尚儒家礼仪,以"才学精博,道行优备"的杜夷为儒林祭酒,兴学崇儒,大力弘扬儒家文化。他广泛结交当地人士,大家都把他当朋友对待。他实行善政,使乱世中遭受苦难的人们有了安居乐业的基本生存条件,大批流亡之士都来投奔他。因为他为江州人民办了不少好事,故史家高度评价说:"轶在州甚有威惠,州之豪士接之以友道,得江表之欢心,流亡之士赴之如归。"①

华轶对司马氏朝廷忠心耿耿。时天子孤危,四方瓦解,轶有匡扶天下之志,每每遣使贡献入洛,不失臣节。曾对使者说:"若洛都(指京都洛阳)道断,可输之琅邪王(指司马睿),以明吾之为司马氏也。"

永嘉元年(307年)七月,司马越以琅邪王司马睿为安东将军、都督扬州江南诸军事,镇建邺,在王导、顾荣等南北士族的联合支持下,于南方初步站稳脚跟,政权初具规模,开始节制江南各州郡。华轶自以为受洛京所遣,而为琅邪王所督,心中不悦。时西晋尚存,故不能恭奉元帝(即司马睿)教命,郡县多劝他不要这样做,轶不听,说:"吾欲见诏书耳。"司马睿闻知,大为恼火。他不能容忍华轶带头与自己作对、有损宗王尊严的所作所为,更不能没有江州这一战略要地。双方的矛盾由此产生并逐步激化。

司马睿决心严惩华轶,急调扬烈将军周访出兵彭泽,准备以兵戎相见。华

---

① 《晋书》卷六一《华轶传》,第1671页。下引史料皆见《晋书》华轶本传。

轶也派兵严守州境,以防不测。双方剑拔弩张。周访预感到这场战事不可避免,过姑孰(今安徽当涂)时,对著作郎干宝说:我受命屯兵彭泽,“彭泽,江州西门也。华彦夏有忧天下之心,而不欲碌碌受人控御,顷来纷纭,粗有嫌隙。今又无故以兵守其门,将成其衅。”事隔不久,洛阳失守,司空荀藩移檄各地,而以司马睿为盟主,组织抗胡,共赴国难。司马睿大权在握,乃承制改易官长,华轶又不从命,矛盾进一步激化。

为了孤立华轶,司马睿采取釜底抽薪的办法,先将他手下一支有生力量拉走。华轶曾荐举陶侃为扬武将军,使屯兵夏口,又以侃兄子陶臻为参军。华轶与司马睿向来不和的事实为朝野所共知,陶臻惧大难将至,托病而归,对侃说:“华彦夏有忧天下之志,而才不足,且与琅邪不平,难将作矣。”[①]侃怒,遣臻回到华轶身边,但陶臻却往东投归了司马睿。司马睿见臻,大悦,命之为参军,而加侃奋威将军,并送去赤幢曲盖轺车、鼓吹等仪仗。陶侃遂宣布与华轶断绝关系,而归于司马氏。陶侃是当时最有才干的军事将领之一,他的离去,无疑大大加速了华轶的败亡。

永嘉五年(311年)六月,司马睿遣左将军王敦都督历阳内史甘卓、扬烈将军周访及宋典、赵诱诸将合兵击轶,双方于鄱阳湖区展开水陆大战。华轶遣别驾陈雄屯兵彭泽以拒王敦,自己率舟师以为外援。武昌太守冯逸陈兵湓口(即湓口城,坐落于湓水之口,位今九江市区龙开河西岸),与周访激战,一战而败。逸退保柴桑,访乘胜追击。华轶遣其将王约、傅札等率军万余人助逸,大战于湓口,约等又败。周访与甘卓等会兵于彭泽,与轶水军将领朱矩等战,又败之。正当战事吃紧的关键时刻,华轶又挨了背后致命的一刀。前江州刺史卫展因得不到华轶礼遇,心中十分不快。至是,与豫章太守周广为内应,暗中出兵偷袭华轶。华轶腹背受敌,众军溃散,逃奔安城(今安福),被追杀,其五子皆遇难。司马睿以武力平定华轶,夺得江州,终于如愿以偿。

华轶虽死,但其在江州的恩德并没有被人们所遗忘。广陵人高悝曾寓居江州,轶辟之为西曹掾。及轶败,悝藏匿轶二子及妻,在困难艰险的处境中度过一年之久,直到遇赦,才携之出面自首,得到了司马睿的嘉奖和宽恕。

---

① 《晋书》卷六六《陶侃传》,第1770页。

四、晋军与杜弢流民起义军在江州的战争

两晋之交,乃江州多事之秋,真可谓一波未平,一波又起。就在司马睿平华轶、定江州的当年,湘州发生了以杜弢为首的更大规模的流民起义。一年之后,流民军进入江州,与晋军发生了一系列的战争。

西晋末,巴蜀流民汝班、蹇硕等数万家散布在荆、湘间,遭到当地豪强地主的压迫和欺凌,生活无着,处境艰难,并怀怨恨。永嘉五年(311年)正月,蜀人李骧聚众据乐乡(今湖北松滋县东),杀县令,扯旗造反,遭到荆州刺史王澄的血腥镇压。接着,蜀人杜畴、蹇硕聚众又反。湘州刺史荀眺打算杀尽流民,流民大惧,四五万家一时俱反,共推益州秀才杜弢为主。弢自称梁、益二州牧、平难将军、湘州刺史,一场大规模的流民起义爆发了。

永嘉五年五月,杜弢攻长沙,荀眺弃城逃奔广州,途中被追擒。流民军作战英勇,所向无前,先后击败始兴内史严佐、成都内史王机、安成太守郭察。杜弢率流民军攻破荆、湘诸郡县,南破零陵,东攻武昌,杀长沙太守崔敷、宜都太守杜鉴、邵陵太守郑融、衡阳内史滕育等,又屡败荆州刺史王澄,一时势力大盛。

六年(312年)十二月,杜弢率流民军进入江州。司马睿以周 顗代王澄为荆州刺史,率兵讨杜弢。次年八月,周 顗屯兵浔水城(即古浔阳城),遭杜弢层层围困,无法脱身。陶侃使明威将军朱伺出兵相救,才得以突围。杜弢退保冷口,继攻武昌,在与朱伺的争战中失利,退归长沙。周 顗与杜弢作战连吃败仗,被迫出浔阳投奔王敦于豫章,随后被司马睿撤职,调回建邺,用为军咨祭酒。

建兴三年(315年)二月,司马睿遣征讨都督王敦率武昌太守陶侃、寻阳太守周访、历阳内史甘卓共击弢。敦进屯豫章,为诸军继援。晋军与流民军前后数十战,胜少负多,杜弢将士多战死,乃请降于司马睿。睿使前南海太守王运受弢降,赦其反逆之罪,以弢为巴东监军。弢既受命,晋军诸将图争功,仍攻之不已。弢不胜愤怒,乃杀王运再次造反。杜弢指挥流民军与晋军大战于寻阳城,弢作桔槔(古代类似汲水工具的水战武器)击打官军船舰,周访则作长岐枨(一种长形木棒)以拒之。杜弢从青草湖秘密抄袭官军,又遣其将杜弘、张彦入海昏(今永修),与临川内史谢摛战,摛战败而死,弢遂攻陷豫章,焚毁城邑。王敦时镇湓口,急遣督护缪蕤、李恒受周访节度,共击彦。三月,双方大战于豫章石头城下,张彦战败被杀,杜弘退保庐陵(今吉安)。周访也被流矢射中,折断两颗牙齿。战争持续到傍晚时分,两军隔水相望,流民军数倍于晋军,周访自知力量相差悬殊,乃设计退敌。他首先秘密派人乔装成樵夫而出,然后结阵鸣鼓而回,大呼

曰:“左军至!”士卒皆称万岁。至夜晚,下令军中多点火把而食,敌方误以为官军大增,未及天亮便撤退了。退兵途中,流民军发现上当,欲回身再战,但渡桥已被官军切断,隔水无法北进,只好退回湘州。周访不顾伤痛,又沿途追击杜弘,围之于庐陵。杜弘大扔宝物于城外,晋军纷纷拾取,弘因阵势大乱突围而出,访率军追击,获鞍马铠杖无数。弘入南康,南康太守率兵迎击,又破之。杜弘无法立足江州,一直逃至临贺(今广西贺县)。

建兴三年(315年)八月,陶侃率周访等入湘,使都尉杨奉为先锋,击杜弢,大破之,屯兵于城西。杜弢遣其将王真率精兵三千出武陵江,招诱武溪蛮,以舟师断官军运道,直趋武昌。侃使郑攀及伏波将军陶延夜趋巴陵(今湖南岳阳),暗中出师掩其不备,又大破之,斩首千余级,降万余人。流民军连遭重创,军心浮动,降者日多。王真遁还湘城,再次向陶侃挑战。侃晓之以理,动之以情,真遂来降,众军溃散,杜弢随之败走。陶侃进克长沙,平定湘州,获其将毛宝、高宝、梁堪而还。杜弢流民军前后苦战四年零三个月,最终在晋军的残酷镇压下失败了。

关于杜弢的结局,旧史记载不一。《晋书·杜弢传》说:“弢乃逃遁,不知所在。”《通鉴考异》引《晋春秋》说:“城溃,弢投水死。”司马光据此作《通鉴》说:“弢众溃,遁走,道死。”[①]当以司马光所说为信。

流民问题是中国历史上严重的社会问题之一,大小流民起义时有发生。广大流民在暴政、战乱及灾荒的摧残、折磨下,丧失了起码的生存条件,被迫揭竿而起,他们的处境值得深深同情,他们的行为富于正义性。他们用自己的实际行动给予封建统治者以沉重的打击和深刻的教训,从长远而言,有利于历史的发展和进步。但是,由于时代和阶级的局限,流民及其起义又有着许多致命的缺陷,其中最突出的是其破坏性。毛泽东同志在《中国社会各阶级的分析》一文中指出:“此外,还有数量不少的游民无产者,为失了土地的农民和失了工作机会的手工业工人。他们是人类生活中最不安定者。……这一批人很能勇敢奋斗,但有破坏性,如引导得法,可以变成一种革命力量。”[②]古代流民和毛主席所说的近代游民无产者并无本质区别,他们是失了土地的农民,其特征也与游民无产者相同。

杜弢流民起义军同样表现出了明显的破坏性。他们掳掠财物,挖掘坟墓,

① 《资治通鉴》卷八九·晋愍帝建兴三年(315),第2821页。

② 《毛泽东选集》第一卷,第8页,人民出版社,1951。

焚毁城邑，甚至杀戮无辜人民，使乱世中的社会更加雪上加霜。两晋之交的江西，在短短的数年之内，相继经历了张昌、杜弢两次流民起义和陈敏之乱，而杜弢入江州时达二三年之久，与晋军大小数十战，其破坏也必然更甚。加之官军的搜夺，使当时的江西社会，特别是豫章郡一带遭受严重的破坏，其状惨不忍睹。琅邪国侍郎王鉴曾上疏劝司马睿亲征杜弢，他描述当时江州的情况说："江州萧条，白骨涂地，豫章一郡，十残其八。继之以荒年，公私虚匮，仓库无旬月之储，三军有绝乏之色。赋敛搜夺，周而复始，卒散人流，相望于道。"[①]这是怎样的一幅惨状啊！战乱、杀戮、破坏，人民大批死亡，白骨遍地；生产无法正常进行，经济萧条，到处是一遍残破的景象。继之以荒年和沉重的赋税，粮食空前乏绝，劫后余生的人们又被迫走上流亡之路，成为新的流民。本来经东吴时期得到一定发展和进步的江西社会和经济，经过这次浩劫，又被迫走了一段曲折的路程。

第三节
温峤、陶侃治江州和王、庾、桓、谢对江州的争夺

一、王氏刺江州与王敦之乱

王敦因坐镇豫章指挥平定杜弢流民起义有功，建兴三年(315年)八月被司马睿擢升为镇东大将军，加都督江、扬、荆、湘、交、广六州诸军事，兼江州刺史。东晋立国的第二年即太元元年(318年)四月，又以王敦为江州牧；十一月，加荆州刺史。作为六州都督、荆州刺史，王敦控制了上游兵权；作为东晋的第一任江州刺史，则控制了整个江州政局，为他日后作乱奠定了基础。六朝时期，荆州最为重镇，乃兵甲所聚之地，所谓"江左大镇，莫过荆扬"。江州地处荆、扬之间的缓冲地带，在上下游之争中具有举足轻重的制衡战略地位。谁控制了江、荆二州，谁就能遥执朝权，甚至取司马氏而代之，此乃东晋权臣多所企求的。

司马睿何以对王敦如此信赖，将中上游之军政大权悉数托付于他个中自有深刻原因。

首先，南渡的司马氏政权需要依赖高门大族、特别是侨姓高门大族。王敦

---

① 《晋书》卷七一《王鉴传》，第1889页。

属琅邪(今山东临沂)王氏,是魏晋之际崛起的大士族。其族祖王祥以“孝”著称,魏末晋初,官拜太尉、太保,爵封公侯,位极人臣;其祖王览以“悌”闻名,曾被晋武帝下诏褒奖,位至宗正卿,封即丘子,地位也不低。西晋一朝,王氏兄弟纡金拖紫,荣极当世。王敦的从兄王戎官居吏部尚书,迁司徒,封安丰县侯;王衍历位尚书令、中书令,后拜司空、司徒,继迁太尉;衍弟澄为荆州刺史,族弟敦为青州刺史。真可谓公侯继踵,冠冕连镳。晋室南渡之初,司马睿名微众寡,势单力薄,既需要有名望的大族为之延誉,广揽天下名士豪杰,扩大统治基础;又需要利用他们原有的势力,组织新的力量,才能在江左立住脚跟。几经权衡,琅邪王氏则成为最理想的选择对象。

其次,琅邪王氏与司马氏之间有着特殊的地域和历史关系。司马睿之祖司马伷于西晋平吴之前徙封琅邪国,司马伷、司马觐、司马睿祖孙三代相继为琅邪王,其时琅邪国内最显赫的门第当数琅邪王氏。琅邪王要在自己的封国内扩大影响、壮大实力,就必须结交宗族繁衍、门第显赫的王氏家族。通过交好联姻,双方的友好关系绵延数十年之久。所以南渡后,王氏兄弟与晋元帝司马睿在述及王、马关系时,总说是朋友之谊、手足之情。例如王导与司马睿素相亲善,“契同友执”,“眷同布衣”。司马睿曾对王敦说:“吾与卿及茂弘(王导)当管鲍之交。”[①]管仲、鲍叔牙是春秋时期的知音挚友,交情深厚,司马睿以此为喻,说明他与王氏的关系何等密切。

与此同时,王氏与司马氏之间还有着特殊的历史关系。晋末八王之乱结束后,东海王司马越取得了最后胜利,赢得了满目疮痍的山河,也独吞了战乱的全部恶果,羯人石勒、王弥率铁骑进逼洛阳,使司马越不遑宁处。而司马越非皇室近属,号召力有限。在艰难的条件下,他看中了琅邪王氏,以王衍为征讨都督、太傅军司,负责组织抵抗少数民族;又以王导参军事,为之出谋划策。他们密切合作,共同经营风雨飘摇的西晋王朝。在司马越、王衍的共同操纵下,琅邪王司马睿与王导兄弟又开始结合。永兴二年(305年)八月,司马睿被司马越任命为平东将军,受命监徐州诸军事,留守下邳(今江苏睢宁西北),为他看守后方。临行前,司马睿请王衍从弟、参东海王越军事的王导为司马,委以重任。这样,由司马越、王衍在洛阳的关系,派生出了司马睿、王导在徐州下邳的关系,王氏兄弟在司马睿心目中的分量和地位可想而知。

---

① 分见《晋书》卷六五《王导传》,第1745页;卷九八《王敦传》,第2556页。

在王导、王敦兄弟的秘密策划下，永嘉元年(307年)七月，司马越以琅邪王司马睿为安东将军、都督江南诸军事，出镇建邺(今南京)。司马睿初镇江东，威名未著，南方士族持冷眼旁观态度，不肯合作，王导十分忧虑。于是利用三月上巳节的机会，让司马睿亲自观禊[①]，乘坐肩舆，王敦、王导及诸名流皆骑马跟随，前呼后拥，好不威风。吴土名士纪瞻、顾荣见其如此，乃相率拜于道旁。王导趁机献计，邀请南方首望顾荣、贺循出来做官，以结人心。司马睿亲自登门拜访顾荣、贺循，二人皆应命而至。由是吴人归附，君臣之礼始定。在南北门阀士族的联合支持下，司马氏在南方终于站稳脚跟，政权初具规模。

由于王敦、王导兄弟对司马氏拥戴之功最多，故东晋立国前后，司马睿对之格外宠信，待以殊礼，号王导曰“仲父”。在权力上，以王导为丞相，掌机枢；以王敦总征讨，执兵权。从而形成了“王与马，共天下”的政治格局，琅邪王氏也一跃而成为江左第一高门。

明白上述原因，我们就不难理解，为什么司马睿以王敦为六州都督及江荆二州刺史，将上游军政大权全部托付于他。

然而，王敦绝非等闲之辈，而是一个野心勃勃的阴谋家。凭借王家的声威和巨大的势力，他根本不把司马小儿放在眼里，决心与之一争高下，进而夺取皇帝宝座。自从做了六州都督、江、荆二州刺史后，日渐骄横起来。他自选僚吏，兼统州郡，结党营私，极力发展个人势力，以流民起义军的叛徒杜弘为将，加以宠待；南康人何钦聚党数千人，他擅自用为四品将军。王敦“既素有重名，又立大功于江左，专任阃外，手控强兵，群从贵显，威权莫二，遂欲专制朝廷，有问鼎之心”[②]。他每每酒后吟咏曹操的乐府诗：“老骥伏枥，志在千里。烈士暮年，壮心不已。”一边吟诵，一边用如意敲击唾壶打着节拍，以致壶边尽缺。晋元帝司马睿对王敦的勃勃野心感到厌恶和警惕，遂引刘隗、刁协等人以为心臂，以分王氏之权。王敦愈感不平，于是双方的猜忌和矛盾由此产生。晋元帝以湘州刺史甘卓迁梁州刺史(治汉中)，王敦欲以从事中郎陈颁代卓，元帝不从，更以谯王司马承镇湘州。这时，王敦已按捺不住心头怒火，口出怨言，公然上表元帝，称自己是忠臣，所以遭君王怀疑，是因为有苍蝇之人从中挑拨离间所致。王敦的公开挑衅，使晋元帝又恨又怕。为麻痹王敦，元帝仍采取笼络的方针，不但没有

① 禊：古代民俗。人们在三月三日上巳节于水滨洗濯，消除不祥，清除宿垢称为禊。

② 《晋书》卷九八《王敦传》，第2557页。

加罪于他，反而给他增加羽葆鼓吹等仪仗及属吏。为防王敦作乱，元帝也积极部署力量，组建军队，以刘隗为镇北将军，戴渊为征西将军，征发所有扬州家奴为兵，外以征讨少数民族，实御王敦。至此，双方矛盾空前激化，如箭在弦上，一触即发。

永昌元年(322年)正月，王敦以讨刘隗、清君侧为名，举兵武昌，公开作乱。其党吴兴人沈充起兵响应。王敦自武昌沿江东下，至芜湖，又上表罪状刁协。元帝大怒，下诏亲讨叛逆。叛军沿途未遇任何抵抗，直造建邺石头城下。右将军周札开城门纳敌，诸将与敦战，王师败绩。王敦既入石头，肆无忌惮，拥兵不朝，放纵兵士劫掠内外，宫省百官奔散，京城一片混乱。又杀大臣周顗、戴渊，刁协被迫逃奔后赵。皇太子司马绍神武明略，为朝野所钦重，敦欲诬以不孝之罪而废之。元帝无可奈何，以敦为丞相、江州牧，进爵武昌郡公，邑万户，又加羽葆鼓吹等仪仗，王敦假装不接受。随后退还武昌，多害忠良，宠树亲党，以兄王含为卫将军，都督沔南诸军事，领南蛮校尉、荆州刺史，又自为宁、益二州都督。

同年闰十一月，晋元帝在忧愤中死去，明帝司马绍即位，被迫征召王敦入朝辅政，授以黄钺，班剑虎贲20人，奏事不称名，入朝不趋拜，剑履上殿。此乃权臣篡位前的殊礼，这时的王敦离皇帝宝座只有一步之遥了。接着，王敦自为扬州牧，移镇姑孰(今安徽当涂)，以便就近监视朝廷，随时准备入朝称帝。

王敦既得志，气焰更加嚣张，四方贡献多入己府，将相岳牧悉出其门。为强其宗族，削弱帝室，调其兄王含任征东将军，都督扬州江西诸军事；以从弟舒为荆州刺史，彬为江州刺史，邃为徐州刺史。以沈充、钱凤为谋主，网罗大批爪牙。又大兴土木，营建府第，“侵入田宅，发掘古墓，剽掠市道”①，弄得士庶解体，天怒人怨，人们都知道他的末日快到了。果不出人们所料，不久王敦病重，但他仍念念不忘篡权夺位。

太宁二年(324年)七月，王敦遣其兄含及钱凤等率水陆兵五万，再次举兵反叛。叛军直抵京城南岸，明帝亲率六军迎击。由于叛军不得民心，加之王敦病入膏肓，无法亲自指挥战斗，在官军的奋力反击下一战而溃，王敦愤慨而死。其死党钱凤、沈充等也相继兵败被杀。随后，各地大肆诛除王敦所署郡县长官，将叛乱一举平息。

在王敦之乱中，作为丞相的王导扮演了不光彩的角色。他表面上忠于司马

① 《晋书》卷九八《王敦传》，第2560页。

氏皇帝，每日清晨率群从昆弟子侄20余人至朝廷待罪，并大骂王敦是逆臣贼子。而实际上为了家族利益却站在王敦一边，当王敦让其为司徒、守尚书令时，他痛快地接受了。王敦之乱虽然平息了，但鉴于王氏势力太强，晋明帝仍然不敢得罪，乃下诏王敦群从一无所问，王导照常居太保、司徒的高位，整个王氏家族毫发无损，从而保证了琅邪王氏第一高门不替的地位。

从王敦之乱中，我们可以看到：他始为六州都督、江州刺史，继为荆州刺史。由于江州所处地理位置的特殊性和战略地位的重要性，在作乱前后，王敦始终把江州牢牢地控制在自己手中。自为扬州牧后，则以从弟彬为江州刺史，决不肯轻易让人。王敦的做法为以后庾、桓等高门大族所效尤，开启了争夺江州的先例。

二、应詹、温峤治江州与郭默滋事

王敦之乱给东晋朝廷敲响了警钟，司马氏皇帝深深感到江州战略地位的重要，江州刺史需慎选其人，否则将酿成祸患，自食苦果。

太宁二年(324六)十月，王敦之乱刚刚平息，晋明帝即选任应詹为平南将军、都督江州诸军事、江州刺史。

应詹，字思远，汝南南顿(今河南项城县西)人，出身于儒学世家。其祖应璩，魏侍中；族祖应瑒，著名的建安七子之一。詹弱冠知名，为人直率纯朴，文雅而有度量，以学艺文章见称于世。他反对崇尚玄虚、不经世务的玄学清谈风气，提倡儒学，主张务实。在八王之乱中，曾任镇南大将军刘弘长史，被委以军政大事。他勤于为政，著绩汉南。当洛阳失陷、西晋垂危之际，应詹捋臂奋起，流涕满面，力劝荆州刺史王澄出兵赴援，并替澄起草檄文，下笔立成，辞义壮烈，见者慷慨，其忠于司马氏王室之情溢于言表。晋室南渡后，先后任建武将军，监巴东五郡军事，迁益州刺史。他为官清廉，不贪钱财，曾与陶侃破杜弢于长沙，流民军中金宝溢目，詹一无所取，唯收图书而已，见者莫不叹服。他勤政爱民，当离任益州刺史、巴东监军时，当地士庶攀车号泣，若恋所生，都不愿让他离去。王敦作乱时，他又积极参加平乱斗争。明帝选任应詹为江州刺史，不失为明智之举。

应詹赴任时，上疏明帝，建议慎选官吏，加强考课，各级长官不得扰乱百姓，实行精兵简政，减轻人民负担。来到江州后，他针对王敦之乱新平、人心未安的现实，关心民间疾苦，努力组织人民发展生产，恢复社会经济，以抚平战乱所造成的创伤,江州人民无不感到欢欣鼓舞。史称:“时王敦新平,人情未安,詹抚而怀之,莫不得其欢心,百姓赖之。”[①]应詹在任两年,为江州的社会发展作出了一定的贡献。咸和元年(326年)七月卒,时年五十二。

同年八月,温峤继为平南将军、江州刺史。

温峤,字太真,太原祁(今山西太原市祁县东南)人。出身于大士族家庭,父祖世代为官,其父兄弟六人并知名于世,号曰“六龙”。其伯羡,西晋末官拜司徒;父憺,河东太守。峤性聪敏,有胆识,博学善文章,从少以孝悌称著于乡邦同族。年十七,为都官从事。后举秀才,补上党潞县令。八王之乱后期,中原离乱,民生涂炭,并土(今山西)荒残,寇盗群起。峤为上党太守,追随姨丈、大将军刘琨,在艰难困苦的环境中,坚持斗争,顽强抗击石勒、刘聪等少数民族统治者,出生入死,收拾破碎山河。值洛阳、长安相继失陷,社稷沦亡,司马睿初镇江左,刘琨诚系王室,乃命峤渡江南来,奉表劝进。从此,温峤留在南方,成为司马氏的股肱重臣。东晋初,历官散骑侍郎、骠骑长史、太子中庶子等职。明帝即位,拜侍中,机密大谋皆所参综,诏命文翰亦悉为之。王敦之乱中,温峤尽忠王室,亲自挥戈上阵,败王含,击钱凤,多立军功。王敦之乱后,天下凋敝,国用不足,温峤上奏军国要务,建议朝廷应加强对寿阳(今安徽寿县)的防务,以防叛乱再次发生;实行劝课农桑,减轻赋役,兴兵屯田;省官吏,选拔贤才。其奏议多为朝廷所采纳。明帝病重期间,温峤与王导、郗鉴、庾亮等同受顾命。

成帝初即位,朝廷又面临新的不稳定因素。历阳(今安徽和县)内史苏峻自恃平定王敦之乱立有大功,颇为骄纵,凭借其兵强马壮,器械精利,暗有异志,多纳亡命,结党营私,专用威刑。他手下精卒万人,皆仰赖国家供给,稍不如意,便肆意忿言,随时都有作乱的可能。而征西将军陶侃居兵上游,素有威名于荆楚,朝廷又以西夏(此指荆州)为忧。两者相比,朝廷最担心的倒是上游军事重镇荆州。为了牵制荆州,防患于未然,故使温峤为江州刺史。温峤就是在这种背景下走马上任的。

温峤刺江州期间,颇有惠政。他注意察别和选用德才兼备之士为官,以加强对地方的治理;敬重前贤,亲至南昌祭扫徐孺子之墓,以树立良好的社会风尚。并上书朝廷,指出:“豫章十郡之要,宜以刺史居之。寻阳滨江,都督应镇其

---

① 《晋书》卷七〇《应詹传》,第1860页。

地。今以州帖府[①],进退不便。……宜选单车刺史[②]别抚豫章,专理黎庶。”[③]西晋惠帝元康元年(291年),始立江州,辖豫章、鄱阳、庐陵、临川、南康、建安、晋安、武昌、桂阳、安成十郡。不过,西晋怀帝永嘉元年(307年)置立湘州,桂阳郡已从江州划出,至东晋初,江州只剩九郡了。温峤所说十郡,当指江州始立之政区。他认为,十郡之中,豫章郡最为重要,应有刺史常居郡中才合适,而且要选用单车刺史专门治理民众,方能把州郡治理好。寻阳临江,是军事要地,应该由都督镇守。如果州府、军府混在一起,进退不方便,不利于对整个江州的治理。温峤的意见无疑是对的,说明他对江州的关注和对治理江州的高度重视。如能按此建议实行,对江西社会发展必将大有裨益。但是,在门阀士族当权的东晋,高门大族对江州虎视眈眈,谁也不肯轻易放弃那里的军政大权,他的建议不可能被采纳。因此,诏不许,实际上是当权的大族庾亮不允许。温峤对叛逆恨入骨髓,在镇见到王敦画像,恨恨地说:王敦是个大逆臣贼子,应当剖棺戮尸,哪有受戮于天子而为其画像于众人之中的道理?即命人将王敦画像削去。

咸和二年(327年)十月,庾亮不顾举朝大臣的反对,强征历阳内史苏峻为大司农,欲夺其兵权,以防祸乱,苏峻拒不应命。由于庾亮对苏峻事件处置失宜,引起苏峻的强烈不满,终于酿成大祸。

同年十一月,苏峻联合豫州刺史祖约发动了一场更大规模的反叛。温峤闻变,心急如焚,立即出师勤王。亲自屯兵寻阳,遣都护王愆期、西阳太守邓岳、鄱阳内史纪睦等率舟师赴难。叛军势如破竹,十二月袭陷姑孰。次年二月,攻克建康。温峤闻京师倾覆,号啕大哭;与人相见,相对悲哭。身为征讨大都督的庾亮,此时全无抵抗能力,军未成列,士卒皆弃甲而走;仓皇之中觅得一条小船,携其三弟怿、条、翼及郭默、赵胤诸将西奔寻阳,投奔温峤。三月,温峤遣都护王愆期至荆州,邀请陶侃与之同赴国难。陶侃本对庾亮无端猜忌自己不满,心怀怨忿,但在国难当头之际不计前嫌,慨然应允;庾亮也引咎自责,风止可观。温峤、庾亮共推陶侃为盟主,克日同趋建康。五月,陶侃率众至寻阳,合荆、江二州之兵,戎卒六万,旌旗七百余里,钲鼓之声震于百里,浩浩荡荡,直指石头城下。这时,东部各郡也纷纷起兵以救京师。陶侃指挥官军并殊死战,在东西两路大军的夹

① 以州帖府:意为以州府帖附于军府,二者合署办公。东晋多以镇将领州,以州帖府,仗节握兵,执掌一方之军政大权。

② 单车刺史:自魏以来,凡庶姓为州而无将军号者谓之单车刺史。它只理民政而无兵权。

③ 《晋书》卷六七《温峤传》,第1790页。

击下，叛军纷纷溃散。七月，祖约败奔历阳。九月，苏峻于战阵中被杀，余众大溃。峻司马任让等共推苏峻之弟苏逸为主，闭城自守。温峤乃立行台，布告远近，凡故吏二千石以下，皆令赴台城，于是至者云集。咸和四年(329年)二月，苏峻之乱被最后平息。温峤因平乱立有大功，拜骠骑将军，加散骑常侍，封始安郡公。

苏峻之乱历时一年零三个月之久，使建康一带遭到惨重破坏。是时宫阙化为灰烬，民物凋敝，京邑荒残。温峤欲迁都豫章，三吴豪强请都会稽，二论纷纭未决。司徒王导认为“建康王者之都”，宜镇之以静，群情自安，由是不再迁都。时朝廷资用不能自给，温峤又借以资蓄，备好各种器具，谢绝留朝辅政，而后凯旋回到武昌。

咸和四年(329年)四月，温峤至镇不到十天，因患齿疾，拔牙中风而死，时年42岁。“江州士庶闻之，莫不相顾而泣”。成帝下诏褒美，盛赞他带头起兵勤王，平定叛乱，使“王室危而复安”；称其“功格宇宙，勋著八表”[①]。追赠侍中、大将军、都督，赐钱百万，布千匹，谥曰忠武。葬于豫章(今南昌)，后迁丧还都，葬于晋元帝建平陵北。

温峤死后，刘胤代峤为平南将军，都督江州诸军事，领江州刺史。

刘胤原为温峤军司马，受温峤生前荐举而代领其职。陶侃、郗鉴都认为刘胤非方伯之才，不宜居要害之地而担此重任，然司徒王导不从。温峤荐举刘胤代为江州刺史本已失策，王导又一意孤行，不肯听取陶侃等大臣的意见，更是错上加错。后将军郭默趁机滋事，结果酿成变乱。

刘胤上任之后，随着职务和地位的提高，骄傲自负日甚一日，把温峤在世时的许多惠政一古脑儿抛到九霄云外。他“纵酒耽乐，不恤政事”；以官经商，“大殖财货，商贩百万”。是时朝廷经苏峻大乱，物资严重匮乏，百官无俸禄，全靠江州漕运供给。刘胤却视而不见，不闻不问，而是利用江州水运便捷、物产富饶的优越条件，“商旅继路，以私废公”[②]。有关官员奏免其职。

郭默本是河内一坞堡主，永嘉之乱中，靠渔舟抄劫行旅而致巨富，遂为流民首领。东晋初南渡，被用为北中郎将，转后将军。苏峻之乱中，随庾亮出逃至寻阳。郭默骁勇，为人狡猾多诈，乐为边将。居寻阳时，不被刘胤礼遇，心怀怨恨。而寻阳重要的战略地位和优越的经商条件，更使他垂涎欲滴，故早有取刘

① 《晋书》卷六七《温峤传》，第1795页。

② 《晋书》卷八一《刘胤传》，第2114页。

胤而代之的野心。苏峻之乱平定后,朝廷征之为右军将军,入朝宿卫,郭默心中不愿。出发前,他借口向刘胤求取行资,得知刘胤虽被朝廷免官,却不即归罪,正准备申诉,遂诈称受诏书讨胤,斩胤及其僚佐,掠其妻女并金宝还船。初称下还建康,旋又停留于刘胤故府不走。司徒王导想利用这一事件将江州控制在自己手中,削弱上游方镇,故立刻承认这一既成事实,当即宣布大赦天下,枭刘胤之首于大航(建康朱雀航),以郭默为西中郎将、江州刺史。太尉、荆州刺史陶侃闻之大怒,抢先下手,于咸和五年(330年)正月起兵讨郭默,并致书斥责王导说:"郭默杀方州即用为方州,害宰相便为宰相乎?"[①]王导自知不是陶侃对手,赶紧派人收起刘胤之首。与此同时,豫州刺史庾亮率步骑两万,也加入讨伐行列。三月,陶侃、庾亮会兵湓口。郭默欲南据豫章,而侃兵已至城下。随后诸军大集,围之数重。五月,陶侃斩郭默于军门,传首建康。成帝遂下诏以侃为江州都督,领刺史。这样,郭默滋事被很快平息,陶侃得以兼有荆、江两州之地,破坏了上下游平衡的局面。

三、陶侃发迹及其对荆、江二州的治理

东晋一朝,陶侃是位颇为特殊的重要人物,甚至带有几分传奇色彩。他既非高门,也非望族,在等级森严的东晋门阀社会,居然能逐步发迹而荣登三公高位,位极人臣,既富且贵。身为八州都督,手控强兵,长期居藩上游,却不参与朝权,与下游朝廷平和相处,相安无事,使上下游之间保持了十几年之久的平静安定局面。他身兼荆、江二州刺史,理政爱民,"作藩于外,八州肃清;勤王于内,皇家以宁"[②]。从而在官场和百姓中都赢得了极好的口碑。两晋玄学盛行,上层社会的官僚名士手握麈尾,口尚清谈,竞为风流。他不染流俗,不附风雅,痛斥老庄浮华,而惜阴如金。凡此种种,都说明陶侃与众不同,这些与其出身、从小所受家庭教育及坎坷人生等因素密切相关。

陶侃(259—334年),字士行,原籍鄱阳(今波阳县东),西晋平吴后,徙居庐江寻阳县(今九江市西)。当时的庐江郡一带是盘瓠蛮即谿族杂居之地,谿族因杂处五溪之内,故也称溪族或傒族。陶侃的相貌与众不同,又"俗异诸华",温峤曾骂之为"溪狗"[③]。可见,他是少数民族。谿族拳脚敏捷,善于格斗,陶侃作战勇

---

① 《晋书》卷六八《陶侃传》,第1776页。

② 《晋书》卷六六《陶侃传》,第1778页。

③ 《世说新语·容止篇》,第330页。

猛,大约与此有关。南北朝以后,豀族罕见诸史籍,基本融合于汉族之中。

陶侃出身寒微,其先辈史载不详,仕宦不显。其父陶丹,东吴时官拜扬武将军。扬武是杂号,居官八品,地位不高。陶侃年轻时曾为寻阳鱼梁吏,替官府看护鱼池,服过贱役,故其自称“少长孤寒”,史家也谓之“望非世族”。

陶侃早年孤贫,与母亲湛氏相依为命。湛氏,豫章新淦人,陶丹聘以为妾,生侃。这是一位贤明、知书达理而又坚强的女性,家风极严,使陶侃从小就受到良好的家庭教育。陶侃作鱼梁吏时,曾托人捎回一罐腌鱼给母亲吃,湛氏原封不动地将鱼让来人拿走,并写信责备儿子说:“汝为吏,以官物见饷,非唯不益,乃增吾忧也!”陶侃年轻时曾有酒失,遭到父母的训斥和严格约束,以至终身不敢饮酒过量。多年以后,陶侃在荆州刺史任上,每次与佐吏从容饮宴,常有限量,或有人劝他多喝一点,他凄然良久地说:“昔年少曾有酒失,二亲见约,故不敢逾限。”[①]陶家贫贱,湛氏立志要使儿子显身扬名,乃勤于纺织以资助儿子广交朋友。陶侃也很争气,“少长勤整,自强不息”,有着“纲维宇宙”的远大志向。后经县功曹周访的举荐,当上县主簿,才开始摆脱充贱役的地位。鄱阳孝廉范逵素知名,一天投宿陶侃家。时冰雪积日,侃家一无所有,而范逵马匹、仆人甚多,仓促之间无以待客。湛氏急忙将自己一头长长的秀发剪下,卖得数斛米,又让侃将屋柱砍下为薪,将草席切碎以为马草。经过一番忙碌,至傍晚时分,居然备下一桌“精食”。范逵为陶侃母子的盛情所感动,遂向庐江太守张夔称美之,夔召侃为督邮,领枞阳令。因为干得出色,不久迁郡主簿。陶侃也倾力报答张夔的知遇之恩,又被举为孝廉。有了这种身份,便可以进入洛阳去结识上层名流,为日后的发迹创造了条件。

大约在296年,陶侃来到洛阳,首先去拜访“性好人物”的司空张华。张华却“初以远人,不甚接遇”。但陶侃对张华的轻视并不灰心,多次求见,“每往,神无忤色”[②]。后在一次交谈中,张华发现他才华出众,有异常人,遂寄予厚望,并当面夸赞说:“后来匡主宁民,君其人也。”[③]即荐之为郎中。郎中是重要的晋身之阶,有资格入选各类官职。但在九品中正制盛行的西晋,选官已形成“上品无寒门,下品无世族”的局面。陶侃几经拼搏,虽然得到郎中一职,仍不免被上层名流视为“小人”。由于出身寒微,又无权门可托,陶侃要想挤入上流社会,真比登

① 《世说新语·贤媛篇》,第364页。

② 《晋书》卷六六《陶侃传》,第1768页。

③ 《世说新语·言语篇》,第74页。

天还难。

就这样，陶侃在洛阳呆了五六年。在此期间，只做过舍人一类的寒官，还不时被中原士族名流斥为“小人”，眼前的境况使他感到前途渺茫。就在此时，八王之乱发生，京城洛阳战乱不已，陶侃决心南下。经吏部令史黄庆的推荐，他来到荆州南部一个偏远之地，补任武冈县令。上任不久，因与太守吕岳关系紧张，遂弃官还乡，随后当过郡小中正。这时的陶侃已经四十多岁了，在仕途上始终难以得志。

八王之乱导致江南出现动荡不安的局面，陶侃决心投身戎旅，以施展自己的才能，实现多年的抱负。太安三年(303年)，他首先投依荆州刺史、南蛮校尉刘弘，被辟为南蛮长史，受命为先锋，率军于襄阳镇压了以义阳蛮张昌为首的流民起义，因军功而封东乡侯，邑千户。永兴二年(305年)，广陵相陈敏据历阳(今安徽和县)起兵反晋，自称扬州刺史，企图割据江南，并遣其弟陈恢溯江西上，入江州，攻武昌。

刘弘以陶侃为江夏太守，加鹰扬将军，命他率兵抵御陈恢。这时的陶侃已不再是地位卑贱的“小人”，而成为大郡的太守和有实力的地方将领，由此逐渐发迹。为了显示尊荣，他上任的第一件事就是盛排仪仗，风风光光地将母亲迎至任所。接着，出兵进击陈恢，经与诸军并力奋战，所向必破。他军纪严明，所获战利品全部分给士卒，自己秋毫不取，深得将士拥戴。刘弘非常赏识陶侃的军事才能，接着又提拔他为长史，并当面对他说：“吾昔为羊公(羊祜)参军，谓吾其后当居身处。今相观察，必继老夫矣。”①若干年后，陶侃果然继为荆州刺史，不负刘弘厚望。

光熙元年(306年)，刘弘病故。不久，陶母病逝(葬于临川南50里抱冈山村)，陶侃也因此去职。雷次宗《豫章记》说：“侃至孝，感得仙人来吊，化为双鹤而去。”在家守丧期间，全国政局发生了很大变化，东海王司马越成为八王之乱的最终胜利者，执掌西晋实权。此时的西晋王朝已岌岌可危，为了留条后路，永嘉元年(307年)，司马越以宗室琅邪王司马睿为安东将军、都督江南诸军事，出镇建邺。

陶侃服丧期满后投依司马越，被用为参军，督护江南诸军事。江州刺史华轶也表荐他为扬武将军，率兵三千驻屯夏口(今汉口)。华轶与琅邪王司马睿向

① 《晋书》卷六六《陶侃传》，第1769页。

来不和，其后双方矛盾日趋激化。为了瓦解对方和壮大自己实力，司马睿极力拉拢陶侃，加侃奋威将军，送去赤幢曲盖轺车、鼓吹等仪仗。陶侃宣布与华轶断绝关系，华轶因元气大伤而兵败被杀。陶侃则官升龙骧将军、武昌太守。

永嘉五年至建兴三年(311—315年)，陶侃与周访、甘卓等被征讨都督王敦派往荆、湘一带，镇压了以杜弢为首的流民大起义，因战功卓著而晋升为荆州刺史，地位逐渐显赫。

正当陶侃踌躇满志准备赴荆州上任时，却遭到了王敦的猜忌和排斥。王敦欲自己居兵上游，不愿意让陶侃坐镇荆州，又惧其功高难制，结果陶侃被软禁，左转广州刺史、平越中郎将，并险遭杀身之祸。由于得到亲家周访的外援，才幸免于难。

陶侃将入广州，及时识破了占据广州的杜弢余部杜弘等人诈降的阴谋，一举将杜弘击溃。建兴三年(315年)八月顺利进入广州城。及王敦举兵反叛，晋元帝司马睿下诏陶侃领江州刺史，继转都督、湘州刺史，领交州刺史。以其前后功，又进号镇南大将军。这时的陶侃已经是重要的高级将领了。

陶侃前后居广州十年，由于治理有方，使得境内无事，战事稀少。但他并不甘心在边州当刺史。为了锻练意志和体魄，以实现自己致力中原的远大抱负，每天"朝运百甓(砖)于斋外，暮运于斋内。人问其故，答曰：'吾方致力中原，过尔优逸，恐不堪事'"。其励志勤力，可管窥一二。

太宁三年(325年)五月，王敦之乱平定后，晋明帝为防止琅邪王氏再次专兵擅权，以改变元帝以来"王与马，共天下"的政治格局，立即提拔陶侃为荆、湘、雍、梁4州都督、荆州刺史、征西大将军。"楚郢士女莫不相庆"[①]。

同年闰八月，明帝病逝，五岁的成帝即位，外戚庾亮掌权。咸和二年(327年)，由于庾亮政事处置失宜，激起历阳内史苏峻反叛。苏峻举兵攻破建康，挟持成帝，庾亮仓惶逃往江州。在此危难之际，陶侃以位重兵强而被推为盟主，与温峤、庾亮等人共讨苏峻。他运筹帷幄，指挥若定，一举平定苏峻之乱，使东晋王朝转危为安。

陶侃因平乱立有大功而晋升太尉，都督7州军事，封长沙郡公。咸和五年(330年)，出兵斩杀了骁勇难制的右军将军郭默，夺得江州，成帝以侃都督江州，领刺史。至此，他身为太尉、八州都督及荆、江二州刺史。不久，又官拜大将

① 《晋书》卷六六《陶侃传》，第1773页。本目以下引文未注明出处者，皆见陶侃本传。

军,成帝给以殊礼,剑履上殿,入朝不趋,赞拜不名。其权位之显赫,东晋一朝很少能有人与之相匹。

陶侃性聪敏,恪尽职守,勤于政事,待人谦恭有礼,喜欢与人交往,善处各种关系。在任荆、江二州刺史期间,他采取了一些较好的治理措施。

首先,他决心改变西晋以来浮华放荡、崇尚空谈的不良社会风气。东晋政风仍承西晋之弊,"今当官者以理事为俗吏,奉法为苛刻","从容为高妙,放荡为达士,骄蹇为简雅"[①]。对于这种风气,陶侃深恶痛绝。因此,他"终日敛膝危坐,阃外多事,千头万绪,罔有遗漏。远近书疏,莫不手答,笔翰如流,未尝壅滞。引接疏远,门无停客"。他自强不息,好督劝于人,常说:"大禹圣者,乃惜寸阴,至于众人,当惜分阴,岂可逸游荒醉,生无益于时,死无闻于后,是自弃也。"反对玄学空谈、酗酒误事,自己每次饮酒必有定限,常欢有余而酒量已尽。"诸参佐或以谈戏废事者,乃命取其酒器、蒱博之具,悉投之于江,吏将则加鞭打"。并说:"樗蒱者,牧猪奴戏耳!老子浮华,非先王之法言,不可行也。君子当正衣冠,摄其威仪,何有乱头养望自谓宏达邪!"这种作风在晋代官场中实属仅见。

其次,他特别注意发展农业生产,改善人民生活境遇,稳定社会秩序。王敦之乱平定后,荆州大饥,百姓多饿死,他下令秋收时大量购进粮食,遇到荒年则减价卖出,因而救活不少人,士庶无不欢悦。一次外出,见人手持一把未熟稻,陶侃问:"用此何为?"人云:"行道所见,聊取之耳。"侃大怒,斥责说:"汝既不田,而戏贼人稻!"于是,"执而鞭之"。他常带头参加农业劳动,虽戎阵武士,也都劝励他们勤于耕作,"是以军民勤于农稼,家给人足"[②]。在他的治理下,荆、江二州社会秩序良好,"自南陵(今安徽芜湖一带,江州东界尽于此)迄于白帝数千里中,路不拾遗"。

与此同时,他还十分珍惜公物,严禁贪污浪费。如"有奉馈者,皆问其所由。若力作所至,虽微必喜,慰赐参倍;若非礼得之,则切厉诃辱,还其所馈"。造船所剩木屑、竹头,命专人记录保管,不许丢失,起初人们都不知其用意。"后正会,雪后始晴,听事厅前余雪犹湿,于是以屑布地。及桓温伐蜀,又以侃所贮竹头作钉装船"。废物全部派上用场。

陶侃"性纤密好问",又善于察访,发奸擿伏如神,人比之赵广汉(西汉人,

---

① 《晋书》卷七一《熊远传》,第1887页。

② 刘义庆《世说新语·政事》注引《晋阳秋》,第108页,上海古籍出版社,1982。

以善于揭发奸邪、吏治廉明著称)。他曾令诸军营种柳,“都尉夏施盗官柳植之于己门。侃后见,驻车问曰:‘此是武昌西门前柳,何因盗来此种?’施惶怖谢罪”。

陶侃的道德才能为时人所称道,尚书梅陶评价说:“陶公机神明鉴似魏武,忠顺勤劳似孔明,陆抗诸人不能及也。”宰相谢安每每说:“陶公虽用法,而恒得法外意。”其为世人敬重如此。

陶侃在门阀制度盛行的两晋王朝苦苦挣扎数十年,在军41载,才得以出人头地。但因出身寒微而有自知之明,他不愿卷入朝廷内部激烈权力争夺的政治旋涡,也不敢轻易侵犯士族的权益。晚年虽位极人臣,却能“怀止足之分,不与朝权”。这一明智选择,既可保家族富贵,维持“家僮千余,珍奇宝货富于天府”的巨大产业,又可保子孙前途。《晋书》陶侃本传说:

> 又梦生八翼,飞而上天,见天门九重,已登其八,唯一门不得入。阍者以杖击之,因坠地,折其左翼。……有善相者师圭谓侃曰:“君左手中指有竖理,当为公。若彻于上,贵不可言。”侃以针决之见血,洒壁而为公字,以纸帙之,公字愈明。及都督八州,据上流,握强兵,潜有窥窬之志,每思折翼之祥,自抑而止。

此类神奇的莫名臆说,把陶侃刻画成一个有野心的人物。对此,著名史家胡三省在为《资治通鉴》作注时,愤愤不平地说:“观陶侃在西藩颠末,岂有非望之图哉!晋史所记决指之事,折翼之梦,盖庾亮之党傅致之耳。”[①]胡氏所说极是。宋代王应麟《困学纪闻》载苏东坡谓刘壮舆曰:“陶威公忠义之节,横秋霜而贯白日,晋史书折翼之事,岂有事乎?”

陶侃晚年深以满盈自惧,屡欲告老归国(其封地长沙国),手下佐吏苦苦挽留。咸和九年(334年)六月,陶侃病重,上表成帝逊位。这时,他仍念念不忘经略中原。表中说:“欲为陛下西平李雄,北吞石季龙,是以遣毌丘奥于巴东,授桓宣于襄阳。”终因病重而良图未果。在表疏中,他还特意提醒成帝,指出荆、江二州刺史之任,“内外之要,愿陛下速选臣代使,必得良才,奉宣王猷,遵成臣志,则臣死之日犹生之年”。随后,遣左长史殷羡将官印、节传、仪仗等送还朝廷;凡军资

① 《资治通鉴》卷九五·晋成帝咸和九年(334),第2995页。

器仗牛马舟船皆有固定账簿，封印仓库，亲加锁钥，将后事一一托附于右司马王愆期。第二天，启程返长沙国，途中病逝于樊溪（武昌西三里），时年七十六。

人们遵其遗嘱，葬之于长沙县南30里。故吏于武昌城西为之刊石立碑画像，晋成帝下诏盛赞陶侃说："作藩于外，八州肃清；勤王于内，皇家以宁。"并将其勋业与春秋时期的齐桓公、晋文公相提并论。东晋史家袁宏作《东征赋》，赞陶侃云："精金百炼，在割能断；功则治人，职思靖乱。长沙之勋，为史所赞。"[①]这是对陶侃一生事业的中肯评价。

四、庾、王江州之争

陶侃刚刚去世，晋成帝即以庾亮为征西将军，江、荆、豫、益、梁、雍六州都督，领江、豫、荆三州刺史。庾亮之能顺利取得江、荆二州，关键在于他是掌权的外戚。

庾亮（289—340年），字元规，颍川鄢陵（今河南鄢陵西北）人。出身于门第显赫的高门大族，其父以上三代均在魏晋时期先后出任尚书、侍中、中书令等显要官职。永嘉初，中原大乱，庾氏举家南迁，其父庾琛出仕会稽太守，庾亮随父居于会稽，深居简出。

其时，镇东大将军、琅邪王司马睿出镇建邺（后更名建康），图谋建立江左政权。在王导的谋划下，网罗了一大批南北士族担任幕僚。庾亮因为出身高门大族，人又长得俊美，仪表不凡，喜读《老子》、《庄子》一类的书籍，擅长清谈，很有一些名气。司马睿闻其名，辟之为西曹掾。及引见，这位风度翩翩、举止娴雅的年轻人立即博得了司马睿的好感和器重。司马睿听说庾亮的妹妹庾文君尚待字闺中，主动提出和他联姻，聘其妹为皇太子（即明帝司马绍）妃。自此，庾亮春风得意，官位扶摇直上，从丞相参军很快升迁为中领军，统率禁军，负责宫廷宿卫，权势至大。明帝时，因平定王敦之乱有功，封永昌县开国公，转护军将军。明帝临终前，庾亮与王导、郗鉴、温峤等7大臣受遗诏辅政，加中书令。

成帝五岁即位，不能亲理朝政，皇太后庾氏临朝而委政于庾亮。庾亮以皇舅的身份，在谋反的罪名下，首先诛杀了南顿王司马宗，废西阳王司马羕；后又一手酿成了苏峻之乱，造成了巨大的灾难。庾亮自感具有不可推卸的重大责任，被迫引咎出都，离开朝廷。咸和四年（329年），庾亮出任平西将军、豫州刺

① 刘义庆《世说新语·文学》，第156页。

史，镇芜湖。庾亮离朝，王导再度执政，并把自己凌驾于成帝之上。王导的擅权，引起了荆州刺史陶侃和庾亮的严重不满，陶侃曾倡议起兵废黜王导，因为郗鉴反对，才避免了一场干戈。咸和九年(334年)六月，陶侃病故。陶侃临终前，曾上表朝廷，特别提醒成帝，指出荆、江二州刺史之任特别重要，应慎选良才以接替其任。应该选谁呢？当时居朝秉政最有权势的高门大族莫过王、庾二家，而琅邪王氏已有王敦作乱的前车之鉴，自然不能轻易托付。而庾氏是外戚，心向王室，又有皇太后庾氏为之撑腰，庾亮虽然暂时出居外任，仍然是最佳人选。在这一形势下，庾亮出任荆、江二州刺史便成为顺理成章之事。更何况庾亮早已垂涎江州，当郭默滋事江州，王导用之为江州刺史时，庾亮便立即出兵两万助陶侃讨郭默，不无夺取江州之意，只是无力与陶侃争夺罢了。

庾亮自豫州徙居荆州后，他与王导之间争夺对江州控制权的斗争，便成为政局的焦点所在。由于江州战略地位的特殊性和极端重要性，如果庾亮能牢牢地控制江州，就能合荆、江二州之力，以上游而制建康，遥控朝权，使军事优势转变为政治优势；王导如能夺得江州，就不至坐困建康，甚至可以遏制上游。这是生死悠关的政治大事，双方都不敢掉以轻心，故斗争至为激烈。但这一斗争又不能大事声张地进行，而只是暗中激烈地较量。

庾、王江州之争自庾亮徙镇武昌后便开始了，不过最初争夺的直接目标不是江州，而是与江州毗邻的豫州。东晋豫州属侨州，治芜湖(今安徽芜湖)，上邻江州，下近建康，夺取豫州是争夺江州的第一步。咸和九年(334年)六月，庾亮领江、荆、豫三州刺史，自芜湖迁镇武昌。庾亮前脚离开豫州，王导后脚接踵而至，乘虚而入。当月，王导以其侄王允之为宣城内史，监扬州江西四郡诸军事，镇于湖，占领了豫州四郡之地。于湖贴近芜湖，王允之镇于湖，大有取代庾亮为豫州刺史之势。第二年四月，王导又以后赵石虎入侵事件为借口，乘机调兵遣将，完成了对豫州治所周围要地的占领，并使王允之由于湖改镇芜湖。这样，庾亮原来所领豫州诸郡，统统归于琅邪王氏的势力范围。面对王氏的步步进逼，庾亮也不示弱，采取了有力的反击措施。咸康五年(339年)秋，庾亮以“所在险远，粮远不继”为口实，将其弟、梁州刺史庾怿从偏远的魏兴(今陕西安康)急忙调至江州的半洲。半洲与寻阳毗邻，是一军事要地。庾怿远道进驻半洲，目的在于稳定江州局势，同时对付下游王氏势力的扩张，既可守，也可攻。庾怿驻屯半洲后，寻迁豫州刺史，进号西中郎将，监宣城、庐江、历阳、安丰4郡军事，镇芜湖。庾怿刺豫州，监宣城等四郡，实际恢复了庾亮咸和九年出镇荆州以前在豫州的态势。庾亮采取的反击措施,使琅邪王氏遭受一次重大挫折。

咸康五年(339年)七月,王导死去,成帝征庾亮入朝辅政,担任丞相、扬州刺史,录尚书事。庾亮不肯就职,他雄心勃勃地移镇襄阳,准备北伐后赵。但因邾城(今湖北黄冈)突然失守,守将毛宝和突围而出的六千将士全都淹死在江中。庾亮自请贬官三等,降为平西将军,诏不许。庾亮从此郁郁不乐,忧虑成疾,次年正月病死。虽然王、庾二家的两位主将相继死去,但争夺江州的斗争不但没有停止,反而由暗斗而变为明争,斗争日趋激烈。

咸康六年(340年),琅邪王氏趁庾亮之死,得到了进入江州的机会。这一年,王允之出任江州刺史,迁南中郎将。王允之本据豫州与江州对峙,尔后庾怿由江州之半洲而得豫州刺史,王允之却从豫州溯流而上,进到庾怿的后方,夺得江州刺史之职,王、庾两大家族正好互换了地盘。从王、庾两家对江州的激烈争夺程度来看,这显然不是一次正常的换防行动,而是两家士族门户之间的实力较量。

琅邪王氏从庾氏手中夺得江州,直接损害了庾氏大家族的利益,这是庾氏所不愿意的。随后便发生了庾怿向王允之下毒的恶性事件。《晋书》卷七三《庾怿传》载:豫州刺史庾怿"尝以酒饷江州刺史王允之。王允之觉其有毒,饮犬,犬毙,乃密奏之。(成)帝曰:'大舅已乱天下,小舅复欲尔邪!'怿闻,遂饮鸩而卒。"此事发生于咸康八年(342年)春,距成帝死前数月。庾怿何以谋害王允之,史载不明,一些学者也认为殊不可解。其实,只要我们紧密联系庾、王两大家族的深刻矛盾及其对江州的激烈争夺,就不难发现其中奥妙。庾怿之所以向王允之下此毒手,主要是为了发泄对琅邪王氏夺取江州的严重不满,企图通过不光彩的暗算手段来达到自己的目的。晋成帝对此十分生气,所谓"大舅已乱天下",是指庾亮剪除宗室、激起苏峻反叛,以及后来谋废王导之事。所谓"小舅复欲尔",当指庾怿谋害王允之,想再次挑起王、庾两家矛盾,并认为此事与庾亮"乱天下"的后果相当。但晋成帝的一怒还不足以使庾怿自裁,因为当时掌权的是庾怿之弟庾冰,成帝毫无实权,主要原因当来自王允之及其家族的巨大压力。庾冰为了整个家族的长远利益,不能公然坦护自己兄弟,只好大义灭亲,庾怿便不得不死。由此看出,庾、王江州之争的尖锐、激烈程度。

庾怿之死,使庾氏家族受到沉重打击,王氏家族一时得势。但庾氏并未就此罢休,王允之仍不能自安于江州,双方的斗争仍在激烈地进行着,而且不断出现新的变局。

咸康八年(342年)六月,成帝死,成帝之弟康帝即位,委政于庾冰、何充,门阀士族权力重新配置,庾、王之间的斗争焦点还是对江州的争夺。何充是王导外甥、庾亮妹夫,与庾、王二家皆为亲戚,是两大家族都可以接受的人物。何充虽居庾、王之间,但因与王导有着直接的血缘关系,所以实际上是袒护王的。尽管如此,由于何充是二等高门,无论在地位、权势或社会影响诸方面都不能与庾氏相抗,庾冰也就没有把他作为主要对手,而把主要目光集中在江州刺史王允之的身上,注意观察其动静,寻找驱逐他的机会,以便重新控制江州,使荆、江合为一体,从而巩固庾氏在上游的地位,保持门户势力。

机会很快来了。就在这一年,王导之子王恬守丧期满,出任豫章太守。王允之闻之愕然,以为王恬是丞相之子,应被优遇,不可出为远郡,乃自求解职。王允之本是故作姿态,一是逼庾冰收回以王恬为远郡的成命,二是想推荐比自己更有地位才能的王恬代为江州刺史,以防庾氏觊觎。庾冰见有机可乘,立刻将计就计,在改署王恬为吴郡太守的同时,又将王允之从江州调出,改任会稽太守,以示将向来由王、谢等高门大族居任的三吴地区划为其势力范围,庾氏不求染指,但求换得江州。王允之自然明白个中原委,拒绝受调。但庾冰却利用康帝成命,下诏将王允之从江州强行调出。王允之哑巴吃黄连,有苦说不出。这是庾怿死后江州发生的第一次变局。

正当庾冰准备接手江州之际,突然又发生一次波折。是年十二月,皇后褚氏立,后父褚裒不愿居朝任事,而求出为江州刺史,镇于半洲。褚裒是皇后之父,又是大名士,庾冰不便阻拦,致使庾氏取得江州的计划功败垂成。这是庾怿死后江州发生的第二次变局。

第二年(建元元年,343年)八月,形势又发生新的变化。荆州刺史庾翼准备北伐,乃移镇襄阳。庾冰也要求外出,诏以冰都督荆、江、宁、益、梁、交、广7州及豫州之四郡诸军事,领江州刺史,镇武昌,以为庾翼继援。于是,争夺多年,辗转易手的江州重镇,终于被庾氏夺得。然庾冰刺江州的时间甚短,翌年十一月便因病死去,朝廷复以庾翼督江州,领豫州刺史。这是庾怿死后江州发生的第三次变局。

庾翼都督江州近六年,穆帝永和元年(345年)七月背生毒疮而死。庾翼死后,庾氏家族乏人,难以担当江州刺史重任,江州遂转入桓、谢家族之手,庾、王江州之争至此宣告结束。

综观这段时间的江州形势,可以看到其变化纷纭。在一年多的时间内,竟经历了如此之多的复杂变化,江州地位之重要和斗争之激烈便可想而知。由于江州所处地理位置的特殊和战略地位的重要，在东晋荆、扬相持的门阀政治格局中，它始终是一个重要的竞争之地，只要门阀政治的格局不变，江州的重要地位不变，江州之争也必将不断发生。庾、王之后，桓、谢两大家族相继专权秉政，也出现过类似的江州之争，只不过由于大敌当前，彼此互相克制，与当年庾、王势同水火有所不同[①]。

稽诸史籍，知王氏刺江州者共五人，先后有王敦、王敦从弟王彬、王导侄王允之、王羲之、羲之次子王凝之，而以王敦居州时间最长，首尾八年(315年8月—323年11月)。庾氏刺江州者有庾亮、庾翼、庾冰兄弟三人，而以庾亮、庾翼居州时间最长，庾亮六年(334年6月—340年1月)，庾翼六年零七个月(340年1月—345年7月)。

无论王氏或庾氏，在任江州刺史期间，大都能恪尽职守，加强对当地的治理，努力发展经济和文化，政绩较为突出。虽然其主要目的是为了各自家族的利益，以便把江州变成自己巩固的战略基地，但在客观上对当地社会和人民是有好处的。如王允之刺江州期间，“莅政甚有威惠”[②]。庾亮为江州刺史时，基本上继承了陶侃的政策，农业生产持续发展，社会秩序相对稳定，没有发生大的变乱。经数年积蓄力量和一系列的准备，于咸康五年(329年)组织了一次北伐后赵的复土运动，以图收复中原。庾翼代亮都督江州时，政绩更为突出，“每竭志能，劳谦非懈，戎政严明，经略深远，数年之中，公私充实，人情翕然，称其才干”[③]。至于王敦，情况则有所不同，《晋书》卷九八《王敦传》说：“又大起营府，侵人田宅，发掘古墓，剽掠市道，士庶解体，咸知其祸败焉。”因为王敦是逆臣，史家从传统的史学观点出发，是不会有人替他说一句好话的。王敦以江、荆二州为基地，两次举行大规模反叛，人马数万，需要大量的军粮、军需等后勤供给，如果不发展生产，保障经济供给，光靠剽掠，则是难以想象的。从这一角度出发，王敦在任江州刺史期间，必定有可称道之处，至少在组织发展生产方面是作了一些努力的。

五、桓氏左右江州与桓、谢江州之争

庾翼死后，庾氏子孙缺乏良才，无法继续分陕上游，家族势力骤衰。庾翼临

---

① 本目参阅了田余庆先生《东晋门阀政治》一书，北京大学出版社，1989。

② 《晋书》卷七六《王舒传子允之附传》，第2002页。

③ 《晋书》卷七三《庾亮传弟翼附传》，第1932页。

终前,上表朝廷,欲以子爰之为荆州刺史,朝廷以其年少,乃以桓温为安西将军,都督荆、司、雍、益、梁、宁六州诸军事,荆州刺史。自此,桓氏家族崛起,桓温兄弟子侄相继专兵上游,并逐渐形成了桓氏长期左右江州的局面。

桓温,字元子,谯国龙亢(今安徽怀远县西北龙亢集)人。龙亢桓氏发迹于东汉初期,桓温十世祖桓荣崇儒通经,为汉明帝师,备受荣宠。自荣起,父子兄弟世代崇儒攻经,且为帝师,五世显赫,是靠经术起家的典型的世家旧族。汉魏之际,桓氏家道中落,虽仍为望族,但势已衰。桓温第六世祖桓范于建安末入曹操丞相府,仕魏为大司农,成为曹氏集团中的骨干成员。曹魏嘉平元年(249年),司马懿父子发动高平陵事变,将以曹爽为首的曹氏中央集团势力一网打尽。司马懿处置曹爽一党,手段极其残忍,支党皆夷及三族,男女无少长、姑姊妹女子之适人者,皆杀之。桓范也因此被杀,家族诛夷甚惨,桓氏孑遗子孙以刑家之后,四散逃匿。故桓温之父桓彝南渡之初,族单势孤,不仅与东晋先后执政之王、庾诸士族相比,门户、地位相差悬殊,甚至不被当作士族看待。

处境虽然对桓氏十分不利,但桓彝自有进身之法。南渡之前,他以善于玄学清谈而跻身于"八达"之列,成为名士。过江之后,又志在立功,极力与江左胜流结交,故很快得到司马睿的信任,被辟为丞相中兵属。数年之后,一跃而成为东晋名臣,与庾亮、温峤等人平起平坐。桓彝得以进入东晋政权上层,并在政治中真正发挥重要作用,主要是由于参与晋明帝密谋,引流民帅以平定王敦之乱立有大功,以功封万宁县男,补宣城内史。在苏峻之乱中,又纠合义众,积极参与平乱,终因势孤力屈而被叛军所害。桓彝作为死节之臣,更提高了桓氏家族在东晋的地位,为尔后桓温继王、庾二族居位奠定了基础。

桓氏家族的崛起,既有桓彝奠定的良好基础,也与桓温的雄才大略密不可分。桓温自青少年时代起,便有着远大志向和文武之才,深得当时上层名流和士家大族的赏识。名士刘惔认为他是稍逊于"孙仲谋(孙权)、晋宣王(司马懿)之流"的人物,史家称他"挺雄豪之逸气,韫文武之奇才"。他因此得以选尚明帝之女南康长公主,拜驸马都尉。23岁时便做了琅邪太守,登上仕途。庾翼在世时,向成帝推荐说:"桓温少有雄略,愿陛下勿以常人遇之,常婿畜之,宜委以方、召之任,托其弘济艰难之勋。"[①]庾翼死后,宰相何充又立即向穆帝举荐桓温为荆州刺史,认为"桓温英略过人,有文武识度,西夏之任,无出温者"[②]。穆帝永

① 《晋书》卷九八《桓温传》,第2568—2569页。下引此文不另注。

② 《晋书》卷七七《何充传》,第2030页。

和元年(345年),朝廷以桓温为安西将军,持节,都督荆、司、雍、益、梁、宁六州诸军事,领护南蛮校尉、荆州刺史。桓温如愿以偿,走马上任。

尽管桓氏家族顺利地跻身于高门大族的行列,但缺乏王、庾两大家族那样的深厚根基和社会影响,再加之桓温有个人野心,朝廷对他尚存有戒备之心。因此,只让他出任荆州刺史,而没有同时把江州刺史的重任交给他。桓温要想取得江州,完全控制上流,进而染指朝权,还需要作出长时间的艰苦努力。为此,他以西征、北伐为己任,前后为之奋斗了20余年,先后西灭成汉,北伐前秦、姚襄和前燕,终于树立了自己的威望,攫取到最大的权利,达到了自己的目的。

桓氏家族夺得江州事权是从桓温二弟桓云开始的。关于桓云刺江州的时间,史载不详。《晋书》卷七四《桓云传》载:"袭爵万宁男,历位建武将军、义成太守。遭母忧去职。葬毕,起为江州刺史。……服阕,然后莅职。"《资治通鉴》也无此事之系年记载。据田余庆先生考证,万宁男本为桓温所袭之爵。永和三年(347年)桓温灭成汉,四年论功进封临贺郡公,此时万宁男始有由温弟云袭封之可能。所以桓云刺江州不得早于永和四年。又《桓温传》记其母孔氏死事于永和十(354年)年和十二年两次北伐之间。桓云既于母忧服阕后始莅江州之职,则又不得早于永和十二年①。据此,桓云刺江州当在永和十二年为宜。从345年桓温出刺荆州至356年的十余年间,桓氏家族始终未能把江州控制在手。

在桓氏家族未能控制江州的这段时间里,尚有王羲之、徐宁两任江州刺史。王羲之是永和元年(345年)接替其从兄王允之出刺江州的,在任时间仅1年。羲之是文人,号称"书圣",缺乏经国之才。在政治态度上,又折中于扬州刺史殷浩和桓温之间。因此,他居江州可对上下游起到缓冲作用而无碍于桓温,桓氏不至反对。至于徐宁,曾与桓温之父桓彝有过交往。据《晋书》卷七四《徐宁传》载:徐宁,东海郯人。少知名,为舆县令。时廷尉桓彝有人伦识鉴,曾去职,至广陵寻亲旧,与舆县县长徐宁相见。宁博学多识,两人相遇如故,因留数日。彝大赏之,结交而别。回到京师,桓彝向庾亮推荐徐宁,即迁吏部郎、左将军、江州刺史,遂历显职。徐宁得以从江北一荒县入朝为官,对桓氏自然感恩戴德。其任江州刺史,更不会对桓温掣肘。徐宁居江州的时间应较长,之后江州才转入桓云之手。

永和八年(352年),扬州刺史殷浩率军北伐前秦,大败而归。桓温上疏弹

① 田余庆《东晋门阀政治》,第171页。

劾,殷浩被免为庶人。自此,朝廷内外大权尽归于温。条件已经成熟,桓温即着手对江州的直接控制,桓云就是在这一情况下接替徐宁而为江州刺史的。从此,开始了桓氏左右江州的局面。

桓云刺江州共五年(356—360年)。兴平四年(360年),桓云死,桓温以其五弟、征虏将军桓冲继为江州刺史。桓冲在桓温诸弟中最有见识和军事才能,颇受器重。他曾跟随桓温西征北伐,多立战功,因功而迁都督荆州之南阳、襄阳等七郡军事,义成、新野二郡太守,镇襄阳。又进号征虏将军,赐爵丰城公,迁江州刺史。因此,他居江州的时间也最长,"在江州凡十三年(360—373年)而温薨"[①]。

桓冲之后,桓温之侄、桓豁之子桓石秀出任江州刺史。宁康三年(373年),桓温死,临终前将其所统之地三分以授其子侄。以右将军、荆州刺史桓豁为征西将军,都督荆、扬、雍、交、广五州军事;桓冲为中军将军,都督扬、豫、江三州军事,扬、豫二州刺史,镇姑孰,代桓温居任;以竟陵将军桓石秀为宁远将军、江州刺史,镇寻阳。桓石秀刺江州首尾五年(373—377年)。

太元二年(377年)七月,荆州刺史桓豁卒。十月,桓冲都督江、荆、梁、益、宁、交、广7州诸军事,领荆州刺史,以其子桓嗣为江州刺史。桓嗣刺江州共六年(377—383年)。

太元八年(383年)七月,淝水之战爆发前夕,由于寻阳地处战争前沿,为战略要地。加之桓、谢两家的矛盾,桓冲亲自镇守江州,二为江州刺史,历时半年,直到次年正月去世时为止。

桓冲卒后,东晋朝廷以桓伊为江州刺史。桓伊系銍县桓氏,与龙亢桓氏是同宗而支脉疏远。桓伊出任江州刺史,与当时政治形势的微妙变化有着密切的关系。由于桓温的去世,桓氏家族从权力的顶峰逐渐滑落。而随着桓冲的去世,桓、谢两家共同掌权的局面被打破,谢安独揽朝政。但此时的桓氏仍有相当实力,谢安不敢过于得罪,却又不愿让桓氏继续左右江州。在这种情况下,桓伊出任江州刺史则成为最合适的人选。因为桓伊与龙亢桓氏毕竟是同宗,双方有一定的感情基础。桓伊又曾与谢氏兄弟谢玄、谢琰密切合作,并肩作战于淝水,大败前秦,与谢氏的关系也较为密切。这种特殊身份背景,由其出任江州刺史,桓、谢双方都能接受。桓伊刺江州的时间史载不详,只说他"在任累年"[②],离任

① 《晋书》卷七四《桓彝传子冲附传》,第1949页。

② 《晋书》卷八一《桓宣传族子伊附传》,第2119页。

不久便去世了,估计他在任有四五年之久(约384—388年)。此后约有十年时间,桓氏失去了对江州的控制。

继桓伊之后,王凝之出任江州刺史。凝之乃王羲之之子,他在任期间,为迎合司马道子以求容身自保,曾以违背封建礼仪为由,弹劾过在郡大兴教育的豫章太守范宁。范宁出任豫章太守的时间是在晋孝武帝太元十四年(389年)十一月,估计王凝之刺江州的时间比范宁略早,应在该年的上半年。至于何时离任,史无明载,难以确知。王凝之之后,应还有几任江州刺史,惜史籍无载,无从知晓。

直至隆安二年(398年)二月,司马道子以其心腹太原王愉为江州刺史。八月,即发生桓温世子桓玄联合豫州刺史庾楷等起兵共讨王愉事件,王愉仓促无备,出逃临川,被桓玄偏师擒获。九月,司马道子被迫以桓玄为江州刺史,再次出现桓氏左右江州的局面。桓玄从专权到禅代称帝,于隆安五年(401年)以其兄伟为江州刺史,桓伟在任两年。元兴元年(402年),又以其从兄桓石生为江州刺史,桓石生在任三年。元兴三年二月,寒门刘裕起兵讨桓玄,桓玄兵败被杀,这才彻底结束桓氏左右江州的局面。

从上述史实看出,自356年桓云首为江州刺史起,直至桓玄篡位,50余年间,桓氏兄弟子侄轮流刺江州,中间除间断十年外,江州一直为桓氏所控制。其中桓云刺江州五年,桓冲二为江州刺史,历时十三年六个月,桓石秀出刺五年,桓嗣六年。东晋后期,桓玄刺江州三年、桓伟二年、桓石生三年。桓氏家族居江州共达三十七年之久。如果算上疏宗桓伊出刺江州的五年,时间竟长达近半个世纪,占整个东晋王朝104年统治时间的2/5强。桓氏家族左右江州的局面在历史上是绝无仅有的。

桓氏刺江州数十年,对江州人民还是有所贡献的。史载桓冲"性俭素,而谦虚爱士"[①]。他一生极为节俭,不好穿新衣。一次,沐浴后,其妻故意送去一套新衣,冲大怒,催妻赶紧拿走。不一会,妻子又让人把新衣送来,传话说:衣不经新,何能变旧。桓冲大笑,这才穿上。对于有贤才的士人,随时辟举,用为僚属,如辟处士长沙人邓粲为别驾,备礼恭敬。邓粲为其好贤所感动,乃起应命。他一心为公,言不及私,受到人们的高度赞誉。他死后,士女老幼都来送丧,号哭尽哀。桓冲的美德,对于扭转官场的腐败作风和培养良好的社会风气是有好处

① 《晋书》卷七四《桓彝传子冲附传》,第1952页。

的；同时，也有利于人民的休养生息，促进生产的发展和社会的进步。其子桓嗣继承父亲优良传统，办事简朴节俭，从不铺张浪费，修理所住房舍，本应用木板夹土夯墙，制作屋檐，他命人以茅草代之，木板交付船官用来造船。

桓伊的政绩也很突出。他上任以后，以边境安宁，为政务在宽舒，勤于体恤百姓。并上表朝廷，指出江州因受淝水之战的影响，又经常向上游荆州和下游扬州输送粮米，虚耗严重；加之连年收成不好，现有余户仅五万六千。建议合并小县，精简机构，减省官员，以减轻人民负担。同时，免除江州各郡所欠国家租米，移治所还镇豫章。诏令移州治于寻阳，其余都按他提出的去做。桓伊在任多年，“随宜拯抚，百姓赖焉”[①]。

诸桓之中，也有个别不太过问政事的。如桓石秀博览群书，尤善谈《老子》、《庄子》，因受时风的影响，性情放荡旷达。在任江州刺史期间，常打猎于山林，弋钓于川泽，不把荣誉爵位挂在心上。在州五年，以疾去职。桓石秀作为一名典型的玄学名士，以清谈弋钓为务，自然就没有兴趣和余力去过问政事，更谈不上对州事如何治理了。

桓温死后，桓冲、谢安共管朝政。在江州问题上，桓、谢两家也曾有过矛盾、冲突和争夺。

淝水战前，桓冲上表朝廷，以为“寻阳北接强蛮，西连荆楚，亦一任之要。今府州既分，请以王荟补江州刺史”[②]。朝廷从之。王荟系琅邪王氏，其侄女王女宗是桓冲之妻，桓冲提出要以妻之叔父王荟补江州刺史，理由有二：一是寻阳战略地位重要，是任职要地；二是此时江州刺史府与都督府已经分开治事，江州刺史不带将军衔，领州而不领军府，即所谓单车刺史。其实，桓冲想用王荟刺江州，还有一个不便明说的重要原因，即琅邪王氏与陈郡（今河南淮阳）谢氏因婚姻问题而结下怨仇，关系一直非常紧张。《晋书》卷六五《王导传》载：王导之孙“（王）珣兄弟皆谢氏婿，以猜嫌致隙。太傅（谢）安既与珣绝婚，又离珉妻，由是二族遂成仇衅。”王荟既是桓冲亲戚，性又淡泊，不竞荣利，且琅邪王氏与谢安一族素不和睦，让他接任自己的儿子桓嗣为江州刺史，桓冲当然放心，还可借王氏势力以对抗谢氏。但当时王荟始遭兄劭丧，将葬，推辞不愿出任。谢安见有机可乘，马上提出要以谢輶代为江州刺史。谢輶是会稽（今浙江绍兴）谢氏而非

① 《晋书》卷八一《桓宣传族子伊附传》，第2119页。

② 《晋书》卷七四《桓彝传子冲附传》，第1951页。

陈郡谢氏，两谢一南一北，天各一方。谢安与谢輶的关系如何，虽不可知，但非同一般则无庸置疑，否则谢安绝不会予以推荐。结果桓冲怒，自为江州刺史。桓冲、谢安各以自己的亲信刺江州，既反映了桓、谢两家对江州的争夺，也折射出门阀士族之间的利害冲突。

然综观史实，桓、谢争夺江州的明争暗斗并不很多，与庾、王两家激烈争夺、势同水火大不相同。不仅如此，且桓冲、谢安的道德与为人有许多相似之处，桓冲不像其兄桓温那样有九五之心，而是忠于王室。谢安当政，尽力做到"君臣和睦，上下同心"。故在关键时刻，两人都能识大体，顾大局，甚至还能照顾对方家族的利益。宁康三年(375年)五月，桓冲将扬州让给谢安，桓氏族党皆以为非计，莫不扼腕固谏，冲皆不听，处之淡然，朝廷即以谢安为扬州刺史。谢安以德报德，淝水战后，桓冲病逝，荆、江二州刺史并缺。朝议欲以谢玄为江州刺史。谢安自以为父子名位太盛，恐为朝廷所疑，又担心桓氏失职怨望，乃以桓石民刺荆州，桓伊刺江州，桓石虔刺豫州。既以三桓居三州，彼此无怨，各得其任。谢安之世，谢氏家族致力于下游扬、徐等州的经营，尽量不触犯桓氏的利益；桓氏家族继续控制上游荆、江二州，也不侵犯谢氏家族的利益。桓、谢二家彼此互谅互让，相安无事，使东晋王朝保持了十几年之久的稳定局面。

第四节
东晋后期江州境内的战事

一、王恭起兵与寻阳之盟

桓冲、谢安相继去世后，当轴士族中再难找到足以当大任、成大业的人物，门阀士族日渐衰微和腐朽，这本是东晋伸张王权的良机。太元十年(385年)八月，晋孝武帝以琅邪王司马道子领扬州刺史，录尚书，都督中外诸军事，在经过数十年的皇权驾空之后，中枢大权又重新回到司马氏王室手中。晋孝武帝在唯一的皇弟司马道子的辅佐下，开始行使内外大权。然而，这两人之中，一个是昏君，一个是乱臣，他们在伸张王权方面成事不足，而在竞为奢侈、相互政争方面却败事有余。当政之后，他们嗜酒好内，日夕以酣歌为事；又崇尚佛教，穷奢极侈。所亲昵者皆乳母、僧尼，左右亲近小人，争弄权柄，交通请托，贿赂公行，官赏滥杂，刑狱谬乱，政治极为腐败。

伴随腐败而来的是朝中朋党相争。一方以晋孝武帝为代表，围绕在其周围的是王皇后的父兄王蕴、王恭等人，即后党；另一方以司马道子为代表，围绕在其周围的是道子之妃王氏的父兄王坦之及坦之之子王国宝、王绪兄弟等人，即妃党。王蕴、王坦之同属太原王氏，是不同支脉的两支。太原王氏虽属高门大族，但自东晋初以来，却无当轴人物出现。宁康元年(373年)，因王坦之拥立孝武帝立有大功，此后太原王氏遂成为居于鼎盛地位的士族。但他们之中并无建功立业的栋梁之材，却只能搬弄是非，簸扬于主、相之间，结果造成了严重的朋党之争。腐败的政治和朋党相争，加之乳母、僧尼拨弄其间，使东晋后期政治呈现出纷繁复杂的混乱局面，同时也诱发了江左社会内部可能出现的各种矛盾。后、妃两党之间尔虞我诈，相互争权夺利，矛盾日趋激化，最后，由孝武帝与司马道子主相之间的矛盾斗争，逐渐演化为皇后、王妃家族也即太原王氏两支之间的生死大搏斗。王恭起兵作乱，矛头直指王国宝，就是这种政治背景下的产物。

司马道子昏乱而势倾内外，远近小人争相奔赴，门庭若市。晋孝武帝心中不平，然在外表上仍然优崇他。太元十四年(389年)十一月，深受司马道子宠幸的侍中王国宝趁机煽动朝臣，想让司马道子作丞相、扬州牧，并假黄钺，待以殊礼，像当年周成王尊周公那样，以驾空孝武帝。孝武帝大怒，对王国宝极为不满。司马道子的另一宠臣陈郡袁悦之又赶紧出来替王国宝说话，通过尼姑妙音致书于太子母陈淑媛，说国宝忠谨，宜见亲信。孝武帝更加怒火中烧，中书令王恭请孝武帝杀袁悦之，孝武帝托以他罪斩悦之于市。“既而朋党同异之声，播于朝野矣”[①]。这样，主相之间的矛盾因袁悦之被杀而公开化了。

太元十四年六月，荆州刺史桓石民卒；次年，青兖二州刺史、谯王司马恬死。上下两个重要藩镇的空缺，一时又成为主相争夺的焦点。太元十四年七月，司马道子以王国宝之弟王忱为荆州刺史，镇江陵；太元十五年二月，孝武帝以后兄王恭为青、兖二州刺史，镇京口(今江苏镇江)；十五年八月，司马道子又以其党庾楷为豫州刺史，镇历阳。这些藩镇各属一党，各附一方。于是，主相之间的政争，遂演化为方镇之间的对抗。

太元十七年(392年)，王忱死于荆州，司马道子欲以王国宝代之。孝武帝先下手为强，直接下诏书提拔自己的亲信殷仲堪为都督荆、益、宁三州诸军事、荆

① 《世说新语·险谗》注引《袁氏谱》，第464页。

州刺史,镇江陵。孝武帝夺得上游重镇荆州,是对司马道子斗争的一大胜利。殷仲堪刺荆州,是桓玄所企望的,一则因殷仲堪才弱,容易驾驭;二则自桓玄袭爵南郡公居于江陵后,虽仍有一定的实力和影响,却不时受到王忱、司马道子的排抑和轻侮。桓玄自恃门第高、有才能,常以英雄豪杰自负,朝廷却疑而不用。曾造访司马道子,道子乘着喝醉了酒,竟当着许多坐客的面,睁大眼睛问桓玄:"桓温晚涂欲作贼(意为篡权),云何?"[①]桓玄伏地流汗不能起,由是对道子恨得咬牙切齿。后出补义兴太守,郁郁不得志,常叹息道:"父为九州伯,儿为五湖长。"桓玄在江陵,殷仲堪既敬他,又怕他。桓氏累世莅荆州,加之桓玄横行当地,士民对他的畏惧甚至超过殷仲堪。殷仲堪出任荆州刺史,不仅使桓玄的境况得到根本改观,为日后桓玄势力的坐大创造了条件,同时,也为后来上下游藩镇联兵共同对付司马道子埋下了隐患。

太元二十一年(396年)九月,晋孝武帝暴死宫中,安帝继立。安帝是个著名的白痴皇帝,口不能言,不辨寒暑饥饱。他继位后,朝中大权全归司马道子掌握,改变了过去君相相持的局面。党附于司马道子的佞臣王国宝及其从弟王绪二人相为唇齿,并弄权要,道子倚为心腹,遂参管朝权,威震内外,引起王恭等人的严重不满。中枢与藩镇的矛盾空前激化,大有一触即发之势。

隆安元年(397年)四月,王国宝、王绪力劝司马道子裁损上游荆州殷仲堪和下游青、兖二州王恭的兵权,弄得朝廷内外人心惶惶。王恭等人则以北伐为名,缮甲勒兵,严阵以待。接着,王恭遣人与殷仲堪合谋共讨王国宝。桓玄因长期遭受排抑,仕进不得志,这时又极力怂恿殷仲堪出兵,于是三人一拍即合。随后,王恭上表罪状王国宝,举兵讨伐。

上下游两强藩联兵对抗朝廷,夹击建康,给司马道子造成巨大的压力。与此同时,王恭又以王导之孙王钦为吴国内史,让他起兵三吴;王钦约合会稽虞啸父募众于吴兴、义兴,应者万计。三吴是东晋最富庶的地区,毗邻建康,王钦起兵,使建康面临断绝补给的危险。在紧迫的形势下,司马道子不得不忍痛割爱,赐王国宝死,斩王绪于市,向王恭等人承认过错。王恭的目的初步达到,乃罢兵回京口;殷仲堪闻王国宝死,才迟迟举兵,遣南郡相杨佺期屯兵巴陵(今湖南岳阳)。司马道子写信要他停兵,仲堪随后也退回江陵。

司马道子惧王恭、殷仲堪之逼,引谯王司马尚之及其弟司马休之以为腹

① 《资治通鉴》卷一〇八·晋孝武帝太元十七年(392),第3408页。

心，又以王国宝之兄、桓玄女婿王愉为江州刺史、都督江州及豫州4郡诸军事，作为建康屏藩。此前，处于荆州和青、兖二强藩之间的江州和豫州，分别控制在王凝之和庾楷之手。王凝之是王羲之之子，庾楷是庾亮之孙，他们分别镇守江、豫二州，多少能起到上下之间的缓冲作用。但以政治态度而言，王凝之是迎合司马道子的，庾楷则党附于司马道子。隆安二年(398年)七月，司马道子为加强江州的屏藩作用，下令割取豫州四郡入江州，直接损害了庾氏的利益，引起庾楷的强烈不满，他上疏激烈反对，以为江州内地，而西府(豫州治历阳，在建康以西，故称西府)北带寇戎，不应使愉分督。朝廷不许。庾楷怀恨，乃使子庾鸿游说王恭，认为司马道子以谯王尚之兄弟复握机权，势过王国宝，欲借朝廷之威削弱方镇，为祸不测，今及其谋议未成，宜早下手除掉他。王恭也向来忌恨司马尚之，遂连谋起兵。又联络上游的殷仲堪与桓玄，仲堪、桓玄许之，共推恭为盟主，克期同赴京师。

同月，王恭首先举兵，上表请讨王愉及司马尚之、休之兄弟。殷仲堪应期发兵，遣南郡相杨佺期兄弟率舟师五千为前锋，桓玄次之，殷仲堪自率军两万殿后，相继而下。是年八月，杨佺期、桓玄率兵突至湓口，江州刺史王愉无备，仓促逃奔临川，被桓玄偏师追获。九月，司马道子以世子司马元显为征讨都督；遣卫将军王珣、右将军谢琰率兵讨王恭，谯王司马尚之率兵讨庾楷。尚之大破庾楷于牛渚，楷单骑奔桓玄。道子即以尚之为豫州刺史，将豫州控制在自己手中。随后，桓玄大破官军于白石(今安徽巢县)，与杨佺期进军至横江。尚之兵败退走，官军水师全军覆没。

桓玄、杨佺期沿江东下，兵锋直至建康石头城下，殷仲堪军至芜湖，王恭所遣北府将刘牢之率军据竹里，共同夹击建康。但王恭以门第傲物，既恃刘牢之的武力，又以部曲将薄待他。此时，朝中中枢大权已转移到司马道子、世子司马元显之手，司马元显遂利用这一矛盾，以高官厚禄收买刘牢之。结果刘牢之倒戈，纵兵击王恭，王恭兵败被杀，其子弟党羽皆死。刘牢之又率北府兵驰援建康，驻军新亭。桓玄、杨佺期见北府兵力量强大，大惊失色，回军蔡洲。但朝廷不知西军虚实，殷仲堪等拥众数万，充斥京郊，内忧外逼。

在此危难之际，司马道子轻信左卫将军桓修(桓冲之子，桓玄从兄，尚简文帝女武昌公主)之谋，以桓玄为江州刺史，杨佺期为雍州刺史，桓修为荆州刺史，独黜殷仲堪为广州刺史。殷仲堪接到诏书，大怒，催促桓玄、杨佺期进军。但桓玄一则喜得江州，二则喜于与荆州桓修为邻。桓氏世莅荆州，又长期控摄江州,现在荆、江二州重新回到桓氏手中,这正是桓玄梦寐以求的事,岂有不喜之理!故欲接受朝命,但考虑到殷仲堪的处境,犹豫未决。杨佺期的态度也在可否之间。由于桓、杨将士家属多在殷仲堪治下的江陵,殷仲堪威逼将士南归荆州,而置朝命于不顾,以此胁迫桓、杨。杨佺期的部将刘系率两千人先归荆州,桓玄大惧,狼狈西还,直到寻阳才追上殷仲堪。

殷仲堪既失职,需依靠桓玄等人为援,桓玄也需要借助殷仲堪的兵力。他们之间既相互利用,又相互猜疑,大势不得不合。于是彼此以子弟为质,在寻阳立坛结盟。桓玄凭借自己的声威和门第,被推为盟主,开始得志。他们宣布都不接受朝命,联名上疏为王恭申冤,请求诛杀刘牢之及谯王司马尚之,并诉说殷仲堪无罪,却独被降黜。就在寻阳之盟中,三人的矛盾公开化。杨佺期为人骄悍,常自以为出身高门,江表无人可比,而桓玄却每每以寒士对待他,这使他极为不满,欲借结盟之机,于坛所袭击桓玄。而殷仲堪则厌恶杨佺期兄弟骁勇,担心克玄之后反而对自己有害,故苦苦禁止杨佺期,使之无法下手,随后各自收兵还镇。桓、殷、杨之盟,使朝廷深感畏惧,引起内外一片骚动。司马道子出于无奈,乃下令罢免桓修,将荆州交还殷仲堪,并让安帝下诏慰谕,以求和解,殷仲堪这才接受诏命。此时,孙恩已率众从海岛登陆作乱于会稽,朝廷已无力顾及上游之事。

隆安三年(399年)十二月,上游军阀之间发生了严重的内讧。殷仲堪惧怕桓玄跋扈,乃与杨佺期缔结婚姻为援;桓玄也担心终为殷、杨所灭,乃上表当权的司马元显,请求增加其所统的地盘。司马元显正想挑拨他们的关系,以引起其内部纷争,于是加桓玄都督荆州4郡军事,又以其兄伟代杨佺期兄广为南蛮校尉。杨佺期极为恼怒,秣马厉兵,与殷仲堪共谋袭击桓玄,结果反被桓玄分别消灭。桓玄并吞殷、杨之众,独居上游,一时势力大增,对下游建康形成巨大的威胁。只是由于孙恩正率众横扫三吴地区,故上下游之间一时未动干戈。

二、桓玄、刘裕战江州

桓玄既克荆、雍二州,乃上表朝廷,求为荆、江二州刺史,以便把荆、江二州实实在在地控制在自己手中。鉴于桓玄得势,朝廷不敢违背,诏以玄为荆、司、雍、秦、梁、益、宁七州都督,荆州刺史,以其从兄桓修为江州刺史。由于江州战略地位特别重要,桓玄则上疏坚持求为江州刺史,于是进玄都督八州及扬、豫八郡诸军事,兼江州刺史。桓玄又以其兄伟为冠军将军、雍州刺史。时孙恩之乱未平,朝廷难违其意。

这时,孙恩的势力得到迅速发展。隆安五年(401年)六月,孙恩从海上突然奔袭丹徒(今江苏镇江市东南),士卒十余万,楼船千余艘,建康震恐。桓玄自夺得荆、江二州后,厉兵训卒,常伺朝廷之隙,准备选择时机,以实现其夺取政权的野心。闻知孙恩逼近京师,即建牙旗聚兵众,外托勤王,实欲乘机而进,乃上疏请讨恩。司马元显大惧。不久,孙恩被刘牢之、刘裕等人击退,元显以诏书止之,桓玄这才奉诏解严。

桓玄自以为占有晋国的2/3,日益专横跋扈,根本不把朝廷放在眼中。此所谓2/3,是说当时东晋国土全实的只有荆、江、扬三州,徐、雍、青、兖等州为侨州,有其名而无其实。桓玄据有荆、江二州,就等于占有东晋国土的2/3。他不顾朝命,擅自以其兄伟为江州刺史,镇夏口;以司马刁畅为辅国将军,督八郡军事,镇襄阳;遣其将桓振、皇甫敷、冯该等戍溢口;迁移沮、漳蛮两千余户于江南,立武宁郡;更招集流民,立绥安郡;对荆、江二州大肆经营,严密控制。他还多次指使人给自己上呈符瑞,欲以惑众。时东部一带遭遇孙恩之乱,饥荒严重,漕运不继,桓玄又遣人断绝长江运路,使下游建康等地粮食更加困难,以至公私匮乏,军队也只能以野菜、野果充饥。桓玄的所作所为,使司马元显深感忧惧,于是大治水军,征兵装舰,准备讨伐桓玄。

元兴元年(402年)正月,朝廷下诏罪状桓玄,以司马元显为骠骑大将军、征讨大都督、都督18州诸军事,以镇北将军刘牢之为前锋都督,前将军谯王司马尚之为后部,准备兴兵讨玄。时桓玄从兄为太傅长史,立即修书密报玄。桓玄得到消息,马上采取行动,留其兄伟守江陵,上表率众,下至寻阳,发布檄文,罪状元显。二月,司马元显率兵讨玄,桓玄的檄文也刚刚到达建康,元显大惧,虽下船却不敢出发,留下失败的阴影。桓玄率部经过寻阳,不见官军,心中大喜,众将士也为之振奋。桓玄顺利进抵姑孰,遣其将冯该、苻宏、皇甫敷、索元等先攻豫州刺史、谯王司马尚之。尚之一战而溃,被俘。襄城太守司马休之出战而败,弃城而逃。三月,官军主力刘牢之部临阵倒戈,向桓玄投降。桓玄兵至建康附近的新亭,司马元显不战自溃,遭擒获。桓玄入京师,称诏解严,自总朝政,都督中外诸军事,自为丞相、录尚书事、扬州牧,领徐、荆、扬三州刺史。以桓伟为荆州刺史,桓谦为尚书左仆射,桓修为徐、兖二州刺史,桓石生为江州刺史。这样,东晋最重要的荆、江、扬三州及北府重镇徐、兖二州全部为桓氏家族所控制。接着,徙司马道子于安成郡(今安福县),后派人用毒药把他毒死;斩司马元显及其党羽谯王尚之、张法顺、毛泰等于建康市。

北府兵是当年由谢安及其子侄共同创建的、东晋最强大的一支军事力量，向为桓玄所惧。为控制这支军队，桓玄首先剥夺北府兵主帅刘牢之的兵权，以其为会稽太守。刘牢之深为不满，大集僚佐，准备于江北兴兵讨玄。但因刘牢之是个反复小人，其参军刘袭当面指斥他说："事不可者莫大于反。而将军往年反王兖州(指王恭)，近日反司马郎君(指司马元显)，今复欲反桓公。一人而三反，岂得立也。"[①]由于刘牢之大失将士之心，佐吏多散走，被迫自缢而死。桓玄又杀死吴兴太守高素、将军竺谦之、谦之从兄朗之、刘袭及袭弟季式等一大批北府旧将，引起北府兵其他重要将领刘裕等人的恐惧和憎恨，由此而埋下了刘裕起兵反玄，桓玄、刘裕大战江州及桓玄惨败的祸根。

元兴二年(403年)九月，桓玄自为楚王。十二月，正式禅代称帝，建国号曰楚，改元永始。封晋安帝为平固王，迁之于寻阳。桓玄初至建康，尚能黜奸佞，擢贤良，颇有一番革新景象，京师上下欢欣鼓舞。但时隔不久，其贪婪虚伪的本来面目便暴露无遗。他奢豪纵逸，政令无常，朋党互起。"性贪鄙，好奇异，尤爱宝物，珠玉不离于手。人士有好法书好画及佳园宅者，悉欲归已，犹难逼夺之，皆蒱博而取。遣臣佐四出，掘果移木，不远数千里，百姓佳果美竹无复遗余"[②]。称帝以后，更加骄奢淫逸，游猎无度，以夜继昼。百姓终日辛劳，不堪重负，怨怒思乱者十室而八九。这给刘裕等人提供了起兵的良机。

元兴三年二月，刘裕与刘毅、何无忌、王元德、王仲德、孟昶、刘道规等一批北府旧将正式起兵于京口(今江苏镇江)。先杀桓玄所署徐、兖二州刺史桓修，据京口；继杀青州刺史、桓修之弟桓弘，据广陵(今江苏扬州)。刘裕率义军乘胜进军建康，桓玄不堪一击，其麾下数万人一时奔溃。桓玄不敢再战，携其子升及左右亲信仓皇南逃，直奔老根据地寻阳。这样，桓玄只过了八十多天的皇帝瘾便彻底失败了。刘裕开始执掌东晋朝权。

桓玄逃至寻阳，其所署江州刺史郭昶之给其器用、兵力，又收得残兵败将两千余人。为了保卫江州这块重要的根据地，他留下龙骧将军何澹之、前将军郭铨与郭昶之率重兵共守湓口。随后，挟安帝西走江陵。刘裕遣刘毅率何元忌、刘道规等诸军在后紧追不舍。桓玄在江陵大兴舟师，不出一月，众至二万，楼船器械颇为壮观。为了加强对江州的防卫，桓玄又增派武卫将军庾稚祖、江夏太

① 《晋书》卷八四《刘牢之传》，第2191页。

② 《晋书》卷九九《桓玄传》，第2594页。

守桓道恭率兵数千人随何澹之,助郭昶之共同扼守湓口。

是年四月,桓玄的军队与刘毅、何无忌率领的官军相遇于桑落洲(今九江市东北长江中),双方展开大战。这是一场十分关键的战役,对桓玄一方来说,它直接关系到江州乃至桓氏的存亡;对刘裕一方来说,它是夺取江州这一重要战略基地和进一步消灭桓玄势力的重要一步。为此,桓玄派出了上万人的军队参战,刘裕也投入了主力部队。

何无忌、刘道规指挥官军首先发动进攻,玄军主帅何澹之引舟师迎战。官军人少,何无忌采取集中优势兵力先击弱敌,然后全面进攻的战略战术。何澹之平时所乘坐的战舰,此时遍插各色旗帜,宛如旗舰。何无忌判断说:“贼帅必不居此,欲诈我耳,宜亟攻之。”众将士却说:“澹之不在其中,其徒得之无益。”何无忌分析说:“今众寡不敌,战无全胜。澹之既不居此舫,取之易获,因纵兵腾之,可以一鼓而败也。”遂进攻,一举夺取该舰,继而传令众将士大声呼叫:“已得何澹之矣!”[①]这一招果然奏效,双方都信以为真,澹之军中惊扰,何无忌部众也以为信然。官军乘胜进攻澹之等,大破之。何无忌顺利攻占湓口,进据寻阳,遣使奉送晋宗庙神主还京师。刘裕因功而加都督江州诸军事。自此,江州又落入刘裕之手。

桑落之战中,豫章南昌人胡藩表现得颇为英勇。胡藩字道序,出身于士族家庭。祖随,官拜散骑常侍。父仲任,治书侍御史。其表兄罗企生为殷仲堪参军,因忠于仲堪而遇祸,知名当世。胡藩仕于桓玄,先后为桓玄后将军府、太尉府、大将军府、相国府参军。桑落之战,胡藩所乘船舰被官军所烧,全身披着铠甲落入水中,潜游三十余步才得以登岸。因通往江陵的道路断绝,无法西进,乃还豫章。刘裕以藩为人忠直,召为员外散骑常侍,参镇军府军事。刘宋一朝,胡藩历官江夏太守、游击将军、太子左卫率等。元嘉十年(433年)卒,年六十二。

桑落洲战败后,桓玄又率舟师自江陵东下。五月十七日,与刘毅军相遇于武昌附近的峥嵘洲(今湖北黄冈西北长江中)。刘毅率军奋战,以少胜多,大败桓玄军。玄命人烧毁辎重,连夜狼狈西逃。

桓玄再次逃回江陵。然大势已去,号令不行,人心离散,城内一片混乱。桓玄走投无路,最后决定逃奔汉中,投依梁州刺史桓希。西行途中,被益州刺史毛璩手下诱骗入蜀。船行至江陵城西的枚回洲时,益州都护冯迁抽刀斩玄。

① 《晋书》卷八五《何无忌传》,第2215页。

三、卢循与刘裕对江州的反复争夺

东晋后期，由于朝政极端腐败，导致了孙恩、卢循大规模的起兵事件。孙恩、卢循起兵，从整个事件的性质来看，应是一次五斗米道徒作乱[①]。

孙恩起兵是晋安帝隆安年间的一件大事。孙恩本琅邪人，出身于五斗米道世家。其叔孙泰，师事钱唐杜子恭学习道术，子恭死，泰传其术。孙泰"浮狡有小才"，因利用道术"诳诱百姓"[②]，被司马道子流放至广州。广州刺史王怀之崇奉道教，以泰为郁林太守。晋孝武帝以泰知养生之术，又将他从广州召回。司马道子用之为徐州主簿，犹以道术惑乱士庶，后迁新安太守。隆安元年(397年)四月，王恭等人起兵讨王国宝，孙泰见天下兵起，以为晋祚将终，乃煽动百姓，私集徒众，三吴士庶多从之。其图谋不轨的阴谋被会稽内史谢輶揭发，司马道子诛泰。孙恩惧怕诛连，逃于海中，聚合亡命之徒百余人，志在复仇。

孙恩起兵的导火线是所谓"元显纵暴"。对此，《晋书》卷六四《会稽文孝王道子传子元显附传》记载甚明：元显"又发东土诸郡免奴为客者，号曰'乐属'，移置京师，以充兵役，东土嚣然，人不堪命，天下苦之矣。既而孙恩乘衅作乱。"这是说，先有司马元显"发东土诸郡免奴为客者"当兵，引起东土嚣然，后有孙恩的乘衅作乱。司马元显征发的"客"，是指"注家籍"的佃客，他们是士、庶地主的主要劳动力，元显征发他们去当兵，无疑大大地损害了士、庶地主的利益，引起其强烈不满和东部的一片骚动。孙恩乘机从海上登陆，杀县令，袭会稽，众至数万。于是会稽、吴郡、吴兴、义兴、临海、永嘉、东阳、兴安等八郡，"一时俱起，杀长吏以应之，旬日之中，众数十万"。可见，孙恩起兵的根本目的是"志在复仇"，导火线是利用民心骚动。司马元显"发东土诸郡免奴为客者"当兵，时在安帝隆安三年(399年)十月，同月，便发生了孙恩作乱事件。

孙恩号其党曰"长生人"，下令诛除异己，"有不同者戮及婴孩，由是死者十七八"。吴郡、会稽一带是东晋最富庶的地区，孙恩一伙对之破坏不遗余力，史

---

① 关于孙恩、卢循起兵的性质，长期以来史学界一直存在两种迥然不同的观点：以史学大师陈寅恪、著名史家范文澜等人为代表，将其视为五斗米道徒作乱，分见陈寅恪《魏晋南北朝史讲演录》第十篇《孙恩、卢循之乱》第160—171页，万绳楠整理，黄山书社，1999；范文澜《中国通史简编》修订本第二编，第366—367页，人民出版社，1964。另一种观点将其归于农民起义，此说可以朱绍侯主编的《中国古代史》为代表，见该书上册第435—436页，福建人民出版社，2000。

② 《晋书》卷一〇〇《孙恩传》，第2632页。下引本传不另注。

称:"吴会承平日久,人不习战,又无器械,故所在多被破亡。诸贼皆烧仓廪,焚邑屋,刊木堙井,虏掠财货,相率聚于会稽。其妇女有婴累不能去者,囊簏盛婴儿投于水。"在官军的打击下,孙恩多次逃亡入海,又多次登陆作乱。

元兴元年(402年)三月,孙恩寇临海(今浙江临海县),临海太守辛景击破之,其所虏三吴男女死亡殆尽。孙恩恐为官军所获,走投无路,被迫投海而死,其党羽及妓妾从死者以百数,谓之"水仙"。孙恩死后,余众数千人又推举孙恩妹夫卢循为首领,继续作乱。时桓玄当权,为安抚东土,乃以循为永嘉太守。循虽受命,仍寇暴不已。

元兴二年正月,卢循寇东阳;八月,攻永嘉。刘裕破之,追至晋安。卢循窘急,泛海南走,至番禺,攻广州,广州刺史吴隐之拒守百余日。次年十月,卢循攻陷广州,"烧府舍、民室俱尽,执吴隐之"①。自摄州事,号平南将军,又使其姊夫徐道覆攻始兴(今广东韶关),执始兴相阮腆之。时朝廷新平桓玄,无暇征讨。义熙元年(405年)四月,以卢循为广州刺史,徐道覆为始兴相。

义熙五年(409年)四月,刘裕北伐南燕慕容超。徐道覆闻知,即劝卢循乘虚袭建康,卢循不从,徐道覆又亲至番禺说之,卢循乃从其计。此前,徐道覆为实现其夺取建康的野心,欲秘密建造船舰,曾遣人到南康山中大伐船材,诡说要到都下货卖。后又称力量不够,无法将木材运出,即于郡中贱价卖之,价减数倍,郡人贪图便宜,不惜卖衣服购买。赣江上游石多水急,出船甚难,于是百姓都将木材储存在家中。如是者数四,故船板大积,而百姓不疑。及徐道覆举兵,遂命人按卖券将材板全部收回。于是在赣南并力装船,仅十余天便装配了大批船舰。

义熙六年(410年)二月,卢循自始兴攻长沙。徐道覆率众沿赣江顺流而下,舟船器械齐备,相继攻南康、庐陵、豫章诸郡,各郡守相皆弃官而逃。朝廷急征刘裕,刘裕得到诏书,立即率兵南归。为阻止卢循、徐道覆继续东下,镇南将军何无忌率先自寻阳引兵拒敌。是月,两军相遇于豫章,发生了一场激战。

豫章之战是卢循与刘裕之间为争夺江州而进行的首场重要战役。何无忌抵达豫章后,求战心切,急于决战。长史邓潜劝谏说:"国家安危,在此一举。闻循兵舰大盛,势居上流。宜决南塘(属南昌县,位于徐孺子宅西),守二城(指豫章、寻阳)以待之,彼必不敢舍我远下。蓄力养锐,俟其疲老,然后击之,此万全

---

① 《资治通鉴》卷一三一·晋安帝元兴三年(404),第3575页。

之策也。今决成败于一战，万一失利，悔将无及。”[①]参军殷阐也劝说道：“循所将之众皆三吴旧贼，百战余勇，始兴溪子，拳捷善斗，未易轻也。将军宜留屯豫章，调兵属城，兵至合战，未为晚也；若以此众轻进，殆必有悔。”[②]对于这些正确建议，何无忌全都听不进去。三月，与徐道覆相遇于豫章，敌军下令强弩数百登赣江西岸小山向晋军迎面猛射。这时，又刮起了强劲的西风，将何无忌所乘小舰飘向东岸。敌军乘着风势，以大舰逼迫晋军，晋军一时奔溃。何无忌临危不惧，厉声叫道：“取我苏武节来！”于是执节督战。敌军云集，将晋军团团围住，敌兵数十人登上何无忌战舰，无忌不屈不挠，最后握节而死。晋军惨败的消息传到建康，朝廷上下一片惊慌，朝议甚至想奉安帝北走，以投中军刘裕，后得知卢循未至建康，才人情稍安。

为了夺回江州，同年五月，晋军与卢循又进行了著名的桑落洲之战。豫章一役，卢循夺得江州，对下游京师形成严重的威胁，大有沿江东下一举夺取建康之势。此时，刘裕已从北伐途中返京，以江州覆没，自感责任重大，上表解职，诏不许。面对建康的紧张形势，青州刺史诸葛长民、兖州刺史刘藩、并州刺史刘道怜各自将兵回京，以保卫建康。刘裕长期与孙恩、卢循周旋，多次大败之，对敌情了如指掌，在作了一番准备后，本欲亲自率兵与卢循决一雌雄，然卫将军、豫州刺史刘毅与之争功，不等刘裕批准，即率舟师二万自姑孰（今安徽当涂）出发直奔寻阳。刘毅既不了解敌情，战前又无完整的战略构想，仅凭一时意气便仓促迎敌，其结果可想而知。时徐道覆西攻江陵（今湖北江陵，荆州治所），尚未抵达，卢循已进至巴陵（今湖南岳阳），两人正并力攻夺荆州。徐道覆闻刘毅将至，马上派人报知卢循说：刘毅兵力颇强，成败之事，系于此举，我军应合力将他摧毁；若此战得胜，夺取江陵就不在话下了。卢循接受建议，即日发兵巴陵，与徐道覆连旗东下，戎卒十万，战舰千艘，兵锋直指寻阳。五月戊午，两军激战于桑落洲，刘毅兵大败，丢盔弃船，仅与数百人步行逃走，余众全部被敌军俘获，所弃辎重堆如山积。刘毅一行在逃跑途中，经过蛮族地区，饥困死亡，回到建康者仅十之二三。

桑落洲之战后，卢循、徐道覆之间发生意见分歧。卢循欲退还寻阳，以江州

① 《资治通鉴》卷一一五·晋安帝义熙六年（410），第3629页。

② 引文出处同上。徐道覆所统始兴（今广东韶关）兵，多由溪人组成，拳脚敏捷，善于格斗，故称始兴溪子。

为根据地，进而攻取江陵，据二州以对抗朝廷，采取持久战术。徐道覆则欲速战速决，乘胜一鼓作气夺取建康。卢循犹豫再三，最后听从了徐的意见。

此时东晋朝廷内部一片混乱。刘毅惨败的消息传到建康，举朝惊恐。时北伐之师刚刚回京，将士多创伤疾病，建康战士不满数千。卢循既克江、豫二州，势力大增，战士十余万，舟车百里不绝，楼船高十二丈，与官军形成鲜明的对比。在敌我力量众寡悬殊的严峻局势下，以孟昶、诸葛长民为代表的朝中多数大臣深信刘裕必不能抗拒卢循，因而力主奉安帝过江北迁，以避卢循兵锋。刘裕坚持不听，而支持他的只有少数大臣。孟昶见刘裕不纳众人之议，以死抗争，服毒而亡。

五月，卢循率军自寻阳顺江东下，直抵建康城外的秦淮河口，朝廷内外戒严。由于刘裕指挥得当，晋军严密设防，卢循攻石头城不利，船舰遭遇暴风倾倒，一些人被淹死；列阵南岸，战又败绩。转而进攻京口（今江苏镇江），劫掠各县，又一无所获，弄得师老兵疲。

七月，卢循自蔡洲南还寻阳，留其党范崇民率5千人守南陵（今属安徽芜湖），以加强对鄱阳湖口的防护，准备一旦失败，想从这里南逃番禺。建康保卫战取得胜利后，刘裕大治水军，所造皆大舰重楼，高者10余丈。先使辅国将军王仲德、河间内史蒯恩、广川太守刘钟、中军咨议参军孟怀玉等率众追击卢循，自统大军继进。

八月，江州刺史庾悦以鄱阳太守虞丘为前锋，屡破卢循兵，占领豫章，断绝卢循粮道。

十一月，王仲德等败范崇民于南陵，崇民逃走。卢循失去湖口之险，为刘裕直入江州创造了条件。

十二月，刘裕进军雷池（今安徽宿松至望江县东南一带）。卢循、徐道覆也率众数万塞江而下，前后不见船舰尽头。刘裕出动全部轻舰，率众军齐力出击；又分步骑屯于西岸，预先准备火攻用具。晋军以劲弩射击循军，因风水之势逼迫敌舰。卢循战舰全部停泊西岸，岸上官军投火攻之，烟火连天。循兵大败，走还寻阳。

是月，刘裕与卢循决战于左里（今都昌县鄱阳湖口左蠡山下）。卢循连吃败仗，准备从寻阳逃奔豫章，打算长期盘据江州，与官军一决胜负，乃全力建造栅栏，断绝左里。刘裕军至左里，一时无法推进，于是指挥众将士强攻敌军栅栏。晋军同仇敌忾，势不可挡，循兵虽殊死战，仍无法阻挡。结果卢循兵大败，其本人乘单舸而逃,手下将士被杀及投水死者数万人。左里之战,晋军取得了决定性的胜利。

刘裕和卢循为争夺江州,前后经豫章、桑落洲、左里三次大战和十数次小战,卢循虽一时得势,但以失败而告终。双方经过反复争夺,刘裕终于将卢循势力逐出江州,使江州重新回到东晋朝廷之手。

卢循失去江州,收拾散卒,尚有数千人,径直逃往老巢番禺。徐道覆退保始兴,因险自固。此前,刘裕先遣将军孙处从海道攻占番禺,部勒军队,严密防守。义熙七年(411年)二月,右将军刘藩斩徐道覆于始兴。三月,卢循沿途收拾残兵败将至番禺,见番禺已失,遂围之,孙处拒守二十余日。四月,沈田子引兵救番禺,击循,大破之,所杀万余人。卢循败走,田子与孙处共同追击,又破循于苍梧、郁林、宁浦等地。卢循逃往交州,至龙编(今越南河内东天德江北岸,东汉至南朝曾为交州治所),被交州刺史杜慧度击败。卢循自感穷途末路,先鸩杀妻子十余人,又杀其妓妾,然后投水而死。至此,孙恩、卢循之乱被全部平定。

四、战乱对江州的严重破坏

东晋在一百余年的统治中,就全境而言,除晚期的孙恩、卢循之乱外,基本没有大的战乱,总的政局是稳定的。但江州的情况则有所不同,由于江州地处上游重镇荆州和下游重镇扬州之间的中间地带,地理位置特殊,战略地位特别重要,且物产富饶,无论是当权的门阀士族,称雄一方的割据势力,还是流民起义,甚至五斗米道徒等各派政治势力都对江州唾涎三尺,相互之间对它进行激烈争夺。因此,发生在江州境内的战事颇为频繁。特别是东晋之初及其晚期,战乱接踵而至,先有张昌起兵及其对江州的短暂控制;继有陈敏割据势力对江州的渗入及杜弢流民起义军与晋军在江州的战争;中经王敦之乱和王、庾、桓、谢江州之争;晚期则有王恭起兵与寻阳之盟,桓玄、刘裕战江州,卢循与刘裕对江州的反复争夺等一系列战乱。战乱的规模越来越大,对江州社会和经济都造成了严重的破坏,州内人民历经磨难,饱受战乱之苦,留下了深深的创伤。

在这些战乱中,以东晋初年的杜弢流民起义和晚期的孙恩、卢循之乱对江州的破坏最为严重。杜弢入江州的时间颇长,前后达二三年之久,与晋军发生过多次大小战争,加之流民军本身具有破坏性的一面,因而给江州带来了严重的危害。《晋书》卷七一《王鉴传》记载说:"时杜弢作逆,江湘流弊,王敦不能制,朝廷深以为忧。"

杜弢流民起义后来虽被陶侃等人镇压，但江州特别是豫章郡却被破坏得不成样子。时“江州萧条，白骨涂地，豫章一郡，十残其八。继以荒年，公私虚匮，仓库无旬月之储，三军有绝乏之色。赋敛搜夺，周而复始，卒散人亡，相望于道”。战乱使生产停滞，经济萧条，人口大量死亡。作为江州最发达、最富庶的豫章郡遭受的破坏最为严重，80%的地方变得残破不堪。加上荒年和官府无休止的赋敛搜夺，广大人民生活陷入绝境，不得不大批流亡，其状惨不忍睹。有幸的是，在此后的90年中，江州境内战事稀少，其间虽有王、庾、桓、谢等门阀士族对江州的激烈争夺，但尚未演变成战争的形式；王敦之乱虽自江州发动，但争战也主要是在下游建康一带展开，江州并无大碍。在长期安定的社会环境中，江州人民辛勤耕作，不但迅速恢复了因战乱而遭受严重破坏的社会经济，而且出现了蓬勃发展的势头，使江州很快成为余粮出境大州和新的经济区。

东晋晚期，江州再次遭受战乱的严重破坏。安帝义熙七年(411年)四月，即孙恩、卢循之乱刚刚平定后，江州都督刘毅上表朝廷说：

> 自顷戎车屡骇，干戈溢境，所统江州，以一隅之地，当逆顺之冲，自桓玄以来，驱蹙残破，至乃男不被养，女无匹对，逃亡去就，不避幽深，自非财殚力竭，无以至此。若不曲心矜理，有所厘改，则靡遗之叹奄焉必及。①

刘毅的表章凄楚动人，真实地描述了当时江州频频遭受战乱及其受到严重破坏的生动情景：近来江州连遭桓玄之乱及孙恩、卢循之乱，境内到处是战争，战事频频。因为战乱，百姓被驱赶逼迫，成批地离开家园，至使田地荒芜，生产停顿，经济残破，人民生活无着，陷入痛苦的深渊，以至男子自己不能养活自己，女子无人匹配；为了躲避战乱，人们不惜逃亡到深险偏僻之地，如果不是财尽力竭，当不至如此。刘毅认为，现在战争已经结束，若不对江州人民加以格外关心和精心治理，就会出现境内无民的严重后果。刘毅的结论可能有些危言耸听，但毕竟反映出江州因遭受战乱的严重破坏而急需加强治理的社会现实。

同年十一月，刘裕也曾下教说：

> 江、荆凋残，刑政多缺，顷年事故，绥抚未周。遂令百姓疲匮，岁月滋

① 《晋书》卷八五《刘毅传》，第2208页。

甚,财伤役困,虑不幸生。凋残之余,而不减旧,刻剥征求,不循政道。……近因戎役,来涉二州,践境亲民,愈见其瘼,思欲振其所急,恤其所苦。凡租税调役,悉宜以见户为正。州郡县屯田池塞,诸非军国所资,利入守宰者,今一切除之。①

刘裕在教令中,也承认江、荆二州“凋残”的事实,凋残的根本原因就在于连年的战争。战后,官府又未能及时安抚好民众,故使百姓力疲而财匮。这种境况日甚一日,百姓伤于财而困于役,以至无法生存下去。凋残之余,各级官吏仍然不顾人民死活,照常盘剥百姓,征求无已,更使广大人民雪上加霜。刘裕来到江、荆二州亲自体察民情,深深感受到民间的疾苦。为了拯恤民众,他决定采取两项重要措施:一是以现有户口为标准,按户征收租调,征发兵役徭役;二是州郡县的屯田、池塞,凡非军国所需,而利入地方官的,一律罢除。刘裕这样做,在一定程度上既有利于防止各级地方官对人民的横征暴敛,又可适当阻止他们利用封建国家资财从中渔利,借以盘剥人民。广大人民因此而获得了喘息的机会,为重建家园、恢复生产创造了条件。

江州人民在走过了一段曲折的路程之后,至刘宋初期,由于刘裕、刘义隆父子在较长一段时间内实行了较好的政策,在“元嘉之治”的大背景下,江西社会又迈入了新的蓬勃发展时期。

表1　晋代历任江州刺史表

出刺时间	姓名	在任时间	备注
?	卫展	?	
永嘉二年(308年)	华　轶	4	汉末豫章太守华歆之孙
建兴三年(315年)	王　敦	8	琅邪王氏,江左第一高门
永昌元年(322年)	王　彬	3	王敦从弟
太宁二年(324年)	应　詹	2	司马氏皇室心腹重臣
咸和元年(326年)	温　峤	3	司马氏皇室心腹重臣
咸和四年(329年)	刘　胤	1	
咸和五年(330年)	陶　侃	4	八州都督,荆、江二州刺史
咸和九年(334年)	庾　亮	6	颍川大族、外戚

① 沈约《宋书》卷一《武帝纪·中》,第28—29页,中华书局,1974。

(续表)

出刺时间	姓名	在任时间	备注
咸康六年(340 年)	王允之	2	琅邪王氏
咸康八年(342 年)	褚　裒	1	外戚
建元元年(343 年)	庾　冰	1	庾亮之弟
建元二年(344 年)	庾　翼	1	庾冰之弟
永和元年(345 年)	王羲之	1	琅邪王氏
永和二年(346 年)	徐　宁	10	
永和十二年(356 年)	桓　云	5	桓温二弟。高门大族
升平四年(360 年)	桓　冲	13	桓温五弟
宁康元年(373 年)	桓石秀	5	桓温之侄,桓豁之子
太元二年(377 年)	桓　嗣	6	桓冲之子
太元八年(383 年)	桓　冲	半年	二为江州刺史
太元十三年(384 年)	桓　伊	5	桓温疏族
太元十四年(389 年)	王凝之	?	羲之之子
隆安二年(398 年)	王　愉	半年	太原王氏,司马道子心腹
隆安二年	桓　玄	3	桓温少子
隆安五年(401 年)	桓　伟	2	桓玄之兄
元兴元年(402 年)	桓石生	3	桓玄从兄
元兴三年(404 年)	郭昶之	1	桓玄同党
元兴三年(404 年)	刘敬宣	2	刘牢之之子。刘裕所任
义熙二年(406 年)	何无忌	4	刘牢之外甥,北府旧将
义熙六年(410 年)	庾 悦	1	庾亮之孙
义熙七年(411 年)	刘 毅	1	北府旧将,地位仅次于裕
义熙八年(412 年)	孟怀玉	3	刘裕心腹爱将
义熙十一年(415 年)	刘 柳	1	
义熙十二年(416 年)	檀 韶	2	有佐命之功

第三章

南朝时期的江西政局与南川土著酋豪的崛起

420年，刘裕代晋建宋，开始了南朝的统治，中经齐、梁二朝而至陈。589年，隋灭陈，中国重归统一，南朝4代共统治170年之久。南朝时期，由于南北对峙的政治格局依旧，上游荆州与下游扬州的重镇地位如前，故江州重要的战略地位仍然没有改变。随着东晋的灭亡和门阀政治的终结，南朝统治者在江州的斗争形式也发生了新的变化，这一斗争再也不是表现为门阀士族之间对江州的激烈争夺，而是由王室直接严密控制江州，并由此引发出王室内部在江州的种种纠葛和纷争，使政局呈现出错综复杂的局面。梁武帝晚年，侯景之乱发生，江州政局发生重大变化，朝廷失去对地方的控制，南川土著酋豪乘乱崛起，这是古代江西地方势力蓬勃发展的时期，其势力的兴衰直接导致陈朝的兴亡。

第一节 刘宋王室在江州的纠葛和纷争

一、功臣与宗王出镇江州

刘裕建宋后，吸取了东晋大族出居重镇，专兵擅权，皇权驾空，以至灭亡的教训，开始削夺大族兵权，相继以功臣和宗王出居方面重镇，尤其重视加强对江州的控制。

早在东晋末年，刘裕在讨灭桓玄的过程中，就着手委派心腹控制江州。元兴三年(404年),首先以刘敬宣为江州刺史。刘敬宣是刘牢之之子,与刘裕同为北府旧将,两人曾并肩共讨孙恩,感情深厚,后又参与对桓玄残余势力的清剿,是刘裕最亲信的将领之一。义熙二年(406年),何无忌继为江州刺史。何无忌是刘牢之的外甥,刘裕“与无忌素相亲结”[①],同在京口密谋讨桓玄,共举义兵。义熙六年三月,无忌与徐道覆激战于豫章,兵败而死,其任江州刺史四年。同年六月,以庾悦为江州刺史。庾悦是庾亮之孙,时任刘裕中军司马,与刘裕的关系自然非同一般。第二年,卫将军刘毅取代庾悦而为江州都督。刘毅也是京口举义中的重要人物,其军功和地位仅次于刘裕。他在任所曾上表朝廷说:“江州在腹心之内,凭接扬、豫,藩屏所倚,实为重复。”[②]因此,他建议解散江州军府,将江州治所由寻阳迁至豫章。他的建议得到朝廷批准,毅乃移镇豫章,遣其亲信将领赵恢率兵千人镇守寻阳。不久,刘毅调任荆州刺史。“毅至江陵,乃辄取江州兵及豫州西府文武万余,留而不遣”。刘裕觉得刘毅有野心,对自己是个威胁,于是亲自率兵讨伐,“命王弘、王镇恶、蒯恩等率军至豫章口,于江津燔舟而进”[③]。刘毅被击灭后,刘裕先后以孟怀玉、刘柳、檀韶、王弘为江州刺史。孟怀玉世居京口,曾追随刘裕讨孙恩,击卢循,攻桓玄,定京邑,是刘裕的心腹爱将。义熙八年(412年),迁江州刺史。十一年,卒于任所。同年,刘柳继为江州刺史,次年六月卒,在任时间极短。刘柳死后,檀韶接替江州刺史。檀韶也世居京口,曾随刘裕征广固,灭南燕,讨卢循,有佐命之功。义熙十二年(416年),迁江州刺史。檀韶虽“嗜酒贪横,所莅无绩”,但刘裕“嘉其合门义从,弟道济又有大功,故特见宠授”[④]。王弘系琅邪王氏,是东晋开国丞相王导的曾孙,出身江左第一高门,其任江州刺史的时间甚长,从东晋末义熙十四年(418年)一直任职到刘宋元嘉三年(426年)召拜司徒为止。王弘既非功臣,又非刘裕的心腹爱将,其能出任江州刺史,主要原因不是因为他出身江左第一高门,而是曾为刘裕加九锡、禅代称帝立有大功之故。

424年,刘裕第三子刘义隆即位,是为文帝。这时,刘宋王朝的统治趋于巩固,为了便于王室对江州的直接控制,从宋文帝开始,一直到刘宋末,除少数情况外,出任江州刺史者几乎全是宗室诸王。现按时间先后顺序排列如下:

---

① 《晋书》卷八五《何无忌传》,第2214页。

② 《晋书》卷八五《刘毅传》,第2208—2210页。

③ 《宋书》卷四五《檀韶传》,第1373页。

④ 《资治通鉴》卷一二三·宋文帝元嘉十三年(436)。

元嘉三年(426年)五月,宋文帝以檀道济接替王弘为江州刺史。檀道济是檀韶之弟,曾跟随刘裕灭南燕、后秦。元嘉初出兵击灭领军将军谢晦,巩固了宋文帝的统治地位。元嘉八年率军北讨,大破北魏安平公乙旃眷,斩其济州刺史、寿昌公悉颊库结,可谓身经百战,功勋卓著。对于这样一位名将、功臣出任江州刺史,刘宋统治者很不放心。史称:道济"立功前朝,威名甚重,左右腹心并经百战,诸子又有才气,朝廷疑畏之。"元嘉十三年(436年),宋文帝久病不愈,文帝之弟刘义康担心文帝一旦崩驾,道济不可复制,于是假传圣旨召之入朝,收付廷尉,将道济及其子檀植等11人一并杀害。又杀司空参军薛彤、高进之,二人皆道济腹心,作战勇猛,时人比之张飞、关羽。道济被收,愤怒至极,目光如炬,脱巾投地曰:"乃坏汝万里长城。"北魏人闻知此事,高兴地说:"道济死,吴子辈不足复惮。"刘宋统治者自毁长城,为日后北魏大规模的南侵创造了条件。

檀道济被杀后,朝廷即以南谯王刘义宣为江州刺史,时在元嘉十三年(436年)三月,这是刘宋历史上以宗王相继出任江州刺史的开端。元嘉十六年九月,刘义宣改任南徐州刺史,临川王刘义庆继为江州刺史。次年十月,刘义庆改任南兖州刺史,彭城王刘义康出任江州刺史。宋文帝让刘义康出镇豫章,目的是为了防止他专总朝政,这是一种临时性的安排。时隔不久的元嘉十八年(441年)二月,便任命庾登之为江州刺史。庾登之是东晋重臣庾冰的曾孙,出身高门大族,曾在刘义康司徒府中任司徒左长史,因不满刘义康专揽朝政,常与义康意见相左,刘义康很不高兴,出之为吴郡太守,继为豫章太守。庾登之的做法正合宋文帝心意,故被文帝看中,用为江州刺史。元嘉二十年(443年),庾登之卒,以庐陵王刘绍为江州刺史。刘绍本是宋文帝第五子,因过继给文帝之兄庐陵王刘义真为嗣,故袭封庐陵王。元嘉二十六年九月,刘绍改任南徐州刺史。十月,以宋文帝第七子建平王刘宏为江州刺史。二十八年六月,又以文帝第三子武陵王刘骏为江州刺史。三十年二月,宋文帝为太子刘劭所杀,刘骏起兵江州,率众入讨,消灭刘劭的势力后,夺得帝位,是为宋孝武帝。宋文帝在位时间很长,前后达30年(423—453年)之久。终文帝之世,刺江州者共八人,其中只有檀道济、庾登之二人为外姓,其余六人皆为宗室诸王。

宋孝武帝初即位,先以雍州刺史臧质为江州刺史,时在元嘉三十年(453年)四月。臧质因支持刘骏夺取帝位而居功第一,为奖赏其功绩,故有此宠授。然时隔不久的孝建元年(454年)二月,臧质即与豫州刺史鲁爽、荆州刺史南郡王刘义宣、兖州刺史徐遗宝等共起兵反叛朝廷。面对强大的反叛,三月,宋孝武帝不得已而以安北将军、徐州刺史萧思话为江州刺史,率兵讨伐臧质。六月,臧质被斩,传首京师。宋孝武帝忌惮荆、江二州强大,乃分割二州之地更置郢州,这是刘宋政权对战略要地采取分而治之的策略, 也是削弱重要方镇的一种措施。孝武帝以江州而夺得帝位,深知江州的重要,自不肯轻易授人,故萧思话出任江州刺史的时间极短,仅仅半年之久,同年九月,调任郢州刺史。十月,即以东海王祎为江州刺史。刘祎是宋文帝第八子,元嘉二十二年(445年),年十岁,封东海王。在宋文帝诸子中,"祎尤凡劣,诸兄弟蚩鄙之"[①]。正因为刘祎平庸无能,被诸兄弟所轻视,所以孝武帝才放心地让他这个弟弟出任江州刺史这一要职,以便自己直接控制江州。此后,孝武帝沿袭宋文帝以宗室诸王先后出任江州刺史的旧例。大明二年(458年)十月,以宋文帝第九子、义阳王刘昶为江州刺史;大明三年七月,以宋文帝第十八子桂阳王刘休范为江州刺史;大明七年正月,以自己的第三子、晋安王刘子勋出任江州刺史;次年正月,又任命宋文帝第十二子、建安王刘休仁为江州刺史,但未拜。

大明八年(464年)五月,宋孝武帝死,太子刘子业即位,是为前废帝。是年七月,废帝将其弟、晋安王刘子勋从雍州刺史调任为江州刺史,使子勋二次刺江州。前废帝在位仅一年,就被其叔刘彧夺去帝位。刘彧是宋文帝第十一子,是为明帝。

明帝即位之初的泰始元年(465年)十二月,即发生了晋安王刘子勋举兵寻阳、天下同反的重大政治变故。次年正月,子勋于寻阳称帝,给宋明帝的统治带来严重的威胁。为了控制江州,稳定政局,宋明帝对江州刺史这一重要职务作了精心安排和频频调动。在刘子勋举兵寻阳的同时,明帝立即任命山阳王刘休佑为江州刺史。刘休佑是宋文帝第十三子,明帝第三弟,此人素无才能,只会贪财好色,对明帝的统治不能直接构成威胁,故用之为江州刺史。第二年正月,出于镇压反叛的需要,以王玄谟为车骑将军、江州刺史。八月,刘子勋兵败被杀,江州平定。九月,又以中军将军王景文为江州刺史,都督江州、郢州之西阳、豫州之新蔡、晋熙3郡诸军事。王景文属琅邪王氏,门高族大,本人又是宋明帝王皇后之兄,故明帝特意安排这位皇舅出刺江州。泰始六年(470年)六月,王景文入朝为尚书左仆射、扬州刺史,更以扬州刺史、桂阳王刘休范为江州刺史。宋明帝为了保住皇位,将自己的几个弟弟全部杀死,"唯桂阳王休范人才本劣,不见

---

① 《宋书》卷七九《文五王·庐江王祎传》,第2038页。

疑，出为江州刺史”[①]。第二年六月，刘休范改任南徐州刺史，又以宋文帝第十九子、巴陵王刘休若为江州刺史。七月，刘休若尚未赴任而被赐死，刘休范再为江州刺史。

泰豫元年(472年)四月，宋明帝死，太子刘昱即位，是为后废帝。后废帝即位的第三年即元徽二年(474年)五月，桂阳王刘休范以江州为基地，起兵寻阳，企图夺取帝位，因其能力十分低下而很快被右卫将军萧道成击败。自此，刘宋王权转入萧道成之手。当月，宋明帝第七子、邵陵王刘友出任江州刺史，年方五岁，完全是个傀儡。

刘宋统治首尾60年(420—479年)，共有22任江州刺史。由于多以宗室诸王充任，目的在于牢牢地控制江州，而不是治理江州，加之出刺江州的诸王大多年幼，如建平王刘宏年16岁，庐陵王刘绍、桂阳王刘休范年各12岁，晋安王刘子勋年八岁，邵陵王刘友年仅五岁。年幼必然无知，自己无法理政，只好委政于府州长史、行事等僚属，而长史、行事又往往没有实权，也就谈不上把一州之事治理好。因此，刘宋一朝与东晋相比，江州刺史少有良吏，大多平庸无能，除了争权夺利，毫无政绩可言，故史籍只好避而不论。就是在出刺江州的功臣、亲信之中，政绩较为突出的也是凤毛麟角，只有王弘算是有些政绩。《宋书》卷四二《王弘传》载：弘“至(江)州，省赋简役，百姓安之。”他还比较关心手下各级官吏，“州统内官长亲老，不随在官舍者，年听遣五吏饷家”[②]。这样做有利于调动下属的积极性，对治理江州是有好处的。

表2　刘宋一朝历任江州刺史表

时　间	姓　名	备　注
义熙十四年(418年)	琅邪王弘	王弘有佐命之功，元嘉三年拜司徒
元嘉三年(426年)	檀道济	功臣，元嘉十三年三月被诛
元嘉十三年(436年)	南谯王刘义宣	宋武帝刘裕第六子
元嘉十六年(439年)	临川王刘义庆	刘道怜子，刘裕侄
元嘉十七年(440年)	彭城王刘义康	宋武帝刘裕第四子
元嘉十八年(441年)	庾登之	原为豫章太守
元嘉二十年(443年)	庐陵王刘绍	宋文帝第五子

① 《宋书》卷八五《王景文传》，第2184页。

② 《宋书》卷五一《宗室临川王刘义庆传》，第1477页。

时　　间	姓　　名	备　　注
元嘉二十六年(449 年)	建平王刘宏	宋文帝第七子
元嘉二十八年	武陵王刘骏	宋文帝第三子
元嘉三十年(453 年)	雍州刺史臧质	质与刘骏并起义兵讨刘劭,功第一
孝建元年(454 年)四月	萧思话	是年二月,刘义宣等举兵反,以思话刺江州以讨之
孝建元年十月	东海王刘祎	宋文帝第八子
大明二年(458 年)	义阳王刘昶	宋文帝第九子
大明三年(459 年)	桂阳王刘休范	宋文帝第十八子
大明七年(463 年)	晋安王刘子勋	宋孝武帝第三子
大明八年正月	建安王刘休仁	未拜,仍为护军将军
大明八年七月	晋安王刘子勋	前废帝五月即位,以子勋再刺江州
泰始元年(465 年)	山阳王刘休佑	宋文帝第十三子
泰始二年(466 年)正月	领军将军王玄谟	宋明帝初即位,四方反叛,以玄谟领水军南讨,寻除江州刺史
泰始二年九月	中军将军王景文	宋明帝王皇后之兄,皇舅
泰始六年(470 年)六月	桂阳王刘休范	休范二为江州刺史,次年六月改刺徐州
泰始七年(471 年)七月	桂阳王刘休范	是年六月以巴陵王休若刺江州,休若未赴任而赐死,休范再刺江州
元徽二年(474 年)	邵陵王刘友	宋明帝第七子,时朝权已归萧道成

二、江州刺史、彭城王刘义康之死

刘义康(409—451年),小名车子,宋武帝刘裕第四子,宋文帝之弟。永初元年(420年),封彭城王,年十二。武帝时,历位南豫、南徐州刺史;元嘉三年(426年),改授都督荆、湘、雍、梁、益、宁、南秦、北秦八州诸军事,荆州刺史;元嘉六年,征为侍中、司徒、录尚书事,入朝辅政;元嘉九年后,先后领扬州刺史、太子太傅,既专总朝权,生杀大事,决于自己。由于文帝对他十分信赖,“凡所陈奏,入无不可,方伯以下,并委义康授用,由是朝野辐凑,势倾天下”[1]。元嘉十六年

① 《宋书》卷六八《武二王·彭城王刘义康传》,第1790页。

(439年),又进位大将军,领司徒,集军政大权于一身,权势更加显赫。

义康既有震主之威,却不明君臣之道,不识大体,自以为兄弟至亲,心中不再存有君臣形迹,任意而行,毫无猜忌和防范之心。他私置僮部六千余人,而不言明皇上;四方进贡之物,上品都送到自己府中,次品以供御用。宋文帝曾于冬月食柑,叹其形味并差,义康在坐,说:"'今年柑殊有佳者。'遣人还东府取柑,大供御者三寸。"[1]他又与太子詹事刘湛、司徒左长史刘斌、从事中郎王履、主簿刘敬文、祭酒孔胤秀等人结为朋党,伺察禁省,排除异己。见文帝病重,众党羽跃跃欲试,都说"宫车一日晏驾,宜立长君。"意思是说,等文帝一死,便立即拥立刘义康为帝。及文帝病愈,闻知此事,大为恼怒。这时,王权与相权的矛盾已日趋尖锐,大难不可避免。

为防止刘义康专政篡权,元嘉十七年(440年)十月,文帝采取果断措施,诛刘湛、刘斌、刘敬文、孔胤秀等八人,徙尚书库部郎何默之等五人于广州,将义康党羽一网打尽;并将刘义康逐出朝廷,改授都督江州诸军事、江州刺史,出镇豫章。同时,以曾经遭受过刘斌等人排斥的征虏司马萧斌为义康咨议参军,领豫章太守。"事无大小,皆以委之",以夺义康刺史之权。又使龙骧将军萧承之率兵防守,严加监视。

元嘉十八年正月,刘义康至豫章。宋文帝出于手足之情,对他仍然十分宽容和优待。司徒主簿谢综,一向为义康所亲,用为记室参军;左右爱念之人,并听随从至豫章。而且"资奉优厚,信赐相系,朝廷大事,皆报示之"。不久,又以义康都督江、交、广三州诸军事。但刘义康并不满足,仍时时怀着篡位夺权的野心。昔日受其重用或恩惠的心腹和爪牙,处心积虑地为他奔走呼号;一些在官场不得志的官吏怀着个人的政治目的,也乘机蠢蠢欲动。

时员外散骑侍郎孔熙先,博学有纵横才志,文史星算,无不兼善,然不为时人所知,职位久久得不到提升,对现实深为不满。其父孔默之曾为广州刺史,因贪污罪而下廷尉,为大将军彭城王刘义康所救,故不及祸。及义康被黜徙,孔熙先密怀报效之情,大肆进行活动。他首先利用自己家富于财的优越条件,以大量财宝收买谢综和范晔甥舅二人。谢综本是刘义康的心腹,在义康府中颇有实权。范晔有俊才,而薄情浅行,数犯儒家礼教,为士流所鄙;性又急于进取,自以为才用不尽,常怏怏不得志;时任左卫将军、太子詹事,手中握有部分禁卫兵

① 《宋书》卷六八《武二王·彭城王刘义康传》,第1791页。以下未注明出处者皆见本传。

权，一旦举事，便可作为内应，故谢、范二人成为重要的收买对象。其次，他利用天文星算，大造舆论，说什么宋文帝不得善终，当由骨肉相残而死，“江州应出天子”[①]。这个天子当然不是别人，而是贬谪在江州的刘义康。再次，他用60万钱资助广州人周灵甫，让他在广州组合军队，但灵甫一去不返。与此同时，刘义康也积极配合。他多次派出心腹、大将军府史仲承祖东下建康，与孔熙先、范晔暗中联络，并结交丹阳尹徐湛之等人，告以密计。在酝酿篡位的这一巨大阴谋中，曾经被刘义康供养过的僧人法略和王国寺尼法静，皆感激旧恩，并卷入其中，与孔熙先频繁往来。熙先让法略还俗，恢复孙姓，改名景玄，用为臧质宁远参军，等于在雍州埋下一颗定时炸弹。法静的妹夫许耀，是禁卫军的队主，宿卫殿省。孔熙先通过法静为他医病，又将许耀拉入其中，作为宫中内应。豫章南昌人胡遵世，刘宋开国功臣胡藩第十四子，为臧质宁远参军，后去职还家，与法略关系融洽，也密相唱和。为表示对刘义康的一片忠诚，法静还特意南上江州，孔熙先遣婢女采藻跟随，付以书信，陈说图谶。法静返回时，义康赐给熙先铜匕、铜镊、袍段、棋奁等物，以示奖赏。为加快篡位夺权的步伐，范晔、徐湛之、孔熙先等人又相互自先安排官职，撰写檄文。可谓万事齐备，只欠东风了。

元嘉二十二年(445年)九月，征北将军衡阳王义季、右将军南平王铄出镇，宋文帝于武帐冈饯行，范晔等人打算于此日作乱，但因计划不周而未能如愿。不料，至当年十一月，曾参与密谋作乱的徐湛之担心事情不济，出面自首，向文帝进行告发。文帝感到事态严重，立即派兵收捕范晔、谢综、孔熙先等人，范晔与其一弟三子，孔熙先三弟、一子一孙，谢综与其三弟及众党羽皆被诛。

范晔等谋反，事连义康。朝廷加给他的罪名是：“义康昔擅国权，恣心凌上，结朋树党，苞纳凶邪。……崎岖伺隙，不忘窥窬。”“远投群丑，千里相接，再议宗社，重窥鼎祚。”这里列举了他专擅朝权，目无君上，结成朋党，窥窬皇位四大罪状。文帝下诏免除他大辟的酷刑，削去王爵，将义康及其一子四女降为庶人，除去宗室属籍，徙付安成郡(今安福县)。以宁朔将军沈邵为安成公相，领兵防守。

义康在安成读书，见淮南厉王刘长之事，废书叹曰：“前代乃有此，我得罪为宜也。”刘长，汉高祖刘邦之少子，汉文帝之弟。高祖十一年(前196年)，封淮南王。汉文帝即位后，刘长自以为与文帝最亲，骄横不法，目无君上，常呼文帝为“大兄”。后谋反，谪徙蜀郡，途中不食而死。刘长死后，民有作歌歌淮南王曰：

① 《宋书》卷六九《范晔传》，第1821页。

"一尺布,尚可缝;一斗粟,尚可舂。兄弟二人,不相容。"文帝闻之,颇为伤感,乃追尊谥淮南王为厉王。刘义康深感自己的所作所为与淮南王极为相似,故废书而叹。但事情并未到此完结。

元嘉二十四年(447年),江州再次发生拥立刘义康为帝的大事。这年十月,豫章人胡藩第十六子胡诞世、第十七子胡茂世率群从二百余人攻破郡县,杀豫章太守桓隆之、南昌县令诸葛和之,据郡反,欲奉前彭城王刘义康为主。前交州刺史檀和之正好离任路经豫章,迅速将反叛平息。这一突发事件的出现,给刘宋统治者敲响了警钟,他们感到将刘义康放在江州这一重要地区,实在难以放心。为防微杜渐,太尉江夏王刘义恭建议将义康远徙广州。文帝表示同意,并派使臣先通知刘义康,但义康却说:"人生会死,吾岂爱生?必为乱阶,虽远何益?请死于此,耻复屡迁。"表示自己誓死不愿远徙,以免再次遭受耻辱的决心。文帝原打算仍以安成公相沈邵为广州事,对义康予以严密监视。未及成行,沈邵病死。其时北魏太武帝拓跋焘又率兵大举南侵,兵锋直至长江边上的瓜步(今江苏六合县东南),隔江威胁刘宋都城建康,天下扰动。宋文帝担心不逞之徒再奉义康为乱,太子刘劭及武陵王刘骏、尚书左仆射何尚之屡请文帝,宜早除去义康,以绝后患。为了稳定自己的统治,此时的文帝再也不顾手足之情,终于下定了诛杀刘义康的决心。

元嘉二十八年(451年)正月,文帝遣中书舍人严龙携毒药赐义康死。义康不肯服药,说:"佛教自杀不复得人身,便随宜见处分。"严龙乃以被将其活活掩死,时年43岁,以侯礼葬于安成。

三、武陵王刘骏起兵江州夺帝位

元嘉三十年(453年)正月,刘宋宫廷内发生了一场触目惊心的骨肉相残的惨剧,宋文帝被太子刘劭杀死。事情的简单经过大致如下:太子刘劭与始兴王刘濬相互勾结,平时多过失,担心父皇知道,乃以女巫严道育在宫内为巫蛊之术[①],将文帝像雕琢成玉人,埋于含章殿前,天天祈祷诅咒。不久,事情败露,文帝命人严加追查,对刘劭、刘濬痛加切责。劭、濬惶恐,无言以对,只有叩头谢罪而已。事后却不思悔改,仍与严道育频繁往来,并让严道育变服为尼,藏于东宫,又随始兴王濬至京口(今江苏镇江)。濬入朝,复载还东宫。文帝闻知,惆怅惊

① 巫蛊之术:古代迷信,即巫师、巫婆使用邪术加祸于人的旁门左道。

骇，准备废太子劭而杀始兴王濬，但在重新立太子的人选问题上久议不决。立太子是大事，需慎之又慎，于是文帝每夜与尚书仆射徐湛之屏人商议，有时甚至连日累夕。为防止有人窃听，常使湛之亲自秉烛，绕壁巡查。由于文帝一时疏忽，竟将自己的谋划告知宠妃潘氏。潘妃正是刘濬的生母，刘濬得到消息，又驰报刘劭。在生死存亡的紧要关头，刘劭决心孤注一掷，图谋作乱为逆。甲子日清晨，刘劭率右军长史萧斌、斋帅张超之及东宫卫队发动宫廷政变，杀文帝及大臣徐湛之，又杀文帝左右亲信数十人，随后宣布即皇帝位，大肆封官许愿。

刘劭杀父弑君的大逆不道行为，激起了满朝文武的愤慨，也为宗王起兵制造了口实。首先起兵的是江州刺史、武陵王刘骏。

刘骏，文帝第三子。元嘉七年(430年)八月生，十二年立为武陵王，年六岁。在文帝诸子中，武陵王素无宠，故屡出外藩，不得留建康。元嘉十六年后，先后刺湘州、南豫州、雍州和兖州。元嘉二十八年(451年)迁南中郎将、江州刺史。时沿江诸蛮为反抗官府的压迫和剥削，纷纷起兵，文帝遣太子步兵校尉沈庆之等率军讨伐，由武陵王统领众军。元嘉三十年正月戊子日，刘骏奉诏命率诸军讨西阳蛮，驻兵五洲(今湖北黄冈与江西之间)；甲子日，刘劭弑父。是年三月，典签董元嗣自建康至五洲，带来了太子弑逆的消息，刘骏让元嗣将消息遍告僚佐。

随后，刘骏急忙率军返回寻阳，在沈庆之的支持下，决定起兵讨伐刘劭。由于江州自然条件优越，粮源、兵源充足，不到十天时间，所需兵员、粮草及军资器械等一切准备齐全。接着，戒严誓师。以沈庆之领府司马，襄阳太守柳元景、随郡太守宗悫为咨议参军，领中兵；江夏内史朱修之为平东将军，记室参军颜竣领录事，兼总内外。以刘延孙为长史、寻阳太守，主管留府事宜。并命颜竣撰写讨伐檄文，传送四方，使共讨刘劭。各州郡接到檄文，纷纷响应。于是，荆州刺史刘义宣、雍州刺史臧质、司州刺史鲁爽同举义兵以应刘骏。四月十五日，柳元景统宁朔将军薛安都等十二军从湓口出发，担任前锋；司空中兵参军徐遗宝率荆州之众继后；武陵王与沈庆之从寻阳出发，总领中军紧紧相从。大军沿江东下，一路浩浩荡荡，势如破竹。四月二十三日，柳元景顺利进抵建康近郊的新亭，依山为垒。刘劭亲自指挥水陆精兵万余人，进攻新亭垒，双方展开大战。元景水陆受敌，而意志更坚，指挥手下将士殊死战斗。结果，劭军大溃，死者无数，刘劭仅以身免，狼狈逃回宫中。

四月二十六日，武陵王刘骏至江宁(今南京)。二十八日，武陵王军于新亭，大将军刘义恭上表劝进。次日，王即皇帝位，是为宋孝武帝。五月十七日，义军攻克台城，直接加害宋文帝的凶手张超之为军士所杀，刳肠割心，诸将生吃其肉。刘劭父子五人与刘濬父子四人皆被斩，枭首于大航(即朱雀航，又名朱雀桥，古浮桥名。故址在今南京市秦淮桥东，跨秦淮河上)，暴尸于市。

刘骏登上皇位后，对荆、江等重要州镇进行了重大的人事调整。以荆州刺史、南谯王刘义宣为丞相、扬州刺史，以随王刘诞为卫将军、荆州刺史。但刘义宣固辞内任，更以义宣为荆、湘二州刺史。原雍州刺史臧质调任江州刺史，原司州刺史鲁爽调任豫州刺史，以江夏内史朱修之为雍州刺史，以卫军司马徐遗宝为兖州刺史。上述诸人皆因拥立刘骏为帝而立有大功，故刘骏将荆、江等重要州镇一一托付于他们，但大乱也因此接踵而至。

在刘宋历史上，宋孝武帝称得上是一个骄奢淫逸的暴君。《宋书》的作者沈约称他"尽民命以自养"，是夏桀、商纣之类的君主[①]。他刚刚登上皇帝宝座，就与刘义宣的女儿、自己的堂妹发生淫乱。孝武帝的无耻行径激起了刘义宣的愤怒和怨恨。刘义宣曾长期担任荆州刺史，"在镇十年，兵强财富"[②]。后又兼任湘州刺史，是当时最强大的方镇。而新任雍州刺史朱修之、兖州刺史徐遗宝、豫州刺史鲁爽诸人，过去或为其部下，或受其管辖。新任江州刺史臧质与义宣关系至密，二人更加连通一气。紧接着便发生了荆、江、兖、豫四州同反的大乱。

四州同反，祸起江州。江州刺史臧质是一个颇有政治野心的人，他出身于外戚家庭，其父臧熹为刘宋开国功臣，官拜散骑常侍，封始兴县五等侯；其姑为武敬皇后。论关系，他与南郡王刘义宣为表兄弟。特殊的家庭背景，使他自刘宋初以来便历仕重要州郡，直至江州刺史。元嘉三十年，太子刘劭弑父作乱，臧质自以为人才足为一世英雄，便暗有异图。以荆州刺史刘义宣平庸昏愦，容易挟制，初欲推奉他为帝，以便自己掌权。既至江陵，便称名拜义宣。质与义宣虽为表兄弟，而年龄大近十岁，义宣惊讶地问："君何意拜弟？"质答道："事中宜然。"其意是说，现国家处于多事之秋，宜相推奉。时义宣已推奉武陵王刘骏，故其计不行。及至新亭，又拜江夏王刘义恭，义恭愕然，问其所以，臧质说："天下屯危，礼异常日，前在荆州，已拜司空(指刘义宣)。"[③]刘劭既诛，义宣与臧质功皆第一，由是骄横放纵起来，事多专行，凡所求欲，无不必从。臧质自建康赴任江州，舟船千余艘，部伍前后百余里。既至江州，一心壮大个人实力，政刑庆赏，皆不

① 《宋书》卷六《孝武帝纪》史臣后论，第135页。

② 《宋书》卷六八《武二王·南郡王刘义宣传》，第1800页。

③ 《宋书》卷七四《臧质传》，第1915页。

咨禀朝廷。江州是重要的粮产区,境内有湓口、钩圻(即钓矶,位今都昌县内)两大著名粮仓,他又擅用二仓之米。及孝武帝与义宣诸女淫乱,引起义宣恨怒,臧质乘机进行煽动说:"震主之威,不可持久;主相势均,事不两立。今专据阃外,地胜兵强,持疑不决,则后机致祸。"①极力鼓动义宣举兵造反,夺取帝位。臧质与义宣不仅是表兄弟,而且是儿女亲家,质女为义宣子刘采之妻。这种特殊的关系,使义宣对臧质的话深信不疑,遂纳其说。加之义宣的腹心将佐蔡超、竺超民之徒希图富贵,欲借重臧质威名以成其业,又一再加以撺掇,义宣主意乃定。随后秘密派人报知豫州刺史鲁爽及兖州刺史徐遗宝,相约当年秋天共同举兵。

孝建元年(454年)二月二十六日,义宣使者至寿阳(今安徽寿县,时为南豫州治所),豫州刺史鲁爽喝醉了酒,误解义宣指意,即于当日举兵。义宣闻知鲁爽已反,也与臧质狼狈举兵。义宣兼荆、江、兖、豫四州之力,威震远近。宋孝武帝摄于四州的强大实力,一时六神无主,甚至想把皇位让给刘义宣,竟陵王刘诞坚持不同意,才没有这样做。后来,由于刘义宣指挥无能,叛军内部矛盾重重,互不统辖,孝武帝依靠领军将军柳元景、左卫将军王玄谟和镇军将军沈庆之的力量,将叛军各个击破。六月,叛乱被全部平息,鲁爽、徐遗宝、臧质、刘义宣等人先后被杀,其子孙与党羽皆死。

宋孝武帝以江州而夺帝位,臧质又以江州发动大规模的反叛,江、荆二州的强大使孝武帝感到极为不安。叛乱平息后,孝武帝决心分割二州之地,商议更置新州。对此,司马光评述说:"初,晋氏南迁,以扬州为京畿,谷帛所资尽出焉;以荆、江为重镇,甲兵所聚尽在焉,常使大将居之。三州户口,居江南之半,上(指宋武帝)恶其强大,故欲分之。"于是,分扬州浙东五郡置东扬州,治会稽(今浙江绍兴);分荆、湘、江、豫州之八郡置郢州,治江夏(今湖北武昌)。自此,荆、江、扬三州势力逐渐有所削弱。

四、晋安王刘子勋称帝寻阳

孝武帝在位11年,大明八年(464年)闰五月驾崩。太子刘子业即位,是为前废帝。前废帝在位仅一年零六个月,就被其叔父、湘东王刘彧杀死。泰始元年(465年)十二月,刘彧称皇帝,是为明帝。明帝即位的当月,晋安王刘子勋在长史邓琬等人的挟制下称帝寻阳,江州再次发生大乱。

---

① 《资治通鉴》卷一二八·宋孝武帝孝建元年(454),第4020—4021页。

刘子勋,宋孝武帝第三子。大明四年(460年),年五岁,封晋安王。七年,年八岁,出为前将军、江州刺史。由于子勋年幼无知,不能理政,第二年孝武帝以邓琬为子勋镇军长史、寻阳内史,行江州事,一州之事全部交由邓琬处理。

邓琬,字元琬,豫章南昌人。高祖混,曾祖玄,并为东晋尚书吏部郎。祖潜之,镇南长史。父胤之,彭城王刘义康大将军长史、豫章太守,光禄勋。邓琬父祖4代为官,所任官职都在五六品以上。可见,南昌邓氏是个典型的次等士族。刘劭杀父为逆后,江州政局呈现出错综复杂的局面,邓琬兄弟也深深卷入政治漩涡之中。武陵王刘骏起兵江州讨刘劭,以琬为辅国将军、南海太守,率军伐萧简于广州,攻围逾年乃克,为刘骏占领广州立下大功。不久,刘骏称帝,江州刺史臧质举兵反叛,琬弟璩跟随臧质同反,质败从诛,琬弟环遭诛连。邓琬因远在广州,又立有功劳,免死远徙,仍停广州。但邓琬毕竟是宋孝武帝刘骏信得过的旧臣,当八岁的晋安王刘子勋出任江州刺史时,孝武帝马上想起居家南昌的邓琬,以他为长史兼寻阳太守,全力辅佐子勋。

前废帝是个凶悖荒淫的皇帝。即位以后,诛杀相继,内外百官,不保首领。在短短一年多的时间里,先后杀死了叔祖、江夏王刘义恭并其四子,皇弟南平王敬猷、庐陵王敬先、南安侯敬渊及大臣沈庆之、柳元景、颜师伯、刘德愿等,又准备杀掉诸叔。废帝又极为迷信,以为文帝、孝武帝在兄弟之中皆因排行第三而登极位,江州刺史、晋安王刘子勋也排行第三,于己不利,心恶之,乃使左右朱景云送药赐子勋死。景云至湓口,停下不肯继续前进。子勋典签谢道遇、斋帅潘新之、侍书褚灵嗣闻知此事,立即报告长史邓琬,哭着请他想办法。邓琬果断地说:"身南土寒士,蒙先帝(指宋孝武帝)殊恩,以爱子见托,岂得惜门户百口,其当以死报效。幼主昏暴,虽曰天子,事犹独夫。今便指率文武,直造京邑,与群公卿士,废昏立明。"[①]邓琬于此表明了自己的两大意愿:一是自己蒙受孝武帝殊恩,以爱子相托,当不惜身家性命,以死报效;二是指斥前废帝昏聩残暴,虽说是天子,事实上犹如独夫,国家岌岌可危,现在要率领江州文武,直攻京城,与群公卿士,废昏君而立明主。

景和元年(465年)十一月十九日,邓琬称子勋教令,即日戒严。刘子勋身着戎服出现在议事大厅,众僚佐毕集,邓琬让斋帅潘新之宣布命令。命令中首先列举了前废帝的一系列罪状:"顾命大臣,悉皆诛戮。驱逼王公,幽辱太后。不遑

① 《宋书》卷八四《邓琬传》,第2130页。本目以下未注明出处者皆见本传。

之徒，共成其衅。京师诸王，并见囚逼。”然后表示自己义兼家国，岂可坐视动荡的局势，现今要举九江之众，立即发布檄文告知远近，为王室谋划；并当即征求众僚佐的意见。四座未答，录事参军、寻阳人陶亮率先表态说：“少主昏狂，丑毒已积。伊、霍行之于古（指商代伊尹放逐商王太甲，汉代霍光废昌邑王），殿下当之于今。鄙州士子，世习忠节，况属千载之会，请效死前驱。”众人并奉命。为适应战事需要，邓琬对僚佐的官职进行了重大调整，提拔陶亮为咨议参军事，领中兵，加宁朔将军，总统军事；以功曹张沈为咨议参军，负责建造舟舰；以南阳太守沈怀宝、彭泽令陈绍宗等人为将帅。在军事上也积极进行部署，遣将军俞伯奇率五千人，屯兵大雷（今安徽望江县地，靠近雷池，晋置大雷戍），于两岸修筑堡垒等工事；使记室参军荀道林造作檄文，驰告远近。

正在此时，湘东王刘彧杀死前废帝，抢先登上皇位，晋升刘子勋为车骑将军、开府仪同三司。令书至寻阳，诸佐吏都来向邓琬道喜，高兴地说：“暴乱既除，殿下又开黄阁（子勋进位开府仪同三司，位同三公，官署厅门涂黄色，故称黄阁），实为公私大庆。”邓琬却不以为然，在他看来，刘子勋在众兄弟中排行第三，又以寻阳起事，与宋孝武帝事同符契，大事必然成功；现在皇位却被子勋的叔父湘东王抢夺而去，心中很不愿意。乃取书投地说：“殿下当开端门，黄阁是吾徒事耳。”端门指皇宫宫殿南面正门，邓琬的意思是说，子勋应当做皇帝，为三公开黄阁是我们这些人的事。众人对他的话都感到很吃惊。在这种情况下，邓琬不仅没有停止军事行动，反而与陶亮等人加紧准备武器甲胄，征兵四方。

泰始元年（465年）十二月底，邓琬令子勋建牙旗于桑落洲尾，宣布正式起兵。颁布檄文，传送建康，指责宋明帝夺权篡位，破坏了传统的父死子继的皇位继承制度；并悬赏万户侯、布绢两万匹、金银五百斤以捉拿明帝。于是，郢州刺史安陆王刘子绥、荆州刺史临海王刘子顼、会稽太守寻阳王刘子房、雍州刺史袁顗、梁州刺史柳元怙、益州刺史萧惠开、广州刺史袁昙远、徐州刺史薛安都、青州刺史沈文秀、冀州刺史崔道固、湘州行事何慧文、吴郡太守顾琛、吴兴太守王昙生、晋陵太守袁标、义兴太守刘延熙等一齐起兵，形成了四方同反的严重局面。次年正月初，邓琬称说符瑞，造乘舆御物，说什么松滋县生豹自来，柴桑县送来的竹子上有“来奉天子”四字。又说青龙见东淮，白鹿出西冈。令顾昭之撰为《瑞命记》。立宗庙，设坛场，诈称受路太后玺书，率将佐上尊号于晋安王子勋。

泰始二年正月七日，子勋即皇帝位于寻阳，改景和二年为义嘉元年。备置百官，以安陆王子绥为司徒、扬州刺史，寻阳王子房、临海王子顼并加开府仪同三司；以邓琬为左将军、尚书右仆射，张悦为吏部尚书，袁顗加尚书左仆射，其余将佐及参与起兵的各州郡刺史、太守一一加官进爵。这一年，四方进贡的方物皆归寻阳，朝廷所保，唯丹杨、淮南等数郡，其间还有若干县响应子勋的，东兵已至永世县(今属江苏溧阳县)，宫禁危惧。宋明帝紧急召集群臣谋划成败。蔡兴宗建议说："今普天同叛，宜镇之以静，以至信待人。……愿陛下勿忧。"[1]明帝表示接受。

邓琬秉性贪鄙而吝啬，既掌大权，父子卖官鬻爵，所得财货酒食，都要亲加计算，并遣奴婢仆人出市道贩卖。"酣歌博弈，日夜不休"。又自高自大，宾客到门造访，十天半月不接见。"内事悉委褚灵嗣等三人，群小横恣，竞为威福，士庶忿怨，内外离心矣"。邓琬的所作所为，为其后来失败并遭僚佐杀害埋下根由。

邓琬遣辅国将军孙冲之率龙骧将军薛常宝、陈绍宗、焦度等兵一万为前锋，进据赭圻(山岭名，位安徽繁昌县北)。冲之于进军途中给子勋上书说："舟楫已办，器械亦整，三军踊跃，人争效命，便欲沿流挂帆，直取白下。愿速遣陶亮众军，兼行相接，分据新亭、南州，则一麾定矣。"在孙冲之看来，凭借自己的军事实力，沿江东下，直取建康，易如反掌。子勋乃加冲之左卫将军，以陶亮为右卫将军，统诸州兵合两万人，一时俱下。然陶亮缺乏军事才能，得知建安王刘休仁率官军沿江而上，兖州刺史殷孝祖又至，不敢继续前进，屯军鹊洲(位今安徽铜陵至繁昌长江中一岛屿)。

三月三日，官军从水陆两路攻赭圻，陶亮等率军来救，双方发生激战。殷孝祖自恃骁勇，每战必以鼓盖自随，又以仪仗自我标显，结果于战阵中被乱箭射死，军主范潜率500人向陶亮投降。官军首战失利，孙冲之骄傲起来，对陶亮说："孝祖枭将，一战便死。天下事定矣，不须复战，便当直取京都。"陶亮不同意。宋明帝派员外散骑侍郎王道隆至赭圻督战，建安王刘休仁派马步兵予以支援，官军增至三万人。次日清晨，宁朔将军沈攸之率官军进战，奋击，大破寻阳军，追奔至姥山而还。孙冲之于巢湖口和白水口修筑二城，又被军主张兴世攻拔。陶亮闻知湖、白二城陷没，大惧，急呼冲之回军鹊尾(鹊洲有鹊头、鹊尾之分，鹊尾为安徽繁昌东北三山)，留下薛常宝代冲之守赭圻。先前于姥山及各山冈所立营寨，也全部败还，乃共保浓湖(在鹊尾)。

时军旅大起，国用不足，明帝大肆卖官鬻爵。凡民上米二百斛，钱五万，杂

---

① 《宋书》卷五七《蔡廓传子兴宗附传》，第1581页。

谷五百斛，同赐荒县县令；上米三百斛，钱八万，杂谷一千斛，同赐五品正令史；上米四百斛，钱十二万，杂谷一千三百斛，同赐四品令史；上米五百斛，钱十五万，杂谷一千五百斛，同赐三品令史；上米七百斛，钱二十万，杂谷两千斛，同赐荒郡太守。

邓琬又派遣辅国将军、豫州刺史刘胡率众三万、铁骑两千来屯鹊尾。加上原来守军，共达十余万人。刘胡是位著名宿将，勇猛多权略，屡有战功，为将士所敬畏，就连沈攸之等人也有些惧怕他。沈攸之率诸军围赭圻，薛常宝粮尽，向刘胡紧急求援。三月二十九日，刘胡率步卒一万，连夜凿山开道，以布袋运米支援赭圻。次日清晨抵达城下，仅隔一小段壕沟，未能入城。沈攸之率诸军邀击，并殊死战，胡众大溃，丢粮弃甲，沿山而逃。官军乘胜追击，斩获其众。刘胡身受创伤，仅得还营。薛常宝等人惶惧，四月四日，开城突围而走。沈攸之率诸军全力追击，双方苦战连日，互有死伤，薛常宝、焦度等皆被重创，走还胡军。沈攸之攻拔赭圻城，斩其宁朔将军沈怀宝等，纳降数千人。陈绍宗单船逃奔鹊尾。

赭圻之役是寻阳与建康之间的一场决定性战役，赭圻城的失守，决定了寻阳政权失败的命运。江州一些地方长官眼看寻阳政权无望，纷纷归顺朝廷，如“始安内史王职之，建安内史赵道生，安成(今安福县)太守刘袭，并奉郡归顺”。邓琬则遣龙骧将军廖琰率兵数千人，并征发庐陵白丁攻打刘袭。袭与郡丞檀玢领兵拒战，大败，玢临阵被杀，袭弃郡而走。廖琰虏掠而退，刘袭又出来占据郡城。南康的郡县长官甚至据郡起义，反对寻阳政权。时萧道成奉宋明帝之命，率众征讨东北各路叛军，其世子萧赜为南康县令，邓琬派人将萧赜逮捕入狱，萧赜腹心萧欣祖、桓康等数十人携萧赜之妻裴氏及其子长懋、子良逃于山中，召募得数百人，攻破郡城监狱救出萧赜。萧赜自号宁朔将军，与南康相沈肃之、前南海太守何昙直、晋康太守刘绍祖、北地傅浩、东莞童禽等人据郡起义。邓琬征召始兴(今广东韶关)相殷孚为御史中丞，率重兵进行镇压。为避兵锋，萧赜率众退往揭阳山。邓琬遣武昌戴凯之为南康相，萧赜率众攻打，凯之战败逃走。萧赜派幢主檀文起领千人戍守东昌(今吉安县地)，与安成太守刘袭相互呼应。邓琬又遣廖琰与其中兵参军胡昭等于西昌(今泰和)构筑堡垒，坚壁相守。并召豫章太守刘衍为右将军、中护军，以殷孚代为豫章太守，都督赣江沿岸之豫章、庐陵、临川、安成、南康五郡，以防刘袭等人。

殷孚离开始兴时，以郡五官掾谭伯初留知郡事。本地人刘嗣祖等斩伯初，据郡起义，响应建康。邓琬遣始兴太守韦希真、鹰扬将军杨弘之领众一千讨伐嗣祖。嗣祖复出南康，与萧赜会合。韦希真等惧怕义军强盛，住在庐陵不敢进兵。广州刺史袁昙远闻知始兴起义，遣将李万周、陈伯绍率兵讨嗣祖，也以失败告终。

刘胡与沈攸之相持于鹊尾，久不决。寻阳与建康双方都在调兵遣将，增强兵力。邓琬以晋安王子勋之命，征调雍州刺史袁顗下寻阳。袁顗接到命令，率领雍州全部人马火速赶到。邓琬提升袁顗为都督征讨诸军事，给鼓吹一部。六月十八日，袁顗率楼船千艘，战士二万，进驻鹊尾。宋明帝也调遣强弩将军任农夫、振武将军武会仓、冗从仆射全景文、军主刘伯符等领兵相继而至，支援沈攸之。一场新的大战即将爆发。袁顗是个十足的文人，乏将帅之才，既无谋略，性又怯懦，在军中未尝着戎装，言语不及战阵，唯赋诗谈义而已，无暇关心手下诸将；刘胡每每与之论事，酬对简单。由此大失人情，刘胡常切齿恚恨。在两军决战胜负的生死存亡之秋，身为统帅，他不顾大局，想到的只是个人的私利。刘胡以南运之米未至，军士粮食匮乏，向袁顗借取襄阳(雍州治所)之资，顗不许，回答说："都下两宅未成，方当经理，不可损彻。"又听说建康米贵，一斗至数百钱。他以为敌军将不攻自破，故坐拥强兵以待之。而官军方面却在作决战前的种种准备，沈攸之抓紧战前机会大造船舰，龙骧将军张兴世又出奇兵占领钱溪。钱溪位于鹊尾上游，江岸最为狭窄，江水湍急，下临漩涡暗流，下行之船必来此泊岸，又有横浦可以藏船，千人守险，万夫不能过。冲要之地，莫过于此。由是双方对钱溪展开激烈争夺。

刘胡发觉钱溪丢失，亲率水步二十六军前来攻取。张兴世老成持重，直等刘胡军靠近钱溪，船入漩涡暗流，才命寿寂之、任农夫率壮士数百人迎击，众军相继并进。刘胡败走，被斩首数百，只得收兵而下。时张兴世城寨未固，建安王刘休仁担心袁顗并力重攻钱溪，欲分散其势力。乃命沈攸之、吴喜等以皮艇进攻浓湖，攻拔袁顗营栅，苦战整日，斩获千数。是日，刘胡率步卒二万、铁马一千，欲更攻兴世，未至钱溪数十里，袁顗以浓湖告急，速将刘胡追回，钱溪城由此建立。

张兴世既据钱溪，江路阻断，刘胡军乏食，邓琬派人大送资粮，却畏惧张兴世而不敢下。刘胡遣安北府司马沈仲玉至南陵(今安徽芜湖地)迎接，载米30万斛，钱布数十船，欲突围而过，行至贵口(今安徽贵池县之池口)，不敢进。张兴世遣寿寂之、任农夫率三千人马至贵口击仲玉，仲玉败退还营，所载钱布全部覆没长江，30万斛军粮皆被官军焚毁，刘胡军众极为惊惧，其副将张喜向官军投降。此时的刘胡已完全丧失信心，八月二十四日，他诳骗袁顗说："更率步骑二万，上取兴世，兼下大雷余运(即下大雷调运余下的军资)。”让袁顗挑选战马配给他。当夜，刘胡撇下袁顗而去，直趋梅根(今安徽贵池县东北)。先令薛常宝准备好船只，调发南陵全部驻军，烧大雷诸城而走。袁顗闻知刘胡逃走，随后也丢下众军，骑上自己的良马飞燕西奔。建安王刘休仁挥军直入袁顗 营垒，纳降卒十万，遣沈攸之等追击袁顗。袁顗至鹊头，被戍主薛伯珍所杀。

刘胡率二万人来到寻阳，诈骗晋安王子勋说：“袁顗已降，军皆散，唯己率所领独返。宜速处分，为一战之资，当停据湓城，誓死不贰。”乃率部自长江北岸连夜乘船直趋沔口(今湖北汉口)。邓琬闻知刘胡已去，忧愁恐惧，无计可施，急呼中书舍人褚灵嗣等人谋议，众人也都没有办法。吏部尚书张悦诈称有疾，呼琬计事，令左右埋伏甲士于帐后。琬既至，悦第三子洵提刀走出，余人续至，即斩琬。琬死时，年六十。中书舍人潘欣之取琬诸儿并杀之。张悦提着邓琬的人头，独乘一舟沿江驰下，向建安王刘休仁请功领赏而去。沈攸之诸军至江州，斩子勋于桑尾牙旗之下，传首建康，时年十一。豫章太守刘衍及余党皆被杀。

九月，建安王休仁至寻阳，遣吴喜、张兴世向荆州，沈怀明向郢州，刘亮及宁朔将军南阳张敬儿向雍州，孙超之向湘州，沈思仁、任农夫向豫章，平定余寇。

晋安王刘子勋自泰始二年(466年)正月七日正式称帝寻阳，至八月底失败被杀，虽仅有八个月之久，但却是刘宋历史上政局最混乱、斗争最激烈的时刻，刘宋王室内部在江州的纠葛和纷争也达到高潮。为断绝后患，宋明帝于是年十月将孝武帝的十个儿子一齐杀死。至此，孝武帝的二十八子除七子夭折外，全部死尽。由此可见刘宋王室内部骨肉相残程度之一斑。

对刘子勋称帝江州事，元代史家胡三省评述说：“晋安举兵，实义举也。邓琬不足道，若袁顗、孔觊岂可谓不得其死哉！世无以成败论之。”[①]胡三省从父死子继或兄终弟及的皇位继承制度的传统观念出发，认为湘东王刘彧（即宋明帝)在杀死前废帝刘子业后，作为叔父不该自己登上皇位，而应把皇位让给孝武帝的次子、刘子业的弟弟晋安王刘子勋，所以他认为晋安王举兵是义举。既是义举，就不必以成败相论。其实，在漫长的中国封建社会里，王室内部相互争夺皇位司空见惯，何论叔伯子侄，就看各人的本事而已。成者王侯败者贼，无正义可言。

① 《资治通鉴》卷一三一·宋明帝泰始二年(466)胡三省注，第4121页。

五、桂阳王刘休范起兵寻阳和刘宋王权的转移

宋明帝晚年,更加猜忌、残忍和暴虐。好鬼神,多忌讳,言语、文书,有祸败、凶丧及疑似之言应回避者数百千种,有犯必加罪戮。左右稍不顺从,往往有被剖心断足的危险。又患阳痿,不能生育,乃密取诸王姬有身孕者置于宫中,生男则杀其母,使宠姬当作自己的儿子抚养。因此,明帝晚年,太子只有数岁。

泰始六年(470年),明帝患病,与宠臣杨运长商议身后之计,担心太子幼弱,而诸弟强盛,将来不安。杨运长也担心明帝死后,建安王刘休仁一旦居周公之位辅政,自己辈不得秉权,更赞成明帝的想法。两人合谋后,准备对明帝几个年长的弟弟大开杀戒。次年,明帝病势转重,诛杀诸弟已刻不容缓。二月,首先杀死了性情刚狠而不听话的第十三弟、晋平剌王刘休祐;五月,杀第十二弟、建安王刘休仁。休仁与明帝在前废帝统治时同经危难,明帝即位后,又身当矢石,全力帮助他平定四方反叛,巩固了其统治,可谓功勋卓著。然而,明帝为保子孙帝位,对此全然不顾。休仁临死前骂道:“上得天子,谁之力邪?孝武以诛锄兄弟,子孙灭绝。今复为尔,宋祚其能久乎!”[①]七月,杀第十九弟、荆州刺史巴陵王刘休若。至此,明帝仅存的五个弟弟被他杀掉了四个,唯有桂阳王刘休范以人才凡劣,不为明帝所忌,故得以保全。

桂阳王刘休范,宋文帝第十八子。孝建三年(456年),年九岁,封顺阳王。大明元年(457年),改封桂阳王。大明三年,出为江州刺史。后历位秘书监、南徐州刺史、扬州刺史等。泰始六年(469年)六月,出为使持节,都督江、郢、司、广、交五州,豫州之西阳、新蔡、晋熙及湘州之始兴四郡诸军事,征南大将军,江州刺史。次年六月,为南徐州刺史,而以巴陵王刘休若为江州刺史。刘休若未赴任而被杀,七月,刘休范还为江州刺史。十年之中,刘休范三刺江州,这为他起兵寻阳奠定了基础。

刘休范素来平庸而木讷,所知甚少,不为诸兄所礼遇。及明帝晚年,建安王刘休仁等相继被杀,唯休范迟钝无才能,非人心所向,故得自保,但常怀忧惧,时刻担心大祸临头。

泰豫元年(472年)四月,明帝驾崩,太子刘昱即位,是为后废帝。时刘昱年方十岁,由尚书令袁粲、尚书右仆射刘勔、护军将军褚渊等人辅政,萧道成与袁

① 《资治通鉴》卷一三二·宋明帝泰始七年(471),第4159页。

粲等共掌机事，中书舍人阮佃夫、王道隆等掌朝中实权。史书描写当时的政局是："及太宗(即明帝)晏驾，主幼时艰，素族当权，近习秉政。"[①]逃过一劫的桂阳王刘休范自以为贵为皇叔，尊亲莫二，应入为宰辅。既不如志，颇怀怨愤。典签许公舆为之出谋画策，让他折节下士，对前来投奔的士人厚相资给，于是远近归附，一岁之中不下万计。又大批收养勇士，积蓄力量；修缮城池，制造器械，积极作起兵前的各种准备。朝廷知其有异志，也暗中加以防范。其时，夏口(今湖北汉口)缺人镇守，朝廷以夏口地居寻阳上游，欲使腹心出任。二月，以第五皇弟、年仅四岁的晋熙王刘燮为郢州刺史，以王奂为长史，负责府州之事，配以军资器械。为防止王奂等人过寻阳时被刘休范所劫留，朝廷特意安排他们从江北直趋夏口。刘休范闻之大怒，秘密与许公舆谋画袭击建康。修建城壕，储积大量造船所需材板。

元徽二年(474年)五月，刘休范正式举兵反。寻阳交通便捷，商业发达，渔业资源丰富，商船、渔船往来频繁。他派出军队大量掠取民船，运载材板，合力装船，数日便装治完毕。丙戌，刘休范率众两万，铁骑五百从寻阳出发，日夜兼程，直下建康。他写信给当权的袁粲、褚渊等人，先称说自己起兵的原因是为了捉拿蛊惑明帝的杨运长、王道隆，以替死去的建安王刘休仁和巴陵王刘休若伸冤报仇："杨运长、王道隆蛊惑先帝(指明帝)，使建安、巴陵二王无罪被戮，望执录二竖，以谢冤魂。"[②]这实际上还是惯用的清君侧伎俩。接着，他在信中夸赞了江州优越的地理形势，并炫耀自己的强大武力："此州地居形要，路枕九江，控弦跨马，越关而至。重气轻死，排薮竞出，练甲照水，总戈成林，剿此纤隶，何患不克。"[③]大雷戍主杜道欣驰下建康报告事变。仅一夜功夫，刘休范率军已至京城外20里的新林，朝廷震动。护军褚渊、领军刘勔、右卫将军萧道成、右军将军王道隆等会集中书省商议对策，众人都不发言。萧道成分析形势说："昔上流谋逆，皆以淹缓至败，休范必远惩前失，轻兵急下，乘我无备。今应变之术，不宜远出；若偏师失律，则大沮众心。"[④]他主张屯兵新亭、白下，坚守宫城、东宫、石头，以待敌军到来，然后以逸待劳，将敌一举击溃。众大臣纷纷表示同意。在萧道成的统一部署下，诸将率军迅速进入各自阵地。由于事起仓促，来不及给将士们

① 《宋书》卷七九《文五王桂阳王刘休范传》，第2046页。

② 《资治通鉴》卷一三三·苍梧王元徽二年(474)，第4177页。

③ 《宋书》卷七九《文五王桂阳王刘休范传》，第2050页。

④ 《资治通鉴》卷一三三·苍梧王元徽二年(474)，第4177页。

分发甲胄武器，只好打开南北二武库，由将士随意任取。

萧道成至新亭，城垒尚未修筑完毕，休范前军已至新林。道成命宁朔将军高道庆、羽林监陈显达、员外郎王敬则率舟师与休范战，颇有杀获。刘休范自新林舍舟登岸，遣其将丁文豪率兵直攻台城，自率大众攻新亭垒。萧道成率将士全力拒战，从巳时战至午时，战斗十分激烈。

刘休范身着白色战袍，乘坐肩舆，自登城南临沧观，以数十人自卫。官军见有机可乘，屯骑校尉黄回与越骑校尉张敬儿决定采取诈降方式杀掉刘休范。于是，二人同出城南，放下武器，一路大呼投降。休范喜，将二人召至身旁。黄回假装致道成密意，休范信以为真，以二子德宣、德嗣交付道成为人质。二子至，道成即斩之。休范又置黄回、张敬儿于左右，毫无戒备之心。时休范日饮醇酒，黄回见其无备，向敬儿使眼色，敬儿夺休范防身刀，斩休范首，左右皆散走。

刘休范虽死，但其将士不知，仍与官军顽强鏖战。丁文豪与杜黑骡分别从南北夹击朱雀桁，乘胜渡过秦淮河，攻入朱雀门内。官军大败，领军将军刘勔战败而死，右卫将军王道隆为乱兵所杀。杜黑骡一直攻至台城南掖门外的杜姥宅，中书舍人孙千龄开承明门出降。宫廷内外人心惶惶，一片惊慌。太后拉着后废帝的手哭泣说："天下败矣！"[①]时府库已竭，皇太后、太妃剔取宫中金银器物以充赏赐，众人莫有斗志。丁文豪很快得知刘休范死讯，但坚持不退兵。萧道成遣陈显达、张敬儿及辅师将军任农夫、马军主周盘龙等率兵自石头城渡过秦淮河，从承明门进入，保卫宫省。陈显达引兵出战，大破杜黑骡于杜姥宅，以至左眼被流矢射瞎；张敬儿又破黑骡等人于宣阳门，斩杜黑骡、丁文豪及同党姜伯玉、任天助等，进克东府，余党悉平。萧道成整顿部队凯旋而归。

与此同时，郢州刺史、晋熙王刘燮自夏口遣军平定寻阳，刘休范二子青牛、智藏及余党皆被杀。至此，反叛全部平定。

萧道成因平叛立有大功，是年六月，为中领军、南兖州刺史，留下捍卫建康，与袁粲、褚渊、刘秉共决朝事，号称"四贵"。自此，萧道成得以当权秉政。元徽四年(476年)六月，加萧道成尚书左仆射，位同宰相。

后废帝刘昱是个泼皮无赖式的浪荡皇帝。即位之初，年龄尚小，内畏太后、太妃，外惧诸大臣，不敢放纵淫逸。亲政以后，年龄渐大，开始放荡起来；他本非宋明帝亲生，而是明帝嬖臣李道儿与陈太妃所生，故每次微行，自称"刘统"，或

① 萧子显《南齐书》卷一《高帝纪上》，第9页，中华书局，1972。

称“李将军”。常著小裤衫，营署街巷，无不穿行。或夜宿客舍，或昼卧道旁，与民间无赖少年厮混一起。桂阳王刘休范、建平王刘景素被相继平定后，骄恣更甚，无日不出，夕去晨返，晨出暮归。左右随从并执刀矛，碰上行人男女及犬马牛驴，随意砍杀。弄得民间惶惧，商贩停业，门户昼闭，行人断绝。又屡诛大臣，萧道成因功高权重而遭忌恨，几经危殆。道成忧惧，密与袁粲、褚渊谋议废立，并命王敬则暗中结交废帝左右杨玉夫、杨万年等25人，伺机于殿中下手。昇明元年(477年)七月戊子夜，废帝至新安寺偷狗吃，饮酒醉，回到仁寿殿就寝，杨玉夫伺帝熟睡，与杨万年取帝防身刀杀之。时年十五，追封为苍梧王。

苍梧王既死，萧道成迎立安成王刘准，是为顺帝。顺帝以道成为侍中、司空、录尚书事、骠骑大将军，作相辅政。昇明三年(479年)三月，进道成为相国，封齐公；四月，进齐公为齐王。这时，刘宋王权已完全转移到萧道成之手，改朝换代只差一步之遥了。

第二节 齐、梁二朝对江州的严密控制和江州人民的反抗斗争

一、萧齐宗王刺江州及典签对出镇宗王的严密控制

479年，萧道成正式禅代称帝，是为齐高帝，国号齐，史称南齐或萧齐。改年号曰建元。在南朝4代中，萧齐统治的时间最短，至502年亡国，前后统治仅24年。

萧齐继踵刘宋，对江州的控制基本沿用以宗室诸王出镇的方针。所不同的是赋予典签极大的权力，以加强对出镇宗王的监视。早在刘宋末，萧道成在禅代的过程中，就着手对江州这一战略要地加强控制。元徽二年(474年)五月，萧道成指挥平定了桂阳王刘休范的反叛后，开始执掌朝权，以宋明帝第七子、年仅五岁的邵陵王刘友为江州刺史，实际上由自己控制江州，刘友不过是个傀儡而已。宋顺帝时，刘宋王权已完全转移到萧道成之手。昇明二年(478年)正月，首先以世子萧赜为江州刺史。八月，又以次子萧嶷为江州刺史，公开、直接控制江州这块战略要地。次年，萧嶷改任镇西将军、荆州刺史，以琅邪大族、尚书左仆射王延之为安南将军、江州刺史。用王延之出任江州刺史，是因为他与尚书令王僧虔对萧道成的禅代表面上采取中立态度，时人为之语曰：“二王持平，不

送不迎。”[①]实际上是采取默认、支持的态度。萧道成的这种安排，显然是一种笼络人心的手段，借以取得士家大族对萧氏政权的广泛支持。

萧齐政权建立后，先后以宗室诸王出任江州刺史，只有少数情况例外。据《南齐书》、《南史》、《资治通鉴》等史籍记载，先后出任江州刺史的宗王计有：安成王萧暠、随郡王萧子隆（任命未赴任）、衡阳王萧钧、武陵王萧晔、巴东王萧子响、鄱阳王萧锵、晋安王萧子懋、建安王萧宝寅、邵陵王萧宝攸。此外则为心腹或功臣，他们是：前将军王奂、丹阳尹王晏（任命而未赴任）、镇东大将军王显达、平西将军王广之、陈伯之。终萧齐一代，出任江州刺史者共十五人（任命而未赴任者两人不计），其中宗室诸王十人，约占67%，与刘宋的情况相当；士族二人，约占13%；庶族寒门三人，占20%。现列表于下：

表3 萧齐一朝历任江州刺史表

时　间	姓　名	备　注
昇明二年（478年）正月	萧赜	齐高帝萧道成世子
昇明二年八月	萧嶷	齐高帝次子
昇明三年	王延之	琅邪大族。以上3例皆于刘宋末
建元四年（482年）正月	安成王萧暠	齐高帝第六子
永明二年（484年）	前将军王奂	琅邪大族
永明四年（486年）正月	随郡王萧子隆	齐武帝第八子。任命而未赴任
永明四年（486年）正月	衡阳王萧钧	齐高帝第十一子，后过继给其长兄道度为嗣
永明六年（488年）三月	巴东王萧子响	齐武帝第四子
永明六年（488年）十月	武陵王萧晔	齐高帝第五子
永明七年（489年）	丹阳尹王晏	以旧恩见宠。任命而未赴任
永明八年（490年）	鄱阳王萧锵	齐高帝第七子
永明十一年（493年）正月	镇东大将军陈显达	开国功臣，独眼将军
隆昌元年（494年）	晋安王萧子懋	齐武帝第七子
建武元年（494年）	平西将军王广之	广之参与废郁林王，拥立明帝有功
建武三年（496年）	建安王萧宝寅	齐明帝萧鸾第六子
永泰元年（498年）	太尉陈显达	七月，明帝死，遗诏军政大事委显达
永元元年（499年）	邵陵王萧宝攸	齐明帝萧鸾第九子
中兴元年（501年）	平西将军陈伯之	三月，东昏侯以伯之刺江州，西击荆、雍，以拒雍州刺史萧衍

① 《南齐书》卷三二《王延之传》，第585页。

萧齐在以宗室诸王出刺江州的同时，吸取了刘宋时期江州方镇强大，以致频频举兵，严重威胁中央政权的教训，赋予典签极大的权力，用以监视宗室诸王，以实现对江州的严密控制。

典签，也称签帅，或称主帅。典签始于魏晋时期，本是府州中的五品小吏（即五品官属下的小吏），位卑而权轻，其职责仅掌文书而已。南朝典签皆由皇帝左右的亲信寒人出任，充当皇帝的耳目和爪牙。刘宋初，典签由五品吏正式提升为七品官，职位得到显著提高，其政治作用已日渐重要。宋孝武帝以江州刺史而得帝位，深知江州的重要，对于诸王方镇、特别是江、荆二州方镇更不得不有所防范。为加强君主集权，宋孝武帝一方面对诸王厉行诛戮，另一方面利用典签对方镇进行有效的控制，遂于大明元年（457年）正式建立典签制度。随着典签制的建立，典签之权与日俱增。但终刘宋一朝，典签之权正处于急剧上升的过程，还是有一定限度的，典签尚不至任意无为，也未能达到所谓“威行州郡”的地步。在多数情况下，执掌一方大权的仍是多由士族或士族子弟充任的府州行事，如晋安王刘子勋称帝寻阳，便是在行事邓琬的挟制下进行的。

萧齐一代，典签之权特重，典签制度臻于全盛。萧道成有感于刘宋亡国的教训，曾诫其世子萧赜说：“宋氏若不骨肉相残，他族岂得乘其衰弊。”[①]故齐高、齐武二帝统治时期，赋予典签更大的权力，幻想通过他们严密控制诸王方镇，以防止骨肉相残悲剧的重演。《南史·齐武帝诸子·巴陵王子伦传》详细记载了典签大施淫威的情况：

> 先是高帝、武帝为诸王置典签帅，一方之事，悉以委之。每至觐见，则留心顾问，刺史、行事之美恶，系于典签之口，莫不折节推奉，恒虑不及。于是威行州郡，权重藩君……

诸王刺史甚至想吃一挺藕、喝一杯浆，都要请示典签，典签不在，则整日忍渴。以致“诸州唯闻有签帅，不闻有刺史”。郁林王萧昭业为南郡王时，对豫章王妃庾氏说：“阿婆，佛法言：有福德生帝王家。今日见作天王，便是大罪，左右主帅，动见拘执，不如作市边屠酤富儿百倍矣。”[②]齐明帝萧鸾统治时期，则把典签

① 《南齐书》卷三五《长沙王晃传》，第624页。

② 《南齐书》卷四《郁林王本纪》，第73页。

之权推到了顶峰。萧鸾是齐高帝萧道成之侄、齐武帝萧赜之堂弟，以支庶而夺帝位，自以为得之不正，又常叹亲子皆幼小，而妒忌高、武子孙长大。辅政之初，为防遏诸王，“密召诸王典签约语之，不许诸王外接人物”[①]。即位前后，利用典签三次大诛诸王，相继把齐高帝十九子、齐武帝二十三子全部杀死，尽灭高、武子孙无遗种，“诸王见害，悉典签所杀，竟无一人相抗”[②]。典签积威之重，一至于此，远非宋世所能比。

由于典签“威行州郡，权重藩君”，出任江州的诸王并无实权。如永明六年(488年)十月，武陵王萧晔出为江州刺史，“至镇百余日”，典签赵渥之向齐武帝“启晔得失”[③]，齐武帝即将萧晔免职，召回建康，改任为左民尚书。茹法亮为齐武帝萧赜所信任，曾为江州典签，后为中书通事舍人。其在湓城，频频奉齐武帝之命，“内宣朝旨，外慰三军”[④]，势倾天下。巴东王萧子响由江州刺史调任荆州刺史后，被茹法亮等人所杀；茹法亮返京后，虽然被责，但时隔不久，仍亲任如故，萧子响死后反被贬为鱼腹侯。

非宗王而出任江州刺史的士族，只有王奂、王晏二人，而且都无兵权。

王奂，琅邪大族。其父、祖都在刘宋朝廷担任高官。永明二年(484年)，出任江州刺史。“初省江州军府。四年，迁右仆射，本州中正。”[⑤]王奂刺江州，军府都罢省了，自然没有兵权。做了两年没有实权的江州刺史后，又重新回到中央朝廷。

王晏也是琅邪大族。刘宋末，萧赜为江州刺史，镇湓城，以晏为记室咨议，负责军府文书。“晏便专心奉事……渐见亲待。”后随萧赜回京，“常在上府，参议机密。”及萧赜为帝，擢为侍中，官位显赫。但王晏“每以疏漏被上呵责，连称疾久之。上以晏须禄养，七年(489年)，转为江州刺史，晏固辞不愿外出，见许，留为吏部尚书，领太子右卫率”[⑥]。所谓“上以晏须禄养”，是说齐武帝认为王晏该拿着俸禄去休养了，所以让他外出为江州刺史。王晏深知去江州赴任并无实权，故再三推辞，武帝只好让他继续留在京城做吏部尚书等官。

非宗王而出任江州刺史的寒人(指庶族寒门)，有陈显达、王广之、陈伯之

---

① 《南史》卷四一《齐宗室衡阳公谌传》，第1051页。

② 《南史》卷四四《巴陵王子伦传》，第1116页。

③ 《南齐书》卷三五《高祖十二王·武陵昭王晔传》，第625页。

④ 《南齐书》卷五六《幸臣茹法亮传》，第977页。

⑤ 《南齐书》卷四九《王奂传》，第848页。

⑥ 《南齐书》卷四二《王晏传》，第742页。

三人,他们却都握有兵权。

陈显达,南彭城(今江苏徐州市)人。出身寒贱,初在军中被人驱使,后因军功而位至征南大将军、江州刺史,都督江州诸军事,迁太尉,封鄱阳郡公。“自以人微位重,每迁官,常有愧惧之色”[①]。

王广之,沛郡相(今安徽濉溪县西北)人。从小爱好弓马,敏捷有勇力。初为马队主,因军功而步步升迁。刘宋末年,沈攸之起兵,王广之留京师,随萧道成出屯新亭,进号征虏将军。萧道成称帝后,不断加官进爵,位至前将军。后因参与萧鸾废郁林王萧昭业的密谋,齐明帝萧鸾“诛害诸王,遣广之征安陆王子敬于江阳……事平,仍改授使持节、散骑常侍、都督江州诸军事、镇南将军、江州刺史”[②]。

陈伯之,济阴睢陵(今江苏睢陵县)人。从小以劫盗为生,曾因探头窥视别人船只,被船主砍去了左耳。后追随乡人车骑将军王广之,广之爱其勇,常带他一同作战,逐步得到提拔。齐末,官至安东将军、江州刺史。在齐、梁更替之际,陈伯之脚踏两只船。归附萧衍后,奉命攻打建康,力战有功。建康城平,擢升为征南将军,封丰城县公。陈伯之不识文字,回到江州后,每次收到文牒辞讼,只会在上面画个大圈表示同意而已。有事时,典签传口语,予夺决于自己。像陈伯之这样的武夫担任江州刺史,反而有去取予夺的决定之权,典签只能充当传话的工具。由于陈伯之拥强兵在江州,常常不听梁武帝诏命,终于引起了一场大规模的叛乱。兵败后,伯之亡命投靠北魏,被任命为平南将军、都督淮南诸军事。天监四年(505年),临川王萧宏受命率众北伐,伯之接受萧宏记室丘迟的书信劝告,次年又拥众南归。从齐末梁初陈伯之这样一位江州刺史的左右反复,及萧梁政权对他的多次争取, 也可看出在齐、梁禅代之际及南北朝对峙局面下,江州地区战略地位的重要。

萧齐诸帝利用典签严密监视宗王刺史,确实收到了巩固皇权的一时之效。刘宋时,出镇江州的宗王利用该地区的优越战略地位和强大实力而频频举兵,纷争不断。他们或以江州为根据地夺得帝位,或就地称皇。萧齐时,这种现象再也见不到了。但另一方面,由于典签权力过于膨胀,皇帝利用典签大肆诛灭宗王,犹如杀鸡宰鸭一般,竟无一人相抗,其骨肉相残程度远远超过刘宋。萧齐皇

---

① 《南齐书》卷二六《陈显达传》,第490页。

② 《南齐书》卷二九《王广之传》,第548页。

帝大削枝叶，使皇室孤立无援，导致了短期而亡的严重后果。

与此同时，出镇江州的寒人却往往拥有兵权，典签难以制约，比较容易利用江州的优越条件起兵造反，永元元年(499年)就发生过江州刺史、太尉陈显达大规模举兵寻阳的事。

陈显达本为高帝、武帝旧将，开国元勋，战功显赫。永明十一年(493年)正月，出为使持节、散骑常侍、都督江州诸军事、征南大将军、江州刺史。永泰元年(498年)七月，二为江州刺史。在出刺江州期间，他率领的江州兵成为抗击北魏的主力。永明十一年秋，北魏南侵，齐武帝命他屯兵樊城(今湖北襄樊市)，严加防卫。永泰元年，北魏频繁进犯雍州(治襄阳)，齐军连战失利，相继丢失沔北五郡，齐明帝命陈显达率兵救雍州。次年正月，陈显达督平北将军崔慧景众军四万击魏，欲收复沔北五郡。北魏遣前将军元英拒战。陈显达与元英战，屡破之。攻马圈城(今河南邓县东北)四十日，城中粮尽，食死人肉及树皮。北魏军突围而走，斩获千计。随后，北魏孝文帝亲率大军十余万骑赶到马圈，断绝齐军归路。显达与魏军战，大败，齐军死伤三万余人。自此，显达威名大损。

永泰元年(498)七月，齐明帝死，太子萧宝卷即位，是为东昏侯。明帝临死前，嘱以后事，以自己夺得皇位为例，告诫太子说："作事不可在人后。"[①]意思是说，在险恶的政治斗争中，一定要先下手为强。故东昏侯即位后，委任群小，诛杀辅政大臣，无不如意。在短期内，相继杀害了扬州刺史、始安王萧遥光，尚书令、新除司空徐孝嗣，右仆射、新除镇军将军沈文季等，并传闻当遣兵袭击江州。

陈显达是老臣，官位显赫，又居兵江州要地，自度难以免祸，遂于永元元年(499)十一月十五日举兵寻阳。他下令长史庾弘远、司马徐虎龙给朝中贵要写信，数落东昏侯的种种罪恶，声称要拥立建安王萧宝寅为帝，等建康平定，即西上郢州迎接大驾。朝廷以护军将军崔慧景为平南将军，督众军击显达；遣后军将军胡松、骁骑将军李叔献率水军据梁山，左卫将军左兴盛督前锋军屯新亭，辅国将军徐世摽领兵屯杜姥宅。陈显达率众数千人从寻阳出发，与胡松战于采石(今安徽马鞍山市长江东岸)，大破之，建康震恐。十二月十三日，显达至建康近郊新林筑城垒，左兴盛率军拒战。当天晚上，显达多置屯火于岸侧，遣军夜渡，袭宫城。十四日清晨，显达以数千人登落星冈(今南京石头城西)，新亭诸军闻讯，回军救援，宫城大骇，闭门守备。显达手执马槊(古代兵器，杆儿比较长的

① 《南齐书》卷七《东昏侯纪》，第102页。

矛),率步兵数百人,于西州前与官军战,连战两个回合,显达大胜,手杀数人,以至马槊都折断了。官军继至,众寡悬殊,显达不能敌,退走至西州乌榜村,骑官赵潭以马槊刺显达落马,斩之于篱笆旁,时年七十二。诸子皆被诛。

齐、梁禅代之际,江州刺史陈伯之也进行过大规模的武装反叛。

二、萧衍雍州起兵和上下游江州之争

萧衍,南兰陵(今江苏武进县西北)人。其父萧顺之,是萧道成同族兄弟,曾为萧道成代宋称帝出谋划策,尽心竭力,历官侍中、领军将军、丹杨尹等,地位显赫。萧衍及其长兄萧懿,在齐明帝夺取皇位的斗争中均立有功劳。永泰元年(498年)七月二十四日,明帝临死前,以萧衍为持节,都督雍、梁、南秦、北秦四州及郢州之竟陵、司州之随郡诸军事,辅国将军,雍州刺史。

东晋时期,北方大乱,大批雍、秦(今陕甘一带)流民南下,流入樊、沔,晋孝武帝始于襄阳(今湖北襄樊市)侨立雍州,并立侨郡县,雍州遂成为侨民和蛮族聚居之地,拥有很好的兵源基础。刘宋为加强上游的防御,又开始实行强雍方略,宋文帝元嘉二十六年(449年),割荆州之襄阳、南阳、新野、顺阳、随五郡为雍州。孝武帝大明中,又分实土郡县以为侨郡县境,使雍州由原来的侨州变成了拥有实土的名副其实的州。雍州作为长江上游防御体系中的重镇,其本身既具有较强的军事实力,在边境告急或准备北伐之际,朝廷又往往抽调大军驻屯,因而雍州就常为重兵所聚之地。这些条件便构成了萧衍起兵的武力基础。

齐明帝死后,嗣位的东昏侯萧宝卷是个年轻而无道的昏庸之君。即位之后,明帝为他安排的六位顾命大臣轮流值于内省,号称“六贵”。后六贵欲废东昏侯,但各欲专权,结果反而被东昏侯相继诛杀。一时弄得旧臣宿将,人人自危,方镇各怀异计,举兵造反事件接连不断。永元二年(500年)十月,时任尚书令的萧懿复为东昏侯所杀。萧懿被害前,其亲信徐曜甫事先得知消息,并在江边秘密为他准备了船只,劝懿西奔襄阳。萧懿却说:“自古皆有死,岂有叛走尚书令邪!”并对前来赐药的台使说:“家弟在雍,深为朝廷忧之。”[①]可见,萧懿还是忠于刘宋王朝的。

萧衍看到朝政已乱,遂积极谋划起兵反齐,并按自己的计划一步步地实施。他首先把两个弟弟萧伟、萧憺从建康召回至襄阳,并召募武勇,“士庶响从,

① 《资治通鉴》卷一四三·齐东昏侯永元二年(500),第4472页。

会者万余人”。又派人“按行(襄阳)城西空地,将起数千间屋”,以驻扎所募勇士。还大量砍伐竹木,沉于襄阳城西的檀溪,储藏的茅草堆如山积,以备修造船舰。与此同时,秘密制造各种武器装备。萧衍的中兵参军也领悟到其用意,乃“阴养死士”,“私具橹数百张”①。又制造祥瑞,大造舆论,说什么“萧王大贵”,萧衍“项有伏龙,非人臣也”。相传“樊城有王气”②,萧衍所居之处,上有五色祥云,状若蟠龙,紫气腾飞,形如伞盖云云。

永元二年(550年)十月,萧懿被害的消息传到襄阳,萧衍立即于十一月九日召集全体僚佐大会,宣布正式起兵。当日建牙旗,“收集得甲士万余人,马千余匹,船三千艘,出檀溪竹木装舰”。葺以预先储藏好的茅草。由于早有准备,诸事立即办妥。

但要东下夺取建康决非易事,还有上游重镇荆州和中游重镇郢州、江州的重重阻隔。于是萧衍采取了联合荆州,围攻郢州,争取江州的战略。他设计借掌握荆州实权的行事萧颖胄之手, 斩杀了东昏侯派往荆州准备袭击襄阳的巴西太守刘山阳,并取得了萧颖胄、萧颖达兄弟的信任和支持,使雍、荆顺利实现联合。

随后萧衍以长史王茂、竟陵太守曹景宗为前锋,轻兵渡江进逼郢城(今湖北武昌),初战失利。诸将建议集中兵力围攻郢城,同时分兵袭击下游的西阳(今湖北黄冈东)、武昌(今湖北鄂州)。萧衍不同意,决定遣王茂、曹景宗过江,与荆州军会合,进逼郢城。自率军围攻鲁山,以保障江、汉水道畅通。萧衍对郢城采取围而不打的方针,实行持久包围,使敌自弊。五月,东昏侯遣军主吴子阳等十三军救郢州,遭到荆、雍军的顽强阻击,无法向前推进。七月五日,加湖一战,吴子阳大败而逃,所部将士被杀和被溺死者万余人。七月二十五日,鲁山城军主孙乐祖以城降。二十七日,程茂、薛元嗣以郢城降。

萧衍的第三步战略是争取江州。自东晋初以来,江州一直处于重要的战略地位,且实力强大,向为兵家必争之地,南朝时期也不例外。萧衍虽夺得郢州,但还必须突破江州第二道关口,才能顺利举兵东下。东昏侯要确保建康无虞,也必须加强对江州的防护。为此,双方争夺江州势所难免。

中兴元年(501年)二月,萧衍以南康王萧宝融的名义,任命冠军长史王茂

① 《梁书》卷一一《吕僧珍传》,第212页。

② 《南史》卷六《梁本纪上》,第170—171页。

为江州刺史。三月，东昏侯以豫州刺史陈伯之为江州刺史、都督前锋诸军事，西击荆、雍，江州实际上控制在东昏侯之手。此前，双方对江州的争夺便已开始。萧衍初起兵，荆州西中郎外兵参军萧颖达之弟颖孚从建康出逃，庐陵人修景智秘密带领他南归，“至庐陵，景智及宗人灵佑为起兵，得数百人，屯西昌(今泰和)药山湖。颖达闻之，假颖孚节，督庐陵、豫章、临川、南康、安成五郡军事，冠军将军，庐陵内史”[①]。颖孚率灵佑等占领西昌，攻克庐陵，庐陵内史谢篡逃奔豫章。

为扩大在江州的地盘，颖达又遣宁朔将军范僧简率兵从湘州赶来，攻拔安成郡。颖达以僧简为安成太守，以颖孚为庐陵太守。萧颖达一连夺得江州的两个大郡，使建康方面惴惴不安。东昏侯立即派遣军主刘希祖率兵三千人击之，南康(今赣州)太守王丹以郡响应希祖。结果颖孚战败，逃往长沙，一路翻山越岭，仅而获免。在道绝粮，后因吃得过饱而死。谢篡重新回到庐陵郡。希祖攻陷安成郡，杀范僧简，东昏侯以希祖为安成内史。稍后，修灵佑又纠合余众攻谢篡，篡再次败走。在这场江州争夺战中，建康一方暂占上风，继续控制江州的局面。

东昏侯以陈伯之镇江州，意在声援率兵救郢的吴子阳。伯之来到江州后，即派自己的儿子陈虎牙率兵参加救援行动。子阳等人既大败于加湖，虎牙也败回江州。这时，萧衍对夺取江州充满信心，他对诸将说：“夫征讨未必须实力，所听威声耳。今加湖之败，谁不弭服。陈虎牙即伯之子，狼狈奔归，彼间人情，理当汹惧，我谓九江传檄可定也。”萧衍的分析是对的，陈虎牙狼狈败归寻阳，给陈伯之带来巨大的精神压力，丧失了坚守江州的信心。于是，萧衍乘郢城战胜之威，从战俘中搜寻出陈伯之的幢主苏隆之，厚加赐与，派往江州劝降，并承诺伯之归附后，用他为安东将军、江州刺史。

隆之来到江州，伯之虽同意归附，但首鼠两端。萧衍乘伯之犹豫不决之际，进兵逼迫，命邓元起引兵先下，杨公则径直袭击柴桑(今九江市西南)，自己与诸将先后出兵。八月，邓元起将至寻阳，陈伯之收兵退保湖口，留陈虎牙守湓城。选曹郎沈瑀劝说伯之迎接萧衍，伯之哭着说：“余子在都，不能不爱。”[②]担心留在建康的子女被东昏侯杀掉，故不肯轻易出降。及萧衍兵至寻阳，伯之才束甲请罪。萧衍以伯之为江州刺史，虎牙为徐州刺史。

萧衍既定江州，留骁骑将军郑绍叔镇守寻阳，负责后勤供应。他叮嘱绍叔

① 《梁书》卷一〇《萧颖达传》，第188页。

② 《资治通鉴》卷一四四·齐和帝中兴元年(501)，第4497页。

说:“卿,吾之萧何、寇恂也。前途不捷,我当其咎;粮运不继,卿任其责。”[1]绍叔流涕拜辞。当年汉高祖刘邦委任萧何镇守关中,汉光武刘秀任命寇恂镇守河内(黄河以北地区),负责军粮、军需供应,为刘邦、刘秀夺取天下奠定了物质基础。关中、河内都是当年全国最富庶的地区,萧衍将郑绍叔比作两汉的开国元勋萧何、寇恂,将江州比作关中、河内,说明江州的富庶程度和萧衍对江州的高度重视。郑绍叔不负重托,督办江、湘二州粮运,未尝乏绝。

九月,萧衍与陈伯之引兵东下,沿途势如破竹,很快兵临建康城下。饱受东昏侯残暴统治之苦的建康军民纷纷出降,迎接义军,东昏侯被迫退保台城,闭门自守,守城将士降者仍然络绎不绝。十二月六日,台城内禁卫军发动兵变,卫尉张稷、北徐州刺史王珍国斩东昏侯,送首义师。萧衍兵不血刃,顺利占领建康城。在经过一系列的禅代程序后,于中兴二年(502年)四月,代齐建梁,改元称帝,是为梁武帝。

三、梁武帝对江州的统治和江州人民的反抗斗争

(一)梁武帝对江州的统治

萧衍禅代称帝,改元天监。自天监元年(502年)梁武帝立国至太平二年(557年)陈氏代梁,萧梁共统治56年。在南朝四代中,萧梁统治的时间仅次于刘宋(60年)。梁武帝在位48年,活了86岁,是南朝在位时间最久的皇帝,也是中国历史上为数不多的几个长寿皇帝之一。

梁武帝有鉴于宋、齐两朝皇室内部骨肉相残和上层统治集团的相互倾轧所造成的严重后果,即位以后,比较注意消弭统治集团内部的矛盾,尽量照顾统治阶级各阶层的利益,想方设法摆平皇室内部、士族与寒门的关系。并一反宋、齐的做法,从一个极端走向另一个极端:他大力提高宗室诸王的实权,甚至予以宽容、放纵,宗室成员只要不造反,犯罪甚至投敌都不过问;又“优借朝士,有犯罪者,皆讽群下,屈法申之”[2];还纵容各级官吏公开贪污,至使天下守宰竞为剥削。与优待社会上层相反,梁武帝对广大劳动人民的统治却相当残酷,在举行南郊祭祀时,曾有秣陵老人公开指责他行法“急于黎庶,缓于权贵”[3],反映

---

① 《资治通鉴》卷一四四·齐和帝中兴元年(501),第4498页。

② 魏征《隋书》卷二五《刑法志》,第700页,中华书局,1973。

③ 《隋书》卷二五《刑法志》,第701页。

了当时的实际情况。因此,在梁武帝统治的近半个世纪中,表面上有个粗安的局面,内部却酝酿着巨大的社会危机,最后终于酿成了南朝历史上最严重的侯景之乱。

萧梁上承宋、齐,仍以宗室诸王出镇江州。据《梁书》、《资治通鉴》等有关史籍记载,萧梁一朝出任江州刺史者先后有:陈伯之、王茂、安成王萧秀、萧颖达、建安王萧伟、晋安王萧纲、庐陵王萧续、邵陵王萧伦、豫章王萧欢、湘东王萧绎、寻阳王萧大心。其中,庐陵王萧续、邵陵王萧伦和开国元勋王茂二为江州刺史。太清二年(548年)八月,侯景之乱发生,全国政局大乱,江州政区分合变易无常,以宗王出刺江州的旧例被打破,而以有实力的军事将领为主,他们是:王僧辩、杜崱、周炅、侯瑱诸人,情况当作别论。由上看出,自天监元年(502年)至太清二年(548年)的47年中,梁武帝所任江州刺史共十八人次,其中诸王十二人次,占66·7%;宗室一人,占5·5%;开国功臣及元勋五人次,占27.8%。现列表于下:

表4 萧梁一朝历任江州刺史表(不含侯景之乱后)

时　　间	姓　　名	备　　注
天监元年(502 年)	陈伯之	随萧衍平建康,为开国功臣
天监元年	王 茂	五月,伯之举兵反,以开国元勋王茂刺江州
天监六年	安成王萧秀	梁武帝第七弟
天监七年五月	曹景宗	开国元勋,八月卒于赴任途中
天监七年九月	萧颖达	开国功臣
天监九年	建安王萧伟	梁武帝第八弟,后改封南平王
天监十二年(513 年)	王 茂	二为江州刺史,视事三年,卒
天监十四年	晋安王萧纲	即简文帝,梁武帝第三子
天监十六年	庐陵王萧续	梁武帝第五子
普通元年(520 年)	邵陵王萧伦	梁武帝第六子
普通五年	南康王萧绩	梁武帝第四子
中大通元年(529 年)	武陵王萧纪	梁武帝第八子
中大通四年	萧 昂	梁武帝从弟
大同元年(535 年)	庐陵王萧续	二为江州刺史
大同三年	邵陵王萧伦	二为江州刺史
大同六年二月	豫章王萧欢	昭明太子之子,十二月卒
大同六年十二月	湘东王萧绎	即梁元帝,梁武帝第七子
太清元年(547 年)	寻阳王萧大心	简文帝第三子,次年,以州降侯景

由上表看出，在出镇江州的十个宗王中，梁武帝的儿子就占有六人，孙子二人。足见他对控制江州的重视程度。

萧梁也曾实行过典签制度。梁武帝禅代之初，典签余威犹存，然已非昔日可比。《南史》卷六〇《江革传》载："时少王行事，多倾意于签帅，革以正直自居，不与典签赵道智坐。道智因还都启事，而陈革堕事好酒，以琅邪王昙聪代为行事。"江革于梁初为庐陵王长史、行府州事，他敢于鄙视典签，不与之同坐，在一定程度上反映梁代签帅已轻，远不如萧齐时之威福在手。梁武帝目睹了齐明帝利用典签大肆诛戮诸王的事实，深知宋、齐典签制度之弊，出于政治形势发展的需要，在政权初步稳定后，反其道而行之，公开给宗室诸王以实权，使方镇势力得到迅速的恢复和发展。至梁武帝末年，"邵陵王纶为丹阳尹，湘东王绎在江州，武陵王纪在益州，皆权侔人主"①。诸王刺史有权，才有可能对地方进行有效的治理。

在梁武帝统治时期的十几任江州刺史中，政绩较为突出者有王茂、安成王萧秀、萧颖达等人。

天监元年（502年）五月，江州刺史陈伯之举兵反叛，王茂出为使持节、都督江州诸军事、征南将军、江州刺史，率军南讨伯之。伯之战败，投奔北魏。"时九江新罹军寇，民思反业，茂务农省役，百姓安之"②。王茂于战乱之后，带领江州人民努力恢复和发展农业生产，减免徭役，使百姓很快安定下来，为江州社会重新走上正常化的发展轨道创造了条件。天监十二年（513年），王茂再次出任江州刺史，在任三年，卒于州，时年六十。王茂性情宽厚，任江州刺史共达四年之久，吏民一直处于安定之中，其治理江州应该是很有成效的。

天监六年（507年）四月，安成王萧秀出为使持节、都督江州诸军事、平南将军、江州刺史。萧秀是位爱士不爱财的忠厚长者，临出发时，主管官吏请求用结实耐用的好船用来装载府库财物，萧秀却说："吾岂爱财而不爱士！"于是以牢固的船让参佐乘坐，而以质量差的船装载府库财物。"既而遭风，斋舫遂破"。来到江州后，"闻前刺史取征士陶潜曾孙为里司。秀叹曰：'陶潜之德，岂可不及后世！'即日辟为西曹"。陶潜是晋末宋初的著名隐士和大诗人，品德高洁，为后世所景仰，前刺史竟然取陶潜曾孙为最低级的小吏里司（村官之类），不啻是对前贤的亵渎。萧秀对此感慨万千，即日辟举陶潜曾孙为西曹掾。当年寻阳夏雨连

---

① 《资治通鉴》卷一五九·梁武帝中大同元年（546），第4939页。

② 《梁书》卷九《王茂传》，第176页。

绵,江水暴涨,渡口桥梁断绝,行人货物严重受阻,地方官府请求依旧租船渡江,收取费用。萧秀下令说:“刺史不德,水潦为患,可利之乎!给船而已。”[①]其关心民间疾苦,由此可见一斑。可惜萧秀在江州刺史任上仅一年之久,第二年便改任荆州刺史。

天监七年(508年)五月,中卫将军曹景宗继为江州刺史;八月,景宗卒于赴任途中。九月,梁武帝以萧颖达为江州刺史。萧颖达曾与梁武帝共同起兵,为萧梁开国功臣之一。此前,颖达为豫章太守,因“治任威猛,郡人畏之”,而升迁江州刺史。看来,萧颖达在任期间比较注意法治,打击地方豪强,这对于维护社会治安,保障人民的生命财产是有好处的。后因与长史沈瑀意见相左而发生矛盾,沈瑀在途中被盗所害,众人便怀疑是颖达所为,甚至传言他要谋反。梁武帝颇不放心,派遣直阁将军张豹子声称江中讨盗,实为提防颖达。“颖达知朝廷之意,唯饮酒不知州事”[②]。严重地影响了他对江州的治理。

在郡太守之中,也出现了一批政绩较为突出的良吏。

天监六年(507年),傅昭出为寻阳太守。十一年,出为安成(今安福县)内史。“昭所莅官,常以清静为政,不尚严肃”[③]。所谓以清静为政,就是实行清静无为的宽政,少干预老百姓,给人民创造一个安定的生产、生活环境。对百姓的干预少了,人民就有条件安排好自己的生产和生活,同时也可以在一定程度上防止各级官吏对人民的盘剥。这样做,无疑有利于经济的发展和人民生活的改善,于国于民都有利。历史上许多有名的政治家,如汉高祖刘邦,文、景二帝,东晋宰相谢安等,都曾大力提倡和实行清静为政,并收到了显著的效果。清静为政应是封建社会中一种较好的政治措施。史籍中列举了傅昭清静为政,不尚严酷的一个小例子:傅昭任安成内史时,“郡溪无鱼,或有暑月荐昭鱼者,昭既不纳,又不欲拒,遂馁于门侧”。傅昭对有人于大夏天送来的鱼,既不接受,又不想严辞拒绝,只好让鱼臭坏在大门旁边。傅昭的意思是,你送你的鱼,我不干预你的行动,反正我不要。来人如果知趣,以后大概就不会送了。

又天监中,殷钧出为临川内史,“钧体羸多疾,闭阁卧治,而百姓化其德,劫盗皆奔出境”[④]。殷钧体弱多病,常在府中实行“卧治”,即无为之治,百姓都被他

① 《梁书》卷二二《太祖五王·安成康王秀传》,第343页。

② 《南史》卷四一《齐宗室萧颖达传》,第1050页。

③ 《梁书》卷二六《傅昭传》,第394页。下引史料同本传。

④ 《梁书》卷二七《殷钧传》,第408页。下引史料同本传。

的道德所感化，连劫盗都逃出了临川郡。显而易见，殷钧是位清正廉洁、道德高尚的良吏，所以才能感化百姓乃至劫盗。郡中曾擒获一名劫贼头目，他不用刑，不鞭打，而是和言悦色地加以责备和告诫，劫贼叩头认罪，请求改过。殷钧下令当场释放，此贼后来变为善人。临川郡山区多疟疾，每年盛夏时节必流行。“自钧在郡，郡境无复疟疾”。这大约与殷钧关心民间疾苦，及时进行防疫、救治有关。

天监十四年(515年)，谢举出为宁远将军、豫章内史。“为政和理，甚得民心”[①]。在任四年，因政绩突出，入朝为侍中。

太原王神念，“除安成内史，又历武阳(应为武陵)、宣城内史，皆著治绩”[②]。

吴兴丘仲孚，“俄迁豫章太守，在郡更励清节。顷之卒，时年四十八”。梁武帝特意下诏褒美说：“豫章内史丘仲孚，重试大邦……实亦政绩克举。不幸殒丧，良以伤恻。可赠给事黄门侍郎。”[③]

南津校尉郭祖深是位清正廉洁而执法如山的地方官，襄阳人，曾随梁武帝起兵，为人正直，被梁武帝擢为豫章钟陵(今进贤县)令。普通七年(526年)，提升为南津校尉，加云骑将军，秩二千石(职同郡太守)，让他招募军队两千人。为了维护国家法纪，他不避王侯势家，搜检奸恶，动用刑罚，令不法官吏闻风丧胆。史称他“及至南州[④]，公严清刻。由来王侯势家出入津，不忌宪纲，挟藏亡命。祖深搜检奸恶，不避强御，动至刑辟。奏荆州刺史邵陵王(伦)、太子詹事周舍赃罪。远近侧足，莫敢纵恣。淮南太守畏之如虎”[⑤]。因此，他被《南史》列入《循吏传》。

鄱阳内史陆襄的政绩也很突出。陆襄，吴郡吴(今苏州市)人。起家拜著作佐郎，曾任永宁令、中书舍人、中散大夫等官。中大通六年(534年)，出为鄱阳内史，年五十余岁。第二年，即发生了以鲜于琛为首的农民起义。这次起义虽然被他镇压下去，但在审查处理农民军党羽的过程中，他不索取贿赂，实事求是，没有枉滥现象。这在贪污盛行、吏治腐败的萧梁后期，算是难能可贵的了，因而获

① 《梁书》卷三七《谢举传》，第529页。

② 《梁书》卷三九《王神念传》，第556页。

③ 《梁书》卷五三《丘仲孚传》，第771—772页。

④ 古代赣江流域地区常被称为南川、南江、南中或南州，如《陈书》卷二〇《华皎传》：“镇湓城，知江州事。时南州守宰多乡里酋豪，不遵朝宪，文帝令皎以法驭之。”又见《南史》卷六〇《江革传》等。

⑤ 《南史》卷七〇《循吏郭祖深传》，第1723页。

得了人民的赞誉。陆襄以注意体察民情、善于调解民间纠纷而著称。史书记载说:“又有彭李两家,先因忿争,遂相诬告。襄引入内室,不加责诮,但和言解喻之,二人感恩,深自咎悔。乃为设酒食,令其尽欢;酒罢,同载而还,因相亲厚。”民为作歌曰:“陆君政,无怨家,斗既罢,仇共车。”他“在政六年,郡中大治”[①]。鄱阳郡民李睍等420人来到建康上表,陈述陆襄的道德教化,请求在郡中为他立碑,得到了梁武帝的批准。并表请他继续留任,但陆襄坚持回朝廷,乃征为吏部郎,迁秘书丞,领扬州大中正。

豫章太守张缅的政绩更为突出。张缅,车骑将军张弘策之子,梁武帝的表兄弟。普通年间(520—527年),“出为豫章内史。缅为政任恩惠,不设钩距,吏人化其德,亦不敢欺,故老咸云:‘数十年未之有也’”。所谓“不设钩距”,是说张缅为政,遇事不反复调查取证,对人民施以恩惠,以自己的高尚道德感化属吏和百姓,人们也都不敢欺骗他。从而造成了一种上下相互信任,官民关系和谐的政治局面,所以故老高度赞誉他是“数十年未之有”的好官吏。

此外,政绩比较突出的还有寻阳太守沈瑀、豫章内史伏暅等,他们都被《梁书》列入《良吏传》。

值得注意的是,上述州府良吏大都出现在天监(502—519年)、普通(520—527年)年间,即梁武帝统治的前期。在此二十五六年间,江州得到了较好的治理,吏治较为清明,社会安定,没有战乱,“南中久不习兵革”[②],人民安居乐业,社会经济顺利地向前发展。全国的形势也大体如此。

大通元年(527年)以后,萧梁统治进入中后期阶段,由于梁武帝长期“敦睦九族,优借朝士”[③],王公贵族、各级官吏在皇帝的优宠纵容下,日益骄奢淫逸,不断加紧对人民的搜括,吏治腐败日甚一日,整个社会潜伏着巨大的危机。

大同十一年(545年)十二月,散骑常侍贺琛针对当时官吏皆文过饰非,奸巧逢迎,深害时政,上书武帝启陈四事:

其一,“今北边稽服,正是生聚教训之时,而天下户口减落,关外(指边关之外)弥甚。郡不堪州之控总,县不堪郡之裒削,更相呼扰,惟事征敛,民不堪命,各务流移,此岂非牧守之过欤!”

---

① 《梁书》卷二七《陆襄传》,第410页。

② 《梁书》卷三四《张缅传弟绾附传》,第504页。

③ 《隋书》卷二五《刑法志》,第700页。

其二,“今天下所以贪残,良由风俗侈靡使之然也。今之宴喜,相竞夸豪,积果如丘陵,列肴同绮绣,露台之产,不周一宴之资,而宾主之间,才取满腹,未及下堂,已同臭腐……”

其三,“陛下忧念四海,不惮勤劳,至于百司,莫不奏事。但斗筲之人,既得伏奏帷扆,便欲诡竞求进,不论国家大体,心存明恕;惟务吹毛求疵,擘肌分理,以深刻为能,以绳逐为务……”

其四,“今天下无事,而犹日不暇给,宜省事、息费,事省则民养,费息则财聚。”①

贺琛于此尖锐地指出了当时几个严重的社会问题：一是州郡县各级官府以聚敛为能事,层层盘剥人民,民不堪命,造成农民破产,被迫转徙流移,使得天下户口锐减。二是全国官吏贪污成风,尽情挥霍浪费,生活奢靡,食必方丈,动至千金,相竞夸豪,习以成俗,使得帑藏空虚,国家衰弱。三是不少官吏为了升官发财而不择手段,不顾国家大体,唯知吹毛求疵,败坏了社会风气。

针对上述问题,贺琛呼吁应该省事、息费,禁止贪污奢侈,以养民聚财,使国家富强。贺琛所言四事,表明萧梁已经走上败亡之路。对于这些逆耳忠言,梁武帝根本听不进去,当即龙颜大怒,召主书于前,口授敕书一条条地予以驳斥,指责贺琛的话是沽名钓誉,欺罔朝廷,诋毁百官。吓得贺琛赶忙承认过错,不敢再有所指责。对此,司马光评议说:“梁高祖之不终也,宜哉!……观夫贺琛之谏未至于切直,而高祖已赫然震怒,护其所短,矜其所长……大谋颠错而不知,名辱身危,为千古所闵笑,岂不哀哉!”②

稽诸史实,贺琛的话决非危言耸听。梁武帝第六弟、临川王萧宏就是个贪污聚敛的高手和典型。萧宏贵为宗王,没有其他能耐,唯知“恣意聚敛。库房垂有百间,在内堂之后”,锁得非常严密。有人怀疑库房里藏的是武器,便去报告梁武帝。梁武帝听后很不高兴,以为萧宏要谋反,便带上亲信丘佗卿去萧宏家中查看。饮酒半醉之后,对萧宏说:我要参观参观你的后房。萧宏还没有答复,就径直往后房走去。萧宏害怕被哥哥发现自己搜括那么多钱财而受到惩罚,非常恐惧。梁武帝更加怀疑库房里藏的都是武器,便亲自检查间间库房,结果发

① 《资治通鉴》卷一五九·梁武帝大同十一年(545),第4929—4931页。又见《梁书》卷三八《贺琛传》,第543—545页。

② 《资治通鉴》卷一五九·梁武帝大同十一年(545),第4934—4935页。

现藏的全是钱财,史称“宏性爱钱,百万一聚,黄榜标之,千万一库,悬一紫标,如此三十余间”。梁武帝屈指一算,现钱达3亿余万。“余屋贮布、绢、丝、绵、漆、蜜、纻(麻)、蜡、朱砂、黄屑杂货,但见库满,不知多少”。梁武帝查明库房里藏的不是武器,知道弟弟没有夺取皇位的野心,非常高兴,当面夸赞萧宏说:“阿六,汝生活大可(意为你还真会过日子)。”①于是重新回到前堂痛饮酒,直到夜晚才点烛回宫。从此,兄弟更加和睦。

梁武帝既然公开纵容、鼓励贪污聚敛,各级官吏更加肆无忌惮。有个叫鱼弘的襄阳人,官拜竟陵(今湖北钟祥县一带)太守,他常常向人宣称:我为郡有四尽:水中鱼鳖尽,山中獐鹿尽,田中米谷尽,村里人庶尽。“丈夫生如轻尘栖弱草,白驹之过隙。人生但欢乐,富贵在何时。”他不择手段地对百姓敲骨吸髓,榨尽了钱财,过着极为奢侈靡烂的生活,“于是恣意酣赏。侍妾百余人,不胜金翠,皆穷一时之精绝”②。这样的大贪官,不但不受任何惩处,反而连连升官,最后平安地死于任所。这样的例子不胜枚举,俯拾皆是,可以想象当时官僚的奢侈腐化和吏治之腐败程度。

在举国上下竞相贪污的浪潮中,江、湘二州人民所受到的残害更为严重。良吏郭祖深决心以死抗争,他让人抬着棺材来到建康,向梁武帝上书说:“朝廷擢用旧勋,为三陲州郡,不顾御人之道,唯以贪残为务。迫胁良善,害甚豺狼。江、湘人尤受其弊。”③江州人民不堪忍受,纷纷起来反抗。

(二)江州人民的反抗斗争

从普通年间(521—527年)始,江州人民的起义斗争便接连不断。在最腐败的大同年间(535—546年),起义事件最为集中,斗争也最为激烈。

首先发动起义的是安成(今安福)人循垆。《梁书》卷二一《王佥传》载:“又除宁远将军、南康内史,属循垆作乱,复转佥为安成内史,以镇抚之。”循垆起义的时间不详,大约是在普通年间。规模也不大,很快便被镇压下去,故史籍缺乏详细记载。

大同元年(535年),鄱阳郡人鲜于琛(《南史》作鲜于琮)利用道教组织民众,发动了一次较大规模的起义。鲜于琛早年修炼道法,服食丹药。常入山采药,拾得一面饰有羽毛的五色旗帜,又于地中掘得一枚石玺,心中暗自吃惊。琛

① 《南史》卷五一《梁宗室临川靖惠王萧宏传》,第1277—1278页。

② 《南史》卷五五《鱼弘传》,第55页。

③ 《南史》卷七〇《循吏郭祖深传》,第1722页。

先与妻别室，其妻称说琛所居之处常有异气，更加以为他是神仙。他们以此制造舆论，发展道徒，组织力量。大同元年，鲜于琛聚集徒众，正式发动起义。起义军攻下县城，杀广晋令王筠，建年号上愿，署置官属。其徒众遍及豫章、安成等郡，转相发动，“有众万余人，将出攻郡”。由于太守陆襄先率吏民修筑了城壕等工事，有所防备，故起义军不仅没有攻下郡城，反而被官军击破，鲜于琛遭生擒，余众逃散，起义很快失败。

时邻郡豫章、安成等地官吏，借案治起义军党羽为名，大肆索取贿赂，一些没有参与起义的民众，因无钱财行贿而全家遭祸。唯有陆襄所在的鄱阳郡没有枉滥现象，故民作歌曰：“鲜于平后善恶分，民无枉死，赖有陆君。”①

大同八年(542年)，又发生了一次规模更大的起义。这年正月，“安成郡民刘敬躬挟左道以反”②。或说“安成人刘敬躬挟妖道”以反。《资治通鉴》也说：“安成望族刘敬躬以妖术惑众，人多信之。③”所谓“左道”、“妖道”、“妖术”，就是未经封建官府认可的邪门旁道，如巫蛊、方术、鬼神之类。《南史·王僧辩传》记载说：“时有安成望族刘敬躬者，田间得白蛆化为金龟，将销之，龟生光照室，敬躬以为神而祷之。所请多验，无赖者多依之。”④田间白蛆化为金龟，金龟生光便属于巫蛊一类的东西，这是刘敬躬号召群众的手法。远近群众响应，则是江州人民不堪忍受梁武帝黑暗统治的结果。起义军攻占郡城，改元永汉，署置百官，内史萧侻弃城而逃。敬躬以安成郡城为基地，转攻南康、庐陵，沿途占领不少县城和村邑，队伍迅速发展至数万人。并进逼豫章，攻取新淦县，兵锋直指柴桑。“南中久不习兵革，吏民恇扰奔散。”豫章内史张绾紧急备战，“仍修城隍，设战备，募召敢勇，得万余人”⑤，以拒义军。二月，江州刺史萧绎遣司马王僧辩、中直兵参军曹子郢率兵进讨，受张绾节度，共同镇压起义军。起义军坚持苦战近一个月，三月被击破。刘敬躬败回安成，遭王僧辩擒获，送往京师，斩于建康市，起义失败。

两年之后的大同十年(544年)，起义再次发生。“妖贼王勤宗起于巴山郡，以陈昕为宣猛将军，假节讨焉”⑥。旧史称王勤宗为妖贼，大约他也是以“左道”

① 《梁书》卷二七《陆襄传》，第409页。

② 《梁书》卷三《武帝纪下》，第87页。

③ 《资治通鉴》卷一五八·梁武帝大同八年(542)，第4910页。

④ 《南史》卷六三《王神念传子僧辩附传》，第1536页。

⑤ 《梁书》卷三四《张缅传弟绾附传》，第504页。

⑥ 《梁书》卷三二《陈庆之传子昕附传》，第465页。

发动起义的。梁末置巴山郡，领巴山、丰城等7县，治巴山（今崇仁），梁元帝曾以豫章熊昙朗为巴山太守。王勤宗领导的起义应发生在今抚州地区。由于起义规模不大，很快被陈昕镇压下去。随后，陈昕出任临川太守。

梁后期发生于江州境内的4次农民起义，仅安成郡就占有两次，而且规模最大，人数达数万人。起义波及豫章、鄱阳、临川、庐陵、南康等郡，几乎遍及今江西全省。其次数之多，人数之众，在江西地方史上都是少见的。

自秦汉以来至萧梁前期的七八百年间，除了东吴时期山越人民对孙氏政权的大规模反抗外，江西境内的农民战争极其稀少，只有东晋中后期发生过一次，而且规模很小，只有数百人（一说数千人），短期内便失败了。史载晋穆帝永和四年（384年）十二月，"豫章黄韬自称孝神皇帝，临川人李高为相，聚党数百人（《晋书·穆帝纪》为"聚众数千，寇临川。"），乘犊车，衣皂袍，攻郡县，（临川太守）庾条讨平之"[①]。此外，宋明帝泰始七年（471年），"豫章贼张凤，聚众康乐山，断江劫抄"[②]。张凤率领的仅有百余人，是一伙断江抢劫的群盗，根本不是农民起义。这伙人在赣江流域劫抄多年，后被龙骧将军周山图设伏剿灭，张凤被斩首。

自古以来，江西地区自然条件优越，物产富饶，人民无衣食之忧。加之江西人民富有吃苦耐劳、坚忍不拔的优良传统，只要有一线生机，他们是不会轻易造反的。只有在生路完全断绝的情况下，才会被迫揭竿而起。萧梁后期，江州农民起义频频发生，说明梁武帝统治的黑暗和压迫剥削的极端残酷，把江州人民逼上了绝路。安成郡地处赣西，靠近湘州，人民所遭受的压迫剥削尤为苛重，不得不群起而反抗。

四、侯景乱梁与江州人民奋起平乱

梁武帝晚年怠于政事，委政群小。"朱异之徒，作威作福，挟朋树党，政以贿成，服冕乘轩，由其掌握，是以朝政混乱，赏罚无章"[③]。他一心向佛，终日沉湎于佛事，曾三次舍身同泰寺为奴，每次都要臣下花亿万钱将其赎回；又大兴佛塔，广建佛寺，"百度糜费，使四民饥馁"[④]。梁武帝对内任由政治腐败，对外也显得贪婪而无能，甚至幻想不费吹灰之力而得到北方大片土地，由此引狼入室，终

---

① 《晋书》卷七三《庾亮传弟条附传》，第1931页。

② 《南齐书》卷二九《周山图传》，第541页。

③ 《梁书》卷三《武帝纪下》，第97页。

④ 《资治通鉴》卷一六二·梁武帝太清三年（549），第5007页。

于酿成了南朝历史上最严重的侯景之乱。

侯景原是北魏怀朔镇中已经鲜卑化了的羯族人，与高欢极为友善，多年随其征战，官至高欢大丞相府长史。北魏分裂后，高欢掌东魏实权，以侯景为司空、司徒、河南道大行台（河南道最高军政长官）。侯景遂将兵十万，专制河南，时达十四年之久。

梁太清元年（547年），高欢死，其子高澄继掌朝权。高欢临死前，叮嘱高澄说："侯景狡猾多计，反复难知，我死后，必不为汝用。"[①]故高澄上台后，想把侯景调回，夺其兵权。侯景举兵不受代，以河南13州之地降于西魏。西魏丞相宇文泰知侯景狡诈多变，态度极其谨慎。一面派军接收侯景占有的土地，同时示意他先把军队交出来，并希望他入朝长安。高澄得知侯景叛变后，也派大将慕容绍宗率军进逼。侯景在东西夹击的不利形势下，乃遣使至江南向梁武帝接洽投降，表示愿意献出河南13州之地，请梁出师救援。梁朝臣因侯景反复无常，桀骜难制，多不同意，但梁武帝贪图便宜，想借机得到大片土地，以实现统一梦想，遂接受侯景投降。一面任命侯景为大将军、河南王，一面派其侄子萧渊明率主力部队五万进军彭城（今江苏徐州市），牵制东魏，支援侯景。寒山堰（距彭城18里）一战，梁军被东魏慕容绍宗打得大败，萧渊明被俘，主力部队几乎全部被歼。这时东魏又乘机挑拨梁与侯景的关系，表示愿意以萧渊明交换侯景，与梁重新修好。昏聩的梁武帝不假思索，竟然满口答应。侯景被逼得走投无路，遂于太清二年（548年）八月十日反于寿阳（今安徽寿县），很快攻陷谯州（今安徽含山县西南）、历阳（今安徽和县），引兵直临长江。

侯景反叛的消息传到建康，梁武帝还以为侯景将无法逾越"长江天堑"，乃下令第六子萧伦统兵北讨侯景，又任命其侄萧正德为平北将军、都督京师诸军事，负责保卫建康。

萧正德是临川王萧宏第三子，从小粗鲁险恶，不拘礼节。梁武帝早年无子，以萧正德过继为己子，后生子萧昭明，立为太子，乃以正德还本，封为西丰侯。萧正德失去做太子的机会，心生怨望，乃于普通三年（522年）逃奔北魏，自称废太子避祸而来。北魏轻其为人，待之甚薄，第二年又从北魏逃回。对于萧正德的叛逃行为，梁武帝不加任何惩处，只是哭着教诲一番了事，随即恢复封爵。中大通四年（532年），又进封他为临贺郡王。侯景知道萧正德有奸心，乃派人密加诱

① 《梁书》卷五六《侯景传》，第834页。

说，许诺攻下建康后立他为天子。萧正德大喜，遂于太清二年十月二十二日派遣大船数十艘，诡称运荻（芦苇），暗中把侯景从江北的横江（今安徽和县东南）接到对岸的江南采石（今安徽马鞍山市西南）。就这样，侯景轻易地渡过了长江。在萧正德的密切配合下，侯景军直抵建康城下，又顺利渡过秦淮河，西陷石头城，东取东府城，将台城团团围住。为让萧正德过过皇帝瘾，十一月，侯景立正德为帝，改年号曰正平，自为丞相。次年三月，攻陷台城，梁武帝遭软禁，不久被活活饿死。死前叹曰："自我得之，自我失之，亦复何恨！"[①]台城既陷，侯景复太清年号，降萧正德为大司马。萧正德口出怨言，侯景虑其为变，缢杀之。

台城自太清二年(548年)十月二十四日被围，至太清三年三月十二日城破，前后被围一百三十多天。城被初围时，城内尚有男女十万余口，甲士两万余人，米四十万斛，钱帛无数。被围既久，死者十之七八，能登城守卫的战士不满四千人，这四千人也都瘦得不像人样，只会喘气。城内"尸横满路，无人埋瘗，臭气熏数里，烂汁满沟洫"[②]。城破时，侥幸活下来的只有二三千人。城外居民，同样惨遭蹂躏。侯景既久攻台城不下，人心离散，又担心援军总集，"乃纵兵杀掠，交尸塞路。富室豪家，恣意裒剥，子女妻妾，悉入军营"。攻城时，强迫人民大筑土山，"不限贵贱，昼夜不息，乱加殴捶，疲羸者因杀之以填山，号哭之声，响动天地"[③]。

建康号称六朝古都，是当时江南最大最繁华的城市，据《金陵记》载："梁都之时，户二十八万。西石头城，东至倪塘，南至石子冈，北过蒋山，南北各四十里。"梁武帝晚期，建康士民衣食、器用，争尚豪华，粮无半年之储，常依赖四方供给。"自(侯)景作乱，道路断绝，数月之间，人至相食，犹不免饿死，存者百无一二。贵戚、豪族皆自出采稆，填委沟壑，不可胜纪"[④]。城内外的古刹名胜、各种建筑也惨遭破坏，"南朝四百八十寺，多少楼台烟雨中"[⑤]。经过这次战乱，美丽的建康城毁灭了。

梁武帝死后，侯景拥立萧纲为帝，是为简文帝。改元大宝。旋即杀萧纲而立萧栋为帝，不久又废萧栋自立，改国号为汉，大杀梁武帝子孙。至此，萧梁统治已基本解体。

---

① 《资治通鉴》卷一六二·梁武帝太清三年(549)，第5009页。

② 《南史》卷八〇《贼臣侯景传》，第2006页。

③ 《梁书》卷五六《侯景传》，第843页。

④ 《资治通鉴》卷一六二·梁武帝太清三年(549)，第5018页。

⑤ 唐·杜牧《江南春绝句》，见《全唐诗》，第1323页，上海古籍出版社，1985。

侯景攻占建康后，又派兵东掠三吴，西攻江州、郢州。

太清三年六月，侯景以赵威方为豫章太守，江州刺史寻阳王萧大心遣军拒战，生擒威方，关进州中监狱，威方逃回建康。大宝元年(550年)七月，侯景将任约进犯溢城，寻阳王萧大心与鄱阳王萧范发生内讧，互相猜忌，人心离散，其司马韦质拒战任约又遭失败，乃举州降贼。任约顺利夺得寻阳，继遣将于庆攻取豫章，于庆又从豫章分兵袭击新淦等地。这样，在短短一个多月的时间内，侯景相继占领了赣北、赣中的大部分地区。九月，任约乘胜西上，占领西阳(今湖北黄冈县)、武昌。次年三月，夺得郢州，虏郢州刺史萧方诸。

侯景铁蹄所到之处，烧杀劫掠，无恶不作，江、扬二州遭受的破坏尤为惨重。加之连年的旱蝗灾害，饿殍遍地，尸骨满野，到处是一片凄凉残破的景象，令人惨不忍睹。史载："时江南大饥，江、扬弥甚，旱蝗相系，年谷不登，百姓流亡，死者涂地。"人们为了活命，父子携手共入江湖，或兄弟相邀俱进山谷，采草根、树皮、木叶、菱芡而食；各种野菜，所在皆尽，草根木叶，为之凋残。虽一时救得性命，最终仍死于山泽。"于是千里绝烟，人迹罕见，白骨成聚如丘陇焉"[①]。富庶的三吴地区也被侯景糟塌得不成样子，"自晋氏渡江，三吴最为富庶，贡赋商旅，皆出其地。及侯景之乱，掠金帛既尽，乃掠人而食之，或卖于北境，遗民殆尽矣"[②]。

面对侯景的兽行，江州人民奋起平乱。他们或自己组织武装，直接抗击侯景，保卫家园；或踊跃投身于官军，奋勇参战；在极其困难的条件下，向官军提供大量的军粮、军需，支援前线。

巴山新建(今崇仁)人黄法氍，年轻有胆识而勇猛，在郡中甚有威望，众乡亲都很敬畏他。侯景之乱发生，他组织群众保乡里。太守贺诩下江州，命法氍代管郡事。法氍屯兵新淦，侯景将于庆自豫章分兵袭新淦，法氍击败之。陈霸先遣周文育进军击于庆，法氍又引兵相会。

继法氍之后，临川人周续也起兵郡中，始兴王萧毅以郡让之而去。

南昌人熊昙朗，世为郡著姓。"昙朗有勇力，侯景之乱，聚众据丰城为栅"[③]，以拒侯景。

新吴(今奉新)洞主余孝顷是当地有实力的著名酋豪，大宝二年(551年)春

① 《南史》卷八〇《贼臣侯景传》，第2009页。

② 《资治通鉴》卷一六三·梁简文帝大宝元年(550)，第5045页。

③ 《资治通鉴》卷一六六·梁敬帝太平元年(556)，第5150页。

正月,起兵新吴,侯景遣于庆攻孝顷,不能克。六月,已升任巴州刺史的余孝顷,遣兄子余僧重率兵救鄱阳,于庆退走。

当时,由各地酋豪组织起来抗击侯景的地方武装遍及豫章、临川、巴山、鄱阳、丰城、新吴等郡县,哪里有侯景的势力,哪里就有江州人民的反抗斗争。由于江州人民的顽强抗击,侯景企图占领全江州的阴谋始终未能得逞。

大宝元年正月,西江督护、高要太守陈霸先自始兴(今广东韶关)起兵讨侯景,过大庾岭,于南野(今南康县西南章江南岸)击败南康土豪蔡路养,进屯南康(今赣州市)。次年二月,湘东王萧绎承制命霸先进兵江州平侯景,用为江州刺史。六月,陈霸先从南康出发,经西昌(今泰和)而至巴丘(今崇仁),西昌数万人民迎接,沿途的南川豪帅与士民纷纷加入陈霸先的队伍。八月,萧绎承制遣征东将军王僧辩率众军讨侯景,驻兵湓城。僧辩前军袭于庆,于庆弃郭默城而逃,范希荣也弃寻阳城逃走,侯景势力被逐出江州。陈霸先率杜僧明等众军及南川豪帅合三万人准备和王僧辩会师湓城。时王僧辩率领的荆州兵军粮严重不足,“高祖(指陈霸先)先贮军粮五十万石,至是分三十万石以资之”[①]。陈霸先能贮藏这么多的军粮,显然都是江州人民提供的。兵马未动,粮草先行。充足的军粮供给,为保证平定侯景之乱的胜利奠定了物质基础。这年九月,湘东王萧绎以王僧辩为江州刺史,江州刺史陈霸先改任东扬州刺史。

承圣元年(552年)二月,湘东王以江州为基地,下令王僧辩等东击侯景。“诸军发寻阳,舳舻数百里”。陈霸先率甲士三万,强弩五千张,舟舰两千艘,从豫章出发。“自南江(今赣江)出湓口,会僧辩于白茅湾(位于桑落洲西),筑坛歃血,共读盟文,流涕慷慨”[②]。大军浩浩荡荡沿江东下,于姑孰(今安徽当涂)大败侯景骁将侯子览,杀敌数千人,很快进抵石头城下。侯景率众万余人、铁骑八百匹以拒官军,霸先率将士殊死战,僧辩以大军继进,景众大溃。侯景至阙下,不敢入台城,以皮囊盛其江东所生二子挂于马鞍后,率百余骑狼狈东逃;其亲信党羽侯子览、王伟、陈庆等逃奔朱方(今江苏丹徒县地)。王僧辩命侯瑱率精甲五千追击侯景,直到吴松江才追上。瑱进击,景又败,乃与腹心数十人乘单舸而逃,推坠二子于水。将入海,侯瑱遣副将焦僧度追之。景入海,将向蒙山,其都督羊鹍乘其昼寝,命海师掉转船头直向京口(今江苏镇江)。等侯景醒来发觉,为

① 《陈书》卷一《高祖纪上》,第5页,中华书局,1972。

② 《资治通鉴》卷一六四·梁元帝承圣元年(552),第5078页。

时已晚。景欲投水，羊鹍以矟(古代一种长矛)刺杀之，送尸于建康。王僧辩命人送其首于江陵，截其手送于北齐，暴尸于市，士民争食其肉骨至尽。时在当年四月。至此，侯景之乱彻底平定。应该说，江州人民为平乱作出了重大的贡献。

五、侯瑱拥兵据江州

侯景之乱平定后的当年十一月，梁武帝第七子、湘东王萧绎即皇帝位于江陵(今湖北江陵县)，是为元帝，改元承圣。

梁元帝统治时期，国力空前衰弱，“自侯景之难，州郡大半入魏，自巴陵以下至建康，缘以长江为限。荆州界北尽武宁，西拒峡口；自岭以南，复为萧勃所据。文轨所同，千里而近，人户著籍，不盈三万。中兴之盛，尽于是矣”[①]。政局极为复杂动荡，内部兄弟阋墙，相互攻伐，州牧郡守拥兵自重，酋豪崛起据地称雄；外部有西魏大兵压境，濒临累卵之危。承圣三年(554年)十一月，西魏大将于谨率兵攻陷江陵，杀梁元帝。江陵政权只经过短短的两年之久便宣告灭亡。

梁元帝死后的第二年二月，太尉王僧辩、司空陈霸先共同拥立元帝第九子、年仅十三岁的晋安王萧方智为帝，是为敬帝。同年五月，王僧辩在北齐的强大压力下，不顾陈霸先的劝阻，废萧方智而另立梁武帝之侄、贞阳侯萧渊明为帝，引起陈霸先的强烈不满。九月，陈霸先杀王僧辩，黜萧渊明，重新扶立敬帝。

王僧辩被杀，激起其手下大批旧将对陈霸先的怨恨和反对，于是纷纷拥兵割据，称雄一方，政局更加混乱不堪。时吴兴太守杜龛据郡拒霸先，义兴太守韦载以郡响应，吴郡太守、王僧辩之弟王僧智也据郡拒守。东扬州刺史张彪素为王僧辩所厚待，不附霸先。谯、秦二州刺史徐嗣徽甚至举州投奔北齐，并乘陈霸先东讨义兴之机，密结南豫州刺史任约，率精兵五千乘虚袭建康，占领石头城，游骑至阙下，几乎攻破台城。

在王僧辩的旧将中，最有实力的是江州刺史侯瑱。

侯瑱，巴西充国(今四川南充)人。父弘远，世为西蜀酋豪。萧梁后期，西蜀爆发了以张文萼为首的农民起义，有众万人，梁、益州刺史鄱阳王萧范命弘远进讨，被农民军杀死。瑱志在复仇，每战必冲锋陷阵，遂斩文萼，由是知名。因而追随萧范，范委以将帅之任，积军功至晋康太守。范为雍州刺史，授瑱冯翊太守。范迁镇合肥，瑱又随之。及侯景陷京师，范弃合肥而至寻阳，旋即与寻阳王、

① 《南史》卷八《梁元帝纪》，第244页。

江州刺史萧大心发生内讧，大心断其运路，商旅不通，军士多饿死。萧范又急又恨，背生毒疮而死。不久，范世子嗣在与侯景将任约的争战中，又中流矢而死。

鄱阳王萧范父子既死，其部众皆归侯瑱统领，侯瑱遂拥有一支强大的武装力量。大宝元年(550年)六月，侯瑱往依豫章太守庄铁。庄铁是个反复无常、见风使舵的地方军阀，初为历阳(今安徽和县)内史。侯景攻历阳，庄铁以城降，并为景出谋划策，劝景速攻建康。景以铁为前锋，引兵临江。侯景攻台城久不下，庄铁担心侯景不能取胜，托称迎母，与左右数十人奔历阳。既入城，不敢守，奉其母奔寻阳，投靠寻阳王萧大心，大心以为豫章太守。铁至郡，即反叛，推举观宁侯萧永(萧范之弟)为主。随后，庄铁引兵袭寻阳，大心遣将徐嗣徽迎击，铁败走建昌(今永修县西南)。途中又遭光远将军韦构邀击，铁失其母弟妻子，单骑还南昌。鄱阳王范与寻阳王大心之间发生内讧，起因就在庄铁，一方攻铁，一方保铁，由是二镇互相猜忌。及侯瑱投依庄铁，铁忌瑱兵力强大，对他产生怀疑。瑱心中不自安，诈引铁谋事，乘机杀铁，自据豫章。

大宝元年七月，侯景将于庆兵犯豫章，侯瑱力屈，降于庆，庆送瑱于建康。侯景以瑱同姓，待他甚厚，留其妻子及弟为人质，派他随于庆攻取鄱阳湖以南诸郡，以瑱为湘州刺史。及侯景败于巴陵(今湖南岳阳)，景将宋子仙、任约等并为荆州军俘获，瑱乃诛景党羽，以响应义师。大宝二年(551年)七月，于庆自鄱阳还豫章，侯瑱关闭城门拒守，于庆不能入城，走还寻阳，据郭默城。湘东王萧绎以瑱为南兖州刺史，侯瑱留在建康的妻子及弟弟全部被侯景杀死。

承圣元年(552年)，湘东王命王僧辩与陈霸先联兵东击侯景。侯瑱随王僧辩进击，沿途攻克南陵、鹊头二戍。侯景自建康败走，僧辩又派侯瑱率精甲5千追景，大败景于吴松江，以功除南豫州刺史，镇姑孰。及梁元帝死，王僧辩与陈霸先共立敬帝，乃以侯瑱为江州刺史。

陈霸先既杀王僧辩，是时侯瑱居中流，兵精粮足，势力强大。又本追随僧辩，故也拥兵据豫章及江州，不附霸先。由此而引发了侯瑱、陈霸先与当地酋豪之间对江州的激烈争夺，使江州形势再次呈现出错综复杂的局面。太平元年(556年)正月，陈霸先以周文育为南豫州刺史，命他将兵击湓城；又遣侯安都、周铁虎率舟师立栅于梁口，以防备江州。文育攻湓城，未能克，时北齐南侵，霸先召文育还。七月，新吴酋豪余孝顷于县中别立城栅，举兵与侯瑱相抗。南昌酋豪熊昙朗于承圣元年被梁元帝任命为巴山太守，江陵陷落，昙朗兵力日益强大，这时也对江州虎视眈眈。侯瑱在豫章，他外示服从，暗中却想取而代之。

陈霸先的威胁暂时解除,眼前的劲敌便是余孝顷。为了对付孝顷,侯瑱留军人妻子于豫章,令从弟侯奫负责后方之事,亲率全部人马攻孝顷,想一举将其荡平。侯瑱虽然兵强马壮,但余孝顷的力量也不可小视,加之他是地方酋豪,人地两熟,根基深厚,无兵源粮草之忧,要战胜他将是十分困难的。因此,双方久久相持,自夏至冬不能克,侯瑱只得筑长围而守之,命兵士尽收孝顷禾稼。正当战事吃紧的关键时刻,熊昙朗又利用侯奫与其部下侯方儿不和的机会,暗中策划侯方儿作乱。侯方儿举兵攻奫,虏掠侯瑱军府妓妾金玉,投归陈霸先而去。侯瑱后院起火,失去根本,兵众皆溃,只得轻骑归豫章,豫章人拒之于城外。乃走湓城,依其副将焦僧度。僧度劝瑱投靠北齐,瑱以为陈霸先有大量,必能容己。恰在此时,陈霸先遣记室参军蔡景历南上,劝说侯瑱投降。侯瑱乃诣阙归罪,陈霸先复其爵位,并为之诛侯方儿。侯瑱败走,熊昙朗乘机大获其马匹器仗。

侯瑱起兵据江州的时间并不长,自太平元年(556年)正月至是年冬,前后不过1年之久。他没有被陈霸先所征服,却败在江州土著酋豪之手。此时,江州土著酋豪已成为一支不可忽视的政治力量而登上历史舞台,在南陈一朝中扮演着极其重要的角色。

第三节 南川土著酋豪的崛起与陈王朝的兴亡

一、梁末南川土著酋豪的崛起和陈王朝的建立

梁、陈时期,赣江被称为南江,赣江流域被称作南川、南中或南州,史籍中多有记载,如《资治通鉴》卷一六四·梁元帝承圣元年二月条胡三省注云:“赣水,谓之南江,过彭泽县西,注彭蠡(鄱阳湖),北入于江。”同书卷一六七·陈武帝永定二年正月条胡三省又注云:“自南康至豫章之地,谓之南川,以南江所经言之也。”

在《陈书》中,称赣江流域地区为南川、南中或南州的记载更多。如《高祖纪》:梁大同二年八月,“(王)僧辩军次湓城,高祖(陈霸先)率杜僧明等众军及南川豪帅合三万人将会焉。”陈霸先时为江州刺史,其所率南川豪帅显然是指赣江流域的土著酋豪。同纪又载:“是月,侯瑱以江州入附。遣侯安都镇上流,定南中诸郡。”同书《世祖纪》:“江州刺史周迪平南中,斩贼帅熊昙朗,传首京师。”

熊昙朗是南昌酋豪,周迪是江州刺史,他平定的南中当然是指江州地区。同书《宣帝纪》:太建六年三月癸亥,诏曰:“去岁南川颇言失稔,所督田租于今未即。豫章等6郡太建五年田租,可申半至秋。……南康一郡,岭下应接,民间尤弊,太建四年田租未入者,可特原除。”这里所说南川包括豫章、南康等六郡,显系赣江流域地区。又同书《熊昙朗传》:“王琳东下,世祖征南川兵,江州刺史周迪、高州刺史黄法氍欲沿流应赴,昙朗乃据城列舰断遏,迪等与法氍因帅南中兵筑城围之,绝其与琳信使。”同书《华皎传》:“镇湓城,知江州事。时南州守宰多乡里酋豪,不遵朝宪,文帝令皎以法驭之。”

在《南史》中,也有类似记载。如《南史》卷六〇《江革传》:徙庐陵王长史、寻阳太守、江州行事如故。“时少王行事,多倾意于签帅(典签),革以正直自居,不与典签赵道智坐。道智因还都启事,面陈革坠事好酒,以琅邪王昙聪代为行事。南川士庶为之语曰:‘故人不道智,新人佞散骑;莫知度不度,新人不如故’”。江革是萧梁时人,他出任庐陵王长史,兼寻阳太守、江州行事是在梁初。可见,在萧梁初期,赣江流域地区便被称为南川了。

梁末侯景之乱发生后,南川土著酋豪勃然崛起。所谓土著酋豪,是说他们世代土著,又是当地首领人物,具有一定实力,能够豪霸一方。梁末南川土著酋豪遍布于豫章、临川、南康、崇仁、南城等各郡县,其中佼佼者有黄法氍、周敷、周迪、熊昙朗等人,此四人被《陈书》正式列传,其他虽未被列传但具有一定知名度的有余孝顷、周续、蔡路养、陈定、刘蔼诸人。他们大多是豪族著姓,莫不称雄一方,角逐于世,或仕至州郡,或为官朝廷,甚者进爵为公侯,荣宠至极,在梁陈之际具有举足轻重的地位。

周敷,临川人。郡豪族。“敷形貌眇小,如不胜衣,而胆力劲果,超出时辈。性豪侠,轻财重士,乡党少年任气者咸归之”[①]。侯景之乱中,观宁侯萧永、长乐侯萧基、丰城侯萧泰避难流寓,闻知周敷讲信义,都来投奔他。周敷同情他们的遭遇,对他们很尊敬,厚加给恤,送之西上。他聚众镇守临川故郡,保卫家园。侯景平,梁元帝以敷为信武将军、宁州刺史,封西丰县侯,食邑千户。

黄法氍,巴山新建(今崇仁县)人。“少劲捷有胆力……颇便书疏,闲明簿领,出入郡中,为乡闾所惮”[②]。可见,黄法氍是一位有胆有识,且有一定文化素

① 姚思廉《陈书》卷一二《周敷传》,第200页,中华书局,1972。

② 《陈书》卷一一《黄法氍传》,第177页。

养的郡中名流,大约也是豪族出身。侯景之乱,法氍于乡里招集人马以抗景。太守贺诩上江州,法氍代管郡事。侯景入侵江州,法氍屯兵新淦,败侯景将于庆。又会合周文育进军讨于庆,俘获甚众,为抗击侯景作出了重要贡献。湘东王萧绎承制授法氍超猛将军、交州刺史,领新淦县令,封巴山县子,后又进爵为侯,食邑五百户。敬帝即位,改封新建县侯。

熊昙朗,豫章南昌人,"世为郡著姓"。侯景之乱,他"稍聚少年,据丰城县为栅,桀黠劫盗多附之"。梁元帝以为巴山太守。及江陵陷落,昙朗兵力渐强,"劫掠邻县,缚卖居民,山谷之中,最为巨患"①。成为一方豪强恶霸。

周迪,临川南城人。少居山谷,有臂力,能挽强弩,以弋猎为事。陈文帝称他"本出舆台",是地位低微之人。因为他出身寒贱,起兵之初,恐郡人不服,以同郡周敷族望高显,故深求交结。迪据有临川之地,筑城于工塘(今抚州市东南)。梁元帝授迪壮武将军、高州刺史,封临汝县侯,食邑五百户。敬帝时,除迪临川内史,迁江州刺史。

周迪按甲保境,以观成败。史称:

> 初,侯景之乱也,百姓皆弃本业,群聚为盗。唯迪所部,独不侵扰,并分给田畴,督其耕作,民下肆业,各有赢储。政教严明,征敛必至,余郡乏绝者,皆仰以取给。迪性质朴,不事威仪,冬则短衣布袍,夏则紫纱袜腹,居常徒跣,虽外列兵卫,内有女妓,挼绳破篾,傍若无人。然轻财好施,凡所周赡,毫厘必均。讷于言语,而襟怀信实,临川人皆德之。②

梁末乱世,百姓失业,盗贼横行。周迪约束部下,不加侵扰,分给他们田地,督促他们耕作,人民安心生产,各有赢余,并用以支援邻郡,从而为发展本地经济作出了贡献,是值得充分肯定的。

除上述诸人外,其他酋豪也都具有相当的实力。如余孝顷,史书称他为"新吴(今奉新)洞主"。此所谓"洞",不能理解为山洞,而是指四面环山的小平原,状若山洞,是一个类似于庐山脚下著名的白鹿洞的地方,但面积可能要大得多。既称"洞主",必然是当地酋豪。余孝顷因为实力强大,所以敢于多次与官军

① 《陈书》卷三五《熊昙朗传》,第477页。

② 《陈书》卷三五《周迪传》,第483页。

对抗。绍泰二年(556年),他于新吴县别立城栅,与江州刺史侯瑱相拒,侯瑱倾全部人马攻孝顷,自夏至冬都不能取胜。太平二年(557年)二月,广州刺史萧勃起兵翻越大庾岭,对抗陈霸先,余孝顷举兵响应,陈霸先遣周文育率军讨伐。双方大战于豫章,余孝顷的战船竟比官军还多,时"官军船少,孝顷有舴艋三百艘、舰百余乘在上牢"[①]。一个地方酋豪居然有大小战船四百余艘,其实力可想而知。

南康酋豪蔡路养的力量也很可观。大宝元年(550年)正月,陈霸先起兵讨侯景,从始兴出发,过大庾岭,"蔡路养将二万人军于南野以拒之"[②]。

其他如"巴山陈定亦拥兵立寨"[③],宁都人刘蔼"资(高州刺史)李迁仕舟舰兵仗,将袭南康"[④]。其力量同样不可小视。

由上看出,南川土著酋豪的崛起无一不与侯景之乱有关。

侯景乱梁,使萧梁政权固有的封建统治秩序被打破,各路诸侯在勤王的旗帜下,纷纷带兵入援京师,使各州郡武备一时空虚,给地方酋豪的崛起创造了良机。正如《陈书》作者姚思廉所说:"梁末之灾沴(指梁末侯景之乱),群凶竞起,郡邑岩穴之长,村屯邬壁之豪,资剽掠以致强,恣陵侮以为大。"[⑤]南川土著酋豪正是抓住了这一天赐良机,乘时崛起,纷纷登上历史舞台。他们据城占地,发展武装,称雄一方,其中不少酋豪如黄法氍、周敷、周迪、余孝顷等人,也确实在抗击侯景中作出了一定的贡献。出于形势的需要,萧梁政权一一任命他们为刺史郡守,甚至进爵为公侯,承认其已有的权力,这为他们进一步发展壮大创造了条件。

侯景乱梁仅仅是南川土著酋豪崛起的契机,其实还有着更深层的政治经济原因。

首先,南川土著酋豪的崛起离不开当时江西地区社会经济的发展。江西和广大南方地区,古称蛮荒之地,社会经济长期处于相对落后的状态。春秋战国时期,南方出现了吴、越、楚三个强大的诸侯国,曾一度称霸中原。它们的崛起,使中华民族古代文明的另一摇篮——长江流域出现了以江浙、两湖腹地为中心的两大经济区,对带动整个南方社会经济的发展起了重要的促进作用。江西

① 《陈书》卷八《周文育传》,第140页。

② 《资治通鉴》卷一六三·梁简文帝大宝元年(550),第5034页。

③ 《陈书》卷三五《熊昙朗传》,第477页。

④ 《陈书》卷一《高祖纪上》,第4页。

⑤ 《陈书》卷三五·史臣后论,第490页。

地处吴楚之间的长江中游,系吴楚之边鄙,古代喻之为“吴头楚尾”。因此,江西地区开发较晚,其经济文化较之北方的黄河流域和南方的吴楚腹地都要落后一些,这一状态一直持续到西汉,正如司马迁所说:“楚越之地,地广人稀,饭稻羹鱼……无冻饿之人,亦无千金之家。”①

但自东汉以来,江西社会经济得到迅速发展,特别到东汉后期,发展步伐日益加快,这从当时行政建制的扩大和人户的迅猛增加可资证明。据《后汉书·郡国志》载,时豫章郡有21县,新增石阳、临汝、建昌三县,有户406,496、口1,668,960,而西汉时全郡仅有户67,462、口351,965。两朝相比,东汉时全郡户数增长近六倍,人口增长近五倍,其增长速度居全国各郡之首,一跃而成为江南人户最多的郡。随着行政建制的不断扩大和人户的迅猛增加,耕地大量垦辟,这是江西社会经济迅速发展的重要标志。东汉末,在经济比较发达的赣中、赣北和赣东北地区已经孕育出了一批地主豪强。这些地区也是山越人聚居之地,其首领被称为帅、大帅或宗帅,孙权曾称鄱阳山越大帅为“旧族名帅”,也就是大族豪强,如鄱阳的彭姓宗帅及尤突、张节、洪明等都是典型的豪强地主,他们控制的宗民大都在数千、数万以上。为了保护自身的利益不受侵犯,宗帅们部勒宗民,组织武装,依托山林或修建坞壁,与东吴政权进行长期的战争,这说明他们已有相当的实力。

东吴以后,江西地区进入较全面的开发时期,社会经济有着长足的发展和进步,本书将另辟专章论述,此不重述。经济的快速发展,孕育出众多的富室豪家,“无冻饿之人,亦无千金之家”贫穷落后状态早已成为历史陈迹。六朝时的江西境内,家财百万、千万的地主豪强布于各个郡县,屡见不鲜。居家寻阳的陶侃,其父陶丹拜东吴扬武将军,陶侃本人因辅佐晋室立下卓著勋劳而荣登三公高位,封长沙郡公,位极人臣,“媵妾数千,家僮千余,珍奇宝货富于天府”②,成为东晋时期数一数二的官僚大地主。其孙陶淡隐居不仕,仍然“家累千金,僮客百数”③。《太平寰宇记》卷一一一江州条记载寻阳郡三姓:陶、翟、骞,豫章郡五姓:熊、罗、雷、谌、章。所谓三姓、五姓,实际上就是在六朝时发迹的大族豪强。这些豪强世代土著,往往成为一方的首领人物,故梁、陈史家称其为酋豪。梁末

① 司马迁《史记》卷一二九《货殖列传》,第3270页,中华书局,1975。

② 《晋书》卷六六《陶侃传》,第1779页。

③ 《晋书》卷九四《隐逸陶淡传》,第2460页。

大批南川土著酋豪的崛起，正是江西社会经济发展而长期孕育的结果。

其次，南川土著酋豪的崛起与江西士人在政治上备受歧视、长期遭受压抑有着密切的关系。尽管汉末东吴时期江西地区已孕育出一批大族豪强，但他们被东吴政权当作落后的少数民族看待，是被征讨的对象，政治上无地位可言，而当权的是吴郡的朱、张、顾、陆四姓和会稽郡的虞、魏、孔、贺四姓等孙氏集团中的宗族联盟成员。

东晋以降，门阀制度盛行，把持朝政的是南渡的侨姓士族和三吴地区的吴姓士族。他们讲门第、比血统，门第、血统成为当时选官用人的唯一根据，只要门第显赫、血统高贵，就可"平流进取，坐至公卿。[1]"在门阀制度下，官分清、浊，那些职闲、廪重、地位高的官位称清官，反之为浊官。清官显位几乎全由高门大族把持，庶族寒门只能做浊官或低官。高门大族享有种种政治、经济和文化特权，还通过婚姻和仕宦两途，把自己和庶族地主严格区别开来，宣扬"士庶之际，实自天隔"[2]。他们"视寒素之子，轻若仆隶，易如草芥，曾不以之为伍"[3]，不与庶族寒门通婚、往来，也不与之同车共坐，从而形成了"高门华阀有世及之荣，庶姓寒人无寸进之路"[4]的极不平等的社会现实。

东晋南朝门阀士族对庶族寒门的排斥和压抑，既带有阶级性，又带有地域性。侨姓、吴姓士族大都聚居在扬州、南徐、南兖、南豫等州，尤其集中在三吴地区，江州境内虽有一定数量的北来侨民，但侨姓士族极少，自然成为被排斥的主要地区之一。稽考史实，这种排斥是极为明显的。

以《晋书》等正史为南川士人立传为例:《晋书》载东晋一朝有陶侃(诸子附传)、周访(子附传)和熊远、罗企生等数人。陶侃靠军功起家而致身通显，周访位至梁州刺史，熊远官拜御史中丞，罗企生累官至武陵太守、荆州刺史殷仲堪参军。四人之中，周访本汝南安城(今河南南部)人，汉末避乱迁到江南，至访四世，西晋平吴，才徙居寻阳。因此，周访应是侨民，不算土著人。在东晋104年的统治中，仅此数人有传，实在微不足道。

自刘宋至萧梁，正史为南川士人立传者更是寥寥无几。《宋书》载刘宋一朝有胡藩、邓琬二人，胡藩官拜江夏内史、太子左卫率等；邓琬位至寻阳太守、江

① 《南齐书》卷二三《褚渊王俭传》史臣后论，第438页。

② 《宋书》卷四二《王弘传》，第1318页。

③ 李昉等《文苑英华》卷七六〇引《寒素论》，中华书局，1966。

④ 赵翼《廿二史札记》卷八·九品中正条，第167页，中华书局，1984。

州行事，因拥立晋安王刘子勋称帝寻阳而兵败被杀。陶潜、翟法赐、雷次宗三人虽皆有传，但仅是著名隐士而已。《南齐书》载萧齐一代只有胡谐之一人，官拜都官尚书。齐武帝想提拔胡谐之为侍中，从容问谐之："江州有几侍中邪？"谐之回答说："近世唯有程道惠一人而已。"武帝说："当令有二。"[①]侍中，服侍皇帝左右，应对顾问，为皇帝近侍，魏晋以来，为门下省长官，对皇帝的诏书具有审核权，居官三品，职同宰相，是中央朝廷最重要的职官之一。程道惠虽居官侍中，但正史却未能为之立传。据《宋书》有关纪、传记载，我们只能略知其概况：程道惠，江州人，景平初(423年)为侍中。徐羡之秉权，道惠与吴兴太守王韶之、中书舍人邢安泰、潘盛相接为党。羡之等废少帝，道惠劝立第五皇弟刘义恭，羡之不许。元嘉五年(428年)，文帝以江夏内史程道惠为广州刺史。《广异记》则说：道惠世奉五斗米道，不信有佛，太元十五年(应为元嘉十五年，即438年)病卒。从这些记载来看，程道惠应是刘宋一朝居官最高的江州士人。齐武帝将自己的意思告诉大士族、尚书令王俭，王俭不同意，乃以谐之为太子中庶子，领左卫率。从齐武帝与胡谐之的对话中，可以看出南川士人在朝中担任要职的少之又少，即使有个别担任要职的如程道惠，正史也不为之立传。

萧梁一代，南川士人的境遇更惨，在《梁书》中立传的只有滕昙恭一人，且是以孝子立传，身无一官半职。

以上史实表明，六朝时期南川士人始终遭到歧视和排斥，即使是身为八州都督、居官太尉、位极人臣的陶侃，因为出身寒贱，仍不免被侨姓大士族温峤骂为"溪狗"。

不平等的社会现实，不能不激起南川大族豪强的强烈不满和反抗。梁大同八年(542年)，安成郡爆发的大规模起义，就是由安成望族刘敬躬领导的。刘敬躬作为大族豪强领导这次起义，虽说主要是为了反对梁武帝的暴政，但不无反对政治歧视，争取正当权益的目的。由于时机不成熟，所以起义很快失败了。梁末侯景之乱，给南川土著酋豪创造了良机，于是乘时崛起，称雄一方。

陈霸先在梁末的政治逐鹿中，既得到了南川土著酋豪的支持，也遭到了他们顽强的阻挠和反击。

陈霸先，原籍颍川(今河南禹县)。其先祖在西晋永嘉大乱时南渡，东晋咸和年间实行土断，陈氏遂为吴兴长城(今浙江长兴县)人。霸先出身于一个低等

① 《南齐书》卷三七《胡谐之传》，第657页。

的侨民家庭，家世寒微，但从小有大志，不治生产。长大后，读兵书，习武艺，明达果断，为当地所推服。初仕乡为里司，后至建康为油库吏。大同初年，新喻侯萧映为吴兴太守，甚重霸先。及映为广州刺史，以霸先为中直兵参军，随府至镇。在萧映的扶持下，霸先积军功而至西江督护、高要（今广东高要县）太守。侯景乱梁之初，监始兴（今广东韶关市）郡，从此逐渐发迹。

太清三年（549年）十一月，陈霸先遣杜僧明、胡颖将两千人屯兵大庾岭。"并厚结始兴豪杰同谋义举，侯安都、张偲等率千余人来附"[①]。队伍一下发展到三千余人。此所谓义举，就是以讨侯景相号召，壮大实力，夺取政权。广州刺史萧勃派人劝他说："侯景骁雄，天下无敌，前者援军十万，士马精强，然而莫敢当其锋，遂令羯贼得志。君以区区之众，将何所之？……未若且住始兴，遥张声势，保此泰山，自求多福。"霸先哭着回答说："今京都倾没，主上蒙尘，君辱臣死，谁敢爱命！……仆行计决矣，凭为披述。"[②]时南康土豪蔡路养起兵据郡，萧勃遣腹心谭世远为曲江令，联络蔡路养，共同阻止陈霸先北上。蔡路养起兵南康，给陈霸先北上设置了第一道难关。

大宝元年（550年）正月，陈霸先从始兴出发，过大庾岭。蔡路养将兵两万人屯南野（今龙南县），依山水立四城以拒之。一场激战，蔡路养大败，脱身窜走，陈霸先进驻南康郡（今赣州市）。六月，修崎头古城（即南康古城），徙居于此。这时，高州刺史李迁仕据大皋口（今泰和县北赣江边），遣主帅杜平虏率千人入赣石，修鱼梁城以逼南康，霸先派周文育将其击走。迁仕奔宁都，宁都人刘蔼资助迁仕舟舰兵仗，将袭击南康。霸先遣杜僧明等率军两万余人占据白口（今泰和县南五里），筑城防守，李迁仕也在赣江对岸筑城相对峙，双方相持连战百余日。第二年三月，杜僧明攻拔对方城池，生擒李迁仕送南康斩首。

大宝二年六月，陈霸先离开南康，乘船继续北上。南康赣石旧有24滩，滩多巨石，行旅者以为难。事有凑巧，霸先出发时，水暴涨数丈，三百里间巨石都被淹没，从而顺利进入西昌（今泰和县）。巴山新建人黄法氍领兵前来相会，驻屯新淦（今樟树）。西昌、庐陵、新淦等县盛产粮食，霸先以同乡胡颖为巴丘（今峡江）县令，负责督运粮草。由于得到南川地方豪强和民众的支持，积储军粮达五十万石。是时，湘东王萧绎承制遣征东将军王僧辩督众军讨侯景。八月，僧辩军

① 《陈书》卷一《高祖纪上》，第3—4页。

② 《陈书》卷一《高祖纪上》，第4页。

抵湓城。陈霸先率杜僧明等众军及南川豪帅合三万人前往会师。王僧辩的荆州军严重缺粮,陈霸先分出三十万石予以支援。

承圣元年(552年)二月,陈霸先率甲士三万人,强弩五千张,舟舰两千乘,从豫章出发,经桑落洲,与王僧辩会师白茅湾,登岸结坛,杀牲为盟,然后浩浩荡荡沿江东下。三月,攻克姑孰(今安徽当涂),进抵蔡州(今江苏江宁县西南大江中),并迅速攻下建康,灭掉侯景。

陈霸先自始兴越大庾岭至南康,在当地豪强和民众的支持下,纵贯南川,直抵建康,拯救了梁朝,捞取了政治资本,为日后禅代奠定了基础。但就在他称帝前八个月,再次遭到南川酋豪的打击。太平二年(557年)二月,广州刺史萧勃起兵反抗,遣其将欧阳頠、傅泰及侄子萧孜为前军,南江州刺史、新吴洞主余孝顷引兵相会。陈霸先遣平西将军周文育进讨。欧阳頠等越大庾岭出南康,直抵豫章之苦竹滩(今丰城境内),傅泰据蹠口城(今新建县境内)。余孝顷遣其弟孝劢守郡城,自出豫章据石头(南昌附近赣江西岸之石头渚),结成犄角之势,封锁赣江。周文育军船少,余孝顷有船四百余艘在上牢,周文育遣军主焦僧度进行偷袭,尽取以归,乃于豫章立栅。周军食尽,诸将欲退兵,文育不许,急忙写信派人从小道至临川游说周迪,约为兄弟,并陈利害。周迪得书甚喜,答应馈送粮饷。于是文育分遣老弱乘坐破旧船只沿江而下,烧毁豫章栅,伪装退兵。余孝顷见此情景,大喜,不再设防。周文育率军抄小路倍道兼行,进入欧阳頠与余孝顷阵地之间,筑城飨士,敌军大骇。欧阳頠退入泥溪,作城自守。文育遣将军周铁虎与长史陆山才击頠,将其擒获。文育乃盛陈兵甲,与欧阳頠乘船宴饮,进抵蹠口城下,发起进攻,擒傅泰。消息传到南康,萧勃惶恐,莫能自固。前衡州刺史谭世远乘机攻杀萧勃。时萧孜、余孝顷仍然占据石头,修筑二城,各据其一,多设船舰,夹水而阵。陈霸先遣平南将军侯安都助周文育进攻,安都暗中出军夜烧敌军船舰。文育率水军、安都率步军两路夹击,萧孜被迫投降,余孝顷逃归新吴。周文育率军回到豫章。

太平二年(557年)十月,陈霸先正式禅代称帝,国号陈,自称武帝,改年号为永定。

二、南川酋豪对陈王朝的支持与对抗

陈朝建立后,南川酋豪对它的态度不尽相同,既有支持的,也有对抗的,还有由支持转向对抗的,关系微妙,斗争复杂而激烈。

陈霸先称帝前夕的太平二年(557年)八月,湘州刺史王琳起兵,陈霸先遣周文育、侯安都讨之。时两将俱行而不相统摄,部下交争,不能平息。郢城一战,两将大败,皆被俘,后逃脱。

陈霸先称帝后的第三月,即永定二年(558年)正月,王琳引兵东下,至湓城,新吴余孝顷举兵响应。王琳遣将樊猛、李孝钦、刘广德率兵八千与余孝顷会合,驻扎临川故郡,并向周迪征调军粮,以观察其态度。周迪本想自据南川,乃总召所部八郡守宰结盟,声言入援朝廷,陈霸先恐其为变,因厚加慰抚。王琳以为南川诸郡可传檄而定,乃遣樊猛、李孝钦南征粮饷。琳军与余孝顷军合在一起达两万人,进驻工塘,连成八城以逼周迪。六月,高州刺史黄法氍、宁州刺史周敷等合兵救周迪,熊昙朗也率所部前来增援。周敷自临川故郡截断江口,出兵与战,大败王琳军,屠其八城,生擒李孝钦、樊猛、余孝顷送于京师,刘广德逃脱。周迪将战利品全部据为己有,"收其军实,器械山积,并虏其人马,迪并自纳之"①。

这次事件是陈霸先称帝之初,南川酋豪与陈王朝的一次严重对抗,他们大多卷入其中,除余孝顷站在朝廷的对立面外,其他酋豪都采取支持的态度,他们也因此而个个加官进爵。先前周迪因"大出粮饷"资助周文育而得江州刺史,这次又以功加平南将军、开府仪同三司;熊昙朗以功除通直散骑常侍、宁远将军,封永化县侯,食邑千户;周敷居功最多,授散骑常侍、平西将军、豫章太守;黄法氍进号宣毅将军,增加食邑至千户。

余孝顷被俘后,其子公飏,弟孝劢、孝猷仍然据有新吴旧栅,煽动南土,继续与朝廷对抗。永定二年(558年)十月,陈霸先遣周文育及周迪、黄法氍等出豫章,令南豫州刺史侯安都继后,共同讨伐余公飏,熊昙朗也引兵相会,众达万人。周文育遣吴明彻为水军,配合周迪运粮,自率军入象牙江(位于豫章西南),城于金口(也称金溪口,自豫章西南入象牙江处)。余公飏领五百人前来诈降,谋执周文育,事被发觉,文育囚之,送于京师。文育舍舟登陆进据三陂。这时,王琳遣其将曹庆率兵两千人救余孝劢,曹庆分遣主帅常众爱与周文育相拒,自率所部直攻周迪、吴明彻军。周迪等大败,弃船而走,周文育退据金口。熊昙朗见周文育失利,就坐席上杀文育。文育被害,侯安都自宫亭湖(今星子县境)出松门,夺回文育所部大舰,战败王琳将周炅、周协,生擒二人,孝劢弟孝猷率所部4千家投降。安都进军至左里(今都昌县西北左蠡山下),破曹庆、常众爱等,焚其

① 《陈书》卷三五《周迪传》,第479页。

船舰。常众爱逃入庐山,被庐山村民杀死。

熊昙朗杀周文育后,占据豫章,开始与陈朝对抗。永定三年(559年)五月,他将兵万余人至临川袭击周敷,径至城下。"敷与战,大败之,追奔五十余里,昙朗单骑获免,尽收其军实"①。熊昙朗败走巴山郡,收合余党,不久重新回到豫章。是年六月,陈霸先死,以其侄临川王陈蒨嗣位,是为文帝。王琳闻知霸先死讯,于八月自上游大肆举兵东下,文帝征调南川兵。天嘉元年三月(560年),江州刺史周迪、高州刺史黄法氍率舟师赴援。熊昙朗据城列舰,塞断赣江中流,以阻止援军。周迪、黄法氍与周敷共同围击熊昙朗。这时,王琳失败的消息传来,昙朗部众离心,迪等攻拔其城,虏其男女万余口。熊昙朗走入村中,被村民杀死,传首建康,尽灭其族。

天嘉三年(562年)正月,周迪举兵反抗,这是南川酋豪第三次大规模起兵对抗陈王朝。周迪本是陈朝基业开创的大功臣,他曾出兵出粮,助陈霸先平定萧勃、欧阳頠,稳定了江州政局,为其禅代称帝创造了条件。在余孝顷、熊昙朗举兵期间,他又站在朝廷一边,倾其全力,平定反叛,巩固了陈氏政权。但周迪势力强大,且有专制江州的雄心,陈文帝自然容不得他,为了加强专制统治,必然将其作为铲除对象。天嘉初,"(文)帝征江州刺史周迪出镇湓城,又征其子入朝,迪趑趄顾望,并不至"②。周迪本领江州刺史而据临川,临川是其根基所在,现在却要他出镇湓城,实际上是想挖掉其根基,削弱其势力。征其子入朝,明显是以其子当人质,防止周迪叛逆。周迪明白这是文帝铲除异己的开始,当然不愿意。

比起周迪来,临川周敷、巴山黄法氍就比较忠于朝廷,陈文帝对他们的态度也迥然有别。史称:"豫章太守周敷本属于迪,至是与黄法氍率其所部诣阙,世祖(即文帝)录其破熊昙朗之功,并加官赏,迪闻之,甚不平,乃阴与留异相结。"③击灭熊昙朗,周迪、周敷、黄法氍三人皆有功,周敷、黄法氍因率部入朝,故两人都得到了官赏,敷进号安西将军,法氍进号安南将军,各给鼓吹、女乐一部,还镇豫章。作为周敷上司的周迪不仅没有得到官赏,反而命他出镇湓城,调离根据地,还要他送子入朝当人质,这使他愤愤不平。在这一背景下,周迪乃暗中与东阳(今浙江金华)豪帅、缙州刺史留异相交结。天嘉二年十二月,文帝诏司空、南徐州刺史侯安都讨留异,周迪疑惧不自安,遂于次年正月举兵反抗,使

① 《陈书》卷一三《周敷传》,第200页。

② 《资治通鉴》卷一六八·陈文帝天嘉三年(562),第5220页。

③ 《陈书》卷三五《周迪传》,第479—480页。

其弟方兴率兵袭周敷，被打败。又派兵袭湓城，也被寻阳太守华皎击退。

天嘉三年（562年）三月，文帝下诏赦免受周迪牵连的南川士民，遣江州刺史吴明彻都督众军，与高州刺史黄法氍、豫章太守周敷共讨迪，并宣布周迪罪状："逆贼周迪，本出舆台，有梁丧乱，暴掠山谷。……皇运肇基，颇布诚款，国步艰阻，竟微效力。……征出湓城，历年不就；求遣侍子，累载未朝。"[①]云云。陈文帝也不得不承认周迪在陈朝立国前后所建功勋，至于指斥他"有梁丧乱，暴掠山谷"则完全背离事实，是强加于人的莫须有的罪名。其实周迪的主要罪状就是不愿出镇湓城和遣送人质二事。吴明彻至临川，下令众军作连城攻周迪，相拒不能克。文帝乃命陈顼（即后来的陈宣帝）总督诸军进讨。四年正月，周迪众溃，脱身翻越东兴岭，投依陈宝应。官军攻克临川，擒获其妻子。陈宝应以兵粮资助周迪，东阳留异又遣第二子忠臣相随。

同年九月，周迪再次越过东兴岭，东兴、南城、永成县民都是周迪的旧友，这次又都重新响应。文帝遣都督章昭达率兵征讨。十一月，章昭达大破周迪，迪脱身逃于山谷。临川百姓皆受惠于周迪，都很感激他昔日保境安民的恩德，因此争相藏匿他，官军虽加诛戮，但无人肯说出他的下落。章昭达无计可施，乃于十二月过东兴岭，进兵建安（今福建建瓯），讨陈宝应。

天嘉五年（564年）十月，周迪收集部众，再出东兴岭。时宣城太守钱肃镇东兴，以城降迪。吴州刺史陈详率军攻迪，兵大败，虔化侯陈訬、陈留太守张遂并战死。于是，周迪兵势复振。南豫州刺史周敷率所部击迪，至定川县，与迪对垒。迪骗敷说："吾昔与弟戮力同心，宗从非他，岂规相害！今愿伏罪还朝，因弟披露心腑，先乞挺身共立盟誓。"[②]周敷表示同意，刚登坛，为周迪所害，时年三十五。

天嘉六年七月，文帝遣都督程灵洗从鄱阳击周迪。周迪战败，与麾下十余人逃于山穴之中。日子一长，生活越来越苦。后派人偷偷出临川买菜，被临川太守骆牙抓获。骆牙命买菜人取迪自效，因使腹心勇士随之入山。其人诱骗周迪出来打猎，勇士埋伏道旁，执迪斩之，传首至建康。

从南川酋豪的活动轨迹，可以看出其共同特征：依恋故土，相互争夺地盘，称雄一方，满足于眼前利益，而缺乏长远的政治目光。故史家评述说："是时南江酋帅并顾恋巢窟，私署令长，不受召。"[③]自东晋以来，江州治所向为寻阳或豫

① 《陈书》卷三五《周迪传》，第480—481页。

② 《陈书》卷一三《周敷传》，第201页。

③ 《陈书》卷一三《周敷传》，第201页。

章，此二地经济发达，交通便捷，战略地位重要，是一州之要地。可周迪出任江州刺史后，却固守老家临川，不肯移动半步，其势力发展具有极大的局限性，同时也不利于对全江州的治理，其失败是必然的。余孝顷长期盘据新吴，至多向邻近的豫章、临川拓展一下势力，更不能有何作为。熊昙朗是典型的一方恶霸，只会劫掠骗取，获些蝇头小利。周敷的主要功绩不过是对同乡的讨伐和镇压。所谓土著酋豪，即土豪的简称，土豪的所有弱点和特征都在南川土著酋豪身上暴露无遗。陈朝统治者正是利用他们的致命弱点，以南川酋豪而制南川酋豪，使其互相攻伐，彼此削弱，自己坐收渔翁之利。余孝顷是被周迪、周敷、黄法氍、熊昙朗共同剿灭的，熊昙朗是被周迪、周敷、黄法氍共同围歼的。周迪举兵反抗，周敷、黄法氍又共讨周迪，周敷则死于周迪之手。众酋豪之中，黄法氍最忠于朝廷，又略有远见，故得以善终。

三、南川酋豪势力的衰落与陈王朝的灭亡

梁、陈之际，曾经活跃于政治舞台的南川酋豪，至陈文帝天嘉六年周迪被杀，已所剩无几。

余孝顷被俘后归顺朝廷，曾先后被任命为信义太守、宣毅将军、南豫州刺史等。余孝顷归顺朝廷一事，史籍中有较为明确的记载：天嘉二年，缙州刺史留异举兵反，闽州刺史陈宝应将兵相助，宝应幕僚虞寄上书极谏说："……且圣朝（指陈朝）弃瑕忘过，宽厚待人，改过自新，咸加叙擢。至于余孝顷、潘纯陁、李孝钦、欧阳頠等，皆委以心腹，任以爪牙，胸中豁然，曾无纤芥。"[①]此后，余孝顷被逐渐委以重任。天嘉四年（563年）十二月，章昭达过东兴岭，进军建安，讨陈宝应。"世祖（即文帝）遣信义太守余孝顷自海道袭晋安"[②]。同一事情，《资治通鉴》所载稍有不同："诏益州刺史余孝顷督会稽、东阳、临海、永嘉诸军自东道会之。"胡三省作注说："梁元帝之世，益州之地已入于周，陈命余孝顷遥领益州刺史耳。"[③]魏晋南北朝各割据政权为夸耀国土辽阔，任命某官遥领某州郡刺史太守是常事，因此陈文帝加给余孝顷的益州刺史只是空头头衔，实际职务应是信义太守。天嘉五年，陈宝应据晋安、建安二郡，水陆为栅，以拒章昭达。昭达与

---

① 《陈书》卷一九《虞荔传弟寄附传》，第261页。

② 《陈书》卷一〇《程灵洗传子文季附传》，第173页。同书卷一一《章昭达传》、卷一八《陆山才传》所载基本相同。

③ 《资治通鉴》卷一六九·陈文帝天嘉四年（563），第5237页。

战,不利。"方合战,上(文帝)遣将军余孝顷自海道适至,并力乘之"[①]。十一月,宝应大败。余孝顷的最后结局还是落了个被杀的命运,史称:陈废帝光大元年(568年)二月,"宣毅将军、南豫州刺史余孝顷谋反伏诛"[②]。此时,扬州刺史、安成王顼(即文帝之弟宣帝)权倾一时,中书舍人刘师知、尚书仆射到仲举、右卫将军韩子高共同策划,谋夺陈顼之权,因事情败露而伏诛。余孝顷受到牵连,诬以谋反罪被杀。

黄法氍一生官运亨通,是陈王朝依靠的重要对象之一。天嘉四年(563年)七月,因镇压周迪立有大功,征为使持节、散骑常侍、都督南徐州诸军事、镇北大将军、南徐州刺史。未及拜官,寻又改授都督江、吴二州诸军事、镇南大将军、江州刺史。六年,征为中卫大将军。废帝即位,进爵为公。光大元年(567年),出为使持节、都督南徐州诸军事、镇北将军、南徐州刺史。二年,改任都督郢、巴、武三州诸军事、镇西将军、郢州刺史。陈宣帝即位后,继续受到重用。太建元年(569年),进号征西大将军。二年,征为侍中、中权大将军。四年,出为使持节、散骑常侍、都督南豫州诸军事、征南大将军。五年,以法氍为都督,出历阳,率兵大举北伐,大破北齐军,尽获其人马器械;攻克历阳城,进兵合肥,敌军"望旗降款,法氍不令兵士侵掠,躬自抚劳,而与之盟,并放还北"[③]。以功加侍中,改封义阳郡公,食邑两千户。其年,迁都督合霍二州诸军事、征西大将军、合州刺史,增邑五百户。七年,徙为六州都督、豫州刺史,镇寿阳。八年(576年)十月,卒于任所,时年五十九。

黄法氍是南朝时期官位最高、地位最为显赫的南川人物,仅次于东晋太尉陶侃,反映了江西地区士人政治地位逐渐上升的趋势。

南康土豪蔡路养自大宝元年被陈霸先击败后,脱身窜走,不知所终。跟随他征战的外甥萧摩诃[④]归降侯安都,自此常随安都征讨,累官至右卫将军,成为陈朝末年的重要将领之一。至于巴山陈定、宁都刘蔼等酋豪因力量相对弱小,仅在梁末昙花一现,以后皆不见其踪迹。

随着熊昙朗、周迪等人的势力被相继铲除,南川酋豪再也没有反抗的能

① 《资治通鉴》卷一六九·陈文帝天嘉五年(564),第5246页。

② 《陈书》卷四《陈废帝纪》,第67页。

③ 《陈书》卷一一《黄法氍传》,第179页。

④ 关于萧摩诃与蔡路养的关系,说法有二:《陈书》卷三一《萧摩诃传》谓路养是摩诃姑夫,《南史》本传和《册府元龟》卷八四七则称路养是摩诃姊夫。

力。周敷、余孝顷先后被杀和黄法氍的病故,又使陈王朝失去了南川酋豪这支依靠力量。至此,南川酋豪势力已趋衰落。

南川如此,南方其他地区酋豪的命运也不例外。如始兴侯安都曾跟随陈霸先打天下,功勋卓著,位至司空,文帝时因骄横不法而赐死;长沙欧阳頠归附陈朝后,被用为广州刺史,天嘉四年卒;其子欧阳纥继为广州刺史,因势力强大而受到陈宣帝的疑忌,太建元年(569年)被迫举兵反,兵败被杀;东阳(今浙江金华市)留异、晋安(今福建福州市)陈宝应皆因举兵反抗而遭族诛,境遇更惨。他如新安(今浙江淳安县西北)程灵洗、扶风鲁悉达、吴郡钱塘(今浙江杭州市)杜稜等均仕陈为将帅,宣帝前后皆病死。至陈后期,整个南方地区的酋豪势力都处于衰落之中。

南朝四代,宋、齐、梁与陈朝赖以存在的阶级基础有所不同。宋、齐、梁三朝皆建立在侨姓王、谢和吴姓朱、张、顾、陆等门阀士族这一地主阶层的基础之上。自刘宋起,门阀士族虽日渐腐朽,但他们毕竟有长期形成起来的雄厚经济基础,有优越的政治地位和广泛的社会影响。因此,三朝的统治基础较为坚实,除萧齐因严重的骨肉相残而导致迅速亡国外,宋、梁统治的时间都较长。然而,梁末侯景之乱给予门阀士族以毁灭性的一击,不仅使其经济基础大为削弱,就连人身也遭到严重摧残,尤其是北来的世家大族遭受的打击更为沉重,正如北齐颜之推所说:"中原冠带随晋渡江者百家……至是在都者覆灭略尽。"[①]

陈朝建立后,不得不主要依赖乘乱崛起的各地土著酋豪。陈氏在立国之初,对这些地方酋豪笼络备至,不仅给他们各种官职和爵位,还主动与他们联姻,如陈文帝嫁女丰安公主于留异第三子贞臣,又命把陈宝应一门编为宗室属籍。但是由于部分地方酋豪势力的过分发展,往往起兵对抗中央,威胁封建专制统治,故熊昙朗、周迪、留异、陈宝应等,不久依次被陈文帝所翦灭。而黄法氍、程灵洗、鲁悉达、侯安都、欧阳頠等,则均位至将帅,成为支持陈氏政权的主要力量,但就是在这部分人中,也有因位高权重背叛中央集权而遭到诛戮者,如侯安都等。

土著酋豪与门阀士族相比,既没有他们那样雄厚的经济实力,也缺乏崇高的社会地位和广泛的社会影响。他们是一群乱世中的政治暴发户,靠经济外的强制力量来获得土地,剥削农民。因此,建立在地方酋豪这一地主阶层之上的

① 李百药《北齐书》卷四五《颜之推传》载《观我生赋》自注,第621页,中华书局,1972。

统治基础就不会牢固。随着各地酋豪势力的逐渐衰落,陈王朝失去了主要的支持力量,也必然会迅速走向灭亡。加之陈后主叔宝统治时期,奢侈荒淫,政治更加腐败。当隋文帝以大兵压境,分八路进兵伐陈时,陈后主已无力抵抗。589年,隋军顺利渡江灭陈,擒陈叔宝,陈亡。

表 5 陈朝历任江州刺史表

时　　间	姓　　名	备　　注
太平二年(557 年)	周 迪	梁敬帝太平二年,周迪以平广州刺史萧勃功,迁江州刺史。陈初继任
天嘉三年(562 年)	吴明彻	以明彻刺江州,率军讨周迪
天嘉四年二月	侯安都	是年二月,罢高州入江州,以安都为刺史
天嘉四年七月	黄法氍	是年五月,安都以罪赐死;七月,以法氍为江州刺史
天嘉六年	章昭达	陈文帝爱将
太建元年(569 年)	康乐侯陈叔陵	陈宣帝第二子
太建四年(572 年)	长沙王陈叔坚	陈宣帝第四子
太建七年(575 年)	鄱阳王陈伯山	陈文帝第三子
太建十一年(579 年)	豫章王陈叔英	陈宣帝第三子
至德元年(583 年)	晋熙王陈叔文	陈宣帝第十二子
至德二年(584 年)	始兴王陈叔重	陈宣帝第十四子
祯明元年(587 年)	永嘉王陈 彦	陈后主第三子

第四节
南朝时期江西政区、民族与人口的变动

一、政区与民族

南朝宋、齐、梁、陈4代,局势与三国、东晋基本相同,依旧是南北严重对峙,多个政权并存,众建郡县的现象依然存在。加之政局混乱,境土屡易,致使建置无常,隶属关系多变,旋立旋废的情况极为普遍。正如齐梁史家沈约所说:"地理参差,其详难举,实由名号骤易,境土屡分,或一郡一县,割成四五,四五之

中,亟有离合,千回百改,巧历不算,寻校推求,未易精悉。”①

据《宋书·州郡志二》载,刘宋时,江州领九郡六十五县,其中建安(领七县)、晋安(领五县)二郡属福建,江西境内有七郡五十四县。具体情况如下:

寻阳郡领三县:柴桑、彭泽、松滋。

豫章郡领十二县:南昌、新淦、丰城、建城(今高安)、望蔡(今上高)、吴平、永脩、建昌、豫宁(今武宁)、康乐、新吴(今奉新)、艾(今修水)。

鄱阳郡领六县:广晋、鄱阳、余干、上饶、葛阳(今弋阳)、乐安(今乐平)。

汉代以来置立的鄡阳县于刘宋永初二年(421年)撤销,原因是受地震影响而使这一带地面下沉而成湖泊的结果。东晋咸和二年(327年)四月,豫章郡发生地震,今都昌县松门山以南的湖汉平原(又称鄡阳平原)缓慢下沉,彭蠡湖水扩展到星子县境,县内因有宫亭庙,彭蠡又称宫亭湖。南朝初期,湖水进一步扩展到松门山附近。郦道元《水经注》记载说:“(赣)水总纳十川,同凑一渎,俱注于彭蠡也,北入于江。东西四十里,清泽远涨,绿波凝净。”宽四十里的湖面,只能见于今西起蚌湖(星子、永修界),东达松门山(今都昌西南端)的附近湖面。自南朝至隋代,湖泊水面越过松门山形成南部水体,到达鄱阳县城附近,县内因有鄱阳山,从此称鄱阳湖。今都昌县周溪乡的城头山,如半岛形状伸入湖中,接近水域中心,洪水期没于水底。据考古调查,这里是古鄡阳县遗址,在城头山纵横两华里范围内,出土了不少汉代各种纹饰的筒瓦、陶罐、五铢钱、“永元七年”纪年砖等。而在文化层之上,覆盖着湖相粘土,是水浸而废弃的重要佐证②。

临川郡领九县:临汝(今抚州市西)、西丰(今临川县南)、新建、永城(今黎川县境内)、宜黄、南城、南丰、东兴、安浦(今乐安县东)。

庐陵郡领九县:石阳(今吉水县北)、西昌(今泰和)、东昌(今吉安县地)、吉阳(今吉水县东)、巴丘(今峡江)、兴平(今永丰县东北)、阳丰(今峡江县南)、高昌、遂兴。

安成郡领七县:平都(今安福)、新喻、宜阳(今宜春)、永新、安复(今安福县西)、萍乡、广兴(今永兴西北、莲花以南)。

南康郡领八县:赣县、宁都、雩都、平固(今兴国)、南康、陂阳、南野、虔化(今宁都西)。

---

① 《宋书》卷三五《州郡一》,第1028页。

② 参阅许怀林《江西史稿》,第82页,江西高校出版社,1998。

另有侨郡南新蔡郡(今九江市北),领四县:苞信、慎县、宋县、阳唐左县。

寻阳又有侨县弘农县,宋文帝元嘉十八年(441年)省并松滋县。虔化县于宋孝武帝大明五年(461年)以虔化屯立,其他皆为汉晋以来旧县。

萧齐一代,江西地区的行政建制与刘宋基本相同,据《南齐书·州郡志上》载,全境有七郡、五十三县。兹列于下:

豫章郡领十二县:南昌、新淦、艾、建城、建昌、望蔡、新吴、永修、吴平、康乐、豫宁、丰城。

寻阳郡领二县:柴桑、彭泽。

临川郡领九县:南城、临汝、新建、永城、宜黄、南丰、东兴、安浦、西丰。

庐陵郡领九县:石阳、西昌、东昌、吉阳、巴丘、兴平、高昌、阳丰、遂兴。

鄱阳郡领六县:鄱阳、余干、葛阳、乐安、广晋、上饶。

安成郡领七县:平都、新喻、永新、萍乡、宜阳、广兴、安复。

南康郡领八县:赣县、雩都、南野、宁都、平固、陂阳、南康、虔化。

南新蔡郡为侨郡,领县四,与刘宋同。

梁、陈二代,正史无志,其政区人户难以确知。综合各方面史料统计,得知其在江西境内的郡县与宋、齐大体相同而略有增加。其中:梁置九郡六十一县(新增豫宁、巴山二郡),陈置九郡五十九县。陈废豫宁郡,于永定二年(558年)十二月以安成郡所部广兴六洞置安乐郡[①],故仍为九郡。

梁武帝滥设州、郡、县,使其数量不断增加,所辖范围却越来越小。天监十年(511年),“梁之境内有州二十三,郡三百五十,县千二十二。是后州名浸多,废置离合,不可胜纪”[②]。大同年间以后,梁武帝又不断开疆拓土,北伐魏,西开牂牁,南平俚洞,众议纷纭,于是接受朱异的建议,将全国的州分为五品,“上品二十州,次品十州,次品二十三州,下品二十一州。其下品皆异国之人,徒有州名而无土地,或因荒徼之民所居村落置州或郡县,刺史守令皆用彼人为之,尚书不能悉领,山川险远,职贡罕通。五品之外,又有二十余州不知处所。凡一百七州”[③]。州郡设置之滥如此,江州所受影响也不例外。

尤其是侯景之乱后,因战乱和为了照顾地方酋豪的利益等原因,行政建置更显得空前混乱,仅江西地区就增设许多新州。简文帝大宝元年(550年),余孝

---

① 《陈书》卷一《高祖纪下》,第38页。

② 《资治通鉴》卷一四七·梁武帝天监十年(511),第4601页。

③ 《资治通鉴》卷一五八·梁武帝大同五年(539年),第4906页。

顷据新吴，乃置南江州，以孝顷为刺史；周敷据临川故郡，又以临川置宁州，以敷为刺史。梁元帝承圣二年(553年)，改鄱阳郡为吴州，领郡一；梁敬帝太平元年(556年)十一月，分江州之临川、安成、豫宁、巴山4郡置高州，以黄法氍为刺史，镇巴山；太平二年正月，分寻阳、太原(侨郡)、齐昌、高唐、新蔡五郡置西江州，治寻阳，移江州治豫章。这样，江西境内一下子就增加了南江州、宁州、吴州、高州、西江州等五个州。这些州往往徒有其名，或旋置旋废，或境域未动而等级提升。如陈文帝天嘉四年(563年)正月，罢高州隶入江州；陈废帝光大二年(568年)正月，罢吴州，以鄱阳郡还属江州；太建十三年(581年)，又改鄱阳郡为吴州。高州仅有四郡之地，却提升为州。南江州、宁州、吴州更属虚空，各只有一县或一郡之地。这些现象，反映了当时政局的混乱和统治的衰败。

江西地区自古以来就是各民族的杂居之地，各族人民世世代代和睦相处，在这块肥沃的土地上生息、繁衍着，共同建设美好的家园。汉末东吴时期，居住在江西境内的主要少数民族是山越人，分布于全境各地，赣北、赣东北、赣中一带尤为集中，人数至少在四十万以上，他们曾与东吴政权进行过长达三四十年之久的战争，以反抗其剥削和压迫。东吴后期，山越的反叛被基本平息，他们中的绝大多数人被迫徙居平地，与汉族人民杂处，过上农耕生活。东吴以后，山越的活动已不多见，说明他们逐渐融合于汉族之中。仍然居住于山区的少部分山越人，后来则演变为畲族、瑶族等少数民族。

南朝时期，活跃于江西境内的主要少数民族有蛮族、僚族、溪族等。南朝蛮族最集中的是长江中下游及其支流沔水(今汉江)、丹水、淅水、涢水，以及湘江、赣江流域。他们大部分"咸依山谷"，或"所居皆深山重阻，人迹罕至焉"[①]。其中荆、雍二州蛮族最多，他们自称是盘瓠之后，按地区可分为许多支，居住在今湖南境内的有五溪蛮；居住在今湖北境内的有宜都蛮、天门蛮、建平蛮、巴东蛮、当阳蛮等；居住在今安徽境内的称豫州蛮，是古代廪君蛮的后裔。居住在今江西境内的统称江州蛮。齐永明二年(484年)，"江州蛮动，敕(曹)虎领兵戍寻阳，板辅国将军，伐蛮军主，又领寻阳相"[②]。

江州蛮主要分布于寻阳缘江一带，时称"缘江蛮"或"寻阳蛮"。《隋书》卷三一《地理志下》载："南郡……九江、江夏诸郡多杂蛮左，其与夏人杂居者，则与

---

① 《宋书》卷九七《蛮夷传·荆雍州蛮》，第2396页。

② 《南齐书》卷三〇《曹虎传》，第561页。

诸华不别。”刘毅曾上表刘裕说：“寻阳接蛮，宜有防遏，可即州府千兵，以助郡戍。”①刘宋时，曾多次派遣大将率兵讨伐缘江蛮。如宋文帝元嘉末，缘江蛮起兵反抗，文帝遣太子步兵校尉沈庆之等予以讨伐，使江州刺史、武陵王刘骏统领众军；大明四年(460年)十月，宋孝武帝又遣司空沈庆之讨缘江蛮。除寻阳蛮外，赣江流域的建城(今高安)、庐陵、南康等地都分布一定数量的蛮族和僚族。直至唐末，这些地方的蛮、僚仍然大量存在，如高安人钟传起兵，依靠的就是蛮、僚族。史称：“钟传聚蛮僚，依山为垒，众至万人。”②后来控制了大半个江西，统治江西三十余年，被唐僖宗封为南平郡王。另一重要人物庐陵彭玕则是赤石洞蛮酋，钟传用为吉州刺史。不过这时的蛮族已基本与汉族人民融合，分别不出蛮、汉了。南朝时期，在赣江上游的南康郡境内，还有一支揭阳蛮。为了反抗统治阶级的搜括和掠夺，揭阳蛮曾多次举行起义。如刘宋永初二年(421年)正月，“南康揭阳蛮反，郡县讨破之”③。宋文帝元嘉二十三年(446年)八月，“揭阳赭贼攻建安郡，燔烧城府”④。

东晋南朝的溪族，主要分布于江西境内的赣北、赣中和广东韶关市南的曲江县一带。溪也作傒，或作谿。东晋陶侃曾被北来的大士族温峤骂为“溪狗”，说明寻阳一带居住着溪族。萧齐胡谐之，豫章南昌人，出身于溪族中一个士族家庭，历仕宋、齐二朝。萧齐时，很受高帝、武帝器重，建元二年(480年)，官拜给事中、骁骑将军。高帝想让谐之家与贵族联姻，以其家人讲傒语，语音不正，特选派四五个宫人前往谐之家教子女语。两年后，帝问谐之：“卿家人语音已正未？”谐之回答说：“宫人少，臣家人多，非唯不能得正音，遂使宫人顿成傒语。”⑤帝大笑，遍向朝臣说起这件事。胡谐之家中人多，而且都讲傒语，他们的语言必为当地人所接受，说明南昌一带有一定数量的溪族。溪人的宗族，往往以溪洞相称呼。梁、陈之际，新吴(今奉新县)洞主余孝顷出任豫章太守，他应是溪洞的酋豪，而不是普通的溪族人。

从陶侃、胡谐之、余孝顷的例证中看出，溪族的汉化程度较高，贫富贵贱分化剧烈。东晋、南朝的统治者对溪族人民进行各种掠夺和压迫，引起溪族人民

① 《宋书》卷五二《庾悦传》，第1491页。

② 《资治通鉴》卷二五五·唐僖宗中和二年(882)，第8269页。

③ 《宋书》卷三《武帝纪下》，第56页。

④ 《宋书》卷五《文帝纪》，第94页。

⑤ 《南史》卷四七《胡谐之传》，第1176页。

的不断反抗。东晋末年，徐道覆反晋，他的部下多为“始兴溪子”。所谓“始兴溪子”是指今广东曲江一带当时的溪族人民而言。南北朝以后，溪族的名称已经少见，大部分与汉族融合。

二、人口的变动

宋、齐、梁、陈四代，只有刘宋一朝有比较详尽的户口统计数字。萧齐共历六帝，年代短促，其户口未详。萧梁因元帝大量焚书，坟籍化为灰烬，户口不能详究。

现将刘宋时江西境内各郡户口数字统计如下表。

表6 刘宋豫章诸郡户口与全国户口比较表

郡别	宋大明八年(464)		备注
	户数	口数	
豫章	16,139	122,573	史料来源:《宋书》卷三七《州郡志二》,第1086－1090页
鄱阳	3,242	10,950	
庐陵	4,455	31,271	
安成	6,116	50,323	
南康	4,493	34,684	
寻阳	2,720	16,008	
合计	46,148	330,614	
全国	906,870	4,685,501	史料来源:《通典》卷七《食货典》,第146页
江西占全国比(%)	5.08	7.05	

从上表看出，刘宋大明八年，江西全境共有户46,148、口330,614，以7郡所辖53县平均计，每县仅有870.7户 、6,238口，降至汉代以来的最低点。东汉永和五年(140)，豫章郡有户406,496、口1,668,906。在经过324年后，户数净减360万，口数净减133.8万，减幅达到惊人的程度。就是比西晋太康元年(280年)的户数也净减两万。晋宋之际，江州刺史刘毅曾说:“今江右区区，户不盈数十万。”[①]看来此话是有根据的。在南朝4代中，刘宋曾经历过30年之久的“元嘉之治”，国力最为强盛，其人户尚且如此稀少，齐、梁、陈的人户当不会超过刘宋。

① 《宋书》卷五二《庾悦传》,第1490页。

不过，人户的减少是当时普遍的现象。据《宋书·州郡志》记载，刘宋大明八年，全国有20州，江州的户数居第五位，仅次于扬、南徐、荆、益四州；口数居第四位，仅次于扬、南徐、青三州，超过荆、益二州。可见，江西各郡的人户在全国并不算少，比重也不算低。

户口锐减的原因主要有三：一是统计失实，庇荫、隐占现象严重；二是因赋税徭役苛重，民不著籍，使实际人口与在册人口相差悬殊；三是受战乱的影响，人民被大量杀戮或走死逃亡。加之疾疫的流行，又夺去了许多人的生命。在封建社会里，由于政治和社会的原因，人口的自然生殖率本来就较低，再加上上述原因，人口的增长抵不上人口的损耗。

两晋至南朝，门阀士族势力膨胀，他们不仅占有大量的良田沃土，建立起规模巨大的田庄，而且大肆庇荫人户以为部曲、佃客。如晋、宋之际的陈郡谢混，"仍世宰辅，一门两封，田业十余处，僮仆千人"。谢混死后十余年，至宋元嘉中，混妻东乡君死时，犹有"资财巨万，园宅十余所，又会稽、吴兴、琅邪诸处，太傅(谢安)、司空(谢)琰时事业，奴僮犹有数百人"①。谢灵运，东晋名将谢玄之孙，他在会稽始宁县"修营别业，傍山带江，尽幽居之美"②。别业中有大量的水、旱地，另有果园五处，能生产除食盐以外的所有物品，其役使的佃客应不在少数。会稽大士族孔灵符"家本丰，产业甚广，又于永兴(今浙江萧山县)立墅，周回三十三里，水陆地二百六十五顷，含带二山，又有果园九处"③。江西境内的大小酋豪，从南康郡的蔡路养、刘蔼，到豫章郡的熊昙朗、余孝顷、周迪、周敷等人，也都占有相当数量的土地，控制多少不等的户口，"依凭山泽，缮甲完聚，多历岁时"④。蔡路养一次出兵两万人进驻南野，以拒陈霸先，其控制的部曲、佃客就非常可观；新吴洞主余孝顷被陈霸先击败后，其弟余孝猷仍能"率部下四千家欲就王琳"⑤。这4千多家也是余家隐占的私兵部曲。陈朝建立后，朝廷政令在南川行不通。"是时南江酋帅并顾恋巢窟，私署令长，不受召"。南州守宰"多乡里酋豪，不遵朝宪"⑥。南川守宰即州、郡、县长官，他们既然私署令长，不遵朝

① 《宋书》卷五八《谢弘微传》，第1591、1593页。

② 《宋书》卷六七《谢灵运传》，第1754页。

③ 《宋书》卷五四《孔季恭传》，第1533页。

④ 《陈书》卷一《高祖纪上》，第19页。

⑤ 《陈书》卷八《侯安都传》，第145页。

⑥ 分见《陈书》卷一三《周敷传》，第201页；卷二〇《华皎传》，第271页。

命，其所控制的大量户口显然被隐占，是陈朝无法掌握的编户齐民，统计户口也就无从说起。

世俗地主如此，寺院地主也大量隐占人户。南北朝时期佛教盛行，不仅帝王朝贵沉溺佛教，而且一般人也往往“竭财以趣僧，破产以趋佛”①。梁武帝就是一个著名的佞佛皇帝，在他的大力提倡下，佛教空前泛滥，以至于“比来慕法，普天信向，家家斋戒，人人忏礼，不务农桑，空谈彼岸”。由于佛教的盛行，佛寺遍布全国各地，僧尼人数猛增，仅萧梁都城建康就有佛寺500余所，穷极宏丽，“僧尼十余万，资产丰沃。所在郡县，不可胜言”②。从而产生了一个特殊的地主阶层即僧侣地主。

僧侣地主在政治、经济上具有种种特权，他们不仅通过朝廷赐与、官僚地主的布施和巧取豪夺等途径占有大量土地，控制众多的劳动人手，而且既不纳租，也不服役。许多不堪赋税徭役重负的贫苦农民被迫投靠寺院，成为寺院的依附人口，为寺院种田服役，这些人被称作“白徒”、“养女”，都不编入国家户籍，致使“天下户口，几亡其半”③。

江西地区的情况也不例外，如萧梁时，建安王别驾张孝秀，“去职归山，居于东林寺。有田数十顷，部曲数百人，率以力田，尽供山众，远近归慕，赴之如市”④。仅此一例，足见寺院隐占人户之严重。由于僧侣地主具有政治、经济特权，对于寺院隐占的大量人户，官府是不加过问的，更谈不上去统计户口了。

南朝的赋税徭役苛重，大批贫苦农民或被迫投靠大族地主和寺院为佃客，成为依附民；或逃亡流徙，干脆不著籍。这些人口都是官府无法统计的。据史籍记载，南朝的赋税除田租、户调、丁调、田税（亩税米两升）、禄绢、禄绵、禄米等主要项目外，还有名目繁多的杂调，如口钱、塘丁税、酒租、盐赋，以及许多临时性的征发摊派。农民所受徭役之苦更甚于租调。两晋之制，规定13岁为半丁，16岁为全丁，却往往不论半丁、全丁，都被征去服徭役，而且服役的时间很长，人民不堪重负。故豫章太守范宁说：“古者使人，岁不过三日，今之劳扰，殆无三日休停，至有残刑翦发，要求复除，生儿不复举养，鳏寡不敢妻娶。”并指出让儿童和成人

① 《梁书》卷四八《范缜传》，第670页。

② 《南史》卷七十《循吏郭祖深传》，第1720—1721页。

③ 《南史》卷七十《循吏郭祖深传》，第1722页。

④ 《梁书》卷五一《处士张孝秀传》，第752页。

一样服役,这是"伤天理,违经典"[①]的事。宋文帝元嘉初,虽然提高了服役年龄,把15岁至16岁改为半丁,17岁为全丁,但实际上却是"役召之品,遂及稚弱"[②],连妇女童幼都要去服役。农民为躲避繁重的徭役,不得不大批逃亡,以进行反抗,此类记载史不绝书。东晋末,刘毅曾指出,江州人民"男不被养,女无匹对,逃亡去就,不避幽深"[③]。齐武帝在永明十一年(493年)的诏书中说:"江淮之间,仓廪既虚,遂草窃充斥,互相侵夺,依阻山湖,成此逋逃。"[④]梁武帝晚年,由于剥削苛重,"百姓不能堪命,各事流移,或依于大姓,或聚于屯封"。农民逃亡的现象更加严重,使得"天下户口减落","东境户口空虚","细民失业,流冗者多"[⑤]。

自刘宋元嘉以后,在租税徭役的重压下,广大自耕小农除了沦为部曲、佃客外,就只有不报户口,成为"浮浪人";或者虚报户口,以逃避赋税徭役。因此,自宋、齐以来,便出现了严重的"脱籍"现象。建元元年(479年),齐高帝萧道成在一道诏书中说:"黄籍,民之大纪,国之治端。自顷氓俗巧伪,为日已久……或户存而文书已绝,或人在而反托死叛,停私(在家中)而云隶役,身强而称六疾。编户齐家,少不如此。"可见问题的严重性。大臣虞玩之说得更具体:"自泰始三年(467年)至元徽四年(476年),扬州等九郡四号黄籍,共却七万一千余户。于今十一年矣,而所正者犹未四万。神州奥区,尚或如此,江、湘诸部,倍不可念。"[⑥]虞玩之所说"却籍"就是脱籍,在短短的十年之中,扬州等九郡共却籍十万一千余户,如以每户五人计,则有五十余万口脱离户籍;扬州乃京师所在地,尚且如此,江、湘诸州却籍的人户更是成倍增加。为了解决却籍问题和剔除假冒的士族,齐高帝采纳了虞玩之的建议,别置板籍官,置令史,在全国范围内开展了一场声势浩大的"检籍"运动,齐武帝继续施行。但由于在检籍过程中弊端百出,加之检籍官大肆收受贿赂,与官僚地主通同作弊,结果不但收效甚微,而且于永明四年(486年)正月激发了一场大规模的农民起义(唐寓之起义)。齐武帝费了很大力气,才将这次起义镇压下去,检籍也随之不了了之。梁、陈之际,因

① 《晋书》卷七五《范汪传子宁附传》,第1986、1987页。
② 《宋书》卷五《文帝纪》,第87页。
③ 《晋书》卷八五《刘毅传》,第2208页。
④ 《南齐书》卷三《武帝纪》,第61页。
⑤ 《梁书》卷三八《贺琛传》,第543页。
⑥ 《南齐书》卷三四《虞玩之传》,第608页。

为战乱等原因，民不著籍的现象十分严重，这从陈文帝的一道诏书中可以看出。陈文帝天嘉元年七月乙卯，诏曰："自顷丧乱，编户播迁，言念余黎，良可哀惕。其亡乡失土，逐食流移者，今年内随其适乐，来岁不问侨旧，悉令著籍，同土断之例。"①

南朝的战乱虽不如北朝那样频繁而激烈，但王室内部为争夺权位而导致骨肉相残的丑剧却不断上演，甚至常常以战争的形式展开。江州作为战略要地，便成为他们极力争夺的重要目标。这些战乱又多发生在江西境内，或以江西为基地进行，从而造成大量人口被杀戮。仅刘宋时期发生在江西境内的战事就多达数起，先后有武陵王刘骏起兵江州夺帝位，晋安王刘子勋在行事邓琬的挟持下称帝寻阳，桂阳王刘休范于寻阳举兵向阙等。

宋文帝时，豫章人胡遵世因卷入范晔、孔熙先谋立刘义康为帝事件而被杀；其弟胡诞世、胡茂世又率群从200余人攻破郡县，杀太守桓隆之、县令诸葛和之，欲拥立庶人刘义康，但很快被交州刺史檀和之镇压，胡氏一家或被杀，或远徙，受牵连而死者肯定不少。

南昌人邓琬挟持晋安王刘子勋称帝寻阳，是刘宋一朝发生于王室内部规模最大的一次战乱。邓琬指挥十几万军队与宋明帝展开激战，大小战争十余次，双方伤亡的人数都不在少数。邓琬兵败被杀，同党并伏诛。

南朝最大的一次战乱是梁末侯景之乱，在侯景铁蹄的蹂躏下，加上连年旱蝗灾害，江州百姓肝脑涂地，尸骨满野，损失的人数更加无法计算。

梁陈之际，陈霸先对南川酋豪进行了一系列的打击和杀戮，在交兵之中伤亡的人数同样难以估算；对失败后的南川酋豪的惩罚也相当残酷，如南昌著姓熊昙朗兵败被杀后，陈文帝"尽收其宗族，无少长皆弃市"②。

伴随战乱而来的是疾疫的流行，同样造成大量人口死亡。江南地区因江河湖泊纵横交错，气候温暖潮湿，草木繁盛，使各种传染病病毒有着良好的生长繁殖环境，疟疾、痢疾、寄生虫之类的疫病比较常见。自东吴以来，南方各地便不断发生疾疫，骆统在给孙权的上书中说：由于吴国赋役繁重，"加以殃疫死丧之灾，郡县荒虚，田畴芜旷，听闻属城，民户浸寡，又多残老，少有丁夫，闻此之

① 《陈书》卷三《世祖纪》，第51页。

② 《陈书》卷三五《熊昙朗传》，第478页。

③ 《三国志》卷七五《吴书·骆统传》，第1335页。

日，心若焚燎。”[③]据《宋书》卷三五《五行志五》记载，自东吴至南朝刘宋时期，各种疾疫接踵而至，有些是局部性的，也有不少是全国性的大疫，现辑录于后：

吴孙权赤乌五年(242年)，大疫。

吴孙亮建兴二年(253年)四月，诸葛恪围新城。大疫，死者大半。

吴孙皓凤凰二年(273年)，疫。

晋元帝永昌元年(322年)十一月，大疫，死者十二三。

晋成帝咸和五年(330年)五月，大饥且疫。

晋穆帝永和九年(353年)五月，大疫。

晋海西公(即晋废帝司马奕)太和四年(369年)冬，大疫。

晋孝武帝太元五年(380年)五月，自冬大疫，至于此夏。多绝户者。

晋安帝义熙元年(405年)十月，大疫，发赤斑乃愈。

义熙七年(411年)春，大疫。

宋文帝元嘉四年(427年)五月，京都疾疫。

宋孝武帝大明元年(457年)四月，京邑疾疫。

大明四年(460年)四月，京邑疾疫。

宋明帝泰始四年(468年)夏，普天大疾。

其实，上述统计并不全面，如《抱朴子·内篇》卷九《道意》记载说：“吴曾有大疫，死者过半。”但不知究竟是哪次大疫。宋文帝元嘉二年(425年)就曾发生过一次全国性的旱灾和疾疫。史称：“时旱灾未已，加以疾疫，”侍中范泰上表说：“顷亢旱历时，疾疫未已，方之常灾，实为过差。”[①]从范泰的话看出，这次旱灾和疾疫都是比较严重的。就是这次疾疫，夺去了不少人的生命，如吴兴乌程人吴逵一家，“男女死者十三人。……唯逵夫妻获全”[②]。吴郡钱塘人范法先，“父母兄弟七人同时疫死，唯余法先，病又危笃，丧尸经月不收。……又同里施渊夫疾病，父母死不殡；又同里范苗父子并亡，又同里危敬宗家口六人俱得病，二人丧没，亲邻畏远，莫敢营视”。[③]元嘉二十四年(447年)六月，京师建康再次发生疾疠。

齐、梁、陈三朝，疾疫仍不时发生。齐和帝中兴元年(501年)，萧衍自雍州起

① 《宋书》卷六〇《范泰传》，第1622页。

② 《宋书》卷九一《孝义吴逵传》，第2247页。

③ 《宋书》卷九一《孝义范叔孙传》，第2252页。

兵，二月，围攻郢城(今湖北武昌)；七月，郢州守将程茂以城降。“郢城之初围也，士民男女近十万口；闭门二百余日，疾疫流肿，死者十七八，积尸床下而寝其上，比屋皆满”①。这次因战乱而造成的疾疫，死亡的军民竟达七八万人。萧衍夺得政权后，下令罪状齐东昏侯，指斥他穷奢极侈，大兴土木，徭役繁重，致使人民“流离寒暑，继以疾疠，转死沟渠，曾莫救恤，朽肉枯骸，乌鸢是厌”②。皇帝因大兴土木而造成的疾疫显然是全国性的，由于死亡的人数太多，以至乌鸦、老鹰食腐肉都食厌了，足见疫情的严重。梁天监二年(503年)，“是夏多疠疫”③。天监三年，“是岁多疾疫”。这两次疾疫也都是全国性的，至于疫情及其损失史载不详。天康元年(566年)二月，陈文帝在一道诏书中承认，自己即位以来，因政道多缺，黎民百姓的日子过得不好，“兼疹患淹时，亢阳累月”④，生活更加艰难，这全是自己的责任，表示要大赦天下，并将年号天嘉改为天康。此所谓“疹患淹时，亢阳累月”，是说各种疾病流行多时，干旱连月。陈文帝感到问题严重，所以特别重视，以至下了一道“罪己诏”。

据正史等史籍统计，整个魏晋南北朝时期，全国共有疫情74年次，其中发生在长江流域及其以南地区即达36年次，几占全部疫情的1/2。当时人士已普遍认识到江南易生疫疠这一点，一些北方人士甚至说：“吾往南方，则不生还。”⑤《魏书》卷九六《僭晋司马睿传》则说：“(江南)地既暑湿，多有肿泄之病，瘴气毒雾，射工、沙虱、蛇虺之害，无所不有。”一些全国性的大疫，竟然“死者十二三”，或“绝户者多”。

江西地区的疾疫也有史可寻。如东晋时徙居豫章的范宣向来贫困，“加年荒疾疫，(庾爰之)厚饷给之，宣又不受”⑥。此次发生于豫章郡的疾疫，肯定不是范宣一家的事。东晋义熙五年(409年)，“卢循自广州下，泊船江西(赣江西岸)，众多疫死”⑦。又元嘉五年秋，豫章人胡充一家疾疫，“到六年三月，合门时患，死亡相继”⑧。

---

① 《资治通鉴》卷一四四，第4493页。
② 《梁书》卷二《武帝纪中》，第39页。
③ 《梁书》卷二《武帝纪中》，第39页。
④ 《陈书》卷三《世祖纪》，第60页。
⑤ 《三国志》卷一四《魏志·郭嘉传》裴注引曹操与荀彧书。
⑥ 《晋书》卷九一《儒林范宣传》，第2360页。
⑦ 南朝宋刘敬叔《异苑》卷三，载《汉魏六朝笔记小说大观》，第618页，上海古籍出版社，1999。
⑧ 刘敬叔《异苑》卷四，载《汉魏六朝笔记小说大观》，第632—633页。

看来此次疾情十分严重,许多人必然受到传染,人户损失是无法估计的。

东晋南朝的社会经济有了长足的发展和进步,按说其人口也应该相应地快速增长,这才符合经济发展的规律。现在不但不增,反而急剧下降,这是不可想象的。关于历史上的户口问题,著名史学家谷霁光先生曾有一段精辟的论述,他在为《三国食货志》作书评时指出:该书"'户口'一章,讨论户口减少时,很注意史籍上数字记载。其实这种数字,不一定很可靠。我们利用这种史料时,须得特别小心。"又说:"当日户口数字的减少,不完全是死亡率和生殖率高低的关系。民不著籍,也是其中原因之一。"[1]谷先生的话对于我们正确理解南朝户口的下降是很有助益的。

① 《谷霁光史学文集》卷四《杂著·〈三国食货志〉、〈三国经济史〉(书评)》,江西人民出版社、江西教育出版社,1996。

第四章

六朝时期江西社会经济的长足发展

六朝与唐宋曾是古代江西两个极为重要的发展时期，若从江西地方史的整个发展趋势而论，六朝更具有承前启后的重要作用。这一时期，由于社会大环境的急剧变化和江西自身具有的种种优越条件，江西社会开始得到较大程度的开发，无论是农业、手工业还是商业，都有了长足的发展和进步。农业生产节节上升，土地得到大面积的垦辟，稻、麦、粟等各种粮食作物普遍种植，产量不断提高，江西地区开始成为重要的粮食输出地。与此同时，桑、麻等各类经济作物广为播植，水果栽培技术和园艺业也都有相当的进步。在农业发展的基础上，各种手工业如纺织、酿酒、竹木器制造、造船、制茶、漆器、瓷器、制砖、矿冶等也随之发展起来，进步显著。农业、手工业的发展，又带动了商业的繁荣，商品货币经济日趋活跃，大小城镇如雨后春笋般涌现，城市经济日新月异。六朝江西经济的蒸蒸日上，为唐宋时期江西社会的全面发展和兴盛奠定了牢固的基石。

第一节 江西地区发展社会经济的优越条件

古代江西真正得到较大开发应始于六朝时期。究其原因，既有当时江南社会经济长足发展的共同有利因素，也有江西自身所特有的优越条件。

一、江南社会经济长足发展的共同有利因素

以共同原因而论，一是当时江南社会长期处于六朝的统治之下，这些割据政权的力量均弱于北方，为了建立起与北方相抗衡的强大经济、军事实力，都比较注重发展农业生产和对边鄙地区的开发。六朝各代帝王大都能较充分地认识到“国以民为本，民以食为天。故一夫辍稼，饥者必及。仓廪既实，礼节以兴”①的道理，在“首食尚农，经邦本务”②的思想指导下，采取种种措施，大力发展农业生产。这些措施包括：

第一，频频发布劝农诏书，督课农功，提倡耕桑，广辟农田；不误农时，务尽地利；奖勤罚惰，全力赴农。一些帝王在即位之初，便把劝课农桑当作第一件要事来抓。如宋孝武帝刚即位，于孝建元年(454年)正月戊申颁布诏书说：“凡诸守莅亲民之官，可详申旧条，勤尽地利。力田善蓄者，在所具以名闻。褒甄之科，精为其格。”③要求地方官勤于劝农，做到地尽其利；对于那些努力耕作而又善于储藏粮食的农民，要将他们的名字一一报上来，然后按等级进行褒奖。梁武帝初即位，于天监元年(502年)四月下诏说：“……其有田野不辟，狱讼无章，忘公殉私，侵渔是务者，悉随事以闻。”④

第二，躬耕籍田，为民表率。躬耕籍田本为古代帝王于初春之月举行的一种耕作礼仪，表示以身作则，带头春耕。南朝各代帝王加以继承，并有所发展。东吴黄武五年(226年)春，大臣陆逊以所在谷少，上表孙权请下令诸将增广田亩。权报曰：“甚善。今孤父子亲自受田，车中八牛以为四耦，虽未及古人，亦欲与众均等其劳也。”⑤孙权不仅带头躬耕，还表示要亲自受田，与众将士均劳逸。其他帝王也都常常举行各种躬耕仪式。帝王躬耕籍田虽无多大实际意义，但在一定程度上反映了统治者对农业生产的重视，对人民多少有些表率作用。

第三，以垦田亩数、入谷多少作为年终考核地方官吏的重要标准。如东晋元帝“督课农功，二千石长吏以入谷多少为殿最。其非宿卫要任，皆令赴农，使军各自佃作，即以为廪”⑥。宋文帝在元嘉二十年(443年)十二月壬午诏书中强

① 《宋书》卷五《文帝纪》，第91页。

② 《宋书》卷六《孝武帝纪》，第114页。

③ 《宋书》卷六《孝武帝纪》，第114页。

④ 《梁书》卷二《武普纪中》，第36页。

⑤ 《三国志》卷四七《吴书·孙权传》，第1132页。

⑥ 《通典》卷二《食货典二》，第42页。

调:“有司其班宣旧条,务尽敦课。游食之徒,咸令附业,考核勤堕,行其诛赏,观察能殿,严加黜陟。”[①]齐武帝也在永明三年(485年)正月丙辰诏书中,要求各级亲民之官“宜严课农桑,相土揆时,必穷地利。……将明赏罚,以劝勤怠。校核殿最,岁竟考课,以申黜陟”[②]。

第四,奖励孝悌力田,授以爵位。

第五,贷给农民耕牛种子,春耕期间禁止宰牛。

以上措施对于推动六朝的农业生产起到了重要的作用。

二是南方战乱较少,社会秩序相对稳定,客观上给南方经济的发展提供了良好的环境条件。六朝时期南方各地也有战乱,尤其是统治集团内部的矛盾和纷争,萧梁末还发生了破坏性极为严重的侯景之乱,但这些战乱大多是局部性的,每次战乱延续的时间都不长,多则几年,少则仅有几个月,多数时间是在和平环境中度过的,不像当时中原那样长期成为鏖兵的战场。因此,整个社会经济能较快地从战乱中恢复过来,并得到迅速的发展。

三是中原人民为躲避战乱而潮水般地渡江南移,无疑又给南方社会增添了大批具有丰富生产经验的劳动人手,带来了大量的先进生产技术和工具。自东汉末至陈朝,北人南迁络绎不绝,总数逾百万,遍及江南各地。南北两支劳动大军相互汇合,携手奋进,大大加快了南方社会经济前进的步伐。

二、江西地区自身的优越条件

江西地区发展社会经济,还有着自己得天独厚的条件。

这里地域辽阔,襟江带湖,赣江、抚河、信江、昌河、修水、锦江、袁河纵横其间,港湾河汊,繁密如网;池沼湖泽,星罗棋布;土地肥沃,气候宜人,物产丰富。雷次宗《豫章记》说:“地方千里,水路四通,风土爽垲,山川特秀,奇异珍货,此焉自出。”[③]宋代著名史家王应麟也说:“钟陵奥区,楚泽全壤,天开翼轸之域,地扼江湖之国。”[④]

六朝时期的江西水路便捷,交通发达。由建康通广州的内河航运必经赣江,往来船只来往频繁;南海诸国及西亚与六朝的海上交通贸易发达,许多使

① 《宋书》卷五《文帝纪》,第91页。

② 《南齐书》卷三《武帝纪》,第50页。

③ 乐史《太平寰宇记》卷一〇六引《豫章记》。

④ 王应麟《玉海》,上海古籍出版社,1992。

者、高僧以及货物到达广州后，即经赣江航道抵达建康。寻阳号称“通衢”，西连岷汉，北达中原，东下至海，南通交广，交通贸易尤为发达。

从战略地位而言，江西向为形胜之地，在南北长期对峙的六朝，其地理位置极为重要。唐王勃《滕王阁序》云：“襟三江而带五湖，控蛮荆而引瓯越。”寻阳、豫章既是政治、军事重镇，又是商业都会。《太平寰宇记》卷一一一江州条引晋《地道志》说：“寻阳南开六道，途通五岭，北导长江，远行岷汉，来商纳贾，亦一都会也。历宋、齐、梁、陈，郡与州并理，弹压九派，襟带上流，颇为重镇。”

江西地区的富庶和战略地位的重要，使六朝各代统治者十分垂涎。因此，他们在对江西地区激烈争夺的同时，也很注意对它进行开发和建设，先后派出一批又一批良吏充任各级行政长官，在这里开屯田，修水利，兴学校，办教育，带领江西人民大力发展生产和文化事业，使江西地区的面貌发生了日新月异的变化。从东吴时起，江西境内开始得到大面积的开发，大批荒地辟为良田，生产不断上升，人口增殖，行政建置随之发生重大的变化。西晋惠帝元康元年(291年)置立江州，从此，江西完全成为直属于中央的州一级独立行政单位，经济上也迈开了前进的大步，逐渐跻身前茅，一跃而成为长江中下游地区的第三大经济中心。

第二节 水利工程的兴建和农业经济的快速发展

一、各类水利工程的兴建

水利是农业的命脉，以稻作农业为主的南方社会尤其离不开水利工程的大量兴建。江西地区本来气候温和，雨量充沛，河湖密布，土地肥沃，有着发展农业的良好自然条件。而六朝时期的江西各族人民又相继兴建了许多水利工程，更保证了农业的常年丰收。宜春郡内的罗村陂是著名的水利工程，“罗村陂，在分宜县西七十里昌山峡。顾野王《舆地记》云：晋永嘉四年，罗子鲁断山峡为陂，灌田四百余顷，故号罗村陂。”[①]豫章城内的南塘、浮梁县境内的宁家陂都是载于史册的较大水利工程。六朝统治者曾先后在江西各地广兴屯田，所修水

① 清《江西通志》卷一五《水利》。

利工程也不在少数。如《水经·赣水注》云:“又富水左右,公私裂溉,咸成沃壤。旧吴屯所在。”富水乃富城县之河流,吴时富城县,晋武帝太康元年更名丰城县。据此可知,东吴在今江西丰城兴修了许多水利工程,屯田规模也不小,致使富水两岸“咸成沃壤”。至于民间自修的各种不知名的水利设施更是不计其数,所谓富室“承陂之家,处处而有”[①]。

一些地方官吏还通过改造部分水利工程,为民兴利除弊。如豫章城“每于夏月,洪水溢塘而过,居民多被水害”。这里所说的塘是指南塘,位于南昌城内东湖(今八一湖)旁。无名氏《豫章志》载:“东湖,在郡东南,周广五里。郦道元云:东湖十里一百二十六步,北与城齐。本通大江,增减与江水同。”东汉永平年间(58—75年),太守张躬始筑堤以通南路,谓之南塘,以蓄江水,冬夏不增减。水至清深,鱼甚肥美。但一到夏季,赣江容易涨水,江水泛滥,溢塘而过,常常发生水灾。刘宋景平初,蔡廓出任豫章太守,不久便发生了一场大洪水。正值其大儿子出门迎亲,停船江中小岛旁,儿欲先渡妇船,因衣服被船头挂住,遂堕入水中淹死。儿子被洪水淹死,促使蔡廓下决心治理洪水,故史称:“至宋景平二年(423年),太守蔡君(即蔡廓),西起堤,开塘为水门,水盛,旱则闭之,内多则泄之,自是居民少患矣。”[②]刘宋以后,一些封建王朝又先后对南塘进行过多次治理。

在兴修水利的过程中,江西劳动人民还到处筑堰围湖,排除滩涂积水,造作大量湖田,为旱涝保收创造了条件。这种湖田在鄱阳湖一带尤多,从而使该地成为当时的重要粮仓。

二、粮食与经济作物

优越的自然条件和大批水利工程的兴建,为农业生产的快速发展提供了重要保证。六朝时期,江西境内已广泛种植水稻、麦、粟、菽、桑、麻等各类粮食作物和经济作物。

江西有着种植水稻的悠久历史。考古证明,赣鄱地区是亚洲和世界稻作农业一个重要发祥地。1993与1995年,中美农业考古队两次合作发掘,在江西万年仙人洞和吊桶环的新石器时代早期,即距今一万两千年前的地层中开始发现了人工栽培稻植硅石。经植物学家研究,这种水稻兼具籼、粳稻特征,是一种由野

① 《宋书》卷九一《孝义徐耕传》,第2252页。

② 北魏·郦道元《水经注》卷三九《赣水注》,第741页,上海古籍出版社,1990。

生稻向人工培植稻演化的古栽培稻类型,它是迄今所知世界上最早的栽培稻遗存之一。此外,湖南道县玉蟾岩洞穴遗址中也曾出土四枚稻谷壳,据农史学家初步电镜分析,是属于一种兼有野、籼、粳综合特征的从普通野生稻向栽培稻初期演化的最原始的古栽培稻类型,估计其年代大体与吊桶环及仙人洞相当[①]。

考古发掘和文献资料表明，汉代南方稻田生产中已普遍采用铁农具和推广牛耕,一整套农机具如犁铧、耒、锸、铲、锄、镰等铁农具和杵臼、碓、风车、磨等脱粒加工木石农具,已能适应水田精耕细作技术体系的要求。至迟到东汉时期,长江流域的水稻种植已基本摆脱“火耕水耨”的落后状态,开始走上精耕细作的道路,江西地区也不例外。

西晋时,豫章郡的水稻生产已远近闻名。史载,太康年间,“有嘉禾生于豫章”[②]。晋怀帝即位后,甚至把年号都改名为永嘉。经东吴、东晋近两百年的开发经营,江西农业快速发展,至南朝刘宋时,江西已成为江南稻米的重点产区之一,不仅稻米质量好,而且产量高,粮储丰富。《豫章记》记载说:“嘉蔬精稻,擅味于八方。……沃野垦辟,家给人足,蓄藏无缺,故穰岁则供商旅之求,饥年不告臧孙之粜。”[③]说明豫章郡的大量土地被辟为良田,水稻广为种植,以味道精美而享誉四面八方,家家都储藏了许多粮食,人们不愁吃喝;丰年则向商人和游客提供粮食,即使荒年也不必告求于人去购买。

又《太平御览》卷八二一《资产部·田》引《豫章记》:“郡江之西岸有盘石,下多良田,极肥腴者,一亩二十斛,稻米之精者,如玉瑛之彻于器中。”这里所说郡江之西岸是指今南昌城西赣江两岸,此处多良田,极肥沃的土地竟能亩产稻谷二十斛。据谷霁光先生推算,汉唐间一般亩产在三至五石(斛)之间,“亩产十石(斛),约当今之二石多”[④]。那么,一亩二十斛,约当今四石多,在当时的生产技术和生产条件下,已算是高产纪录了;且生产出的稻米放在容器中,竟如白玉一般闪闪发光,其质量之高可想而知。

除鄱阳、豫章一带外,赣中广大地区也盛产高质量的稻米。王孚《安成记》说:“田畴膏腴,厥稻馨香,饭若凝脂。”明正德《建昌府志》也说:建昌“土地衍

① 彭适凡《雪白的稻米从这里种起——万年仙人洞和吊桶环遗址》,载孙家骅、詹开逊主编《手铲下的文明——江西重大考古发现》,江西人民出版社,2004。

② 《说郛》卷五一《豫章古今记·宝瑞部》。

③ 《太平寰宇记》卷一〇六·洪州条。

④ 《谷霁光史学文集》卷二《经济史论·三国屯田制度的特点及其作用》,第223页。

沃,宜稻桑麻。”又说:“吴太平二年(257年),孙亮置南丰县,分南城之南境,又以地产嘉禾,故名曰南丰,至今称邑名嘉禾。”安成郡领宜春、新喻(今新余)、永兴、安成(今安福)、萍乡等县,明建德府相当于南朝临川郡,领南城、南丰、新城(今黎川)、广昌4县。可见,这些地方在六朝时期都是著名的水稻产区。又《通典·州郡》筠州条称:州内有米山,“《豫章记》云,生禾香茂,为米精美”。隋唐的筠州辖今高安、樟树、上高、新昌、万载诸县(市),其所产稻米在南朝时已极佳。特别值得一提的是,南丰等4县因所产稻米质量特优,唐宋时誉满天下,其中的红朱稻米、银朱稻米相继成为贡米①。

东吴时,江西和南方许多地区已开始种植双季稻。左思《吴都赋》称江南“国税再熟之稻,乡贡八蚕之绵”②。所谓“再熟之稻”即双季稻。左思为西晋著名文学家,其《吴都赋》全面描述了当年吴国都城建康及全国的盛况。

除种植双季稻外,江西劳动人民还学会了利用再生稻增产粮食的办法。托名陶潜而作的《搜神后记》卷三·禾满条记载了这样一个故事:

> 庐陵巴丘(今峡江)人文晁(一作周冕)者,世以田作为业。年常田数十顷,家渐富。晋太元初,秋收已过,刈获都毕,明旦至田,禾悉复满,湛然如初。即便更获,所获盈仓。于此遂为巨富。

看来这位巴丘农民文晁是位种田能手,他靠田作而致富,秋收后没有插秧又获得一次好收成,其第二次收获的显然是再生稻。由于文晁善于利用再生稻资源,以至成为巨富。由此推知,当时能利用再生稻资源的肯定不止文晁一人,至少在庐陵一带是较为普遍的现象。这一故事虽蒙上一层神话色彩,但反映的却是可信的现实。

自东晋时起,江西已成为重要的粮食输出地。东晋成帝咸和二年(327年),苏峻作乱,宫室焚毁,朝廷粮食乏绝,完全依靠江州漕运供给,史称:“是时朝廷空罄,百官无禄,惟资江州运漕。”③苏峻之乱平定后,都邑残破荒凉,大臣温峤力主迁都豫章,理由就在于豫章郡粮食丰足,境内全实。司徒王导以不宜轻易迁都为由加以反对,只好作罢。咸和四年(329年),后将军郭默杀平南将军、江

① 明正德《建昌府志》卷四《贡赋》。

② 清·严可均《全晋文》卷七四左思《吴都赋》,第1884页,中华书局,1958。

③ 《晋书》卷八一《刘胤传》,第2114页。

州刺史刘胤，叛于湓口城。荆州刺史陶侃起兵讨默，“默乃以布囊盛米为垒以应陶，今称云陶公垒”[1]。垒是战争中的一种防御工事，一般由土石构筑而成，郭默为了抵御陶侃的强大军事攻势，竟然用布袋装满大米筑垒，这说明郭默军中储藏的大米之多，这些大米显然都是前江州刺史刘胤留下的。刘胤生前大肆以官经商，其大宗商品便是产自江州的大米。陶公垒之所以名闻后世，大约也与郭默以布囊盛米筑垒有关。

咸康六年(340年)正月，庾亮卒，其弟庾翼继为江、荆、司、雍、梁、益六州都督、荆州刺史，镇武昌，六州都督府数万将士的军粮也主要依赖江州供给。史称，庾翼在武昌，累有妖怪，又猛兽入府，欲移镇乐乡(今湖北松滋县)以避妖、兽。征虏长史王述不同意，却又不便公开反对，只好给时为扬州刺史、居京掌权的庾翼之兄庾冰写信说：“乐乡去武昌千有余里，数万之众，一旦移徙，兴立城壁，公私劳扰。又江州当溯流数千里供给军府，力役倍增……”[2]王述的建议得到朝廷支持，庾翼只好打消移镇的念头。上游荆州须依赖中游江州供应粮米，应该不仅是庾翼任荆州刺史时是这样，其他各任荆州刺史大概也不例外。

江州除支援京城建康和常年供给上游荆州的粮食外，还要随时支持其他缺粮的州镇。如淝水战后，丁零人翟辽反，兖、青二州刺史朱序镇淮阴，率众讨辽。因军资不足，乃上表朝廷，“(请)求运江州米十万斛、布五千匹以资军费，诏听之”[3]。一次从江州调运大米十万斛、布五千匹，数量相当可观，如果江州没有发达的农业和充足的粮、麻资源，则是无法承受的。

南朝时，江南的稻作农业迅速发展。刘宋周朗说：“自淮以北(北朝)，万匹为市；从江以南(南朝)，千斛为货。亦不患其难也。”[4]从刘宋时起，江南稻米的产量，已经压倒北方，而江西的鄱阳湖流域、湖南的洞庭湖流域和江浙的太湖流域，都成了南朝的著名粮仓。南齐永明年间(483—493年)，天下米谷布帛贱，齐武帝欲建仓储粮以备荒年。史称：

> 帝欲立常平仓，市积为储。六年，诏出上库钱五千万，于京师市米，买丝绵纹绢布；扬州出钱千九百一十万，南徐州(治京口，今江苏镇江)二百万，

① 唐·李吉甫《元和郡县图志》卷二九《江南道四》江州条，第675页，中华书局，1983。

② 《资治通鉴》卷九七·晋成帝咸康八年(342)，第3047—3048页。

③ 《晋书》卷八一《朱序传》，第2133页。

④ 《宋书》卷八二《周朗传》，第2093页。

> 各于郡所市籴米；南荆河州（即南豫州，《通典》避唐代宗讳改，治寿春，今安徽寿县）二百万，市丝绵纹绢布、米、大麦；江州（治寻阳，今九江市）五百万，市米、胡麻；荆州（治江陵，今湖北江陵县）五百万，郢州（治夏口，今湖北武昌西）三百万，皆市绢、绵、布、米、大小豆、大麦、胡麻；湘州（治长沙）二百万，市米、布、蜡……雍州五百万，市绢、绵、布、米，使台传并于所在市易。①

永明六年(488年)，齐武帝趁天下米谷布帛至贱之机，诏令各州动用大量金钱在本地购买，以建立常平仓防备荒年。从各州所动用的金钱来看，扬州最多，为1,910万；其次是江、荆、雍3州，分别为500万，其他各州一般为200万。这在一定程度上反映了各州的财力和米谷的充裕状况。诏令江州出钱500万，在本地市场上购买大米和胡麻，说明江西地区盛产大米、胡麻，且货源充足。

齐和帝中兴元年(501年)正月，萧衍起兵雍州夺帝位，甚至把九江作为军队后勤供应基地，大批粮米从这里源源不绝地运出，满足了前线的需要，保证了战争的胜利。《南史》记载说："(九月)江州平，留(郑)绍叔监州事，(萧衍)曰：'昔萧何镇关中，汉祖得成山东之业；寇恂守河内，光武建河北之基。今之九江，昔之河内，我故留卿以为羽翼。前途不捷，我当其咎；粮运不继，卿任其责。'绍叔流涕拜辞，于是督江、湘粮运无缺乏。"②

萧梁时，江西的农业经济得到继续发展。天监十四年(515年)，陆倕徙为晋安王长史、寻阳太守、行江州府州事，他在《谢敕使行江州事启》中说：江州"封畛遐旷，缠井奥实，陆海神皋，偏属兹境……"③陆倕于此盛赞江州地域辽阔，土地肥沃，良田遍地，物产富饶。从陆倕的话可以看出梁代江西的开发程度和农业生产蒸蒸日上的情况。

由于江西农业发达，盛产稻米，加之水运便捷，故南朝京城以外的大粮仓2/3都在江西境内。《隋书·食货志》载：萧梁时，"其仓……在外有豫章仓、钓矶仓、钱塘仓，并是大储备之处。"豫章仓在今江西南昌，钓矶仓④在今江西星子县内，钱塘仓在今浙江省境内。以上三大粮仓，江西占有其二。

寻阳(今九江市)不仅是重要的产粮基地，而且是江、荆、湘、郢诸州稻米的

---

① 《通典》卷一二《食货典·轻重》，第288页。

② 《南史》卷五六《郑绍叔传》，第1393页。

③ 严可均《全梁文》卷五三《陆倕》引《艺文类聚》五〇，第3256页。

④ 星子县内有钓矶山，晋陶侃微时，曾登此山垂钓，钓矶仓由此得名。见《元丰九域志·附录》南康军条。

积存地、转运口。《资治通鉴》卷一二八载宋孝武帝孝建元年(454年),江州刺史臧质"擅用湓口、钩圻(当为钓矶)米"。胡三省注云:"湓口(即寻阳)米,荆、湘、郢三州之运所积也。钩圻米,南江(即赣江)之运所积也。"《水经·赣水注》云:"赣水自南昌历彬丘城下,又历钩圻邸阁下,而后至彭泽。"大批稻米聚积寻阳,然后运往京城及各地。即使是经历侯景之乱后的梁陈之际,江西民间仍储存着大量粮米。如前面所述,陈霸先自始兴起兵讨侯景,过大庾岭至南康,沿赣江顺流而下直指寻阳,在沿途地方豪强和民众的支持下,筹措军粮达50万石;而王僧辩率领的荆州兵抵达寻阳时严重缺粮,陈霸先即分给30万石,从而为平定侯景之乱奠定了物质基础。50万石是个不小的数目,陈霸先于大乱之后,能在短期内筹措这么多军粮,充分说明江西粮米的富足。

除水稻外,麦、粟、菽、桑、麻等多种农作物与经济作物也广为种植。南朝政府曾多次诏令各州郡长官督种,元嘉二十一年(444年)诏曰:"南徐、兖、豫及扬州浙江西属郡,自今悉督种麦,以助缺乏。……速运彭城、下邳郡见种,委刺史贷给。凡诸州郡,皆令尽勤地利,劝导播殖蚕桑麻苎,各尽其力,不得但奉行公文而已。"[①]诏书中所云扬州浙江西属郡,当然包括鄱阳、豫章等郡在内。陈文帝天嘉元年(560年)八月壬午,也诏令各州郡播种麦、粟,并要求地方官亲临劝课,特别困难的农户,要适量贷给种子。诏曰:"菽粟之贵,重于珠玉。……麦之为用,要切斯甚,今九秋在节,万实可收,其班宣远近,并令播种。守宰亲临劝课,务使及时。其有尤贫,量给种子。"[②]在政府的大力提倡下,麦、粟、菽、桑、麻等在各地广泛种植起来。

至迟在晋代,粟已成为江西人民的重要粮食品种之一。《北堂书钞》卷三九引《虞氏家记》:"(江左初迁),虞潭为南康内史,时年荒状,斗粟四两银,糊口不继。"赣南如此,赣北等地也不例外。晋宋之际的著名田园诗人陶渊明甚至把麦、粟、菽、桑、麻当作诗文的重要写作素材,如《归去来兮辞序》说:"余家贫,耕殖不足以自给。幼稚盈室,缾(瓶)无储粟。"《归田园居》写道:"狗吠深巷中,鸡鸣桑树颠。""但愿桑麻成,蚕月得纺织。"《有会而作》:"弱年逢家乏,老至更长饥;菽麦实所羡,孰敢慕甘肥。"他还常与邻居们"相见无杂言,但道桑麻长"。对家乡农业的丰歉表示极大的关切[③]。另据《宋书·符瑞志下》记载,元嘉二十八年

① 《宋书》卷五《文帝纪》,第92页。

② 《陈书》卷三《世祖纪》,第51页。

③ 以上诗文分见《陶渊明集》卷一至卷五,龚斌校笺,上海古籍出版社,1999。

(451年)七月,“寻阳、柴桑菽粟旅生,弥漫原野。”旅生就是野生的意思,寻阳、柴桑既然到处都是野生的菽(豆类)、粟(小米),那么,必然有大量的人工种植。鄱阳郡如此,豫章郡“一年蚕四五熟”,[①]蚕桑业更加发达。

赣南于都县因气候、水土适宜而大量种植甘蔗。北朝贾思勰在其著名农学著作《齐民要术》中称:“于都宜种甘蔗。”于都县的甘蔗因色味俱佳而享誉全国,至唐朝时则发展成为贡品,唐人徐坚在其《初学记》卷二〇《政理部·贡献》中称:“于都县土地肥沃,遍宜甘蔗,味及彩色余县所出无,一节数十碎,郡以献御。”由于各种农作物及经济作物日益充裕,江西和江南其他经济发达地区一样,到处呈现一派“田非胶水皆播麦菽,地堪滋养悉艺苎麻,荫巷绿藩必树桑柘,引庭接宇唯植竹栗”[②]的生机盎然的生产景观。

三、林、渔、牧诸副业

六朝时期,江西的水果栽培技术与园艺业也有相当的进步。柑、橘、柚、橙、石榴等各种亚热带果木与北方的桃、李、梨、栗等均大量植根于江西境内。南朝刘宋《异苑》一书记载说:“南康溪石山有柑、橘、橙、柚。”晋代干宝《搜神记》还专门记载了一则三人入南康东望山贪食柑橘的故事:

> 南康郡南东望山,有三人入山,见山顶有果树,众果毕植,行列整齐,如人行。柑子正熟,三人共食,致饱,乃怀两枚,欲出示人。闻空中语曰:“催放双柑,乃听汝去。”[③]

这两部志怪小说所记史实,反映出六朝时期江西赣南地区普遍种植水果的情况,特别是南康郡(今赣州市)南东望山的园艺业已达到相当高的水平:山顶众果毕植,果树成行,排列整齐有序,果品质量极佳,以至食柑人吃饱后还怀揣两枚,外出向人展示,只因受到主人的阻拦,才未能达到目的。

南城、南丰一带的朱橘在唐朝时驰名遐迩,成为每年必纳的贡橘,该地的柑橘栽培技术在六朝时必有很大进步,基本趋于成熟。

而桃、李、梅、杏等水果在江西境内也广为种植。1976年7月,在南昌市绳金

① 《隋书》卷三一《地理志下》,第887页。

② 《宋书》卷八二《周朗传》,第2093页。

③ 干宝《搜神记》卷一七·南康甘子条,载《汉魏六朝笔记小说大观》,第431页。

塔清理了一座西晋墓,出土青瓷器20件,其中一青瓷钵内盛有桃、梅一类果核[①],田园诗人陶渊明家的庭院中也种植有桃、李、梨、栗等多种水果,其《归田园居》诗第一首写道:“开荒南野际,守拙归田园。方宅十余亩,草屋八九间。榆柳荫后檐,桃李罗堂前。”又《责子》诗写道:“白发被两鬓,肌肤不复实。虽有五男儿,总不好纸笔。……通子垂九龄,但觅梨与栗。”以上史实表明,柑、橘、柚、橙、桃、李、梨、梅、栗等是当时江西人民常食的水果。唐启宇先生在论及六朝园艺业时曾指出:“长江以南成为北方果树园艺与南方果树园艺之融合地,北方之桃李南移,而于江、浙、赣、湘开辟一新的园地。”[②]

南方传统的食物结构是“饭稻羹鱼”,这与南方多水的自然环境和农渔并重的生产结构关系密切。自古以来江西地区号称水乡泽国,大小江河纵横其间,池沼湖泽星罗棋布,为渔业生产提供了丰富的自然资源。当时的渔业生产以捕捞鱼钓为主,兼及人工养殖。晋代陶侃小时就曾与鱼结下了不解之缘。青少年时代,他常常在钓矶山下钓鱼。

> 钓矶山者,陶侃尝钓于此。山下水中,得一织梭,还挂壁上。有顷,雷雨。梭变成赤龙,从空而去。其山石上,犹有侃迹存焉。[③]

陶侃垂钓的故事出自南朝志怪小说《异苑》,蒙上了一层神奇色彩,大约与他后来发迹做了大官有关,故人们尽力加以渲染。

除钓鱼外,陶侃还常常捕捞鱼。史书记载说:

> 陶公在寻阳西南一塞取鱼,自谓其池曰“鹤门”。[④]

陶侃在寻阳西南取鱼的鱼池,似应是他自家的养鱼池,否则他不可能任意取鱼,而且还给鱼池起了个“鹤门”的美名。

陶侃年青时曾作过寻阳鱼梁吏,鱼梁吏是专门替官府管理渔业生产的,说明寻阳有官府经营的渔业。东晋时也曾设立渔官。东晋义熙八年(412年)十一月,刘

---

① 许智范《南昌绳金塔西晋墓》,载《文物工作资料》1976年第5期。

② 《中国农史稿》,第410页。

③ 刘敬叔《异苑》卷一·陶侃钓矶条,载《汉魏六朝笔记小说大观》,第597页。

④ 刘义庆《幽明录》,载《汉魏六朝笔记小说大观》,第713页。

裕平定刘毅后，亲至江陵，沿途目睹江、荆二州因遭受战乱破坏而变得凋残，乃下令二州罢除“诸非军国所资”的“州郡县屯田、池塞”。这里所谓池塞，当是官府以渔业为主的水产经营。次年九月，刘裕又下令，禁止地方豪强封略山湖川泽，任意向薪采渔钓的小民征收税值。可见，渔钓是当时下层人民最常见的生产活动。

用渔网捕捞则是最主要的捕鱼工具。《异苑》记载说：

元嘉中，高平檀道济镇寻阳。十二年入朝，与家分别。……以十三年三月入京伏诛。道济未下少时，有人施罟于柴桑江，收之得大船，孔凿若新，使匠作舴艋，勿加斫斧。工人误截两头。檀以为不祥，杀三巧手，欲以塞愆。匠违约加斫，凶兆先构矣。[①]

檀道济是著名的北府兵将领，元嘉中出任江州刺史，镇寻阳，元嘉十三年被宋文帝杀害。这里讲述的是他遇难前的一个凶兆，故事情节荒诞，不可信。但从中可以看出，当时寻阳一带的人民已普遍地用鱼网捕鱼了。

除用鱼网捕鱼外，寻阳人民还善于用竹子编成“鱼簺”(即竹栅栏)截水捕鱼。刘宋山谦之《寻阳记》载：

晋义熙中，吴隶为鱼簺于云湖，乃有大鱼化为人，语隶云：既有大鱼簺攻，切勿杀。隶许之。须臾有大鱼至，群鱼从之。隶同侣不知，杀大鱼。其夕风雨冥晦，鱼悉飞上木间，因号飞鱼径。

吴隶与同伴在寻阳县境内的云湖用鱼簺截水捕鱼，一次就能捕到一条大鱼和一群鱼，收获不小，说明寻阳一带的渔业资源非常丰富，当地人民也有着丰富的捕鱼经验。当然，鱼不可能与人对话，也不会飞上树木间，这不过是作者采用拟人化的写法罢了。

畜牧业方面，当时江西地区的传统养猪业和家畜、家禽饲养业较为发达。

自20世纪50年代以来，江西省博物馆考古工作队曾先后在本省内的南昌、瑞昌、吉水、清江、泰和、永修、九江等数十个市、县清理了上百座六朝古墓，在出土的大量遗物中，有不少是滑石猪和青瓷猪、马、牛、羊、鸡、鸭、鹅，以及猪

① 刘敬叔《异苑》卷一·檀道济凶兆条，载《汉魏六朝笔记小说大观》，第630页。

圈、羊圈、鸡圈、鸭圈、鹅圈等明器,呈现出一派猪牛羊成群,鸡鸭鹅满圈的六畜兴旺景象。如1972年11月间,在发掘的西晋瑞昌马头西晋墓中,出土青瓷器66件,其中马2件,有鞍;牛2件,一件头有角,抬头竖尾;鸡寮1件,五脊顶,无檐,双门,内卧一鸡(见插图);狗圈1件,钵状,内有2狗,一卧一立。牲禽圈4件,圈围作圆栏杆状,长方形圈门,计猪圈1件,内有2猪,大猪咀靠长方形食槽,作食状,小猪旁立;羊圈1件,内卧2羊;鹅圈1件,一鹅昂首,另2只鹅平视;鸭圈1件,圈柱划有叶脉纹,以示竹围,内有3鸭,一伏二立(见插图)①。1974年3月间,在南昌市东湖区永外正街清理出的一座晋墓中,一次就出土石猪4件。石猪呈灰白色,长5.3~5.6厘米,宽2.2~2.3厘米,高2.1~2.2厘米,膘肥体壮②。以上考古材料充分证明,晋代的江西各族人民已经具有丰富的养猪经验,并把饲养家畜、家禽作为重要的家庭副业。

青瓷鸡屋(西晋)

青瓷鸭圈(西晋)

第三节
手工业的显著进步

农业的发展推动了手工业的进步,纺织、酿酒、制茶、竹木器制造、造船、陶瓷、漆器、制砖、矿冶、金银器及玉器加工业等各个部门异军突起,令人刮目相看。

① 江西省博物馆《江西瑞昌马头晋墓》,载《考古》1974年第1期。

② 江西省博物馆《江西南昌晋墓》,载《考古》1974年第6期。

一、技术娴熟的纺织业和酿酒业

江西地区盛产桑麻,为发展纺织业创造了条件。豫章郡一带的妇女有着娴熟的纺织技术,个个都是纺织能手。她们"勤于纺织,亦有夜浣纱而旦成布者,俗呼为鸡鸣布"。通宵达旦地织造,当然很辛苦,但工效也很高,一个晚上就能织好一匹布。她们要赶在清晨鸡鸣时刻新布下机,很可能是为了赶赴早市销售。而"鄱阳、九江、临川、庐陵、南康、宜春,其俗又颇同豫章"①。这里的妇女同样以纺织擅长。

粮食的充裕又为酿酒业提供了大量原料。六朝时期的江西劳动人民掌握了很高的酿造技术,能酿出多种美酒。大诗人陶渊明不但能饮酒,而且自家还能酿造美酒,"春秫作美酒,酒熟吾自斟"的诗句便是明证。这是一种糯米酒,江西民间一般都会酿造,其方法是先将糯谷舂成白米,洗净后煮成饭,再加上酒粬,然后放在瓮中让其自然发酵,并掌握一定的温度。待酒熟后还要进行过滤,将酒糟滤去才能饮用。方法虽然不很复杂,但要酿出香醇的美酒,却需一定的技术。两晋南朝时,宜春县生产的酒最知名,人称"宜春酎"。该县西4里有宜春水,水质甘美,是酿酒的上等水源,加之当地生产的优质稻米,故能酿出好酒。"《晋书·地道记》云:宜春美酒,隋岁举上贡,刺史亲付计吏。"②由于"宜春酎"是著名的美酒,故隋代成为贡酒。

二、品种多样的竹木器制造业

江西竹木遍地,给竹木器制造业带来便利条件。《豫章记》云:"金铁筱簜,资给于四境。"③筱簜,这里泛指各类竹子和竹器,既然达到资给四境的地步,说明数量之多和质量之高,普遍受到欢迎。另从考古资料也可证明六朝时期江西竹木器制造业的发达情况。如1979年6月下旬,江西省博物馆考古队在南昌市清理了东吴高荣墓④,共发掘出竹木器33件,其中包括竹尺1件、木梳6件、木圭1件、木简21件、木方2件、木屐2双。竹尺长24.2厘米,一半为5等分,另一半则不分等,每等分处用3枚银钉铆成一路纹,两端用铜包镶,背面正中刻有一车轮

① 《隋书》卷三一《地理志下》,第887页。

② 《太平寰宇记》卷一〇九·袁州宜春县条。

③ 《太平寰宇记》卷一〇六·洪州条。

④ 刘林《南昌市东吴高荣墓的发掘》,载《江西历史文物》1980年第1期。

纹,一端钻有系线孔,制作相当精致。木梳6件形制相同,上端呈半圆形,高7厘米、齿长3.2厘米,宽6.5厘米。木屐底部前后有两条横高掌,前掌有铁钉足4枚,后掌铁钉足3枚,长25厘米,掌高6厘米,另加铁钉足高1.5厘米。钉上铁钉足既能使木屐结实耐用,又可防滑。1974年3月间,在南昌市东湖区永外正街清理的一座晋墓中,出土的竹木器也达10余件,其中木尺1把(见插图)、木盒1个、木梳4把、木珠1粒、木简5块、竹钉2个。同年5月间,在南昌市西湖区老福山晋墓中,出土木枕1件,平面呈长方形,平底凹面,长33.5厘米,宽13厘米,高11厘米;另有竹尖形器1件①。在其他六朝墓葬中,也发现不少竹木器,兹不一一列举。

从出土的竹木器遗物看,其种类以生活用品居多,如木梳、木屐、木盒、木枕、竹钉等;生产用具则有木尺、木桶、木辘轳、竹篮、竹筛等,木珠可能是算盘上的珠子或佛珠。此外,如上文提到的截水捕鱼的鱼簺,则是一种特制的捕鱼工具。

木尺(西晋)

三、发达的造船业

江西竹木资源丰富,加之水路四通八达,从而为发展造船业提供了良好条件。江西劳动人民充分利用本地的优越条件,大力发展造船业。南昌近郊的谷鹿洲(今南昌市百花洲西南,离城十里许)是个古老的造船基地,能造各种大

① 《江西南昌晋墓》,载《考古》1974年第6期。

船。《水经·赣水注》云："赣水又径谷鹿洲，即蓼子洲也，旧作大艑处。"大艑就是大船。豫章建成县(今高安)是又一重要造船场所。《晋书·艺术幸灵传》载："时顺昌樊长宾为建昌令，发百姓作官船于建城山中。……船成，吏以二百人引一艘，不能动。"二百人拉不动一条船，其大可想而知。此外，湓城(今九江市)、新吴(今奉新)等地也都是重要的造船场所。本书前文曾经提到，萧梁末，广州刺史萧勃举兵对抗朝廷，新吴洞主余孝顷起兵响应，以拒官军。时官军船少，余孝顷却有舴艋300艘、舰百余乘在上牢。一个地方酋豪竟拥有大小船舰400余艘，可见豫章郡造船业之发达。众所周知，六朝政权为解除来自北方的强大军事压力，均凭依长江天险，大兴舟师，这些战船多由荆、江、湘诸州所造。至于民间自造的商船、渔舟更加无法计算。唐宋时，江南造船业最为发达，洪、鄂二州尤甚。《唐语林》称："洪(今南昌)、鄂(今武昌)水居颇多，与邑屋殆相半。""舟船之盛，尽于江西。"江西于唐宋时造船业之大盛，离不开六朝时奠定的雄厚基础。

四、享誉江南的制茶业

制茶是当时江西的又一重要手工业。

我国是世界上最早种茶、制茶和饮茶的国家，茶文化源远流长。至迟在三国时，我国江南地区已普遍地把茶当作饮料，而逐渐养成饮茶的习惯。据《三国志·吴志·韦曜传》载："(孙)皓每飨宴，无不竟日，坐席无能否，率以七升为限，虽不悉入口，皆浇灌取尽。曜素饮酒不过二升，初见礼异时，常为裁减，或密赐茶荈以当酒。至于宠衰，更见逼强，则以为罪。"这是目前所能见到的最早、最具体地把茶当作饮料的可靠信史。宫宴上备有茶水，茶又能代酒，说明当时吴地饮茶已较为流行。由此推知，我国饮茶的历史应该大大提前，而绝非始于三国时代。

1994年1月，江西吉水富滩发掘了一座东吴晚期墓①。在出土的一批青瓷器中，有青瓷擂钵、带盖钵、盏托等，这应当视为我国目前发现较早的成套茶具。仅就茶托子而言，它是我国目前所见最早的实物。据此可证，三国时期的江西人民已开始养成饮茶的习惯，并掌握了一定的制茶技术。两晋时期，随着种茶、制茶业的逐步发展，南方饮茶更为普遍，从而形成一种社会风气。

南朝时，江西的制茶业已非常发达，贾思勰《齐民要术》引《荆州地记》曰：

① 李希朗《江西吉水富滩东吴墓》，载《南方文物》1996年第3期。

"浮梁茶最好。"浮梁即今江西景德镇市。《太平寰宇记》卷一〇七·浮梁县条则说:"按郡国志:斯邑产茶,赋无别物。"既然在浮梁县征收的全是茶叶税,说明该地茶叶种植之广泛,不仅数量多,而且质量高,实居当时江南各产茶地之首。唐时,浮梁的茶商云集,茶叶远销四面八方,故白居易《琵琶行》写道:"商人重利轻别离,前月浮梁买茶去。"元和年间,饶州浮梁县每年茶税达15万贯,成为全国最大的商品茶基地。除浮梁县外,袁、吉等州也盛产茶叶,陆羽《茶经八》在谈到江南道的优质茶产地时曾指出:"江南——生鄂州、袁州(治宜春)、吉州(治吉安)。"显然,袁州、吉州在六朝时期的制茶技术也是较高的。

五、技艺精湛的漆器业

漆器业在我国也有着悠久的历史。早在商代,已出现漆器工艺。战国中期以后,漆器业开始脱离木器业而成为一个独立的手工业部门。其时的饮食器具、日用容器、武器、乐器,乃至棺材,都要髹漆,许多器物上还绘有各种漆画。汉代的漆器业已有很大的发展,并达到很高的水平。汉皇室在蜀郡(成都)、广汉等地设工官监造漆器,漆器的种类很多,有杯、盘、壶、盒、盆、勺、枕、奁等。仅以长沙马王堆汉墓中出土的184件漆器和两具彩绘大漆棺为例,这些漆器造型优美,形式多样,色彩鲜艳,纹饰富丽,制作精良,无论在生产技术或工艺技巧上都表现出了极高的成就。魏晋南北朝时期,由于长期战乱的影响,民间手工业趋于衰落,而官府手工业却一如既往地向前发展。至于六朝时期漆器业的情况如何,史无明文,难知其详,但能保持固有传统,应无可怀疑。

考古资料证明,六朝时期江西民间普遍使用漆器,且制作技术精湛。在南昌等地清理出的六朝墓葬中,发现大量漆器。如1979年6月下旬,在南昌市东吴高荣墓中①,出土漆器15件,器形有槅、羽觞、盘、钵、碗、奁盒(见插图)等。清器均为木胎,有的木胎外再贴麻布,器外表多为黑色,内为暗红或朱红,少数器物表面有各种彩画和镶嵌装饰。一些器物制作精美,如奁盒盖外体镶嵌2厘米宽的铜片3圈,盖顶外圈也镶嵌有两圈铜片,盖顶中用铜镶嵌出柿蒂形图案钮,在每出瓣中和蒂中心各镶嵌水晶珠1颗,显得十分雅致。1974年3月间,在南昌市东湖区永外正街清理的一座晋墓中②,出土漆耳杯3件,形制相同,大小各异;另

① 刘林《南昌市东吴高荣墓的发掘》,载《江西历史文物》1980年第1期。

② 江西省博物馆《江西南昌晋墓》,载《考古》1974年第6期。

有榻1件，口沿处有盖槽，平面呈长方形，内分一方格，四角有4个对称的小方格，中央分3个方格，盒底端有朱漆隶书“吴氏槅”三字，应是吴氏生前使用的槅。其底部、四角及口沿处施黑漆，其内及四侧中部施朱红漆。1976年7月，在南昌市绳金塔西晋墓中，也出土漆器10件，其中有盘2件、耳杯3件、盒3件、碗钵各1件，均为木胎，外施黑漆或红漆。

漆盒(三国东吴，南昌高荣墓出土)

1997年9月，在南昌火车站广场东晋墓出土的宴乐图漆盘，可代表该时期江西地区漆器工艺的最高水平。漆盘口径25.5厘米，底径24.1厘米，高3.6厘米。卷木胎，平沿，浅腹，大平底。口沿、外壁及底髹黑漆，内壁、内底为朱红地。口沿、内外壁饰有朱红或黄色弦纹、圆点纹、连珠纹。内底在朱红地上以红、黄、黑、灰绿等色彩满饰人物、车马、瑞兽及钩线纹等。人物图案以中间上下两组人物为中心，其中一组为一红衣长髯者手捧托盘造访，身后一侍女侧立，绿衣长髯老者作迎接状，其后为一头戴冠冕、身着华丽服饰、手摇羽扇的贵妇在侍女簇拥下出迎贵宾，一侍女在前引路，一侍女手持华盖，一侍女跟从。另一组为绿衣老者手抚琴瑟歌乐，神态怡然，其左侧红衣老者手捧托盘，旁边侍女侧立。图案上方有一少年公子带着三名侍从驾车出巡游乐，图案下方为四名手捧托盘相对而立的侍从及一孩童。图案周边及中间还饰有垂獐、鹿、龟、瑞鸟等，整个图案绘有20个人物。描绘手法采用黑色勾线的铁线描，再平涂渲染，设色浓淡有致，人物面部较圆满，表情自然生动，表现出宴饮歌乐的太平景象(见扉页插图)①。

六、成熟的青瓷业

六朝时期的江西陶瓷业更有着承前启后的重大进步，是最重要的手工业部门。江西是我国原始瓷重要产地之一，有着较好的制瓷基础。至六朝时，青瓷器已普遍烧造使用，陶器在日常生活中已退居次要地位。自20世纪50~90年代，

① 赵德林《东晋宴乐图漆盘》，载《南方文物》1999年第4期。

江西考古工作者在全省各地先后发掘上百座六朝墓，出土大批青瓷器。现将历年来出土的青瓷器分类统计如下。

表7　江西六朝墓葬出土青瓷器统计表

出土地点	墓葬数	朝代	出土青瓷种类及数量															
			盆	碟	壶	钵	罐	杯	碗	盂	盘	瓶	砚	灯	灶	坛	其它	小计
于　都	1	东吴																1
南　昌	1	东吴			2	6	7										3	18
信　丰	1	东吴																12
南昌县	1	东吴				2	10										1	13
南昌绳金塔	1	西晋		3	1	6	8							1			1	20
南昌青云谱	1	西晋				5	5											10
靖　安	1	西晋				2	4											6
瑞　昌	1	西晋	2	6	6	2	7	6	6		2			1			28	66
抚　州	1	东晋		2														2
靖　安	1	东晋																4
南昌湾里	2	东晋		5	2					1								8
会　昌	1	东晋			1	2	2		2									7
兴　国	1	东晋							2								1	3
新　干	10	晋墓		3	9	9	20	23	2		6			2			5	79
南昌市	3	晋墓	1	2	2	4	3	2	1								3	18
清江(今樟树市)	7	晋墓		5		9	2		1									17
九　江	5	晋墓		4	6	5	3	14	3	1	5						9	50
南　康	1	晋墓					2	1			4						1	8
吉　安	2	萧齐			1	1		7	1		30						2	42
赣　县	1	萧齐																23
宁　都	1	萧梁						2					1					3

(续表一)

出土地点	墓葬数	朝代	出土青瓷种类及数量															
			盆	碟	壶	钵	罐	杯	碗	盂	盘	瓶	砚	灯	灶	坛	其它	小计
永　修	1	萧梁		1	1						1			1	1		3	8
南昌县	1	南朝			1		2	3	2		1							9
清江(今樟树市)	5	南朝		3	2	3	3	5	8		1							25
清江(今樟树市)	12	南朝		7	5		5	4	8		15	7	1	3	1		5	61
清江(今樟树市)	17	南朝	2	3	9	2	15	20	15	4	16	5		2	2		3	98
清江(今樟树市)	20	南朝																114
新　干	5	南朝			4		3	5	2		7		1		1		2	25
余　干	1	南朝		2		1	1				2	1						7
南昌莲塘	1	南朝			2	2	2	3			6							15
南昌梁家渡	2	南朝		5	3		1	3			1	1						14
南昌瀛上	1	南朝				1	1		5									7
南昌京山	1	南朝			3			1		2							1	7
南昌市郊	4	南朝			9	6	4	1	25	2	1			1	1		2	52
南昌罗家集	1	南朝			1	1	2		4		2				1	1	1	13
赣　州	3	南朝			1	1	3	4	3		1							13
靖　安	1	南朝				1	6			1							1	9
赣　县	3	南朝			2	3	6	13	4		13				2		2	45
泰　和	1	南朝							5		1						2	8

（续表二）

出土地点	墓葬数	朝代	出土青瓷种类及数量															
			盆	碟	壶	钵	罐	杯	碗	盂	盘	瓶	砚	灯	灶	坛	其它	小计
修　水	1	南朝			2				1	1	1						9	14
兴　国	2	南朝		1	1		1										2	5
德　安	1	南朝							8		7						9	24
余　干	1	南朝		2		1	1				2	1						7

说明：本表内容史料来源：江西省博物馆《江西考古资料汇编》，1977年；《江西历史文物》、《江西文物》、《南方文物》、《考古》等。

根据上表可知，全省各市（县）共发掘和清理出六朝墓葬129座，其中东吴墓4座，晋墓36座，南朝墓89座；出土各类青瓷器共990件，其中盘125件、罐129件、杯117件、碗108件、壶76件、钵75件、碟54件、瓶15件、盂12件、灯11件、灶9件、盆5件、砚3件、坛1件，其他（含炉、盅、虎子等）96件，未分类者154件。由于有些墓葬在清理时被盗或遭到破坏，墓中文物损毁严重，故统计时未予计算，实际数字应大于表格中统计的数字。另外，由于受表格版面的限制，青瓷器分类不细，如罐可分为二系、四系、六系罐、六联罐、点彩罐等，盘可分为莲瓣盘、分格盘、五盅盘、耳杯盘、三足炉盘等，壶可分为盘口壶、鸡首壶、唾壶等，本表中仅将罐、盘、壶等各归为一类。对于各朝墓葬发掘和清理的时间也未注明，同一市（县）在不同时间内发掘和清理出的同一朝代的墓葬及其出土文物尽量放在一起计算，这都是表中的不足，在此特作说明。

从表中看出，三国时期的墓葬不多。但从南昌市东吴高荣墓中出土的青瓷器数量和种类都不算少，该墓随葬器物共121件，其中青瓷器18件，约占出土文物总数的15%；器物种类有罐、钵、盅、壶等，多为灰胎平底，釉色有豆青、蟹壳青，有的釉色泛黄，有的泛绿，器表大多饰弦纹，有的印有麻布纹，壶、罐之类多为扁鼓腹（见插图）[①]。其造型和釉色在汉代的基础上推进了一大步，具有承上启下的风格，为两晋南北朝青瓷工艺的发展创造了条件。

两晋南朝的墓葬几乎遍布江西全省各地，已发掘和清理出的墓葬至少在120座以上。在出土的器物中，除大量实用器外（详表中所列），还有各种明器，

① 刘林《南昌市东吴高荣墓的发掘》，载《江西历史文物》1980年第1期。

如堆塑楼阙、人物谷仓、灯、灶、猪圈、鸡圈、鸭圈等(见插图)。两晋墓葬出土的大量青瓷表明,该时期的江西瓷业技术已普遍成熟,坯泥经过淘洗,质地细腻,胎质洁白,釉色莹润,造型规则,文饰典雅,构图精美,具有明显的地方色彩,工艺水平较三国时期更进一步。西晋晚期出现了褐斑点彩,开我国瓷器用彩之先河;东晋时,褐斑点彩使用更加普遍。

南朝时期,江西的瓷业已十分发达,青瓷制作技术达到鼎盛阶段。其时出土的青瓷器,无论是数量或质量都超过了前代,仅清江县(现樟树市)黄金坑发掘出的20座南朝墓,就出土青瓷器114件,其器物种类繁多,造型优美,质量上乘。

除大量墓葬器物外,在丰城县境内还发现了一大群青瓷窑址。江西省博物馆考古队曾于1978年在丰城县曲江公社罗湖大队发现了汉晋至唐、五代的青瓷古窑址群,窑址分布范围广,规模大,占地面积约3万平方米,废品堆积层有厚达五六米的,足见窑业之发达。丰城在唐代属洪州,专家们据此肯定,这里的唐代窑址就是文献记载的洪州窑,而汉晋时期的窑场则是洪州窑的前身。早期洪州窑生产的青瓷器已达到很高的工艺水平。

1986年11月, 江西丰城县荣塘乡于一古墓中发现一件大型长鼓舞人青瓷博山炉,该炉由托盘、炉身、炉盖3部分组成,通高34.3厘米;托盘为圆形,直径22厘米,底部有一直径为5厘米的圆孔。炉身固定在托盘上,下半部为圆形束腰

青瓷六系罐（三国东吴，南昌高荣墓出土）

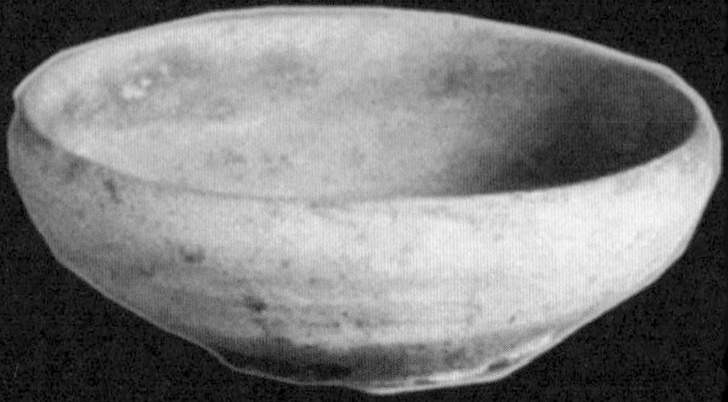

青瓷敛口杯（三国东吴，南昌高荣墓出土）

青瓷双系罐（三国东吴）

褐釉细方格纹四系盘口壶（三国东吴，南昌高荣墓出土）

青瓷把尊（西晋）

青瓷铺首唾壶（西晋）

青瓷双系盘口壶（西晋）

青瓷八系盘口壶（西晋）

青瓷点彩乌首壶（西晋）

青瓷灯（西晋）

青瓷辟邪水注（西晋）

青瓷蛙形水注（西晋）

青瓷五盅盘（西晋）

青瓷廪（西晋）

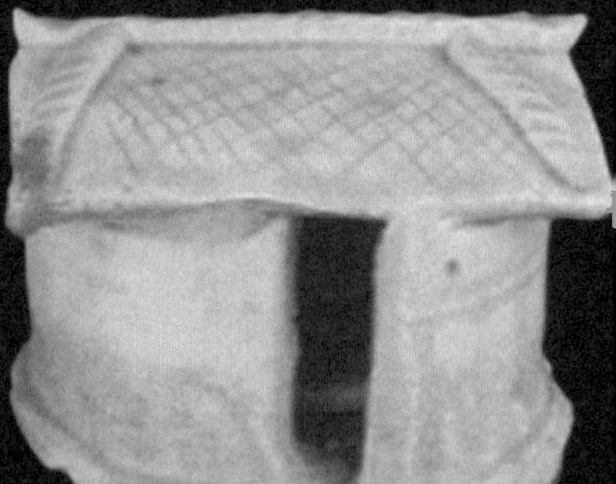

青瓷厕所（西晋）

青瓷供台（南朝）

青瓷鸡首壶（东晋）

水晶球（西晋）

青瓷灶（南朝，丰城龙雾洲出土）

青瓷莲瓣纹盘托碗(南朝)

青瓷托杯(南朝)

支筒,支筒外围捏塑三个身背长鼓的舞人,头戴尖帽,身着长衫,腰间两手正反抱一束长鼓,作击鼓起舞状。炉身上半部呈钵状。炉盖由23个片状山峰环绕而成,其中15个山峰顶端分别站着展翅欲飞的小鸟,小鸟形态各异。炉盖与炉身相扣处有炉门,炉门两侧分别站立侍男侍女,炉门上端堆塑一铜钱状花朵,花朵上部堆饰飞鸟一只。炉顶设有一四方顶小亭,4角上翘,顶部飞鸟站立,小亭门户相通,前门外两侧各站一人,后门口一人手持双铙,亭内一人粘贴于内壁之上,此人双手合掌,作礼拜状。整个博山炉外表施青釉,釉面晶莹,青中显黄,炉盖内外满釉。从该炉造型特征分析,当属东晋之物,是洪州窑的早期产品。这件博山炉结构复杂,组合匀称,造型别致,装饰奇特,设计精巧,做工细腻,可谓匠心别具,是洪州窑的代表之作①。该炉现藏丰城市博物馆(见扉页插图)。

继罗湖窑发现之后,我省考古工作者又顺罗湖区域丘陵、水系,沿赣江岸作了更广泛的调查和考察。1978年11月,在罗湖区江岸下游的龙湖洲渡口,发现了另一较大规模的窑址,称为"龙湖洲窑址"。这里窑群集中,面貌保持较完好。在该窑口先后采集了丰富的青瓷标本,产品种类繁多,有壶、罐、钵、碗、盅、盏、盘等生活用具,有砚、盂等文物用具,还有果盘、灯、炉、灶等冥器,器物均与罗湖窑发掘中前期东晋、南朝青瓷产品相接近,所以可以判断它是与罗湖窑并存的另一东晋至南朝时期主烧的中心窑场②。1983年,丰城县文物普查队在丰城故县址附近的港塘大队又发现了一群汉、晋、南北朝时期的青瓷窑址。古窑群全长约3华里,宽半华里,占地面积约7.5万平方米。从采集和征集的出土标

① 丰城市博物馆吕遇春、熊友俊《丰城出土长鼓舞人青瓷博山炉》,载《江西文物》1989年第1期。

② 万良田、万德强《江西丰城东晋、南朝窑址及匣钵装烧工艺》,载《江西文物》1989年第3期。

本来看,此窑内涵十分丰富,出土的典型产品有东汉至两晋时期的酱褐釉平底釜,斜方格形、麻布纹的青瓷罐、盆、壶、钵等;南北朝时期的冰裂纹青绿、米黄釉的壶、碗、杯、碟等。在河堤旁有一座龙窑残址暴露地面,窑床规模、结构和残剩瓷片也都具有汉代风格和特点。这群窑址的发现是丰城县继唐代洪州窑之后的又一重要发现①。这批窑址群的发现,充分证明江西六朝墓葬中出土的大量青瓷器都是本地生产的。

浮梁县景德镇的制瓷业,在六朝时已有相当的影响。景德镇因地处昌江南岸,原名昌南镇。东晋陶侃曾在此擒江东"寇",遂改名为新平镇。唐初将镇置新平县,隶属饶州。后因昌江经常洪水泛滥,居民多伐木以为浮梁,至天宝元年(742年)更名浮梁县。北宋真宗景德年间(1004—1007年),正式更名景德镇,属浮梁县。旧时景德镇与广东佛山、湖北汉口、河南朱仙镇并称国内四大镇。景德镇有优质的制瓷原料,有便于烧瓷的大量松柴,有较为便利的水路交通,是发展陶瓷业的理想场所。早在商周时代,景德镇就开始烧造陶瓷,经两汉、六朝数百年的发展,至陈朝时,景德镇的陶瓷制作已蜚声中华。清人兰浦《景德镇陶录》中说:"瓷镇自陈以来名天下。"唐初,景德镇生产的瓷器细腻质薄,晶莹如玉,有假玉器之称,唐高祖下诏"制器进御",成为皇室御用之物,并开始传到国外。至北宋景德年间,景德镇遂成为中国青白瓷窑系的代表性窑址。

七、日具规模的制砖业

六朝时期盛行砖室墓葬,其重要原因之一是由于生产力水平的日益提高,制砖技术日益成熟,各类砖窑不断出现,砖的产量和种类大量增加,使得用砖砌墓成为可能。迄今为止,除极个别土坑墓外,绝大部分六朝墓均是用各种形式的青砖砌成,另有少量的红砖。

在江西境内发掘出的大批六朝墓葬中,99%都是砖墓, 一些墓葬规模甚大,用砖量可观。如1979年6月下旬,江西省博物馆考古队在南昌市发掘的东吴高荣墓,有甬道和前后两室,总长6.18米;前室左右各有一对称的耳室,墓门内接单券顶,短甬道,甬道长1.55米、宽1.2米、高1.2米。甬道后接前室,前室为横堂式,双层券顶,横长为2.84米、进深1.35米、高2.2米。前、后、左、右、正中各有一相同的耳室,长1.9米、宽0.6米、高0.65米,单层券顶。前、后室的右侧还有一

① 万德强《丰城县新发现青瓷窑址》,载《江西历史文物》1983年第4期。

节用砖砌的短腰墙，墙横长0.36米、宽0.18米、高0.56米。后室为双层券顶，长3.25米、宽1.68米、高1.45米。墓室底部为同一水平面，铺地砖呈人字形交错平铺。全墓用青灰砖砌筑而成。该墓的时代应在东吴前期，高荣的身份虽不能确知，但起码是个封建贵族。要建造这样一座大型砖墓，没有数千乃至上万块砖是无法完成的。而且该墓用砖种类及装饰都很讲究，如墓底皆用长方形砖平铺，墓顶用刀形砖券顶，墓壁用花纹砖平铺直砌。刀形砖和方形砖长、宽相等，背厚0.06米，口厚0.04米；砖侧及头部均印有网钱纹或对角几何形纹，网钱纹和对角几何形纹砖相间交错①。由此看出，江西地区在东吴前期的制砖技术已达到较高的工艺水平。

至于一般砖室墓葬也都有一定规模，用砖量也不少。如1974年5月间，在南昌市西湖区上窑湾老福山清理了一座晋墓。该墓系券顶砖室，平面呈凸字形。全墓分甬道、前室、后室3部分。甬道宽1.19米、长1.12米，前室宽1.8米、长2.13米，后室宽1.8米、长4.03米。墓壁为单砖直铺错纹叠砌，左右两壁从1.1米高处起券。前室前端与后室后壁交接处各砌一券拱。在前后室交接的券拱处，墓底再纵横相间顺放叠砌4层砖，高0.24米，把前、后室分成两段。后壁中央砌一砖柱，直连券拱。封门为顺砖平砌。前室前端两角起券处各砌出一长0.5米、宽0.13米的灯台。墓砖有方形、刀形、楔形等，砖侧印有对角几何纹、网纹、网线纹等17种不同纹饰②。在各地发掘出的上百座南朝墓中，其规模和形式与南昌老福山晋墓大同小异。

查阅江西省博物馆馆藏的丰富考古资料，得知江西境内绝大部分六朝墓均是由长方形、刀形、楔形等多种形式的青砖砌成。长方形砖一般用于砌四周墓壁、祭台、棺床和铺地及封闭墓门等；刀形、楔形砖多用于甬道和墓内顶部的起券、结顶等。在这些墓砖中，往往饰有不同时期的绳形纹、放射状线纹、斜方格几何纹、对角几何纹、网纹、网线纹、莲花纹等多种纹饰。此外，在墓砖上还常常能看到一些模印或刻划的文字，少则1字，多则数十字，被称作铭文砖。如1965年5月，在江西抚州镇发现的一座东晋墓中，砖侧刻有“永和四年六月壬子朔廿二日癸酉立”和“薛令馨周大夫冢故记”，文字多达24字③。砖的铭文以模印文字占大宗，阳文突起，大多出现于砖侧或砖端，字体排列随意，不拘一格。也

① 《南昌市东吴高荣墓的发掘》，载《江西历史文物》1980年第1期。

② 江西省博物馆《江西南昌晋墓》，载《考古》1974年第6期。

③ 江西省文管会余家栋《江西抚州发现东晋墓》，载《考古》1966年第1期。

有少数模印于砖面。文字有隶、楷、行、篆等书体，较多的是介于楷、隶之间。阴刻文字较为少见，一般都刻于砖面，字体以行书居多，随意刻划。铭文砖多用于纪年墓，据不完全统计，几乎六朝各个时期都有此类砖存在。一般说来，朝代延续的时间越长，其纪年砖就相应也多。东吴时期主要有“太平”、“甘露”、“凤凰”、“天册”、“天玺”等纪年，西晋有“太康”、“元康”、“永嘉”等纪年。东晋延续的时间长，纪年砖频繁出土，其中以“太元”、“太和”、“永和”、“咸康”等纪年砖最为集中。南朝时期，纪年砖的数量明显减少，而一些特殊类的文字砖数量大增①。

至于建造房屋、修筑道路桥梁等，所用砖的数量必然更大。如果没有一定规模的制砖手工业，则是难以做到的。关于该时期江西地区的房屋建造情况，因无实物遗存和史料可据，难知其详情。不过，我们可以从当时的一些大型墓葬管窥其一二。

1991年9月，省文物考古工作者发掘清理了一座吉水晋代砖室墓。该墓葬封土高10米，南北线长30米，东西线长30米，总占地900余平方米。墓葬平面呈凸字型，墓室为青灰色网线放花纹砖于平地垒砌而成，犹如一座地面建筑。全墓由墓门、甬道、前室、后室、右耳室、左耳室、右回廊、左回廊、后回廊、右藻井、左藻井组成。

墓室东西长15.65米，南北长17.58米，面积274.80米。门座由青灰色条石建成，凿有平行条状纹饰，长2.40米，宽0.40米，厚0.40米。甬道残高0.50米，长2.80米，宽2.40米，墓壁、券顶皆毁。

前室平面呈八边锯齿型，其正东、西、南、北四面分别为甬道、左右耳室、后室的入口，向里通至各室。其他四面为锯齿砖柱向上延伸。前室东西长3.2米、南北长3.48米，左耳室与后室之间残存墓壁高约3.00米、宽2.00米，墓壁断碎，结构模糊。其他三面墓壁仅存0.50米。前室遭毁最为严重，其顶部结构，根据考古资料推断，应为“四隅券进式”穹窿顶。

前室与后室之间，有甬道相连。甬道长1.47米，宽1.70米，高3.42米，券顶。后室平面呈方形，东西长3.95米，南北长3.67米，高3.50米，墓室为青灰色大型条石垒砌而成。

前室左右，各延砌左右耳室，形成右庖厨、左仓房。左耳室长7.34米，宽3.12

① 参阅华国荣《六朝墓文字砖的归类分析》，载《南方文物》1997年第4期。

米,高3.42米,券顶,券门砖柱。券门通高2.77米,宽1.74米,砖柱高1.58米,宽0.34米。左右耳室形制相同,券顶被毁,留残壁高1.45米。

左右耳室与前室之间,向后砌左右回廊。左右回廊形制相同,长7.32米,宽2.49米,高1.83米。券顶、三道券门将回廊分为相等的两部分。券门高1.48米,宽1.49米,券顶为楔形砖竖砌而成。左右回廊延伸,分别设左右藻井。藻井呈方形,东西长2.17米,南北长2.17米,高3.17米,为四隅券进式穹窿顶。左右藻井相互对称,形制相同。两藻井之间,各设一券门与后回廊相通,券门结构与左右回廊券门相似。后回廊长5.98米,宽2.53米,高1.83米,中间设券门一道。整个回廊呈"]"形合抱主室。

墓室砖的规格较统一,分长方形平砖和楔形砖两种。平砖长35—36厘米,宽11—12厘米,厚5—7厘米,主要用于垒砌墓壁和铺地。墓壁垒砌,采用平砖错缝丁砌。铺地砖1—2层,甬道、前室、左右耳室呈"人"字形排列,回廊、左右藻井为横列错缝平铺。平砖少数侧面书有"吉"、"大吉"楷书字样,布局任意。楔形砖分两种,一为刀形砖,一为斧头形砖。刀形砖主要用于起夯时垒砌,斧头形砖用于券顶,垒砌时印花纹皆向内。

该墓结构,形似汉晋时期大地主庄园的楼阁。前室、左右两侧藻井式穹窿顶,是大地主庄园"坞堡"式四角碉楼的写照。整个墓葬形制奇特,结构复杂,规模宏大,垒砌精致,推断墓主生前不仅经济实力雄厚,而且具有较高的政治地位。建造这样一座大型楼阁,用砖数量之多可想而知①。

1972年11月间,发掘出的瑞昌马头西晋墓,也是一座类似大地主庄园式的建筑,只是规模不如吉水晋墓那样大。

八、逐步崛起的矿冶业

六朝时期的江西矿冶业也迅速发展起来,各种矿产资源相继得到开发和利用。

江西境内山川秀丽,藏金匿宝,矿产丰富,据《太平寰宇记》、江西方志等史书记载,鄱阳产金、银、珍珠。王隐《晋书·地道记》云:"鄱阳乐安出黄金,凿土十余丈,披沙之中,所得者大如豆,小如粟米。"这是开采沙金矿。陈太建十三年(581),改乐安县名为银城县,说明乐安县的银矿储量较为丰富,并已经得到开

① 李希朗《江西吉水晋代砖室墓》,原载《南方文物》1994年第3期。

采。德兴县有银山，出银及铜；铅山县出铜、铅、青碌；临川县西“有峨峰山，出铜，因号铜山”；赣县有上洛山，山“有石墨，可书”；“瑞金县，本淘金场，淘金之地也”①；乐平县有汰金洲，出麸金；抚州金溪场，其山出银矿。丰城、高安产石炭、燃石。《太平御览》卷八七一《火部四·炭》引雷次宗《豫章记》云：“丰城县葛乡有石炭200顷，可燃以炊爨。”石炭就是煤，丰城葛乡有石炭二百顷，说明煤的储量很丰富。然而，晋代张僧鉴所撰《豫章记》，对此事的记载却有较大出入，其书称：“(建城)县有葛乡，有石炭二顷，可燃以爨。”在这里，丰城县变成了建城县，“二百顷”变成了“二顷”。张僧鉴系南阳人，对江西的物产民情显然不如本地人雷次宗那样了解，其所载必定有误。张氏的这条史料曾被唐代李贤等人注释于《后汉书·郡国志四》豫章郡条。李贤等人的注，侧重字句的铨释。由于参加作注的人较多，又没有仔细校订，所以有许多错误。但是，这条注释却说明，至迟在东汉时，丰城葛乡一带已生产煤，六朝时煤的开采规模必定有所扩大。煤不仅可以用来炊煮食物，同时也为冶炼铜铁提供了优质燃料。《水经注》卷三九《赣水》条载：“(赣水)又北过南昌县西。……又有浊水注之。……浊水又东经建成(今高安)县……县出燃石。《异物志》曰：石色黄白而理疏，以水灌之便热；以鼎著其上，炊足以熟。置之则冷，灌之则热，如此无穷。(晋)元康中，雷孔章(涣)入洛，赍之以示张公(即张华)。张公曰：此谓燃石。于是乃知其名。”《六朝笔记小说大观·异苑》卷二《燃石》条所载与此大致相同，只是地点有异，将建成说成豫章，大约建成与豫章都生产燃石。这些矿产，大体在六朝时均被发现，部分得到开采和利用。

江西的冶铜业源远流长，远在商周时期，江西的先民们就与中原人民一道，共同创造出灿烂的青铜文化。吴城商代遗址前后经过10次考古发掘，发现了城墙、祭祀场所、房址、窑址等众多遗物，出土了石器、陶器、青铜器和铸造青铜器的石范等文化遗物4,000余件。证明吴城是与商王朝处于同一社会发展阶段的方国，吴城文化是江南青铜文化的重要代表。

1988年春，江西瑞昌县铜岭发现一处颇具规模的殷周铜矿开采冶炼遗址，这是目前我国发现的开采历史最早、延续时间最长、出土文物最全的矿冶遗址。

1989年9月，新干大洋洲商代大墓的惊人考古发现，更是震动全世界。大墓

① 上引史料分见《太平寰宇记》卷一〇八——一〇。

出土文物千余件，其中青铜器475件，分为礼器、乐器、兵器、艺术品和生活杂器六大类，其数量之大、品类之多、造型之奇特、纹饰之精美、铸工之精巧，不仅为江南之冠，也为全国所罕见[①]。

“湛千钤”铜印(西晋)

据省博物馆统计，江西各地发现的青铜文化遗址，总数达千余处。六朝前，江西的铜冶业尚如此发达；六朝时，其开采利用范围当更广。上世纪50年代以来，在江西境内发掘的大批六朝墓葬中，出土遗物便包括各种铜器，如铜镜、铜炉、铜洗、铜釜、铜博山炉、铜鼎、铜罐、铜锅、铜匙、铜钗、铜勺、铜盆、铜鐎斗、铜熨斗等。在南昌市西湖区老福山晋墓中，还出土了一方铜印，印面呈正方形，长方钮，钮上有一穿孔；篆体，阴文。钮顶端刻一行计二字，文曰“白记”。印的正面刻一行计3字，文曰“湛千钤”(见插图)。其余4侧面皆刻有文字，按时针方向：“臣千钤”、“湛邵南”、“湛千钤言事”、“湛千钤白浅”。印长2.2厘米，宽2.2厘米，厚2.2厘米，钮高1.4厘米[②]。看来这是一方私人印章，男姓墓主姓湛名千钤，邵南应是他的字号。六朝时，豫章郡有熊、罗、雷、湛、章五大姓，《姓氏寻覆》称：“湛氏以地为氏者，望出豫章、新淦。”可见湛千钤乃系当时豫章的一地主豪强。印章上刻了那么多文字，主人应是一位很有知识的读书人，既自称“臣”，并应任有官职。从这些出土文物可以看出，当时江西民间在生产、生活及文化等方面都广泛地使用铜器，同时也证明了六朝时期江西冶铜业之发达。

至于铁矿之开采冶炼和铁器之使用更是相当普遍，这同样可从江西境内六朝墓葬中出土的大量铁制农、工具和日常生活用具以资证明。1979年6月，赣州博物馆在大余县城20千米处的二塘小学校内清理3座南朝古墓，遗物中有铁制

① 上述考古发现可详见孙家骅、詹开逊主编《手铲下的文明—江西重大考古发现》一书，江西人民出版社，2004。

② 《江西省南昌晋墓》，原载《考古》1974年第6期。

农具，如装有木柄的带齿铁镰、铁臿，铁工具有铁凿、铁刀及生活用具铁鼎等[①]。在其他六朝墓葬中，也发现不少的铁工具。《豫章记》说："金铁筱簜，资给于四境。"这也是对当时江西矿冶业的进步和发展的最好概括和总结。

九、发展中的金银器加工业

如上所述，由于江西许多地方蕴藏着较丰富的金银矿，并逐步得到开采，随着社会的需要和人们生活水平的提高，金银器加工业也随之发展起来。

考古证明，六朝时期的江西工匠心灵手巧，能打造各种金银首饰及生活用具，如金发钗、金手镯、金圈饰、金帽花饰、金挖耳、金环、银环、银发钗、银手镯、银顶针、鎏金银发簪、银壶、银小刀等。许多贵族官僚和豪强地主家庭，使用金银器的情况甚为普遍。金银首饰更是贵族妇女们的青睐之物。南昌市东吴高荣墓出土的大量遗物中，就有相当数量的金银器，包括金圈3件，共重28.5克；金发钗5件，总重48克；金挖耳1件，重9克；金帽花饰10件，另加小菱形穿孔珠1件，总重1克。此外还有银发钗2件，银壶、银小刀各1件。首饰中的金帽花饰制作精致，达到较高的工艺水平，其3件桃形箔片上有凸起的猴首人身图案；编钟形箔片7件，其中小者5片，上凸印有"大吉"二字；大者2件，中部隆起似宫灯状，周围有凸印的蔓草纹。银小刀形似短剑，两面刃，刀有把手，外有套子，制作也很讲究[②]。高荣的身份不清楚，但从墓室结构及随葬品之丰富来看，其为封建贵族无疑，遗物中有如此多的金银器，反映了封建贵族奢侈豪华的生活。

1972年11月间，在瑞昌马头西晋墓中[③]，出土金银器共13件，大都完整无损，其中金戒指3件，内1件局部扁平，原镶有珠，现已失，直径2厘米；另2件压有圆点纹，直径1.8厘米。金小环4件，圆边，二粗二细，直径1.7—2厘米。金手镯4件，圆边，二粗二细，直径6.2—6.5厘米。金发钗1件，长19厘米。银镯1件，已残。

1974年3月和5月，在南昌市东湖区永外正街和西湖区老福山发掘的两座晋墓(分别以M1、M2墓相标识)中，也出土了一定数量的金银器。M1墓出土金圈饰1件，重1.7克；银发钗2件，形制相同，呈马鞍形，上端为菱形，下端带钩；银顶针1枚，圆形，宽边，外表面布满凸点圆。M2墓出土金圈饰3件，重0.5—1克；金手镯4件，形制大小均同，唯纹饰有别。二件外边饰圆圈，横线条纹，重17.2克；

① 《大余二塘南朝墓葬调查》，载《江西历史文物》1980年第3期。
② 刘林《南昌市东吴高荣墓的发掘》，载《江西历史文物》1980年第1期。
③ 江西省博物馆《江西瑞昌马头晋墓》，载《考古》1974年第1期。

另两件外边为单一横线条纹饰，重23.8克。金饰物1件，圆形，制作精致，圈内镂雕双凤和水波纹样；鎏金银发簪1件，簪上端为弯刀形，下端呈锥尖状；簪上附一圆饼形饰，其背面有一小钮，钮中间有一小孔，簪直插小孔内，并能上下移动；圆饼形饰背面还刻有同心圆及连弧纹饰，共重7克。

根据M1合葬墓出土的木简文字记载，得知男性墓主为吴应，字子远，豫章郡南昌县都乡吉阳里人，曾任"中郎"官职，魏晋以来谓"中郎"为"从事中郎"。M2男棺中出土了一方铜印，墓主就是上文中提到的湛千钤，也任过官，从其墓室规模和随葬器物推断，当和吴应的官阶相距不远。两晋南北朝时期，从事中郎是诸公府及将军府中的高级掾属，秩比千石，居六品，约同县令，职位并不算高。一个六品官的随葬器物中竟有许多金银首饰，说明他们生前所使用的金银制品应更多。而当时比吴应、湛千钤官职高的江西人士大有人在，他们所拥有的金银器物就更加难以估算了，如东晋太尉陶侃，"家僮千余，珍奇宝货富于天府"。像这样的高官显宦家庭，大量使用各种金银首饰及器物应是很平常的事。

另在抚州镇东晋墓以及其他一些墓葬中也发现少量金银器，基本为金银首饰。由于金银器是高档奢侈消费品，只有贵族官僚和地主豪强才有条件享受，一般民众是不可企望的，故在江西出土的大批六朝墓葬中，发现有金银器物的仅是少数墓葬。

从东吴高荣等墓葬中出土的金银首饰及生活用具来看，种类甚多，并具有较高的工艺水平。由于江西地区有较丰富的金银矿产资源的优越条件，并逐步得到开采利用，故金银器的使用较为普遍。以此推断，这些金银器主要应是江西本地工匠打造的，反映六朝时期江西金银器加工业的发展和进步。

此外，玉器加工业也取得了一定的成就。如在南朝墓中出土的玉璜、玉珩、玉佩、玉带钩等玲珑剔透，制作精美，达到相当的工艺水平(见插图)。

玉佩（南朝）

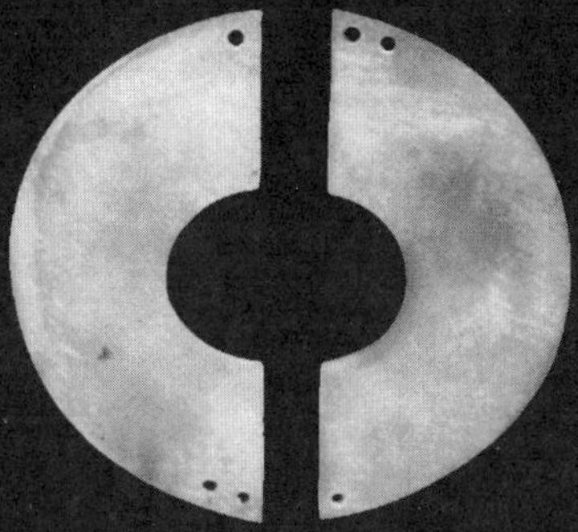

玉璜（南朝）

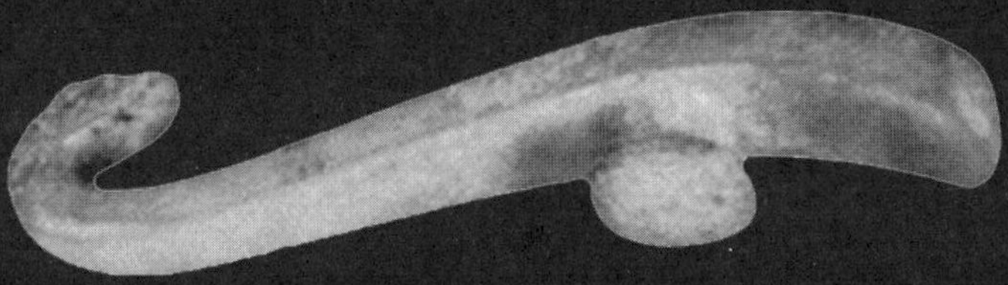

玉带钩（南朝）

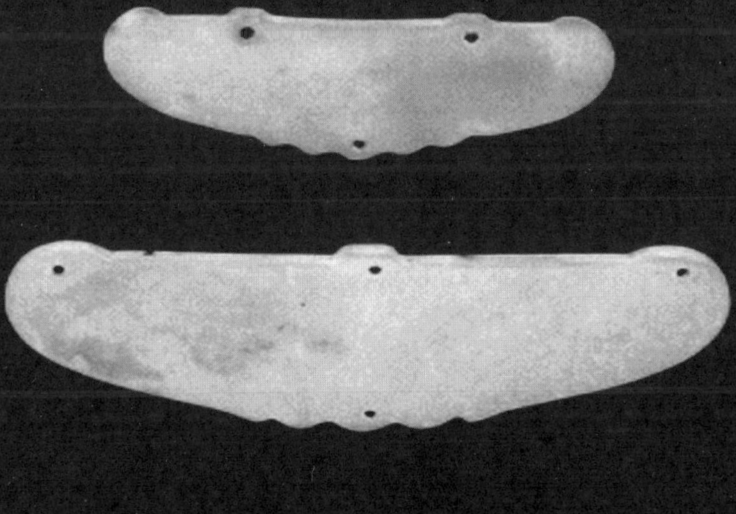

玉珩（南朝）

第四节
商业与城市

一、日趋活跃的商业

农业的发展和手工业的进步,带来了商业的逐步繁荣。六朝时期,江西地区的商业出现了日趋活跃的势头。

整个魏晋南北朝时期,从总体说来,商业是不够发达的。但东晋南朝所在的南方,没有北方社会那样经久不息的战乱和长期的分裂割据,因而商业比北方要发达些。其时,贵族、官僚多兼营商业,"或使创辟田园,又欲舳舻运致,亦令货殖聚敛"[①],通过经营商业聚敛财富是一种普遍的现象。甚至南朝的一些皇帝也在宫中学做生意,如宋少帝刘义符,"于华林园为列肆,亲自酤卖"[②]。齐东昏侯萧宝卷,"于苑中立市,太官每旦进酒肉杂肴,使宫人屠酤,(贵妃)潘氏为市令,帝为市魁,执罚;争者,就潘氏判决"[③]。由于贵族、官僚普遍经商和少数帝王的经商行为,从而带动了民间的商业活动。加之南朝政府"仍玲崇关廛之税",即通过征收商税来增加财政收入,也在一定程度上冲淡了歧视商业的心理,客观上促进了商业的发展。

东晋南朝从事商业的人数很多,史称:"晋自过江……人竞商贩,不为田业。"[④]晋元帝时,后军将军应詹上表朝廷说:"下及工商流寓僮仆不亲农桑而游食者,以十万计。"[⑤]梁代沈约则说:"商子事逸,末业流而浸广。……于是竞收罕至之珍,远蓄未名之货,明珠翠羽,无足而驰,丝罽文犀,飞不待翼。天下荡荡,咸以弃本为事。"[⑥]说明南朝向权贵们供应奢侈品的贩运性商业颇为发达。郭祖深在给梁武帝的奏书中也说:"今商旅转繁,游食转众,耕夫日少,杼轴空虚。"[⑦]

① 《梁书》卷二五《徐勉传》,第384页。
② 《宋书》卷四《少帝纪》,第66页。
③ 《南齐书》卷七《东昏侯纪》,第104页。
④ 《隋书》卷二四《食货志》,第689页。
⑤ 《晋书》卷二六《食货志》,第791页。
⑥ 《宋书》卷五六《孔琳之传》史臣后论,第1565页。
⑦ 《南史》卷七〇《郭祖深传》,第1720页。

六朝江西地区有着发展商业的优越条件。境内水路四达,交通便捷,赣江南通广州,北连长江,经济较发达的城市大多滨江。加之六朝时期江西的社会经济有了长足的发展和进步,在相对稳定的社会环境中,商业日趋活跃。

东晋南朝之江州治所,或豫章(今南昌),或寻阳(今九江),这里人口稠密,经济发达,水路便捷,既是政治、军事重镇,又是重要的商业都会。

豫章自建城以来,赣江中行船如梭,繁忙异常。位于郡城西南滨江的南浦亭(在后来的桥步门外),就是当时的泊舟之所,凡南来北往之商贾、行人,都在此靠岸登船。当时诗文中多以南浦泛指送别之地,如江淹《别赋》写道:“春草碧色,春水碧波,送君南浦,伤如之何?”豫章城又是赣江航道上的交通枢纽,当时由建康经赣江通广州的往返船只必经豫章,许多中外使者、高僧、商客以及货物都在此中转,或登岸歇息,或积货贩卖。因此,豫章的商业气息极为浓厚。《隋书·地理志下》记载说:“豫章之俗,颇同吴中,其君子善居室,小人勤耕稼。衣冠之人,多有数妇,暴面市廛,竞分铢以给其夫。……鄱阳、九江、临川、南康、宜春,其俗又颇同豫章。”既然妇女都是“暴面市廛”,积极从事商业经营,且遍及各郡,其商业发展势头固非昔日可比。

宋明帝泰始七年(471年),豫章贼张凤聚众于康乐山(今南昌附近),断绝赣江,进行劫抄,遭张凤抢劫的多数是来往于赣江上的商船。这伙强盗给豫章的商贸带来很大危害,宋明帝多次派军清剿,连年不能擒获,后遣大将周山图进行讨伐。周山图设计,先将兵士埋伏于赣江水侧,然后引诱张凤一伙出山,以迅雷不及掩耳之势击斩张凤,其手下百余人束手投降。

寻阳滨临长江,不仅是战略要地,而且是重要的商业都会。晋《地道志》称:“寻阳南开六道,途通五岭,北导长江,远行汉岷,来商纳贾,亦一都会也。历宋、齐、梁、陈,郡与州并理,弹压九派,襟带上流,自晋以来,颇为重镇。”[①]三国自给自足的自然经济虽然占主导地位,但长江上的商贸活动并没有停止。本书第一章第三节所叙东吴吕蒙“白衣渡江”是有名的历史故事。这一故事说明,当时在长江上经商是很平常的事,所以关羽所置江边屯侯对过往商船不会留意,从而大上其当。吕蒙之所以选择从寻阳“白衣渡江”,说明寻阳常常聚集着许多商人,商业发达。东吴后期,许多吏民和将士不愿屯田,都去缘江经商。为此,吴主孙休下诏说:“自顷年以来,州郡吏民及诸营兵,多违此业,皆浮船长江,贾作上

① 《太平寰宇记》卷一一一·江州条注引《地道记》。

下,良田渐废,见谷日少,欲求大定,岂可得哉?"东吴在寻阳一带大兴屯田,这里的屯田将士必有不少人参与商业经营。

东晋南朝与西北诸国的交往,依赖于东西陆路交通的开辟。孙吴时期,西部之益州为蜀汉所据,故西北诸国无法从陆路上与之交往,只能靠水道进行,如大秦商人秦论就是从海路绕道而至建康的,史称通大秦"前世但论有水道,不知有陆道"[①]。直到东晋时,江左通西北的陆路才得以开通。当时,江左与西北诸国的陆路交通,主要有东西两条路线:一条是益州——岷山——河南道(即取道吐谷浑至西域的路线),称西路;另一条是雍州——梁州——凉州道,称东路。东路是相对西路而言的。但无论东路或西路,都要经过长江航道,而寻阳则是必经之地,是航道上的交通枢纽,故东晋南朝长江上的贡使、商船络绎不绝。两晋之际,陶侃出任武昌太守,"时天下饥荒,山夷多断江劫掠。侃令诸将诈作商船以诱之"[②]。生擒数人原来是西阳王司马羕的左右。东晋末,桓玄占领江州,准备攻取建康,他下令遏断江路,"商旅遂绝。于是公私匮乏,士卒唯给粰橡"[③]。

东晋南朝的志怪小说中,也记载了不少贾客在寻阳一带活动的情景。如干宝《搜神记》卷四《宫亭湖》条载:

> 宫亭湖孤石庙,尝有估客至都,经其庙下,见二女子云:"可为买两量丝履,自相厚报。"估客至都,市好丝履,并箱盛之,自市书刀亦内箱中。既还,以箱及香置庙中而去,忘取书刀。至河中流,忽有鲤鱼跳入船内,破鱼腹得书刀焉。

这大约是一位经常往返于寻阳至建康之间的客商,因为与宫亭湖(今星子县境)一带的顾客较熟,所以才发生二女子托他去建康代购丝鞋的事。这本是一件极平常的事情,却被干宝加以神化了。

又同书《青红君》条载:

> 广陵欧明,从贾客道经彭泽湖,每以舟中所有多少投湖中,云以为礼。积数年。后复过,忽见湖中有大道,上多风尘;有数吏,乘车马来候明,云是

① 《三国志》卷三〇《魏书·乌丸鲜卑东夷传》注引《魏略·西戎传》,第861页。

② 《晋书》卷六六《陶侃传》,第1770页。

③ 《晋书》卷六四《简文三子传》,第1739页。

青红君使要。须臾达,见有府舍,门下吏卒。明甚怖。吏曰:"无可怖。青红君感君前后有礼,故要君。必有重遗君者,君勿取,独求如愿尔。"明既见青红君,乃求如愿。如愿者,青红君婢也。明将归,所愿则得。数年,大富。①

这里讲的是广陵人欧明跟随贾客,道经彭泽湖(今鄱阳湖)而遇神仙青红君的故事。欧明跟随贾客达数年之久,说明此贾客常年在江州境内经商,欧明大约也是一位学做买卖的商人,可能经营有道,加上运气好,后来娶了妻,发了财,成为大富翁。如果剔除故事中的神话成分,则可看出东晋时的寻阳一带商贾云集、商业繁荣的景象。

刘宋刘敬宣《异苑》卷五《宫亭湖庙》条也记载说:

宫亭湖庙神,甚有灵验。商旅经过,若有祷请,则一时能使湖中分风,沿溯皆举帆,利涉无虞。

此故事则说明鄱阳湖是江州等地商贾入长江, 或外地商贾至江州经商的必经之道。因为湖大浪急,行船很不安全,人们相信迷信,只好乞灵于宫亭湖庙神,以求平安。

商业的发展离不开交易市场。六朝江西地区日趋活跃的商业贸易活动,使州、郡、县城郊及津埠渡口等交通枢纽之处,形成了许多大大小小的各类集贸市场。见于史籍记载的有粮市、鱼市、果品市等。

东晋南朝因受战乱破坏较少,社会经济有了长足的进步,至南朝时,市场趋于繁盛。《宋书·良吏传序》称:宋元嘉中,"凡百户之乡,有市之邑,歌谣舞蹈,触处成群。"《南齐书·良政传序》也说:齐永明中,"十许年中,百姓无鸡鸣犬吠之警,都邑之盛,士女富逸……盖以百数。"尤其是南朝的粮食市场呈现出十分活跃的景象。史称"从江以南,千斛为货","万斛为市"②。粮食贸易以千斛、万斛来计算, 说明这时粮食交换的规模有了很大的提高。南朝政权还对粮食实行"和市"政策,即由官府出面贱籴贵粜,以调剂丰歉,平抑粮价。"和市"则是通过各地的粮食市场进行的。齐武帝永明年间(483—492年),由于粮食普遍丰收,

① 载《汉魏六朝笔记小说大观》,第307页。

② 《宋书》卷八二《周朗传》,第2093页;卷五六史臣曰,第1565页。

天下米谷布帛至贱，于是萧齐政权决定大量收购粮食，以建立常平仓，储藏粮食。永明六年(488年)，“诏出上库钱五千万，于京师市米”及其他物资。各州出数量不等的钱，于当地购进粮食等物，其中江州出钱五百万，“市米、胡麻”①，说明江州各郡县存在相当规模的粮食市场。

江西境内河湖密布，水道纵横，盛产各种淡水鱼类，渔业生产发达，鱼市在在皆有。如陈文帝时，周迪兵败逃入山中，“后遣人潜出临川郡市鱼鲑”②，说明临川郡治有鱼市。宋无名氏《淳祐江州图经志》，在叙述寻阳城的历史沿革时，引王逢原诗曰：“江城酒熟贱买醉，江人提鱼不到市。半道得钱相和歌，翁倒子扶相枕睡。”很显然，寻阳也早有鱼市。江西地区渔业资源丰富，捕捞业较为发达，鱼市遍布城乡各地应无问题。

江西各地出产柑、橘、橙、柚、桃、李、杏、栗、杨梅、枇杷等水果，果品市场也随处可见。葛洪《神仙传》载：三国东吴董奉隐居庐山，“为人治病，不取钱。重病得愈者，使种杏五株；轻病愈，为栽一株。数年之中，杏有十数万株，郁郁然成林。其杏子熟，于林中所在作仓。宣语买杏者：‘不须来报，但自取之，具一器谷，便得一器杏。’”传说董奉后来在此修炼成仙，因称“董仙杏林”。后世遂以“杏林春满”、“誉满杏林”等来称颂医师的医术高明。这位神仙的行为颇为特异，但这种以谷换杏的果品交易则是当时的实际情况，同时也反映了江西各地的果品市场普遍存在。

六朝时期，农村集市称呼不一，如称集、市、场、墟等，种类颇多，如粮市、鱼市、果品市，还有药市、蚕市、纱市、牛马市等。集市定期一聚，各地集市间隔时间不一，少则三四日，多则五六日举行一次。草市首见于东晋时期，其最初的含义为草料市场，通常设在州、郡、县治的城外。随着草市的发展，逐渐出现其他商品的交换，并有酒肆、旅店、民舍，进而形成城外的商业区。从已见的史料来看，建康是较早出现草市的地区。《南齐书》卷五〇《鄱阳王萧宝寅传》载：“宝寅逃亡三日，戎服诣草市尉，尉驰以启帝(东昏侯萧宝卷)，帝迎宝寅入宫问之。”同书《五行志》载：“建武四年(497年)，王晏出至草市，马惊走。”草市尉就是主管草市的官吏，可见草市是由官府管理的，并收取一定的商业税。临川郡治的鱼市，大约就属于草市之类。豫章郡治的集市已有相当的规模，前文所叙豫章

① 《通典》卷一二《食货典·轻重》，第288页。

② 《陈书》卷三五《周迪传》，第483页。

郡妇女"暴面市廛,竞分铢以给其夫"。所谓"市廛",就是商店集中的地方。由此可以想见六朝时期豫章郡治商店林立、商业繁荣的景象。而"鄱阳、九江、临川、南康、宜春,其俗又颇同豫章",说明鄱阳等郡同样有大量的集市存在,且有一定的规模。

商业的发展又必以货币为媒介。上文曾谈及,齐武帝时诏令各州出钱大规模市米、绢、绵、布、胡麻等,其中江州出钱五百万,所出钱数仅少于京师和扬州,而与荆、雍二州持平,较其他各州多出二百万。至南朝中后期,江西地区已普遍使用钱币,货币成为商品交换的唯一媒介。《隋书·地理志》称:"梁初,唯京师及三吴、荆、郢、江、湘、梁、益用钱,其余诸州则杂以谷帛交易。"这些史料都是当时江西商品货币经济较为发达的重要佐证。

经济的发展和商业的逐步繁荣,孕育出了众多的富室豪家,"无冻饿之人,亦无千金之家"的贫困落后状况早已成为历史陈迹。六朝时期的江西境内,家财百万、千万的地主、豪强、僧尼布于各个郡县,屡见不鲜。《太平寰宇记》卷一一一江州条记载寻阳郡三姓:陶、翟、骞,豫章郡五姓:熊、罗、雷、谌、章。所谓三姓、五姓,实际上就是在六朝时发迹的大族豪强。临川郡的豪强也不少,如陈代的熊昙朗、周敷、周迪、黄法氍等一批土著酋豪即是。

《宋书·索虏传》中有段记载颇为重要:"文帝元嘉二十七年(450年),大举北伐,有司奏军用不足,扬、南徐、兖、江四州富有之民,家资满五千万,僧尼满两千万者,并四分换一(《资治通鉴》为'四分借一'),过此率讨,事息即还。"宋文帝因对北魏的长期大规模用兵,以至国库空虚,财政困难,不得不向4州富有之民借贷巨款,以筹措军费。他选择的4州之中,兖州位于淮北,南徐州是侨州,江南只有扬、江二州为借贷对象,说明扬、江二州的富庶程度和大地主、富室豪家极多,其中包括一定数量的僧侣大地主。且"四分借一",富有之民一次要借给政府500万至1,250万钱,如果不是巨富,无论如何是拿不出这么多钱的。家资满2,000万至5,000万的大地主尚且如此之多,一般的中小地主必定比比皆是。富室豪家的大量涌现,从一个侧面反映了六朝时期江西地区经济的发展和商业较为发达的程度。

六朝商业活动中还有一个突出的现象,即贵族、官僚经商成风。据《南史》卷七七《沈客卿传》载:"以旧制军人士人,二品清官,并无关市之税。"可见,东晋南朝的官僚贵族及军人经商,是享有免税特权的,这就大大刺激了他们对经商的浓厚兴趣。官商大都十分贪婪,他们除了贩运各种农副产品、手工业品及奢侈品外，甚至连受贿得来的多余酒食也要拿到市场上去出售。如前面多次提到的东晋江州刺史刘胤，上任伊始，即“不恤政事，大殖财货，商贩百万”，很快成为官僚中经商的暴发户。南朝邓琬是个贪得无厌的官商，刘宋大明八年(464年)，他出任晋安王刘子勋镇军长史、寻阳内史、行江州事，史称“琬性鄙闇，贪吝过甚，财货酒食，皆身自校量”。后助刘子勋称帝寻阳，自己独揽大权，“至是父子并卖官鬻爵，使奴婢出市道贩卖”[①]。六朝的商品中，有相当一部分是由享有免税特权的贵族官僚和富商大贾通过长途水上贩运而来。

二、城市的发展与初步繁荣

中国古代城市是因政治、军事的需要而逐步建立起来的，一个城市往往就是一地的政治、军事和文化中心，国都则成为全国的政治、军事和文化中心。

秦汉时，江西的城市还不够发达。秦代江西全境只有区区3个县级城镇，即艾县、番县和南野。西汉初，江西提升为豫章郡，但也仅有1个郡城和17个县级城市，城市规模也不大。东汉时，全郡有城21个，至东汉末，县城增至25个，数量显著增加。南昌作为郡治，规模迅速扩大，《后汉书·郡国志四》注引《豫章记》说：“江淮唯此县(南昌县)及吴、临湘三县是令。”我们知道，秦汉建置规定，万户以上设县令，万户以下设县长，而吴县属吴郡，临湘县属长沙郡；可见，东汉后期，南昌县人口已达到万户以上，如以平均每户五口计，则至少超过50万人。南昌作为县城，人口应不在少数，这在当时的江南地区算是一个较大的城市了，它可与开发较早、地处吴楚腹地的吴、临湘二县并驾齐驱。

六朝时期，随着新地区的不断开发、经济的持续发展和商业的日趋活跃，在秦汉的基础上，江西地区的城市得到迅速发展，不仅数量显著增加，规模也日益扩大。东吴时，郡一级的中等城市增至6个，县级城镇达58个。西晋时，江西经济继续上升，又新增南康郡，治于都，后迁赣州；县级城镇较东吴时有所减少，但仍有51个。晋惠帝元康元年(291年)，江西提升为州，称江州，治豫章(今南昌市)。从此，南昌作为州治而开始成为整个江西地区的政治、经济和文化中心。东晋南朝江西境内县级以上的城市基本保持在53—61个之间，至于县级以下的小城镇则无从统计。

西汉颍阴侯灌婴(一说陈婴)始筑豫章城，周围10里，81步，辟有6门：南曰

① 《南史》卷四〇《邓琬传》，第1025页。

南门、松阳门，西曰皋门、昌门，东北二门各以方位命名，城外开挖城壕以储水。江西人民为了纪念灌婴将军，后称豫章城曰灌城。据清乾隆《南昌县志》卷三〇《人物志》记载，汉高帝五年(前202年)，颍阴侯灌婴领兵渡江定吴、豫章等52县，南昌城东人章文首先向灌婴进计："以南昌当诸道之中，请筑城建郡"。他的建议被灌婴采纳，于是命他负责建城之事。章文不辞辛劳，亲自规划，并组织、指挥民工精心施工，第二年，便将豫章城建好。南昌人民感激章文的恩德，及其卒，在城北江边上为他立祠以纪念。豫章"自汉建郡以来，民物蕃阜，名于东南。设险启土，文之力也"。

经东汉、魏晋五百余年的发展，东晋豫章城已有相当的规模，初步具备建都的条件。东晋成帝咸和四年(329年)二月，苏峻、祖约之乱平定后，建康城遭到严重破坏，宫阙化为灰烬，江州刺史温峤力主迁都豫章，三吴豪强请迁都会稽，后因受到司徒王导的阻拦而不复迁都。

东晋太元(371—372年)中，豫章太守范宁进一步扩大豫章城规模，更辟东北、西北二门以对皋门、松阳门，八门相望，通路直指，说明城市人口不断增加，城市经济初步繁荣。东晋南朝的江州治所或豫章或寻阳(今九江市)，豫章以州治的优越地位，处于持续发展和繁荣之中。

至唐初，南昌已成为一个人口稠密、商业发达、经济繁荣的著名都市。王勃在《滕王阁序》中曾有生动的描写："南昌故郡，洪都新府。……物华天宝，龙光射牛斗之墟；人杰地灵，徐孺下陈蕃之榻。……闾阎扑地，钟鸣鼎食之家；舸舰弥津，青雀黄龙之舳……"从序中不难看出，唐初的南昌已成为一个物产富饶、人才辈出的大都市，城内里巷门户相连，居民一家挨着一家，鸣钟列鼎而食的巨室富户比比皆是，到处呈现一派繁华的景象；赣江渡口泊满了各种船只，商贾游客往来不断，商业发达，百业兴旺。

寻阳(今九江市)也是一个具有悠久历史的著名大都市。寻阳初名盆城，也称湓口、湓城或湓口城。据晋张僧鉴所撰《寻阳记》载："湓口城，汉高祖六年灌婴所筑。"《永乐大典》卷八〇九二《十九庚·城》江州府城条引南宋无名氏《淳祐江州图经志》也说："州城，汉灌婴所筑也(高帝六年)。城池北阻大江，西带盆口，东南引庐宫诸水绕之。"又引李隍《谯楼记》说："湓口城汉高帝六年灌婴所筑。寻阳在昔为江表要冲，宜英豪加意经理也。自南北分裂，历晋至陈，号为重镇，与荆扬比。"据此可知，寻阳自建城至今已有2,200多年的历史。城初建时，已经有城有池，应有一定规模。东晋末，刘裕修浚城池，增高城墙，扩大城市规模。至刘宋中期,邓琬拥立晋安王刘子勋称帝寻阳,在此驻兵数十万,加上朝中百官及城中居民,人口已相当可观,寻阳规模之大可知。齐武帝萧赜继续增广城池,进一步扩大城市规模。齐梁时,寻阳迭为江州治所,其地位显得更加重要。梁末,王僧辩、陈霸先率重兵沿江东下平定侯景之乱,就是从寻阳出发的。而作为长江上的交通枢纽,寻阳“南开六道,途通五岭,北导长江,远行汉岷”,这里商贾云集,经济繁荣。因此,六朝时期的寻阳不仅是战略要地,而且是重要的商业都会。

至于其他郡城,如鄱阳郡治鄱阳(今波阳);庐陵郡治高昌(今泰和西北),晋移治石阳(今吉水东北);临川郡治南城,晋移治临汝(今抚州市西);安成郡治平都(今安福);南康郡治雩都(今于都东北),东晋移治赣县(今赣州市)。这些城市在六朝时期有较大的发展和变化也在情理之中。

在州、郡城的发展带动下,部分县城也始具规模,变化显著。如丰城县城,晋太康中始建,有城有池;瑞昌县城,周七里,西南临龙泉及盆水,有四门:东曰通德,南曰迎薰,西曰长庚,北曰通江;湖口县城,周七里,东西二门;彭泽县城,周七里,即山为城。县城的发展变化,是江西各地经济发展和商业初步繁荣的重要见证。

第五章
六朝时期江西的宗教与文化

随着时代的巨变和社会经济的持续发展，六朝时期江西地区的儒学、佛教、道教等各种思想也在斗争中相互交融，竞相发展。尤其是庐山更成为各种思潮相互矛盾和斗争的中心地。慧远大师在此创建东林寺，使之成为佛教净土宗的发祥地和初祖祖庭，使庐山的名声远扬。南方的道教代表人物陆修静也于刘宋初来到庐山，为改革南朝道教作出了贡献。作为中国道教发祥地的龙虎山，自第四代天师张盛于西晋永嘉年间从中原返还龙虎山，修治祖天师元坛及丹灶故址，以后历代天师遂家于此，使龙虎山成为天师正一道的祖庭。与此同时，虞溥、范宣、范宁等人在江西大兴崇儒兴学之风，使儒家经学文化得到广泛传播。深厚的文化土壤孕育出了一代著名诗人陶渊明，是六朝时期江西文学成就的杰出代表。在史学和科学技术等方面，江西人民也取得了一定的成就。

第一节 佛教与道教的广泛传播

一、佛、道二教在江西各地的传播

东汉明帝时，佛教开始传入中国。《宋书》卷九七《夷蛮·天竺迦毗黎国传》记载甚明："佛道自后汉明帝，法始东流。自此以来，其教稍广，自帝王至于民

庶，莫不归心，经诰充积，训义深远，为一家之学焉。”中国佛教界也一直有“汉明求法，佛教初传”的史话流传，这一说法向为一般佛教徒所认可。据史书记载，东汉永平十年(67年)，汉明帝曾派郎中蔡愔、博士弟子秦景等到印度求取佛法，带回释迦牟尼佛像和佛经《四十二章经》，随同前来的还有两名印度僧人迦叶摩腾、竺法兰。相传蔡愔是骑着一匹白马从印度负经回来的，东汉政府就在洛阳雍门外兴建了我国第一座佛寺——白马寺。从此，佛教在我国得以逐渐传播。佛教传入中国后，最初只是在统治阶级上层有所影响，而且往往将浮屠(佛)与老子并祭，在广大人民群众中并无影响的痕迹。

东汉末年，佛教在洛阳和江淮之间流传转广，影响逐渐扩大。丹阳人笮融为徐州牧陶谦督广陵、下邳、彭城粮运，霸占三郡租税，大起浮屠寺(佛寺)，塑造佛像，饰以黄金，以赐给酒饭、免役等办法，招引远近数千人听经受道，这是我国佛教建寺、造像和大规模招致信徒之始。自此，佛教开始深入民间。

三国时，佛教在南方得到传播。赤乌十年(247年)，少数民族僧人康僧会来到东吴，“置经行所，朝夕礼念，有司以闻”。孙权因引见僧会，并于宫内立坛。“帝(孙权)崇佛教，以江东初有佛法，遂于坛所立建初寺”①。建初寺应是南方最早的佛教寺院。

东晋十六国、南北朝时期，佛教在门阀地主的提倡下得以广泛传播，尤其是南北朝时期，佛教空前泛滥。十六国时，天竺僧人佛图澄、鸠摩罗什先后被后赵石勒、石虎和前秦苻坚征为国师。这些少数民族统治者企图利用佛教作为统治人民的精神工具，也企图在兴败无常的民族战争中借用佛教寄托自己的幻想，因而倡导佛教，大造佛寺。而长期遭受压迫的各少数民族和汉族人民也希望寻找一种精神寄托，幻想在渺茫的来生能消除死亡、流徙的痛苦，因而也有很多人出家。

南朝佛教兴盛，许多帝王、朝贵、大族地主佞佛。梁武帝是佞佛的典型，他尊佛教为国教，在全国大兴佛寺，使僧尼人数猛增，并三次舍身同泰寺为奴，每次都要臣下花亿万钱将其赎回。南朝共有寺院8，114所，僧尼186，400人，其中萧梁一朝寺院即达2，846所，僧尼82，700人。

北朝佛教发展更盛，皇帝、太后、妃主、诸王、官僚地主大都佞佛，一些废主、公主、郡主还往往出家为尼。据统计，北魏孝文帝太和元年(477年)，全国有

---

① 唐·许嵩《建康实录》卷二《太祖下》，张忱石点校，中华书局，1986。

寺院6,478所,寺尼77,258人;而到北魏末年,时隔仅半个多世纪之久,全国寺院竟增至3万所,僧尼增至近200万人。北齐、北周两国寺院4万所,僧尼总数几近300万人,占当时北方总人口的1/10,佛教空前泛滥。

随着佛寺的大量兴建和僧尼的激增,寺院产生了自己的独立经济,占有大量土地和依附农民(佛图户、僧祇户),形成特殊的僧侣地主阶级,他们不事生产,享受门阀地主特权。

佛教传入江西的时间甚早,孙权赤乌十年(247年)以后逐渐传播开来,其传播发展的趋势,则与全国同步。赤乌年间,江西境内出现了最早的一批佛寺,其中有庐陵南塔寺、崇恩寺,信丰延福寺,泰和崇福寺,永新松林寺,瑞昌筋竹寺(宋代子澄著《江州志》,载该寺于赤乌元年置,时间可能有误)等六所寺院。此外,庐陵东山禅寺、分宜福胜寺则分别建于孙亮建兴二年(253年)和孙皓宝鼎年间(266—269年)。这些寺院散布于赣东北的瑞昌、中部的庐陵与泰和、西北的永新、南端的信丰等地,说明三国时期佛教在江西各地已得到初步发展,为日后的广泛传播奠定了基础。

两晋南北朝时期,佛教迅速蔓延到江西各郡县,一大批佛寺相继涌现。如南昌的大安寺、禅居寺、普贤寺、琉璃寺、菩提寺、百福寺、观音寺,德化的普照寺、遗爱寺、重昌寺,瑞昌的宝严寺、资圣寺,湖口的圆果寺、莲花寺,彭泽的兴福寺、净国寺、善业寺,宁都城南的宝林寺等,仅庐山上下就先后建有十几所寺院,其中以西林、东林二寺最为著名。据记载,这一时期,江西新增佛寺87所,广布于今南昌、新建、萍乡、吉安、鄱阳、瑞昌、星子、都昌、宁都等32县,形成三个相对集中的区域:一是以南昌为中心,在南昌及其周边地区有寺17所;二是以庐山为中心,包括瑞昌、九江等县,有寺21所;三是以鄱阳为中心,包括波阳、都昌等县,有寺14所。这三个中心点,又都是江西开发最早、经济最发达的地区,发达的经济为宗教的广泛传播创造了有利条件。

道教是中国土生土长的宗教,由民间流行的巫术与黄老学说的部分内容结合而成。道教形成于东汉顺帝时(126—144年),比佛教传入的时间稍晚,其渊源可追溯到先秦时代的巫师、方士。最初,道教奉黄帝、老子为始祖,故称黄老道。由于黄帝是传说中的人物,而老子却是一个有史可考的实实在在的人物,之后,老子取代黄帝而成为道教的唯一教主。传播道教的人称“道士”,他们最初大都由方士转化而来。

道教形成之初,分为太平道和五斗米道两大派系。

太平道：东汉顺帝时，琅邪人于吉制作《太平清领书》170卷，“其言以阴阳五行为家，而多巫觋杂语”[①]。今存《太平经》残本，即从该书转化而来，是道教的主要经典。太平道讲究以符水替人治病，《三国志》卷八《张鲁传》注引《典略》曰：“太平道者，师持九节杖为符祝，教病人叩头思过，因以符水饮之，得病或日浅而愈者，则云此人信道，其或不愈，则为不信道。”同时宣传散财济贫，所以容易被广大农民所接受。它流行于今河北、山东地区，主要在下层群众中流传。巨鹿人张角是太平道的主要首领，汉灵帝时，曾利用太平道的组织形式和其在民间的影响，发动了大规模的黄巾起义，故太平道也称黄老道。由于太平道反映了农民群众的愿望和要求，又往往与农民革命相结合，因而为封建统治者所嫉恨。随着黄巾大起义的失败，太平道也遭到残酷镇压，从此销声匿迹。

五斗米道：形成的时间与太平道相同。创始人张陵，原籍沛国丰邑（今江苏沛县），早年在江浙一带讲诵《老子》，晚年去四川活动，居阳平山，继迁鹄鸣山。在山中学道，造作道书，用符水咒法替人治病。东汉顺帝汉安元年（142年），张陵自称老子亲授《太上三天正法经》、《正一明威妙经》，命他为天师，于是订立教规，招收徒众。规定凡入道者，必须交纳五斗米，故称“五斗米道”。张陵被后人尊为“张道陵”、“张天师”，五斗米道也因之而称为“天师道”、“正一派”。张陵死后，其子张衡、孙张鲁世传其道。张鲁时，天师道徒众多，势力猛增，因而与张角东西遥相呼应，在汉中建立了政教合一的地方政权，以道教制度进行治理。张鲁保据汉中近30年，人民生活比较安定，关中人民前去逃难者达数万家，直至建安二十年（215年），才被曹操击灭。此后，五斗米道陆续流传南北各地。

五斗米道除张陵、张鲁一系外，还有巴郡的张脩一系。“脩法略与（张）角同，加施静室，使病者处其中思过。又使人为奸令祭酒，祭酒主以《老子》五千文，使都习，号为奸令。为鬼吏，主为病者请祷。请祷之法，书病人姓名，说服罪之意。作三通，其一上之天，著山上；其一埋之地，其一沉之水，谓之三官手书。使病者家出米五斗以为常，故号曰五斗米师”[②]。张脩曾在汉中发动过一次五斗米道徒起义，东汉统治者诬之为“米贼”，但很快失败。五斗米道的经典是《老子想尔注》，原书早已失传，相传为张陵所作。

从三国时起，道教在江南各地逐渐传播开来。孙策创业之初，“时有道士琅邪于吉，先寓居东方，来吴会，立精舍，烧香读道书，制作符水以疗病，吴会人多

① 《后汉书》卷三〇下《襄楷传》，第1084页。

② 《三国志》卷八《张鲁传》注引《典略》，第264页。

事之”;并“助军作福,医护将士”[①]。孙策手下诸将宾客2/3都很崇拜他。吴晋时期,丹阳句容(今江苏勾容县)人葛玄、葛洪是著名的道教人物。葛玄是葛洪的族祖,“吴时学道得仙,号曰葛仙公,以其炼丹秘术授弟子郑隐”[②]。葛洪向郑隐学炼金丹,后又师事南海太守鲍靓学习道法,遂成为金丹道教的创始人。据传他们曾到清江阁皂山、峡江玉笥山炼丹修道,使这里成为道教的洞天福地。

至晋代,天师道在江南地区得到逐步发展,其中最有影响的是杜子恭一派。杜子恭,吴郡钱塘人,世传五斗米道。他善于符箓禁祝、跪拜首过之术,以为人治病作为传教方式,但废除了入道者须交纳五斗米的规定。《南史》卷五七《沈约传》记载说:“钱塘人杜炅字子恭,通灵有道术,东土豪家及都下贵望并事之为弟子,执在三之敬。”可见,杜氏天师道在江南的高级士族中很有市场,拥有不少信徒。到其弟子孙泰时,不仅在上层士族中流传,而且在下层群众中也广招信徒,并发动了反晋斗争。孙泰被杀后,其侄孙恩以复仇为名,发动了更大规模的五斗米道徒作乱。

东晋的上层士族也有不少信奉张氏五斗米道的,如王羲之一家即是,史称“王氏世事张氏五斗米道”,其子王凝之信之“弥笃”。王羲之常和一些道士交往,《晋书》卷八〇《王羲之传》便载有他为道士写经换鹅的故事:“又山阴有一道士,养好鹅,羲之往观焉,意甚悦,固求市之。道士云:‘为写《道德经》,当举群相赠耳。’羲之欣然写毕,笼鹅而归,甚以为乐。”羲之“性爱鹅”,可能与他爱道有关。他们父子俩都曾任过江州刺史,给江西的宗教文化带来一定的影响。后来,王凝之出任会稽内史。及孙恩攻打会稽,僚佐请早作防御准备,凝之不从,独自入靖室向神祈祷,出来对诸将佐说:“吾已请大道,许鬼兵相助,贼自破矣。”[③]结果会稽很快失陷,凝之遂为孙恩所害。

南北朝时期,北方有以寇谦之为代表的北天师道,南方有以陆修静为首的南天师道。他们都对原天师道进行大力改造,使之完全失去原始道教的本来面目。寇谦之清整道教,先除去“三张(张陵、张衡、张鲁)伪法”,“专以礼度为先”,使新道教与封建礼教紧密结合,更好地为封建统治者服务。陆修静居庐山东南麓的简寂观,制定了道教的许多斋戒仪式。此外,流行于南朝的还有从天师道

① 《后汉书》卷三〇下《襄楷传》注引《江表传》,第1084页。

② 《晋书》卷七二《葛洪传》,第1911页。

③ 《晋书》卷八〇《王羲之传》,第2103页。

分化而来的上清派，其著名代表人物是梁代的陶弘景。

随着道教在江西各地的传播，一批道观相继建立起来。东吴赤乌年间(238—250年)建立的泰和崇道观、永丰梅溪观、冲虚观、泰和观是最早的一批道观。两晋时，道观数量显著增加，计有52所，仅南昌就有十余所，如紫极观、妙济观、丹霞观、玉宸观、太虚观、常清观、翀道观、灵仙观、招仙观、玉台观等，其他分布于新建、永修、新余、吉安、鄱阳、赣州、萍乡等20余个县(市)。南朝时，新增道观十余所，如庐山东南麓的祥符观、先天观、景德观，其他分布于新建、奉新、峡江、萍乡、都昌、余干、德安、彭泽、南康等10县(市)，其中以龙虎山正一宫、西山万寿宫、庐山简寂观最为著名。

二、慧远法师与庐山佛教

寺以僧传。庐山东林寺之所以享誉后世，久负盛名，与晋代高僧慧远法师息息相关。

释慧远(334—416年)[①]，东晋时期著名高僧，南方佛教领

① 汤用彤《释慧远年表》，载《理学·佛学·玄学》，第86—87页，北京大学出版社，1991。

袖,是中国佛教史上继道安之后的又一重要人物。俗姓贾,雁门楼烦(今山西宁武)人。幼而好学,玮璋秀发。年十三,跟随舅父令狐氏游学洛阳,始涉足儒学。他博综儒家六经,尤精《老》、《庄》。

慧远生于东晋十六国乱世,时局动荡,民生涂炭。年二十一,欲渡江跟随范宣子过隐居生活,值后赵国主石虎刚死,中原寇乱,南路阻塞,未能如愿。时沙门释道安于太行恒山立寺,弘扬佛法,名闻远近,遂投归之。慧远十分推崇道安,说:"真吾师也。"后听道安讲授《般若经》,豁然醒悟,叹息说:"儒道九流皆糠粃耳!"[①]于是与弟慧持落发为僧,委命受业。

《般若经》是当时广泛流传的佛教大乘宗教哲学。"般若"是译音,意为智慧,是佛教提倡的一种带有神秘主义色彩的智慧,它不是用来认识客观世界,而是专门用来体会佛教最高本体的神秘力量。《般若经》的主要思想是用否定的思辨方法,以论证现实世界虚幻不实,它认为一切物质现象和精神现象都是虚幻不实的。《般若经》是一部共有六百多卷的大丛书,其中心内容可归纳为四句话:"色即是空,空即是色;色不异空,空不异色。"色者,指现实、物质世界;空者,虚幻、不真实之意。这四句话的意思是说,现实世界是虚幻的,虚幻的东西即是现实世界;现实世界与虚幻世界并无差别,而虚幻世界与现实世界也无差别。

魏晋时期,玄学盛行,许多释道人物参与其中。道安在讲授《般若经》时,也引用著名玄学家何晏、王弼等人的贵"无"思想加以解释,把"般若"理解为"以无为本",将玄学与佛学紧密结合起来,借以争取社会上层的支持。慧远从道安的讲解中得到启示,懂得要在当时的中国推进佛学,必须借助玄学。他天资聪颖,胸怀大志,落发之后,卓然不群,常欲总摄佛事,以大法为已任,研究佛经,殚精竭虑,以夜继昼,成就斐然。道安常叹曰:"使道流东国,其在远乎!"年二十四,便开始讲经。《难实相义》是一部较难的佛经,反复讲解后,有的徒众仍然听不懂,慧远就引证庄子哲学中有关虚无的思想比附阐发,这在当时是属于"格义"的方法,"于是惑者晓然"。是后道安也特意允许慧远借助"俗书"(佛经以外的书)讲经,以阐明书中的哲学原理。慧远成功地将儒、道、佛冶于一炉,而以佛学为主,为探索佛教中国化的道路奠定了基础,使他很快打开了弘扬佛教的局面,信徒日增,并得到上层统治者的大力扶持,最终成为东晋一代的佛教领袖。

东晋哀帝兴宁三年(365年),北方战乱不已,慧远、慧持南游樊沔。前秦建

① 梁·释慧皎《高僧传》卷六《义解三·释慧远传》,载《历代高僧传》第358页,上海书店,1989。

虎溪三笑图(民国初)

元九年(373年),秦将苻丕南攻襄阳,道安被襄阳守将朱序所拘,无法脱身,乃将徒众分别遣散到各地去宣扬佛法。不久,秦军攻破襄阳,道安被苻丕带回长安,慧远与弟子数十人则南下荆州,先住上明寺,打算前往广东罗浮山修行。太元六年(381年),慧远一行抵达寻阳,"见庐峰清静,足以息心",始住龙泉精舍,因号精舍为龙泉寺。这时,慧远的师兄慧永在前往罗浮山途中,先期到达庐山。晋孝武帝太元二年(377年),太府卿陶范为慧永在庐山西北麓的香炉峰下修建西林寺,慧永就在这里居住下来。陶范,陶侃之子,居家鄱阳。慧永与慧远本同门旧好,及闻慧远居龙泉寺,遂邀慧远同住。随着僧众日益增多,本来显得偏狭的西林寺已无法容纳,慧永遂请江州刺史桓伊为慧远另建一座寺院。太元十一年(386年),桓伊为慧远在西林寺东更立房殿,故名东林寺。二寺东西相对,近在咫尺,名刹名僧,相辅相成,从此名扬宇内。

东林寺地势优越,环境幽静。正对香炉之峰,傍带瀑布之壑;寺南面庐山,北倚东林山。自北而西,环合四抱,有如城廓,洞静山美,相地者谓之"倒挂龙格"。寺前临大溪,入门为虎溪桥。自南而西,驿路经其旁,为九江至建昌(今永修)之孔道,交通便利。慧远于寺中创立精舍,亲手植松种柏,清泉环绕,白云满室;又于寺内别置禅林,森树烟凝,石径苔合,给人以神清气肃之感。此后,慧远就一直以东林寺为中心,开展一系列的佛教活动。

慧远自东晋太元六年(381年)入庐山,至东晋义熙十二年(416年)圆寂,前后居庐山36年。《高僧传·义解三·慧远传》载:"自远卜居庐阜三十余年,影不出山,迹不入俗,每送客游履,常以虎溪为界焉。"据说他送客散步,从不逾越寺门前的虎溪,如果过了虎溪,寺后山林中的老虎就会吼叫起来。一次,诗人陶渊明和道士陆修静来访,与慧远谈得很投机,送行时不觉过了虎溪桥,直到后山的老虎发出警告的吼声,三人才恍然大悟,相视大笑而别。"虎溪三笑"虽为传说故事,但却反映了儒、佛、道相互交融的一面,向为历代名士所欣赏。慧远"率众行道,昏晓不绝",全力弘扬佛教,使庐山逐渐成为全国著名的佛教圣地。

在他的周围,集合了一大批高僧。如释慧持,"慧远之弟也。……庐山徒属莫非英秀,往返三千,皆以持为称首"。豫章太守范宁曾请慧持讲《法华毗昙经》,"于是四方云聚,千里遥集"[①]。

慧远弟子释僧济,"晋太元中来入庐山, 从远公受学, 大小诸经及世典书数,皆游练心抱,贯其深要。年始过立,便出邑开讲,历当元匠"。

释法安,"善戒行,讲说众经,兼习禅业"。释昙邕,"内外经书,多所综涉;志尚弘法,不惮疲劳"。

释道祖、释僧迁、释道流,"并才义英茂,清新日悟"。

释慧要,"亦解经律,而尤长巧思"。

释道汪,"年十三投庐山远公出家。研综经律,雅善涅槃(即《涅槃经》,又称《泥洹经》)"。后西至成都,于州城西北立祇洹寺,"化行巴蜀,誉洽朝野"。

释道静,"解兼内外,偏善涅槃"。

释道温,"年十六,入庐山依远公受学。……元嘉中,还止襄阳檀溪寺。善大乘经,兼明数论,樊邓学徒并师之"。

鸠摩罗什四大弟子之首的竺道生,也慕慧远之名,"投迹庐山,销影岩岫,山中僧众咸共敬服"。

由于慧远孜孜为道,一心弘佛,又学问渊博,"内通佛理,外善群书",所以

---

① 梁·释慧皎《高僧传》卷六《释慧持传》。以下皆见各僧本传,不一一注明出处。

名气很大。一批官僚、学者和名士也远离官场,抛弃名利,从四面八方来投依他,例如豫章雷次宗,彭城刘遗民,建昌周续之,柴桑张野,南阳宗炳、张铨等,著名田园诗人陶渊明也不时来庐山与慧远交游。

慧远对佛教的贡献是多方面的。

首先,他创建了南方两大佛教中心之一的庐山东林寺,结成白莲社,开创了中国佛教弥陀净土信仰。

东晋元兴元年(402年),慧远邀集刘遗民、周续之、毕颖之、雷次宗、宗炳、张野、张铨等学者居士,研讨如何转生西方净土世界的问题,并在东林寺阿弥陀佛像前建斋立誓,专修念佛三昧,发愿共同往生西方净土世界,相互结成白莲社(见扉页明·仇英《莲社图轴》),参加的僧人、居士有123人,其中高贤18人,由刘遗民撰写《发愿文》,以表示他们虔诚的愿望和决心。

佛教中所讲的净土,是指一种清净、完美的社会或世界。大乘佛教把佛所居住的世界称之为净土,也称净刹、净国、佛国等,通称西方极乐世界,是与俗人居住的所谓"秽土"、"秽国"相比较而言的。中国净土信仰始于东汉时期,印度佛教的净土经典传入中国之后,曾分为"弥勒净土"和"弥陀净土"两种。"弥勒净土"由道安首创,在北魏盛行一时,齐梁间还有所闻,不久便衰落下去;"弥陀净土"则始于慧远,此后一直流传下来。弥陀净土主张口念弥陀,坐禅修定,息除妄念,心注西方,观想念佛,即所谓念佛三昧。这样,来世就能转生西方极乐世界。这种成佛方法,简便易行,人人都能做到,即使不出家为僧,只要一心念阿弥陀佛,并修功德,如造佛像、施舍等,"愿生彼国",死后就可转生西方极乐世界,故自中唐以后广泛流行,至今绵延不断。

魏晋南北朝时期,中国佛教只有学派而无宗派,各宗派的建立肇始于魏晋,成熟于隋唐。唐代高僧善导正式创立净土宗,连同律宗、三论宗(又称空宗)、法相宗(又称慈恩宗)、禅宗、密宗(又称真言宗)、天台宗、华严宗,号称大乘八宗,属于显教。净土的经典,通称三经一论,即《无量寿经》、《观无量寿经》、《阿弥陀经》和《往生论》,其基本思想是以修行者的念佛行业为内因,以弥陀愿力为外缘,内外相应,相互结合,往生西方净土。善导以后,净土宗名师辈出,五代至两宋,净土宗信仰深入民间。天台、禅、律诸宗祖师也都"行归净土",于是净土宗成为"共宗",一直流传到现代。唐天宝年间,东林寺僧智恩东渡日本传经讲学,带去了净土宗。至今,日本净土宗仍以慧远为始祖,以东林寺为祖庭。

慧远法师德高学博,通晓大小乘经论,又首弘净土,遂被后人尊为中国净土宗第一代祖师，东林寺也因此而成为净土宗的发祥地、净土宗初祖祖庭之所在。慧远立白莲社，创净土，故净土宗也被称为“莲宗”。

其次，慧远非常重视翻译佛经，在庐山建有一座专门的译经台（见扉页插图），为许多译本作序文，为翻译佛教经典作出了贡献。他曾派遣弟子法净、法领等人，横跨沙漠，逾越雪山，克服重重困难，前往天竺（今印度等地）取经。往返一年多，法净、法领等回到庐山，带回不少梵本佛经，在慧远主持下，将佛经译成汉语，并与长安名僧鸠摩罗什交换经本。一批佛经的译出，在一定程度上解决了江东佛经严重缺乏的问题。

其三，开南方毗昙学之端绪。太元十六年（391年），罽宾（古西域国名，位今克什米尔一带，是佛教大乘派的发源地）沙门僧加婆提来到寻阳。僧加婆提博识众典，慧远迎请他译出《阿毗昙心论》、《三法度论》，并为二经作序。从此，毗昙学开始在南方各地流行。

其四，隆安五年（401年），龟兹沙门鸠摩罗什抵长安，大弘三论。慧远派弟子释昙邕入关致书通好，并问大乘义理；昙邕肩负使命十有余年，往返通讯。现存18章，名《大乘义章》。

其五，初传禅法。天竺僧人佛驮跋陀罗，汉名觉贤，于十六国时由海路经交趾来到长安，与后秦高僧鸠摩罗什共论《法相》，并“大弘禅业”。后因一语之失而遭众僧排摈，与罗什不和，慧远进行调解。义熙六年（410年），佛驮跋陀罗率弟子慧观等40余人南下来到庐山。慧远久服其名，闻之欣喜若旧，乃请他译出《达摩多罗禅经》二卷。自此，禅法得以流行江南各地。

其六，对律学的贡献。先有罽宾律师弗学多罗来到关中，在长安诵出《十诵律》梵本，鸠摩罗什译为汉语，译出2/3而多罗圆寂。慧远常慨叹该律经不完备，及闻昙摩流支入秦，又善此经，乃遣弟子昙邕致书，请其补译，由是《十诵律》始得全体。

其七，开唱导法理之先河，成为第一代唱导大师。佛教所谓“唱导者，盖以宣唱法理，开导众心也”。佛教初传中国之后，高僧宣扬佛法，往往只是齐集众僧，先宣唱佛名，依文致礼，然后升座讲说。此法较为单调，不容易引起听众的兴趣。其后慧远法师开启唱导之法，每次宣扬法理时，众僧齐集，“则自升高座，躬为导首，先明三世因果，却辩一斋大意”。慧远的唱导法贵在四事：声、辩、才、博。这就是说，宣扬佛法时，声音要宏亮，响若钟鼓，要有韵味，像唱歌一样，非声则不能使四众惊心；剖析法理时要能言善辩，吐辞警发，非辩则无以适时；还要出口成章，文藻横逸，非才则言无可采；同时要商榷经论，采撮书史，广征博引，非博则语无依据。在不同场合，对不同的听众，唱导应有不同的内容，切忌千篇一律，此所谓“知时知众”。

慧远开启唱导之法后，“历代传授，遂成永则，故道照、昙颖等十有余人，并骈次相依，各擅名当世”[①]。南朝时，唱导已成为僧人的一门专业。正是有了这样行之有效的讲经方法，慧远的声望不胫而走，迅速传遍大江南北。大批僧人、名士，纷纷聚其门下；不少帝王将相、达官贵人，频频布施座上。全国佛教中心在鸠摩罗什到来之前，迅速南移。

慧远因对净土宗、毗昙学、禅学、律学及唱导法的诸多贡献，不仅在当时中国佛教界具有崇高的威望，就连外国僧众也对他顶礼膜拜。《高僧传·慧远传》称：“外国众僧咸称汉地有大乘道士，每至烧香礼拜，则东向稽首，献心庐岳。”甚至后秦国主姚兴也“钦其德风，叹其才思，致书殷勤，信饷连接，赠以龟兹细缕杂变像，以申欵心。又令姚嵩献其珠像。”

作为一代佛学大师，慧远还提出了自己的一套佛教哲学理论。

首先，他提出沙门不敬王者。东晋成、康之世，车骑将军庾冰曾提出沙门应敬王者。桓玄篡政时，复述庾冰创议，别的僧人不敢违抗，慧远却不惧淫威，公开致书桓玄说：“袈裟非朝中之物，钵盂非廊庙之器，沙门尘外之人，不应致敬王者。”[②]桓玄虽想固执己见，及见慧远书信，犹豫不决。不久，桓玄篡位，随即公开宣布：“诸道人勿复致礼也。”其后，慧远乃著《沙门不敬王者论》，提出不敬的理由和作用。他认为，出家之人，“弘教通物，功侔帝王，化兼治道”，对社会治理是有很大贡献的。他要求“悦释迦之风者(即在家信佛的人)，则先奉亲而敬君；变俗投簪者(即出家为僧的人)，必待命而顺动，若君有疑，则退求其志”。这就是佛教“之所以重资生、助王化于治道”的原因。佛教要求人们涅槃寂静，“泥洹(即涅槃)不变，以化尽为宅；三界流动，以罪苦为场。化尽则因缘永息，流动则受苦无穷”。人们全身心地去追求“涅槃”，王侯贵人们自然高枕无忧。他说：“天地虽以生生为大，而未能令生者不死；王侯虽以存存为功，而未能令存者无患”，尽管世俗的人们敬王者，而王者却不能使活着的人免除患难，统治照常有危机。沙门之所以不敬王者，是因为他们既已出家，“皆遁世以求其志，变俗以

① 梁·释慧皎《高僧传》卷一三《唱导》，载《历代高僧传》，第417页。

② 梁·释慧皎《高僧传》卷六《义解三·释慧远传》，载《历代高僧传》，第360页，上海书店，1989。

达其变”。由俗人变为僧人，服饰变了，礼仪也应随之发生变化，不得与世俗相同。更重要的是，沙门“不爵王侯而沾其惠”，怎能让他们去敬王者？慧远还指出：“道法之与名教，如来之与尧孔，发致虽殊，潜相影响，出处诚异，终期则同。”[①]佛教与儒学殊途而同归。

在神形的关系上，慧远主张神不灭论。他说：

夫神者，何也？精极而为灵者也。……圆应无生，妙尽无名，感物而动，假数而行。感物而非物，故物化而不灭。

在他看来，精神是极其精灵、奇妙，而又永远存在的，它不是什么生物，生物虽然消失了，精神却不会消灭。

他把神与形的关系，比作火与薪的关系：

火之传于薪，犹神之传于形。火之传异薪，犹形之传异形；前薪非后薪，则知指穷之术妙！前形非后形，则悟情数之感深。惑者见形朽于一生，便以为神情共丧，犹睹火穷于一木，谓终期都尽耳。[①]

慧远的意思是说，人的精神是永远存在的，犹如一根木柴烧尽了，形已灭，但火可以传到另一根木柴上，薪尽而火传，形灭而神在。薪、火之喻本是两汉唯物主义者用来论证薪毁火熄、形亡神灭的，慧远从唯心论出发，借用过来，加以曲解，颠倒了形神关系。

慧远还提出新的因果报应说——“三报论”。因果报应是佛教理论的一块重要基石，如果抽掉这块基石，那么建立在因果报应之上的六道轮回、解脱生死都将无从谈起，以至佛教的全部理论都将失去意义，甚至连佛教本身的存在都成问题。因此，在印度早期佛教中便有业报轮回之说。但慧远提出的因果报应说，不是早期佛教轮回报应的简单重复，而是经过改造后的新的佛教哲学理论。

佛教宣称人有前世、现世和来世，人的一切身心活动可分为身业、语业、意业。慧远据此提出“三报论”：

---

① 梁·僧佑《弘明集》卷五《远法师·沙门不敬王者论》，第31—32页，上海古籍出版社，1991。

业有三报，一曰现报，二曰生报，三曰后报。现报者，善恶始于身，即此生受；生报者，来生便受；后报者，或经二生、三生、百生、千生，然后乃受。……感事而应，应有迟速，故报有先后。①

通过“三报论”，慧远就得以解释现实社会中的种种不平等现象，即不是没有报应，而是报应还没有到来，也就是人们常说的：不是不报，时候未到。慧远还进一步认为，报应是自然之理，是直接从造孽者的自身活动中得到的，并不是外力强加的结果；报应有轻重，与一个人干的坏事多少成正比。因此，报应具有因果必然性，是“自然之赏罚”。

慧远的佛教理论还包括净土思想、般若思想、禅法思想等等。在中国佛教史上，慧远的佛教实践活动、佛学理论、哲学思想，都占有重要的地位。如果从哲学史的角度看，慧远佛教哲学的最大特点便是以佛学为主，辅以儒学和玄学，而这也正是佛教在中国化过程中的巨大变化。因此，慧远佛教哲学理论是佛教中国化的一个重要标志，表明佛教唯心主义理论发展到一个新的阶段。

由于慧远在佛门和士人中的崇高威望，当时的朝中显贵、封疆大吏，如江州刺史桓伊，荆州刺史桓冲、殷仲堪，辅国将军何无忌，司徒王谧，护军王默等，都争先和他交往。挟震主之威的桓玄还亲上庐山，向远公致敬问难。会稽王司马道子、晋安帝司马德宗、宋武帝刘裕等也与他有着密切的接触。慧远的不凡风度和广博学识，连负才傲俗、很少推崇他人的文坛首领谢灵运也为之倾倒，“及一见远公，肃然心服。”慧远与社会上层的广泛交往，不仅使庐山获得特别优待，还得到各方的大力支持，这为发展庐山佛教事业创造了极其有利的条件。

东晋时期，庐山塔庙林立，凡“泉石之寄、地气之聚者，靡不据而有之”。归宗寺是见诸记载的庐山最早的寺院，它是由书圣王羲之舍宅而建。晋永和元年(345年)，王羲之出任江州刺史，他爱上了庐山秀丽奇特的山峰和轻妙飘逸的瀑布，于是在庐山南面金轮峰下的玉帘泉附近营建别墅。第二年，羲之离任，起为右军将军、会稽内史，乃将其别墅施舍给了西域僧人达摩多罗为寺。今归宗寺有墨池、鹅池，皆其遗迹。自此，归宗寺名扬天下，宋代大文学家苏辙在《咏归宗寺》的诗中写道：

① 梁·僧佑《弘明集》卷五《远法师·三报论》，第35页。

来听归宗早晚钟，疲劳懒上紫霄峰；
墨池漫垒溪中石，白塔微分岭上松。
佛宇争雄一山甲，僧橱坐待十方供；
欲游山北东西寺，岩谷相连更几重。

归宗寺之后，相继建有龙泉寺、西林寺等。慧远除经营自己的东林寺外，还资助其师兄弟及门人弟子兴建数以十计的寺庙。据记载，庐山的龙池寺、清泉寺、圆觉寺、上崇福寺、上化成寺、陵云寺等，均为慧远所援建。大林寺[①]、天池寺、多佛寺、高良寺等，则是慧远之弟慧持所营建。大林寺建于庐山云顶峰，与东林、西林二寺齐名，号称“三大名寺”。唐元和十二年(817年)四月间，白居易曾邀集河南名士元集虚等17人同游大林寺，写下了著名的《大林寺桃花》[②]一诗。诗前作序云：“大林穷远，人迹罕到，环寺多清流苍石，短松瘦竹。……此地实匡庐第一境。”[③]对当年大林寺的情景作了具体的描述，这是有关大林寺的最早记载。诗曰：

人间四月芳菲尽，山寺桃花始盛开；
长恨春归无觅处，不觉转入此中来。

归宗、栖贤、开先、圆通四寺，称为“四大丛林”，与“三大名寺”是庐山诸寺中最为佼佼者。栖贤寺建于萧齐永明七年(489年)，由咨议参军张希奏所建，由唐代名僧智常禅师命名，是为了纪念曾在庐山白鹿洞和栖贤寺读书的李渤。开先寺是五代南唐中主李璟建造。李璟年青时喜欢读书，曾花了1万两银子在庐山南麓鹤鸣峰下，买了一块风景极佳的土地，在此筑起了读书台。登基时离开庐山，便将读书台舍给寺院，取名开先，意思是这个读书台开了做皇帝的先声。圆通寺则是李璟的儿子、南唐后主李煜于中兴八年(964年)建造。建寺辟地时，掘得一尊观音菩萨金像，这是早年寺院倒塌后留下的遗物，主事者以为吉兆，加以庆贺。观音别号圆通，故取作寺名。

两晋南北朝时期，中国佛教趋于兴盛，隋唐五代时得到进一步发展，庐山

① 大林寺，一说由慧远弟子昙诜所建，见周銮书《庐山史话》，第44页，上海人民出版社，1981。
② 《全唐诗》，第1092页，上海古籍出版社，1986。
③ 白居易《白氏长庆集》卷四三。

的寺庙建筑和佛教事业与之同步,故史称“庐山塔庙始于晋,增于唐,而尤盛于南唐”。在唐宋以来的诗文中,对庐山众多的佛寺多有记叙,如“僧屋五百住庐峰”、“庐阜招提三百所”等等。可见,自东晋至唐宋,庐山寺庙多者五百所,少则三百所。此后历经沧桑,至清初,有具体名称的寺院宫观尚存两百余所。明代广信人张率曾游庐山,见佛寺遍布,感慨万端,赋诗一首云:

庐山到处是浮图[①],若问凡家半个无;
只为渊明曾好酒,至今有鸟号提壶。

南朝时期,对庐山佛教文化作出较大贡献的是处士张孝秀和刘慧斐二人。

张孝秀,南阳宛(今河南南阳县)人。少仕州为治中从事,后为江州刺史、梁建安王萧伟别驾,不久,去职归庐山,居于东林寺。张孝秀是个儒、佛、道兼修的人物,史称他“性通率,不好浮华,常冠谷皮巾,蹑蒲履,手执并榈皮麈尾。服寒食散,盛冬能卧于石。博涉群书,专精释典。善谈论,工隶书,凡诸艺能,莫不明习”。因为他做过官,有些钱财,还有自己的部曲。为了解决衣食之源,在庐山置下了一份产业,“有田数十顷,部曲数百人,率以力田,尽供山众”。因此吸引不少僧人和附近的贫苦人民,“远近归慕,赴之如市”[②]。普通三年(522年)卒,时年四十有二。简文帝闻之,甚为伤悼,在与刘慧斐书中,称述其贞白。

刘慧斐,彭城人。年青博学,善为文章,起家梁安成王法曹行参军。一次回都城建康,途经寻阳,游于庐山,遇处士张孝秀,意气相投,遂有隐居之志。从此不仕,居于东林寺。又于山北构筑园林一所,号曰“离垢园”,表明他要远离污垢的世俗,一心向佛,时人称之为“离垢先生”。慧斐精通释典,“在山手写佛经二千余卷,常所诵者百余卷,昼夜行道,孜孜不怠,远近钦慕之。”天监十四年(515年)五月,晋安王萧纲(后称帝,即简文帝)出任江州刺史,送其几杖;湘东王萧绎及武陵王萧纪等书问不绝。论者云:“自(慧)远法师没后,将两百年,始有张、刘之盛矣。”[③]大同二年(536年)卒,时年五十九岁。

三、龙虎山——中国道教的发祥地

① 佛教谓佛塔为浮图,这里泛指佛寺。诗见毛德琦《庐山志》卷五,第21页。

② 《梁书》卷五一《处士张孝秀传》,第752页。

③ 《梁书》卷五一《处士刘慧斐传》,第746页。

龙虎山，号称中国道教第一山，是中国道教的发祥地，也是天师正一道的祖庭。它坐落于江西鹰潭市贵溪县西南80里的上清镇，为象山支脉，由龙、虎二山组成。龙山逶迤蜿蜒，势如龙腾；虎山峻拔拱立，状若虎跃，故合称龙虎山。又说，本名云锦山，东汉和帝永元二年（90年），因第一代天师张道陵曾携弟子王长等游鄱阳，溯流入云锦山，在山下炼九天神丹，丹成而龙虎见，故名龙虎山。道书赞云：

龙虎山前炼天丹，六天魔王心胆寒；
自从跨鹤归玄表，清风明月绕降坛。

该山属典型的丹霞地貌，泸溪河（古称上清溪）流经其中，丹山碧水，峦秀峰奇，悬崖壁立，瀑布飞溅，云雾飘渺，有99峰、24岩、108个自然风景和人文景观。《道藏》载洞天三十有六，福地七十有二，龙虎山为二十九福地。

张陵死后，其子张衡、孙张鲁承袭道业。张鲁还在汉中建立政教合一的地方政权，雄居汉中前后达30年之久。建安二十年（215年）三月，曹操西征汉中；同年十一月，张鲁先封府库钱粮而后率全家出降。曹操念其有功，一方面授以高官显位，予以优宠，拜鲁镇南将军，待以客礼，封阆中侯，邑万户；封鲁5子及臣僚阎圃等皆为列侯，并为子彭祖（曹宇字彭祖）娶鲁女为妃。据《南郑城碑》载：张鲁"位尊上将，礼极人臣；五子十室，荣并爵均；童年婴稚，抱拜王人；命婚帝族，或尚或嫔。"可见，曹操对待张鲁是极其优宠的，优宠的日的无非是利用其影响。另一方面又进行严密控制，不许他们随意传教惑民。就在张鲁投降后，曹操立即把张鲁本人及其家属、臣僚一并带回魏都邺城定居，使他们远远脱离汉中这块长期经营的老根据地。建安二十一年（216年），张鲁病死，长子富嗣立。张富大约一直留居北方，不知所终。

第四代天师张盛，字元宗，张鲁第三子，曾被曹操封为奉车都尉、散骑常侍、都亭侯。他决心遵父遗志，承传道业，于西晋永嘉年间（307—313年），辞官南归，"携印剑经录，还鄱阳龙虎山。修治祖天师元坛及丹灶故址，遂家焉。每岁以三元日[①]登坛传箓，四方从学者千余人，自是开科范以为常"[②]。所谓"印剑经

① 三元日：道教术语，谓正月十五日"天官"，为上元；七月十五日"地官"，为中元；十月十五日"水官"，为下元。

② 清·娄近垣《龙虎山志》卷六《天师世家》，第48页，江西人民出版社，1996。

录”,是指天师传承的三件信物:天师玉印——阳平治都功印[①],大小三颗(见扉页插图),太上老君三五斩蛇剑和老子降授祖师的24品法箓。其中天师玉印最为重要,它是历代天师权力的象征,是龙虎山“正一宗坛”的镇坛法宝,也是道教活动必不可少的法器。

张盛迁回龙虎山后,正一教尚处于发展初期,宫观洞府不多。其中主要有:

上清宫。约在东汉和帝永元、延光年间(89—122年),张道陵在龙虎山炼九天神丹时,曾建一草堂,后称“张天师草堂”。张盛遂在天师草堂处建“传箓坛”。唐会昌年中(841—846年),赐额真仙观,北宋真宗大中祥符五年(1012年)敕改上清观;政和三年(1113年)升上清观为上清正一宫,简称上清宫。上清宫位于上清镇东,群山环抱,云雾缭绕,仙踪缥缈,道气十足。相传此地为九龙聚会的宝地,乡人有歌云:

九龙集结上清宫,天师擒妖显神通;
唯有一龙不伏法,顺水飘游遇虎凶。

所谓九龙,是指上清宫周围的天门山、台山、乌剑山、狮子山、冲天山、应天山、西华山、乌龟山和圣井山,这九条山脉的走向恰似一条长龙向上清宫游集。上清宫宫殿巍峨,规模宏伟,古时不仅居江南道教宫观之冠,而且在全国也是首屈一指。它是历代天师阐教演法、传道授箓的主要宗教活动场所,也是历代正一道高道修真养性的阆苑,故素有“神仙所都”和“百神受职之所”的美称。三国以后,各代封建朝廷都对上清宫有所修建,规模不断扩大,除三清、玉皇主殿外,附属建筑很多,仅道院即有36座。但自清嘉庆以后,年久失修,破烂不堪,残存部分又于“文革”中毁坏。现仅存福地门、钟楼、镇妖井、善恶井、东隐院等古迹。

正一观。观址东为虎山,背靠龙山,面对清溪。始建于西晋,原为张盛在祖天师炼丹处所建祠堂,供祀张道陵。南唐保大中(943—957年)建成天师庙,宋崇宁(1102—1106年)中敕改演法观,明嘉靖三十四年(1555年)大规模整修后,改为正一观。清代曾两次修理,抗战中毁于火灾,今剩断壁残垣,供人凭吊。

天师府。又称大真人府,全称“嗣汉天师府”,历代天师起居之所。原址位于

① 治,为五斗米道的传教点。五斗米道共分24治,据传为太上老君所立,付天师张道陵布化。在24治中,阳平治居其首。所谓“二十四治会阳平”,是说阳平对其他各治有统一指挥的权利。治之首领称都功,阳平治都功为张道陵及其子孙世袭罔替。

贵溪县鱼塘乡。唐称真仙观。北宋元祐六年(1091年)迁上清镇西,始称“天师府”。明、清多次修缮,使天师府的规模日益宏大,占地面积达24,000平方米,原有殿堂阁院213间,整个建筑呈八卦形,体形庞大,有如王府,与山东曲阜孔府齐名,故有“北孔南张”之称。其主要建筑有府门、大堂、私第、万法宗坛,还有天师铜钟等。铜钟铸造于元至正十一年(1351年),高3米,周围5米,上铸双龙、金鸡、玉兔、八卦图案,以及“皇图巩固”、“国泰民安”、“风调雨顺”、“大道兴行”等吉祥文字,钟铭为元代书法家方丛仪所书。全钟共重9,999斤,为国内所罕见。

龙虎山道教兴盛之时,宫观林立,洞府棋布,道人众多,最多时达18座道宫、36座道院、81座道观。

张盛以后,天师代代相传,弘法传道不绝。从此,龙虎山成为全国天师道正一派的中心和南方著名的道教圣地。

第五代天师张昭成,字道融,学道不懈。据说他“能端坐一室,神游数百里,虎豹逢之皆伏”。享年一百十九岁。

第六代天师张椒,字德馨。博通儒书,晋安帝累次征召他去朝廷做官,不肯起。“居山时,多神异之迹”。年百余岁而终。

第七代天师张回,字仲昌。五岁欲传经箓,父亲要他读儒书,答曰:“祖书不读,读他书何为?”由是专读道书。“十岁嗣教辟谷,日行数百里。后入青城山,不知所终”。①

第八代天师张迥,字彦超。为民祈祷,不问贵贱。北魏道武帝拓跋珪曾召他去平城(今山西大同市)问道。卒年九十。

第九代天师张符,字德信。博览经传、子史、经箓,尤显于当世。享年九十有三岁。

第十代天师张子祥,字麟伯。曾仕隋为洛阳尉,后弃官嗣教。据说他神通广大,能吐丹置于掌中,光芒穿屋,寻又将丹咽下。曾游河洛、登嵩山,有东岳之神来谒,请求他广宣符箓,拯救乱离已久的生灵。回龙虎山后,他分遣弟子,宣化四方。

传至第六十三代天师张恩溥,字鹤琴,民国十三年(1924年)嗣教,曾在上海、苏州一带开展道教教务。抗日战争期间,退隐庐山。1946年冬,在沪发起筹备“上海市道教会”,提出“以宗教为重,团结为重”等口号。次年,道教会正式成立,并出版了《复兴道教计划书》。1949后辗转入台,1969年12月卒于台北市私邸,年六十五。

---

① 《龙虎山志》卷六《天师世家》,第49页。

四、吴猛、许逊、陆修静等人的道教活动

两晋南朝时期,在江西地区传播道教较为活跃的人物,还有吴猛、许逊、陆修静等人。

(一)吴猛的道教活动

吴猛,字世云,豫章人。曾仕吴为西安(今武宁县西)令,因家武宁县。从小有孝行,七岁时,在父母身旁卧,夏日多蚊虫,却始终不摇扇,任凭蚊虫叮咬,人问其故,答云:"惧蚊虻去,咬我父母尔。"[①]年四十,乡人丁义始授其神方。又得秘法神符,乃道术大行。有关吴猛行道术的传说很多,如说他在寻阳,参军周家狂风暴起,猛书符投掷屋上,有青鸟衔去,风即止;一次因事还豫章,赣江水急浪涌,猛不用舟楫,以白羽扇画水而渡,观看的人觉得很奇异。又说他曾还豫章,附载客船,一宿行千里,同行的客人看船下有两龙载船,船不着水。虽然这些传说未必可信,但却说明吴猛是个道行很高的人。

吴猛的主要事迹是为人治病,《晋书》、两晋南朝的志怪小说及一些道书都有不少记载。东晋时,武宁县令干庆无疾而终,三日未殡,吴猛往哭之,对干庆之子说:"干侯算(寿命)未尽,方为请命,未可殡殓。"尸体躺在静舍中,惟心下有些暖气。停尸七日,时值盛暑,干庆的形体开始变坏。凌晨,吴猛前来救治,他先以符水清洗病人,后设法让病人饮漱。中午时分,干庆苏醒,旋即张目开口,只是发不出声来,干家阖门悲喜。"猛又令以水含洒,(病者)遂起,吐腐血数升,稍能言语。三日,平复如常"[②]。干庆,晋著作郎干宝之兄。据说干宝有感于其兄死而得救和目睹亡父殉妾复生,因撰《搜神记》,行于世。

吴猛常为家乡人民治病。有一年,豫章一带发生疾疫,人们竞相向吴猛乞求符水。猛患其烦,乃画江水方圆百步,让人们随意任取,病者得水皆愈。又有道士舒道云患疟疾三年,久治不愈,吴猛授以三皇诗,让病者讽诵,待朗朗上口,疾病顿愈。庾亮为江州刺史时,曾遇疾,闻吴猛神异,乃厚礼迎之来武昌,问己疾如何,猛见亮病入膏肓,婉辞求归,后亮果然一病不起。

吴猛为人治病的事迹被蒙上一层神奇色彩,这应视作一些古史和道书的附会,故意用符水咒语一类的事对他加以神化。其实,中国历史上那些著名的

---

① 《搜神后记》卷二《吴舍人》,载《汉魏六朝笔记小说大观》,第446页。

② 刘义庆《幽明录》,载《汉魏六朝笔记小说大观》,第704页。

道家人物大多精通医术,葛洪、陶弘景等人还留下了不少珍贵的医学著作,他们为人治病是很平常的事,不足为奇。

(二)许逊的道教活动

与吴猛相关的道教人物是许逊。

许逊,字敬之,本汝南(今河南汝南县)人。祖琰、父肃,世慕道教。东汉末,群雄割据,中原大乱,其祖避乱徙居豫章,遂为南昌人。逊生七岁而孤,躬耕负薪养母,以孝悌著闻。“与寡嫂共田桑,推让好者,自取其荒,不营荣利。母尝谴之曰:‘如此当乞食无处。’逊笑与母曰:‘但愿老母寿耳。’”年青时喜欢打猎,一日入山射鹿,鹿胎从弩箭疮中流出,堕落于地,母鹿舐其子,未竟而死。逊怆然感悟,折弩而归,从此不再打猎,“励志博学,于天文、地理、阴阳、律历、纬候之书,靡不贯通,尤嗜神仙修炼之术”[①]。闻吴猛学道能通灵达圣,年二十,拜吴猛为师,传《三清法要》。后被郡里举为孝廉,不就;接着起为蜀郡旌阳(今湖北枝江县)令,史籍记载说:

> 视事之初,诫胥吏去贪鄙,除烦细,脱囚系,悉开谕以道,吏民悦服,咸愿自新。发擿如神,吏不敢欺。其听讼必先教以忠孝、慈仁、忍让、勤俭,近贤远佞,去贪戢暴,具载文诫言甚详。悉复患百里之远难于户晓,乃择秀民之有德望、与耆老之可语者,委之劝率,故争竞之风日销,久而至于无讼。[②]

与此同时,他还尽量减轻人民的租税负担,领导抗灾救灾,组织发展生产,使得社会安定,人民安居乐业。因此,他在当地吏民中具有崇高的威望,人称许旌阳。不久,东晋内乱,弃官东归,随吴猛游历江湖,传播道术。时值鄱阳湖区常为洪水所害,他率民治理,足迹遍及湖区各地,成效显著,使得民物一时安堵,赢得了人民的景仰。从此,在赣北、赣中民间广泛流传着许旌阳斩蛟治水的故事,他成了治水的英雄人物。史称:

> 自东晋乱离,江左频扰。逊所居处,环百里余,盗贼不入,闾里晏安,年谷屡登,人无灾害。其福被生灵,民莫知其所以然也。[③]

---

① 清·王谟《豫章十代文献略》卷三七《道家许逊传》,乾隆三十九年刊本。

② 《豫章十代文献略》卷三七《道家许逊传》引《真仙通鉴》。

③ 《豫章十代文献略》卷三七《道家许逊传》。

许逊死后,各地修建了不少祭祀、纪念他的道观。北宋尊他为“神功妙济真君”,因又称为“许真君”。据传,许真君以东晋孝武帝宁康二年(374年)八月一日,于洪州西山举家42口,拔宅升仙而去。乡人就在他升仙的地方建立游帷观,后改名玉隆万寿宫,这是纪念许逊最早的宫观。玉隆万寿宫又名西山许仙祠,自东晋孝武帝宁康二年修建后,至今已有一千六百多年的悠久历史。据统计,晋代在江西各地建立的道观不下52所,其中祭祀许真君或与其遗迹有关的即达13所,如建于南昌蓼子洲(今百花洲西南)的妙济观,观右有许旌阳咒剑丹井;建于青山湖口的丹霞观,有旌阳丹井,内有铁柱;建于剑湖南侧的招仙观,相传旌阳斩蛟曾磨剑于此,故湖曰剑湖,洲曰磨剑洲。

晋代以后,在江西各地陆续修建了许多万寿宫。据调查,今江西境内的万寿宫约有600所左右,已经查到的就有580多所。后来,随着江西的大量移民和赣商的足迹遍于四面八方,万寿宫(或称许真君庙、旌阳宫、江西会馆、豫章会馆等)也逐渐传布到全国各地(包括台湾),甚至传布到东南亚一带。据初步统计,明清时期,省外万寿宫约有720多座,已查出的有670多座。至今,江西人们仍在怀念他,南昌附近的一些旅游景点建有“许逊锁蛟”的大型雕像,令人肃然起敬。

(三)幸灵的活动

晋代的幸灵,则是为人治病最著名的道家人物。

幸灵,豫章建昌(今永修县西南)人。性情沉稳,少言寡语。他坚持万物各有其欲的观点。父母曾要他看守稻田,群牛食稻,灵见而不驱,待牛吃饱离开后,才去清理残乱的禾稻。父母很生气,他却说:“夫万物生天地之间,各欲得食。牛方食,奈何驱之!”其父愈怒曰:“即如汝言,复用理坏者何为?”灵曰:“此稻又欲得其性,牛自犯之,灵可以不收乎!”[1]

学道以后,他长年替人治病。有龚仲儒女,患病多年,气息奄奄,“灵使以水含之,已而强起,应时大愈”。吕猗母皇氏得痿痹病(即瘫痪症),灵为之治疗。“去皇氏数尺而坐,冥目寂然,有顷,顾谓猗曰:‘扶夫人令起。’猗曰:‘老人得病累年,奈何可仓促起邪?’灵曰:‘但试扶起。’于是两人夹扶以立。少选,灵又令去扶,即能自行,由此遂愈。”皇氏自感病得太久,担心旧病复发,灵留下一罐水,让她定时服用。皇氏每取一次水,则以新水补足,如此坚持20余年,水清如

① 《晋书》卷九五《艺术幸灵传》,第2483页。以下引文皆见本传,不另注。

新,病也不再复发。从此以后,幸灵名声远扬,百姓奔赴如云,纷纷请他治病。

十余年间,幸灵救治的病人极多,然不取报谢。他行不骑乘,长不娶妻,对人恭敬备致,见人即先拜,言则自称姓名。作为医者,他极富同情怜悯之心,“凡草木之夭伤于山林者,必起理之;器物之倾倒于途者,必举正之。”他反对把人变为奴婢,主张将所有奴婢释放,对江州各郡县的士人说:“天地之于人、物,一也,咸欲不失其情性,奈何制服人以为奴婢乎!诸君若欲享多福以保性命,可悉免遣之。”但幸灵的优良品德不能有始有终地保持下去,后乃娶妻子,蓄车马奴婢,受人货赂,医术也逐渐衰退,疗效得失相半。

(四)陆修静对天师道的整顿与改革

南朝时期,南天师道的代表人物是陆修静(见扉页插图)。

陆修静(406—477年),字元德,吴兴东迁(今浙江吴兴县)人。三国东吴丞相陆凯后裔,世为著姓。幼习儒书,博通文籍,旁究象纬,尤喜道术。“研精玉书,稽仙圣奥旨。……勤而行之,不舍寤寐。闻异人所在,不远千里而造之”[①]。及长,抛妻别子,入山修道。初隐云梦山,继隐仙都山。为了搜集道书,寻访仙踪,遍游名山,南至衡、熊、湘暨九嶷、罗浮,西至巫峡、峨眉,名声逐渐远播。刘宋元嘉(424—453年)末,市药于京师建康,宋文帝钦其道风,使左仆射徐湛之召入宫中,论道说法,不舍昼夜,帝尊异之。太后王氏雅信黄老,降母后之尊,执门徒之礼。后因避太初之难(453年,太子刘劭弑父自立,建号太初),遂拂衣南游。庐山众峰干霄,飞流注壑,窈窕幽蔼的胜景吸引住他,遂卜居庐山,于宋孝武帝大明五年(461年)在庐山东南麓瀑布岩下建立太虚观,隐居修道。泰始三年(467年),受宋明帝屡诏固请,再赴建康。明帝躬亲问道,礼遇甚厚,并特意在北郊天印山筑崇虚馆让他居住修道。宋后废帝元徽五年(477年),陆修静逝世,享年七十有二。谥曰简寂先生。取“止烦曰简,远嚣在寂”的意思。诏以其庐山旧居曰简寂观。他的遗体被徒弟们从建康运回庐山,安葬于布袋崖,其墓地也因此而称为布袋崖。

简寂观因年代久远,早已毁坏,然遗迹犹存。观内有陆修静的演经礼斗石,传说他在石上留下的履迹斑斑可见。观后有放生池、浮来石,捣药臼、听松亭等遗址。听松亭是因纪念陆修静种植松树而得名,这些松树至清代还存在。“龙鳞雪干,蔽日干霄”,“偃者拂地,耸者入云,虬枝古干,图画所不能写”[②]。一千多年

② 清·董诰等编《全唐文》卷九二六·吴筠《简寂先生陆君碑》,第10册,第9659页,中华书局影印本。

① 见清·潘耒《游庐山记》,吴阐思《匡庐纪游》。

来,一直是庐山的胜景之一。

有关陆修静的其他传说很多,如说他所种苦竹,长出的笋,其味略甜;而归宗寺腌的咸菜,其味反淡。于是庐山寺观中传言道:"简寂观中甜苦竹,归宗寺里淡咸菜。"笋菜变味,应与庐山水土有关,但这里却具有扬道抑佛的意思。

针对南朝初期天师道出现组织混乱、科律废弛的严重局面,陆修静适应形势的需要,着手对天师道进行整顿和改革。其措施主要包括以下两个方面:

一是整顿组织系统,建立"三会日"等制度。早期五斗米道的基本特征是"立治置职",即由兼具道师和官吏双重身份的道官、祭酒以管理道民,实行政教合一的统治。为了加强道官、道民之间的统属关系,陆修静相应地建立了三会日制度、宅录制度、缴纳命信制度等一套管理制度。三会日制度规定:凡三会之日[①],每个道民都必须到本师治所去进行各种宗教活动,如考核功过、受符箓契令、斋戒赏会等。所谓"宅录",类似后世的户口簿,即民众入道,须把全家的男女口数登记于册,名曰"宅录"。以后凡有人口增减变动,均须赴本师治所进行登记或注销。这样做的目的,是为了使道教组织能及时准确地掌握自己所统的道众,以便对道众进行有效管理。所谓"命信",即敬神的信物。道民凭宅录向道教组织缴纳命信,道教组织即派守宅之官予以保护,这也是道教组织管理道民的一种重要方法。

二是建立、完善道教斋醮仪轨。早期民间道教虽有一些道戒,但很不完善。陆修静在吸取佛教戒律的基础上,根据道教的特点,制订出全套完整的道教斋仪,即九等斋十二法的斋醮体系。所谓斋,是指在幽室中闭门思神箓气、习法登阶之类;法是指戒规、戒律,是道教徒用来约束自己的纪律。在九等斋中,以上清斋法为上品,天师道旧斋法为下品。施行斋法时有具体的仪式,道士在日常修行,或为人祈福禳灾、治病救度、超度亡灵时,都要遵守斋法规定的程序。为了强调斋法的重要性,陆修静一方面身体力行,亲率道士进行斋法实践;另一方面,对斋仪的重要性进行理论解释,将斋法作为求道之本。从而使得道教斋法不仅有了系统的仪式规范,而且在理论上日益成熟。

此外,陆修静还对道教经典进行了系统的整理,编纂出《三洞经书目录》。魏晋以来,随着道教的流行,大批道教经典应运而生,丰富了道教的教义,但同时也出现了滥造现象,不利于道教的发展。陆修静不辞辛劳,遍游名山,广泛收

① 三会日,是指每年正月七日、七月七日、十月五日实行三会。

集各种道经,经过三十多年的努力,考证源流,辨别真伪,分门别类,完成了道教经典的整理工作。他将道书分为“三洞”(即《洞真上清经》、《洞玄灵宝经》、《洞神三皇经》)、“四辅”(即《太玄经》、《太平经》、《太清经》、《正一经》),其中“三洞”经典是道教的主经,分为12类;“四辅”经则是对“三洞”的阐述和补充。在此基础上,于泰始七年(471年)完成了《三洞经书目录》的编纂。该书共1,228卷,是我国道教经典的第一部目录专著,不仅为道教的发展提供了有利条件,而且为后来《道藏》一书的编纂奠定了基础。

在整理的同时,陆修静还编纂了很多道经。先后撰有《道德经杂说》、《灵宝经目序》、《升元步虚章》、《灵宝步虚词》、《步虚洞章》、《明法论》、《自然因缘论》等各1卷,以及《金箓斋仪》、《玉箓斋仪》、《九幽斋仪》、《解考斋仪》、《涂炭斋仪》等著作。可惜这些著作今已大多失传。

第二节
崇儒兴学风气的形成

一、儒家经学文化的广泛传播

自从西汉武帝采纳了大儒董仲舒的建议,实行“罢黜百家,独尊儒术”后,儒家经学便成为占统治地位的思想意识形态。但汉武帝独尊的是一种新儒学,它与先秦儒家大不相同,最明显的区别是披上了一层神秘的外衣。董仲舒提出了“天人感应”说和“君权神授”说等著名唯心主义理论,把天解释为至高无上的神,把人君说成是天之子,天子是代表天来进行统治的,所以皇帝的统治是永恒的,“天不变道亦不变”,人民不能反抗,否则便会得罪于天,天就要降下灾祸予以惩罚。这种神学经学完全是为西汉统治服务的。

东汉建立后,刘秀大力提倡谶纬迷信,使儒家经学更加神秘化。建初四年(79年),汉章帝于白虎观会议后,命班固写成《白虎通义》一书,把儒家经学同阴阳五行、谶纬迷信紧密结合起来,广泛地解释自然界、各种社会现象、政治制度及一切道德规范,使神学经学更加理论化、系统化,成为当时一部法典。随着东汉帝国的逐步崩溃,神学经学便失去了往日的神圣光环而变得黯然失色,再也起不到欺骗和束缚人民的作用,它的独尊地位丧失了。

曹魏时,玄学开始取代儒学而成为主要的社会思潮。玄学导源于老子、庄子,由《老子》、《庄子》、《周易》三书构成,号称三玄,是儒、道结合的产物。何晏、王弼首开其端,他们的核心思想是“贵无”、“无为”,以为“天地万物皆以‘无’为本”,把“无”看成是宇宙万物的“本体”,是万物的创造主。继何、王之后,是魏晋之际以阮籍、嵇康为首的“竹林七贤”。阮、嵇发展了“贵无”思想,崇尚自然,反对名教。阮籍讥讽礼法之士犹如裤缝中的虱子,“行不敢离缝际,动不敢出裤裆”;一个个想做大官,“上欲图三公,下不失为九州牧”。常常翻着白眼对待他们。甚至公开咒骂封建礼教:“汝君子之礼法,诚天下残贼乱为、死亡之术耳!”[①]他认为“君立而虐生,臣设而贼生,坐制礼法,束缚下民”,统治阶级无故制定了礼法,目的是为了束缚人民。嵇康则公开宣称:“老子、庄子,吾之师也。”他“轻贱唐虞而笑大禹”、“又每非汤武而薄周孔”,指斥“(儒家)六经未必为太阳”,不学六经“未必为长夜”[②]。进而对儒家的经典、礼仪进行辛辣的讽刺,他说:一看到儒家的文章典籍,就会使人眼睛发花;按儒家礼仪作揖跪拜,就会驼背;穿上儒家的朝服,身子就会抽筋;谈论儒家礼仪典章,会长虫牙。所以这些东西全该抛弃。

西晋一朝,玄风更盛。以尚书令王衍、河南尹乐广为首的风流名士皆醉心清谈,朝野之人争相慕效,一大批名士应运而生,其中最著者有所谓“四友”、“八达”[③]。这些高官显宦竟日清谈,甚者去巾帻,脱衣服,露丑态,同禽兽,终于导致亡国。

东晋玄学一枝独秀,主轴当政的王导、庾亮、桓温、谢安等人,无一不是清谈名流。不过他们的共同倾向却是“遵儒家之教,履道家之言”,虽出入玄儒,然立身行事仍以儒学为准绳,涉入玄风而又不自囿于玄。由于受西晋玄风的影响,仍有不少官僚名士,“居官无官官之事,处事无事事之心”。在玄学的猛烈冲击下,“魏、晋浮荡,儒教沦歇,公卿士庶,罕通经业矣”[④]。

当玄学泛滥、儒学式微之际,江州虽也受到一定程度的影响,但崇儒的氛围仍然较浓,儒家经学文化在各郡继续得到广泛传播。豫章、鄱阳等郡的多任太守都很重视儒学,如顾邵、孔冲、虞溥、范宁、张缅等人。他们在任期间,或大兴学校,广招生徒,传授儒家《五经》;或亲自讲授儒家经典,使豫章、鄱阳一带

---

① 阮籍《大人先生传》,载《全上古三代秦汉三国六朝文》,第1315页。

② 嵇康《卜疑》、《与山巨源绝交书》,载《全上古三代秦汉三国六朝文》,第1321、1322页。

③ 王澄、王敦、庾敳、胡毋辅之4人皆为王衍所昵,号“四友”;阮放、毕卓、羊曼、桓彝、阮孚、光逸、胡毋辅之8人皆以放任为达,称“八达”。

④ 《陈书》卷三三《儒林传》前论。

崇儒读经蔚为风气。

东吴豫章太守顾邵，上任伊始，祭扫徐孺子之墓；对于“小吏资质佳者，则令就学，择其先进，擢为右职，举善以教，风化大行”[①]。在任五年，卒于豫章。

西晋鄱阳内史虞溥、东晋豫章太守范宁在郡大兴学校，成就卓著。

西晋豫章太守、会稽人孔冲在郡兴学，生徒来自四面八方，并亲自授业。史称：“许孜，东阳吴宁（今浙江金华）人。孝友恭让，敏而好学。年二十，师事豫章太守会稽孔冲，受《诗》、《书》、《礼》、《易》及《孝经》、《论语》。学竟，还乡里。”[②]

梁大同五年（539年），张绾出为豫章内史，也在郡内设学讲授，“四姓衣冠士子听者常数百人”[③]。

一些儒家学者也纷纷来到江州讲学，在他们的影响下，江州人士都爱好经学。东晋的范宣、萧梁的太史叔明是其中最突出的代表。

范宣一生以讲授为事，为豫章培养了不少儒学人才。

太史叔明，吴兴乌程（今浙江吴兴县）人，东吴大将太史慈的后裔。“少善庄、老，兼治《孝经》、《礼记》，其三玄尤精解，当世冠绝，每讲说，听者常五百人”。他是个以儒为主、儒玄兼修的人物，故《梁书》将他列入《儒林传》。邵陵王萧纶爱其有学问，大同三年（537年）正月，二为江州刺史，乃携叔明之镇。六年二月，萧伦迁郢州刺史，叔明又随府。“所至则讲学，江外人士皆传其学焉”。[④]太史叔明随萧伦在江州前后达三年之久，其间讲学不辍，对江州经学文化的传播作出了一定的贡献。

二、虞溥、二范大兴崇儒兴学之风

魏晋南朝时期，在江西崇儒兴学最著者，当推虞溥、范宣、范宁三人。

西晋虞溥是在江西地区最早兴办官学而又最有成效的人。

虞溥，字允源，高平昌邑（今山东巨野东南）人。父秘，为偏将军，镇陇西。溥随父至任所，专心攻读文籍，对疆埸阅武之事，从不过目。不久，被郡察举为孝廉，除郎中，补尚书都令史。尚书令卫瓘、尚书褚略都很器重他。继迁公车司马令，除鄱阳内史（职同太守）。在郡“大修庠序（学校），广招学徒”，向所属各县下

---

① 《三国志》卷五二《吴书·顾雍传子邵附传》，第1229页。

② 《晋书》卷八八《孝友许孜传》，第2279页。

③ 《梁书》卷三四《张缅传弟绾附传》，第504页。

④ 《梁书》卷八四《儒林太史叔明传》，第679页。

发文告，宣传办学的意义。文告中说：

> 学所以定情理性而积众善者也。情定于内而行成于外，积善于心而名显于教，故中人之性随教而移，善积则习与性成。……今四海一统，万里同轨，熙熙兆庶，咸休息乎太和之中，宜崇尚道素，广开学业。

虞溥表示，自己办学的目的，是要通过教育来培养人们善良的思想品德，认为现在全国统一了，天下太平，正是大办教育的好时机。在他的宣传下，一时受学者七百余人。对于来自各县的生徒，虞溥又作文诰教育和鼓励他们勤奋求学。他说：诸生皆冠带之人，年轻志盛，刚进入学校，讲修经典，这是成大业、立大德的基础。

他主张学生要勤学苦练，这样就会“所观弥广，所习弥多，日闻所不闻，日见所不见，然后心开意朗，敬业乐群”。学习有所成就，自然就会发生兴趣。

他又主张学生要立志，学习要持之以恒。“夫学者不患才不及，而患志不立，故曰希骥之马，亦骥之乘，希颜之徒，亦颜之伦也。又曰契而舍之，朽木不知；契而不舍，金石可亏。”

他还主张为学在于日积月累。“积一勺以成江河，累微尘以成峻极，匪志匪勤，理无由济也。”他要求学生在“口诵圣人之典”的同时，要好好体会这些训示，“比及三年，可以小成”，日后名声就会越来越大，“朋友钦而乐之，朝士敬而叹之。于是州郡交辟，择官而仕，不亦美乎”[①]可见，虞溥办学的根本目的是为了让更多的学生成名，将来“择官而仕”，更好地为西晋统治者服务。不过，他办学的许多方法和经验还是值得后人借鉴的。

虞溥办学，轰动一时，对于鄱阳地区来说，学校盛况尤为空前，它又直接影响到后来的发展。

虞溥学问渊博，精通经传史籍。除大力办学外，还注《春秋经》、《左传》，并撰《江表传》及文章诗赋数十篇。《江表传》是研究三国历史，尤其是东吴史的珍贵史料。后卒于洛阳，时年六十二。

东晋初，范宣在豫章聚徒讲学，卓有成效。

范宣，字宣子，陈留（今河南开封市东）人。从小好学，年十岁，能诵《诗》、

---

① 《晋书》卷八二《虞溥传》，第2139—2140页。

《书》,常手不释卷,以夜继日,遂博览群书,尤善《三礼》。东晋初徙家于豫章,太守殷羡见到他的茅草屋顶很破旧,想为他改宅,范宣坚决辞绝。庾爰之以宣素贫,加上荒年疾疫,厚饷给之,宣又不受。

范宣重视儒学,不谈老、庄,对魏“正始(240—249年)以来,世尚老庄。逮晋之初,竞以裸裎为高”的社会风气表示反对。虽闲居贫困,常以讲诵为业。谯国(今安徽亳县)戴逵等许多学者“皆闻风宗仰,自远而至”,都来向他求教。以至“讽诵之声,有若齐鲁”。

范宣一生拒绝做官,隐居教授,以学业为务,对促进民间学术与文化的发展,作出了有益的贡献。

继范宣之后,“太元(376—396年)中,顺阳范宁为豫章太守,宁亦儒博通综,在郡立乡校,教授恒数百人。由是江州人士并好经学,化二范之风也”[②]。儒家经学文化在江西地区得以盛行,主要应归功于范宣与范宁。

范宁(339—401年),字武子,南阳郡顺阳县(今河南南阳县)人。出身于士族家庭,其父范旺,曾任东阳(今浙江金华)太守,在郡大兴学校,甚有惠政,累官至徐、兖二州刺史。范宁从小专心好学,多所通览。当时社会上崇尚老庄,奢谈玄学,蔑视儒家礼法,他认为“其源始于何晏、王弼,两人之罪深于桀纣”。他主张“崇儒抑俗”,并撰文说:

> 王、何蔑弃典文,不遵礼度,游辞浮说,波荡后生,饰华言以翳实,骋繁文以惑世。……吾固以为一世之祸轻,历代之罪重,自丧之衅小,迷众之愆大也。

范宁正直敢言的为人,遭到了权臣桓温的排斥。及桓温卒后,宁康元年(373年),始出仕为余杭令。“在县兴学校,养生徒,洁己修礼,志行之士莫不宗之。期年之后,风化大行。”在职六年,迁临淮太守,拜中书侍郎,指斥朝士,直言无讳。

太元十四年(389年)十一月,范宁遭到佞臣王国宝与琅邪王司马道子的诋毁和排斥,出为豫章太守。上任前夕,他向晋孝武帝上疏陈述时政,主张减轻赋役,实行土断,裁并郡县,节制对地方长官的送故迎新,禁止任意让百姓服兵

② 《晋书》卷九一《儒林范宣传》,第2360页。

役,提高服役年龄。

来到南昌之后,“在郡大设庠序,遣人往交州采磬石,以供学用,改革旧制,不拘常宪。远近至者千余人,资给众费,一出私禄。并取郡四姓子弟,皆充学生,课读《五经》。”又起学台,将全郡的教育办得有声有色。豫章郡出现如此大的办学规模,是前所未有的盛况。为了办好学校,上千学生的各项费用,竟然全由私俸禄供给,这在江西历史上也是绝无仅有的事。为此,史家评述说:晋“自中兴以来,崇学敦教,未有如宁者也。”[①]宋代无名氏《豫章续志》作《范武子赞》,对其反对玄学清谈、兴学重教也给予高度评价,赞云:

> 武子名家,好学多闻。进不附势,见抑于温。弼晏崇虚,蔑弃典文。祸深桀纣,乃坐清言。我辞辟之,既塞乱源。言以述志,位以行道。粤自为邑,亟兴学校。暨登牧守,益明孔教。俗尚礼乐,人知忠孝。志与道行,世推儒效。

他还改建南昌城墙。郡城先有六门,范宁全部改建重楼,增开两门,合为八门,方便出入。与此同时,他又勤于为政,派遣十五议曹下到所属县城,察访民情,了解各县官吏为政情况,并经常向休假还府的属吏讯问官长得失,以加强对全郡的治理。

正当范宁在南昌大力兴学重教之时,江州刺史王凝之却上奏朝廷,指斥他出宰名郡而肆意奢华,私增城门,浪费民力,自置家庙等等。范宁因此被免官。晋孝武帝以其一心在于办学,并未加罪于他,不久被赦免。免官后,范宁家于丹杨(今属南京市),犹勤于经学,终年不辍。著《春秋穀梁传例》1卷、《春秋穀梁传集解》12卷,其义精审,为世所重。隆安五年(401年)卒于家,享年六十三。

三、“翟家四世”和“寻阳三隐”

西晋末年,发生了永嘉大乱,时局动荡,干戈相寻,民不聊生。与此同时,玄学盛行。不少读书人和士大夫为逃避乱世、保全性命而厌弃仕途,不愿过问世事,借隐居以终其身。晋、宋期间,隐居庐山的著名隐士有所谓“翟家四世”和“寻阳三隐”,他们在儒学、佛学、玄学诸方面都是较有影响的江州人物。

---

① 上引史料见《晋书》卷七五《范宁传》,第1984—1988页。

“翟家四世”是指隐迹庐山的翟汤、翟庄、翟矫、翟法赐一家四代。

翟汤(约272—344年),字道渊,寻阳柴桑人。为人敦厚纯朴,仁让廉洁。然不问世事,常耕而后食,人有馈赠,虽斗升一无所受,名德闻于远近。寇盗畏其名,皆不敢犯,乡人都依赖他。他不求仕进,性爱山水。东晋初,司徒王导征辟他为官,辞不就,隐居庐山。始安太守干宝与翟汤世交甚厚,有通家之谊,见其清贫,特派人给他送去一船货物,并叮嘱下吏说:“翟公廉让,卿致书讫,便委船还。”[①]翟汤无法送回船货,只得将货物变卖,换成绢帛,然后寄还干宝,干宝深为叹服。咸康(335—342年)中,征西大将军庾亮上疏推荐他,成帝征之为国子博士(国家最高学府教官),汤又婉辞不受。

翟汤虽隐迹山林,不问世事,却十分关心国家的统一大业。建元初(343年),安西将军、荆州刺史庾翼举兵北伐,征讨后赵石虎,大批征发境内的僮仆、宾客当兵服役,特下令主管官吏免除翟汤的调役。翟汤闻知北伐,立即将家中仅有的几个仆隶悉数交给乡吏,乡吏奉命不敢受。翟汤根据调役期限,又及时将仆隶放免,使之成为国家编户,向官府纳税服役。翟汤的名德再次闻于朝廷,康帝又征辟他为散骑常侍(皇帝侍从,居官三品),汤以老疾为由坚辞不受。不久,卒于家,享年七十有三。

汤子庄,字祖休。从小以孝悌友爱著名,遵父节操,不交人物,耕而后食,语不及俗,惟以弋钓为事。及长,不再打猎。有人问他:“渔猎同是害生之事,而先生止去其一,何哉?”庄答曰:“猎自我,钓自物,未能顿尽,故先节其甚者。且夫贪饵吞钩,岂我哉!”[②]时人以为知言。晚年也不再鱼钓,端居筚门。他一生多次辞绝朝廷和州府的辟命,不肯出来做官。年五十六,卒于家。

庄子矫,也有高操,隐居庐山,屡辞辟命。

矫子法赐,学问博洽,也不愿做官,州郡、朝廷先后辟举他为州主簿、右参军、著作佐郎、员外散骑常侍,一概回绝。他躲到庐山顶峰结茅隐居,丧亲后,便不再回家。法赐不食五谷,靠野生植物充饥,以兽皮结草为衣,虽乡亲中表,莫得相见。后老死于岩谷之间,不知年月。

“寻阳三隐”是指隐居庐山的周续之、刘遗民、陶潜。

周续之(377—423年),字道祖,雁门广武(今山西代县)人。其先世避乱南

① 《晋书》卷九四《隐逸翟汤传》,第2445页。

② 《晋书》卷九四《隐逸翟汤传子庄附传》,第2445页。

渡，居家豫章建昌(今永修)县。续之从小很孝悌，八岁丧母，哀戚过于成人，奉兄如事父。豫章太守范宁在郡立学校，招集生徒，不少学生从很远的地方来南昌入学就读。续之年十二，诣宁受业。在校数年，通《五经》、《五纬》，号曰十经，名冠诸生，号称“颜子”(颜子即孔子的大弟子颜回，字子渊，道德学问数第一)。从郡学回家，闲居读《老子》、《周易》。随后入庐山东林寺，师事慧远，学习佛法。他在庐山过着隐居生活，终身不娶妻，布衣蔬食。

续之一生不愿做官，但并不与官场断绝往来。东晋末，豫州刺史刘毅镇姑孰，任命他为抚军参军，又征太学博士，并不应命。“江州刺史每相招请，续之不尚节义，颇从之游”。刘裕北伐，留世子居守，迎续之至建康，为世子讲《礼》，月余复还山。江州刺史刘柳向刘裕荐举他，辟为太尉掾，不就职。刘裕禅代称帝后，“复召之，乃尽室东下。上为开馆东郭外，招集生徒”。刘裕亲临馆中，“并见诸生，问续之《礼记》‘傲不可长’、‘与我九龄’、‘射于矍圃’三义，辨析精奥，称为该通”[①]。景平元年(423年)，病卒于钟山，时年四十七。续之精通儒家经典，通《毛诗》六义及礼论，注《公羊传》，皆传于世。

刘遗民，本名程之，字仲思，彭城人。入庐山后，改称遗民，意为国家遗弃之民。他熟悉诸子百家，精通老庄哲学，又倾心佛教。东晋末，曾受到殷仲文、桓玄的赏识，一度做过短时间的柴桑令和府参军。但他无心官场，因好佛，遂于晋安帝元兴二年(403年)十二月，率家人来到庐山西林寺的涧北，开始了隐居生活。前后居山十二年，与东林寺高僧慧远结下深厚的情谊，与慧远等人共结白莲社，坚持净土信仰，撰写《发愿文》，期生西方净土。由于他安贫守志，精研玄理，遵守佛教戒律，力求把儒、佛、道三家糅合于一起，并坚持身体力行，因而受到许多崇佛士人的推崇和敬仰。义熙六年(410年)，病逝于庐山。

“寻阳三隐”之中，以陶潜的名声最大、影响最为深远。

陶潜(365—427年)，字渊明。或说他名渊明，字元亮，隐居之后才改名潜。曾著《五柳先生传》以自比，故自称五柳先生。寻阳柴桑(今九江市)人。出身于没落的士族家庭，其曾祖陶侃，官拜东晋太尉、封长沙郡公，位极人臣，死后追赠大司马。祖父陶茂，做过武昌太守。父陶逸也曾出仕，但很早去世，家境日渐中落。

陶潜生活于晋、宋易代之际，其时的民族矛盾、阶级矛盾和统治阶级内部矛盾都很尖锐。他少怀高尚之志，以济天下苍生为己任，博学善为文章，才华出

① 《宋书》卷九三《隐逸周续之传》，第2280—2281页。

众,任真自得,为乡邻所敬重。以亲老家贫,二十九岁时开始出仕,任江州祭酒(州学官),因不堪吏职,少日即弃官归家。后又陆续在桓玄、刘裕、刘敬宣手下做过参军之类地位不高的官职,时隐时仕。

义熙元年(405年)八月,年四十二,出任彭泽县令,这是陶潜最后一次做官。上任后,他要将"在县公田悉令种秫谷,曰:'今吾常醉于酒足矣。'妻子固请种秔(粳稻),乃使一顷五十亩种秫,五十亩种秔"。他一向为人清高,不愿巴结上司。郡遣督邮来县巡察,县吏要他束带整衣相见,陶潜叹息道:"吾不能为五斗米折腰,拳拳事乡里小人邪!"义熙二年,解印绶去官,在任仅80余天,并赋《归去来辞》说:"归去来兮,田园将芜,胡不归?"[①]表明他从此彻底脱离官场,决心过隐居生活。

陶潜归隐之后,回到庐山南麓的家乡上京(今玉京山)。其《还旧居诗》云:"畴昔家上京,六载去还归。"这时,他尚有田宅奴仆,自己"不营生业,家务悉委之儿仆"。所以开始一段时间,生活还算安定,有时也参加一些农业劳动;但更多的时候是去田舍、庐山游观,遇酒则饮,饮则必醉;或读书、吟诗、抚琴、采菊,怡然自得,乐在其中。其妻翟氏,亦柴桑人,与潜志趣相同,"能安苦节,夫耕于前,妻锄于后"[②]。

义熙四年(408年)六月,家中失火,庐舍被毁,一家大小暂时栖息船上。其《戊申岁六月中遇火诗》记述说:"正夏长风急,林室顿烧燔。一宅无遗宇,舫舟荫门前。"后移居栗里(今星子县温泉乡)。加之连年灾荒,生活逐渐艰难。

永初元年(420年),刘裕代晋建宋,邀请他出来做官。但他"自以曾祖晋世宰辅,耻复屈身后代",不肯出仕。此后,"所著文章,皆题其年月,义熙以前,则书晋氏年号,自永初以来唯云甲子而已。"表明他对刘宋朝廷的抵制和不合作态度。唐人撰《九江志》咏其事:"先生拂衣归柴桑,视时富贵犹秕糠。义心耻食易代粟,督邮于我何低昂。"

陶潜晚年身患疾病,腿脚不便,失去劳动能力,因而穷困潦倒,饥寒交迫,有时甚至靠乞食为生。他在诫子书中曾说:"吾年过五十,而穷苦荼毒,以家贫弊,东西游走。"[③]宋文帝元嘉四年(427年),在贫病交加中离开人世,享年六十三。后谥靖节征士。

① 《晋书》卷九四《隐逸陶潜传》,第2460页。

② 《豫章十代文献略》卷四一《列女》,乾隆三十九年刊本。

③ 《宋书》卷九三《隐逸陶潜传》,第2288—2289页。

陶潜生有五子：俨、俟、佚、份、佟。

陶潜著文十卷，后人编为《陶渊明集》。他在庐山留有陶宅、醉石、濯缨池、五柳馆、归去来馆、陶墓等遗址，供人们瞻仰和凭吊。

第三节 文学、史学成就及其他

一、著名诗人陶渊明

晋代江西地区发达的学校教育和文化，造就了一代著名诗人陶渊明。

陶渊明一生的文学创作，无论在诗歌、散文还是辞赋等方面都有很高的成就。现存作品大都写于归隐之后，有诗一百六十余首，散文辞赋等十多篇。其中对后世影响最大的是诗歌，分为田园诗和述怀诗两类。而最为人们所传诵的大多是歌咏农村景色和村居生活的田园诗，这些诗作情真意切，格调清新，语言简洁含蓄，富有韵味，与当时泛滥的玄言诗、山水诗形成鲜明对照。田园诗约占诗歌总数的1/3，故历来论诗者都把陶渊明看作"田园诗人"或"隐逸诗人"。

陶渊明的田园诗，以朴素的语言，清淡的笔调，深邃的思想，描绘了对优美而宁静的村居生活的热爱，对劳动的感受，和对农民的深深同情，反映了诗人归隐后的欢乐、痛苦和希望。早在诗人归隐之前，就已经在诗歌中流露出了对这种生活的向往。如《辛丑岁七月赴假还江陵夜行涂口》一诗写道：

> 商歌非吾事，依依在耦耕。
> 投冠旋旧墟，不为好爵萦。

这时，诗人已经出仕过两次，对官场的丑恶早有深刻的认识，开始感到厌倦，弃官归隐的念头酝酿成熟。所以当他销假赴职之时写下这首诗，表明自己决心离开官场，回到家乡过村居生活。归隐之后，通过躬耕的实践，这一思想得到进一步的发展，在诗中也表现得更加明确。他的许多杰出代表作，都是归隐后的产物，其中最著名的是《归田园居》五首。在第一首中，诗人兴奋地写道：

> 少无适俗韵，性本爱丘山。

误落尘网中，一去三十年。
羁鸟恋旧林，池鱼思故渊。
开荒南野际，守拙归园田。
方宅十余亩，草屋八九间。
榆柳荫后檐，桃李罗堂前。
暧暧远人村，依依墟里烟。
狗吠深巷中，鸡鸣桑树巅。
户庭无尘杂，虚室有余闲。
久在樊笼里，复得返自然。

在诗中，诗人把仕途称作“尘网”，把官场比作“樊笼”，现在终于冲破樊笼，重返大自然。呈现在诗人眼前的是方宅、草屋、远村、近烟、狗吠、鸡鸣，本来极为平常的村居景物，在他的笔下却充满了诗情画意，毫无矫揉造作，表现了诗人“复得返自然”的喜悦心情。使人读后感到亲切自然，有一种美的享受。

乡村中恬静的环境和优美的景色，深深地吸引着诗人。他亲自参加农业劳动，闲暇时读书，欢乐时饮酒，以至暂时忘却了政治上的失意和生活上的贫困。他在这种简朴的生活中找到了乐趣，感到自己托身得所，可以超然于污浊的现实之外，坚持自己的志趣和理想。这时他的心情是愉快的。他写了不少有关劳作的诗篇，来歌唱这种陶然自乐的生活。如《归田园居》第三首：

种豆南山下，草盛豆苗稀。
晨兴理荒秽，带月荷锄归。
道狭草木长，夕露沾我衣。
衣沾不足惜，但使愿无为。

从早晨下地锄草，直到月亮出来才扛着锄头回家。诗人不辞辛劳，躬耕自资的精神弥足珍贵。诗中既表现了参加劳动的喜悦，也体现了劳动的艰辛，但诗人的心情是欢快的。在《庚戌岁九月中于西田获早稻》一诗中，更直接地描述了劳动的艰辛，诗中写道：

晨出肆微勤，日入负耒还。

山中饶霜露,风气亦先寒。
田家岂不苦?弗获辞此难。

又《读山海经》第一首:

孟夏草木长,绕屋树扶疏。
众鸟欣有托,吾亦爱吾庐。
既耕亦已种,时还读我书。
穷巷隔深辙,颇回故人车。
欢言酌春酒,摘我园中蔬。
微雨从东来,好风与之俱。
泛览周王传,流观山海图。
俯仰终宇宙,不乐复何如。

初夏之际,草木繁茂,万物峥嵘。在这美好的时节,诗人耕地、播种、摘菜、读书、观图,其乐无穷。"不乐复何如",正是这种心情的写照。

其《饮酒》是典型的述怀诗。第五首写道:

结庐在人境,而无车马喧。
问君何能尔,心远地自偏。
采菊东篱下,悠然见南山。
山气日夕佳,飞鸟相与还。
此中有真意,欲辩已忘言。

诗人的村居生活是宁静的,没有世俗交往的喧扰。他视社会兴衰、清浊、功利而不见,置个人穷达、祸福、得失于不顾,反映了心志高远、不受尘俗干扰的人生态度。"采菊东篱下,悠然见南山"两句,表现出诗人在大自然面前悠然自得的心理状态。正是在这一心理状态下,诗人感到了隐居的乐趣和彻悟人生真谛后的愉悦。

他的不少诗歌还描写了与农民的交往。如《归田园居》其二:

时复墟曲中，披草共来往。
相见无杂言，但道桑麻长。

又《移居》诗其二写道：

春秋多佳日，登高赋新诗。
过门更相呼，有酒斟酌之。
农务各自归，闲暇辄相思。
相思则披衣，言笑无厌时。
此理将不胜，无为勿去兹。
衣食当须纪，力耕不吾欺。

这些诗均表现出了诗人与农民的频繁交往，与乡邻的融洽关系。他们过门相呼，有酒共酌，相互思念，言笑自若。“相见无杂言，但道桑麻长”则表达了诗人对家乡农业丰歉和农民生活的极大关怀之情。

除诗歌之外，陶渊明的散文和辞赋也很出色，几乎篇篇都是上乘之作，富有高度的艺术魅力。

散文之中，《桃花源记》是最著名的代表作。文中虚构了一个乌托邦式的世外桃源，这里桃花夹岸，“中无杂树，芳草鲜美，落叶缤纷”，风景如画。进入桃源，但见“土地平旷，屋舍俨然，有良田美池桑竹之属。阡陌交通，鸡犬相闻”。人们“往来种作，男女衣著，悉如外人；黄发垂髫，并怡然自乐。”他们“不知有汉，无论魏晋”。诗人以极优美而精练的语言，细腻的笔调，把幽美的桃源，描绘得亲切逼真，如诗如画，使读者宛若身临其境。文中的美好图景，和当时人民在封建统治阶级的残酷压榨之下，被弄得家破人亡的血腥现实形成鲜明的对照，反映了广大农民要求摆脱残酷压迫剥削的善良愿望和美好理想，其杰出的思想意义不言而喻。

《五柳先生传》也是一篇颇具特色的优秀散文。

辞赋则以《归去来兮辞》最为著名。该赋作于诗人归隐之初，赋的开头即表明了决心辞官归隐的心愿：“归去来兮，田园将芜胡不归？”接着，描写了想象中的归途景象和还乡后的生活：“舟遥遥以轻飏，风飘飘而吹衣。……乃瞻衡宇，载欣载奔。童仆欢迎，稚子候门。三径就荒，松菊犹存。携幼入室，有酒盈樽。引壶觞以自酌，眄庭柯以怡颜……”全赋语言质朴自然，清新流畅，毫无雕凿痕迹，抒情色彩浓厚，既有诗意，又富哲理，给人以强烈的感染力，曾被唐宋八大家之一的欧阳修誉为晋代文章中最好的作品。

陶渊明的诗文具有很高的艺术成就。

首先，他的诗文简洁而含蓄，外表平淡而内容丰富，意境高雅。陶诗都是短短的抒情之作，绝少冗长的描写，更无空泛的议论。其代表作如《归田园居》、《饮酒》等都给人一种“言有尽而意无穷”的感觉。南朝诗评家钟荣说陶诗“殆无长语”，指的就是这种情形。这是他同时代的许多诗人难以企及的。

随着生活环境的变化，个人创作的发展，陶渊明后期诗歌开始出现了豪放的风格，创作了一些情绪激昂、金刚怒目式的作品。如《咏荆轲》一诗中，诗人用“雄发指危冠，猛气冲长缨”的诗句，来刻画荆轲及其友人在易水饯别时那种英雄形象。全诗以“惜哉剑术疏，奇功遂不成。其人虽已殁，千载有余情”结尾，表达了诗人对荆轲失败的惋惜，对英雄由衷的仰慕。

其次，陶诗技艺高超，风格独特。诗人无论对田园景物、个人日常生活的描写，还是对情感世界的刻画，都善于从普通的景色中发现和捕捉自然美，形诸笔端，成为优美的画面。如《癸卯岁十二月中作与从弟敬远》一诗中，用“倾耳无希声，在目皓已洁”十个字描写雪景，就把雪的缥缈洁白的形象写得十分传神。而《饮酒》诗第五首中的“采菊东篱下，悠然见南山”，更是传诵千古的名句。陶诗有自己的风格，显得“平淡”、“自然”，而又独具匠心。无论是写景、抒情，使用的都是极精练的语言和平易的词句，却显得栩栩如生。诗人如果没有驾驭语言的神奇能力，则是无法做到的。

再次，陶诗的艺术成就，还表现在其作品的浑厚与完整上。陶渊明继承了汉魏诗歌“气象混沌，难以句摘”的作风，讲究通篇的浑厚，而不去斤斤计较一二句名句。其实他的诗文往往全篇都好，显不出哪几句突出。如果说名句，几乎无处不有。

总的说来，陶渊明的诗文，不论在思想内容还是艺术成就上，都远远超出了同时代的许多诗人，在中国文学史上占有重要的地位。他以自己的创作实践，突破了当时玄言诗的藩篱，给整个诗坛带来了清新的空气。他以自己的村居生活为题材，开田园诗之先河，扩大了诗歌创作的范围。他以质朴的文风，一改汉赋堆砌辞藻、华丽铺张的弊病，为诗歌创作开创了一条清新活泼、平淡自然的道路。

作为东晋一代著名诗人的陶渊明，深受后世文人士大夫的爱慕和景仰，其作品对后世产生了重大而深远的影响。他那高尚的气节和人格成为后世文人士大夫立身行事的楷模，他的诗文创作也为后世开辟了一片新天地，是中国文学史上最伟大的诗人之一。

但是，在晋宋之际及稍后的南北朝，却并未引起人们普遍关注和足够重视。陶渊明去世后，其友人颜延之为之作《陶征士诔》并序，文中侧重叙述了他“陈书辍卷，置酒弦琴”的隐士生活，只字不提他的文学活动，根本不理解其作品的价值。梁代沈约的《宋书》和唐人撰写的《晋书》、《南史》，也都把他归入《隐逸传》，对其文学成就同样缺乏认识。沈约之后的钟荣和萧统开始注意到陶渊明的创作，但钟荣的《诗品》称其为“古今隐逸诗人之宗”，仅将其作品列入中品，对他的评价还不如当时一些雕章琢句的文人；刘勰的《文心雕龙》则只字不提陶渊明；萧统推崇陶渊明率真自得的个性，为其人作传，为其集作序，在编辑《文选》时选录陶渊明的诗文，这算是对陶渊明及其作品较为重视了。但《文选》仅选录陶渊明的诗文9篇，而选录谢灵运的诗文则多达40篇，颜延之的诗文也达18篇。可见陶渊明及其作品在当时的境遇。

唐以后，陶渊明逐渐引起了人们的重视，他那恬淡质朴的诗风与田园题材对唐代诗人产生了巨大的影响。王维、孟浩然、韦应物、柳宗元四大山水诗人都明显受到他的熏染，写下大量的山水田园诗；李白、杜甫都曾从陶诗中吸取过营养。白居易还专门写出了《效陶潜体诗十六首》，已开始把陶渊明的诗歌当作一种体裁加以效法，说明陶渊明已逐步广泛地为唐人所接受。

宋以后，陶渊明开始真正地被人们广泛接受，影响日益巨大。钱钟书在《谈艺录》一四·陶诗显晦条说：

> 渊明文名至宋而极，永叔推《归去来辞》为晋文独一，东坡和陶，称陶为曹、刘、鲍、谢所不及。自是厥后，说诗者几于万口同声，翕然无间。①

于是，人们纷纷为陶渊明作年谱、写评论，为陶诗解读、注释，掀起了一个学习、研究陶渊明的热潮。不少人以陶渊明为榜样，大力倡导朴素的诗风，如晏殊和梅圣俞论诗时说：

> 宁从陶令野，不取孟郊新。

宋代的许多词人也在自己的作品中，对陶渊明的人格和诗文大加吟咏。如

① 钱钟书《谈艺录》，第88页，中华书局，1984。

辛弃疾《鹧鸪天·读渊明诗不能去手,戏作小词以送之》:

晚岁躬耕不怨贫,只鸡斗酒聚比邻。都无晋宋之间事,自是羲皇以上人。千载后,百篇存。更无一字不清真。若教王谢诸郎在,未抵柴桑陌上尘。

又其《水调歌头·赋松菊堂》:

渊明最爱菊,三径也栽松。

刘克庄《水龙吟》:

平生酷爱渊明,偶然一出归来早。

黄升《贺新郎》:

柴桑心事君知否。把人间功名富贵,付之尘垢。不肯折腰营口腹,微官不受,一笑归欤五柳。

凡此种种,不胜枚举。金代元好问在反对形式主义诗风时说:

君看陶集中,饮酒与归田。此翁岂作诗,真写胸中天。天然对雕饰,真赝殊相悬。乃知时世妆,纷绿徒争怜。枯淡足自乐,勿为虚名牵。①

直至今日,陶渊明仍然受到人们的景仰,其作品被广为传诵。

在充分肯定陶渊明及其文学成就的同时,也不应忽视其消极的一面。他那逃避现实、乐天知命的人生态度,曾给后世一些诗人带来了不良的影响。当有些诗人在政治上失意时,往往以陶诗自遣。如白居易《效陶潜体诗十六首》:

篇篇劝我饮,此外无所云。我从老大来,窃慕其为人。其它不可及,且效醉昏昏。

① 《元遗山诗集笺注》卷二《继愚轩和党承旨雪诗四首》其四。

苏轼欣赏陶诗,也更多偏于消极方面,如其《江神子》:

梦中了了醉中醒。只渊明,是前生。走遍人间,依旧却躬耕。

但这种消极影响与积极方面相比,毕竟是极其次要的。

二、史家与史籍

魏晋南北朝时期,江西产生了最早的一批记述地方民情风俗的郡乘邑典。自三国孙吴时徐整撰《豫章旧志》始,其后各地志书修纂不绝,极为繁富。然因兵燹战乱,王朝更迭,这些志乘毁亡殆尽,现仅能从《隋书·经籍志》、《永乐大典》残本中看到部分书目,从《水经注》、《世说新语》、《文选》注、《初学记》、《艺文类聚》、《太平御览》、《太平寰宇记》、《舆地纪胜》等史籍中见到部分内容。虽是断章残简,却是研究江西早期地方史的宝贵资料。现将有关书目及作者简介述录于下:

《豫章旧志》8卷、《豫章烈士传》3卷,三国东吴徐整撰。

徐整,字文操,豫章人,仕吴为太常卿。熟悉儒家经典,还撰有《毛诗谱》3卷、《诗谱》2卷、《孝经默注》1卷。

《豫章旧志》3卷,晋熊默撰。

熊默,豫章南昌人,晋会稽太守。

《豫章旧志后撰》1卷,乃续补《豫章旧志》之作,晋熊欣撰。

熊欣,豫章南昌人,仕宦不详。

《豫章记》(佚卷数)、《寻阳记》2卷,晋张僧鉴撰。

张僧鉴,南阳人。父须无,徙家寻阳,世为州别驾从事。僧鉴善为文章,其父曾作《九江图》,具载江州八郡成江者九,僧鉴在此基础上遂作《寻阳记》。

《江州记》、《鄱阳记》(佚卷数),刘宋刘澄之撰。澄之生平事迹不详。

《豫章记》1卷,刘宋雷次宗撰。

雷次宗(386—448年),字仲伦,豫章南昌人。刘宋时著名隐士。他刻苦好学,对《三礼》、《毛诗》尤有造诣,不愿出仕为官。年二十,入庐山师事慧远法师,"玩心坟典,勉志勤躬,夜以继日"[①]。后本州辟为从事,朝廷征为员外散骑侍郎,皆不赴任。元嘉十五年(438年),被诏至京师建康(今南京),开馆于鸡笼山,广

① 《宋书》卷九三《隐逸雷次宗传》,第2293页。

招门徒,从学者百余人,教授儒学。时国子学尚未创立,宋文帝重视学术,使丹杨尹何尚之立玄学,太子率更令何承天立史学,司徒参军谢元立文学,雷次宗立儒学,并称四学,一时文风大盛。文帝数次亲临儒学馆,对次宗"资给甚厚",拜他为给事中,婉辞不受。数年之后,还于庐山。临行前,尚书左仆射何尚之设盛宴为次宗饯行,文士毕集,高朋满座。元嘉二十五年(448年),再次受诏至京师,文帝专门为他筑室于钟山西岩下,称"招隐馆",使为皇太子、诸王讲《丧服经》。次宗不愿从皇宫正门出入,文帝只好让他自华林园东门入延贤堂授业。同年卒于钟山,时年六十有三。

次宗一生淡泊名利,远离官场,潜心儒学,教授生徒。他培养了许多高徒,如齐高帝萧道成、高帝长兄衡阳元王萧道度都是他的门生。他学问渊博,著述甚丰,撰有《豫章记》1卷、《略注丧服经传》1卷、《毛诗序义》2卷、《文集》30卷。其《豫章记》被《太平御览》、《太平寰宇记》等史籍广为征引,史料价值极高。

其子肃之,颇传父业,官至豫章郡丞。著《礼记义疏》3卷。

《江州记》3卷,梁萧绎撰。

萧绎(508—554年),字世诚,小名七符,梁武帝第七子。天监十三年(514年),封湘东王。普通七年(526年),出为荆州刺史,镇江陵。大同六年(540年),出为都督江州诸军事、镇南将军、江州刺史。太清元年(547年),二为荆州刺史。侯景之乱后,即位称帝,是为元帝。承圣三年(554年),西魏军攻破江陵,被杀,时年四十七。

萧绎幼年患眼疾,遂盲一目。这位独眼皇帝长大后勤奋好学,"博览群书,下笔成章,出言为论,才辩敏捷,冠绝一时"[①]。一生著述极丰,所著《孝德传》30卷、《忠臣传》30卷、《丹阳尹传》10卷、《注汉书》115卷、《内典博要》100卷、《连山》30卷、《金楼子》10卷、文集50卷,等等。萧绎前后任江州刺史7年,对江州的民情风俗十分了解,故撰有《江州记》3卷。

《九江记》(佚卷数),晋何晏撰。此何晏非曹魏之何晏,生平事迹不详。

《庐山记》,东晋释慧远撰。

《庐山记》,南朝周景式撰。

周景式,寻阳人,生平事迹不详。

《庐山南陵云精舍记》,亡作者姓名及卷数。

《临川记》6卷,荀伯之撰。

① 《梁书》卷五《元帝纪》,第135页。

荀伯之(378—438年),颍川颍阴(今河南许昌市)人。仕晋为著作郎,入宋累官至尚书左丞、太子仆、御史中丞,出为东阳太守。永初(420—422年)中,任临川内史,在郡撰《临川记》。元嘉十五年(438年),卒官,时年六十一。

《安成记》(佚卷数),晋、宋之际王孚撰。

王孚,安成(今安福县)人。有学业志行,见称州里,曾为文学主簿。宋元嘉初卒,赠孝廉。

《南康记》(佚卷数),刘宋邓德明撰。

邓德明,南康人,常在豫章向雷次宗学习儒家经典,以学问博洽著称。其所"著《南康记》,一郡山川奇赜表识为多,足称文献"[①]。是一部价值很高的地方志书。

除地方志书外,南齐史学家熊襄著《齐典》,是一部通史体著作。

熊襄,豫章南昌人,生平事迹不详。《南齐书》卷五二《檀超传熊襄附传》记载极为简略,附传称:熊襄著《齐典》,上起10代,共10卷。其序云:"《尚书·尧典》,谓之《虞书》,则附所述,故通谓之齐,名为《河洛金匮》。"意思是说,他要以《虞书》通尧为范例,往上推10代写起,一直写到南齐,故谓之《齐典》。稽考《隋书·经籍志》和《新唐书·艺文志》,《隋书·经籍志二》著录《齐典》有两书:一是《齐典》5卷,王逸撰;二是《齐典》10卷,无撰者姓名,实为熊襄撰,疑隋志将著者姓名脱漏。《新唐书·艺文志》著录熊襄《十代记》10卷,极为明晰,由此可知,熊襄所撰《齐典》也名《十代记》,共10卷。大约从尧、舜、禹三代写起,历夏、商、周、秦、汉、三国、晋、刘宋至南齐,共10代,南齐之前的9代为附述部分,重在叙南齐史事,应是一部通史体史书。熊襄是古代江西有影响的史学家之一,其所著《齐典》是古代江西史家撰写的第一部通史著作,从而为江西史学作出了一份可贵的贡献。惜该书后来亡佚,难知其内容。

三、摩崖题刻

1984年,在江西上犹县双溪公社大石门大队扬屋村北300米,发现了一处摩崖石刻[②]。

该石刻高出地表1.5米,北临双溪河,南靠上犹至双溪的公路。石刻面北,面积约1平方米,上镌刻楷书四言14句诗一首。字迹较清晰,但刻工不佳,字划

① 《豫章十代文献略》卷二八《文苑传》。

② 李坊洪《上犹发现西晋摩崖石刻》,载《江西历史文物》1984年第2期。

纤细,字体前后大小不一,行距及字距均不规整。内容为:

> 青山翠色,磊落巃嵸。石濑浅浅,飞龙翩翩。壁立中柱,波涛汹汹。形曰灵龟,义文是宗。显千万世,申锡无穷。蔚起大文,有虞歌风。猗欤胜地,于焉托宗。
>
> 建兴二年虞书庀书

查阅《中国历史年代简表》,历史上以"建兴"为年号者,先后有三国蜀汉刘禅、东吴孙亮、西晋愍帝司马邺、十六国成汉李雄、后燕慕容垂及渤海宣王大仁秀等。此外,十六国张氏建立的前凉政权,虽霸河西,却世执忠顺,不负晋室,谨守人臣之节。在位的张寔、张茂、张骏、张重华、张玄靓5世,皆袭用晋愍帝之"建兴"年号,时达49年之久。直至张天锡执掌朝权后,始奉东晋穆帝"升平"年号。而成汉、前凉、后燕与渤海均系西南、西北及北方的封建割据政权,势力不可能到达偏远的赣南地区。从字体的风格看,与三国时流行的隶书不相符合。故该石刻的年代,应以西晋为宜。晋愍帝建兴二年即314年,距今已有1600多年的历史。

全诗主要描写了上犹一带优美的自然景色:山上林木茂盛,到处是一片翠色,山势高大险峻。诗的第三、四句出自《楚辞》屈原《九歌·湘君》:"石濑兮浅浅,飞龙兮翩翩",作者借用过来,以说明这里的河水在枯水季节显得很浅,水石相搏,水流湍急,飞龙鸟在空中翩翩飞翔。而到洪水季节,则河中柱石壁立,波涛汹涌,其形状有如灵龟。后几句主要阐明作者写作此诗的意图,是为了赞美这风水胜地。

四言、五言诗是晋代较为流行的诗歌体裁,作者以四言体的形式,用精练的语言,简洁的内容,生动而形象地刻画出了上犹一带美不胜收的自然景观,使人读后,如置身于一幅优美的山水画图之中。从全诗内容看出,作者是一位很有文学修养的诗人,此诗应是他旅游时的即兴之作。大约因为该诗写得好,故虞书庀特意将它书写下来,并雇人刻于当地崖石之上,以传后世。至于诗的作者及虞书庀其人其事,则无从稽考。

西晋摩崖题刻在我省尚属首次发现, 它对研究赣南古代文化及我国书法发展的历史具有重要价值。

第六章

六朝时期江西的社会风俗与时尚

社会风俗是人们在长时间里形成的风气和习俗。不同的时代，不同的民族、不同的地区，都有自己不同的民俗风情。民风民俗表现在建筑、饮食、服饰、婚丧嫁娶、礼仪、岁时节令、娱乐游戏、民间信仰与宗教活动等各个方面，具有丰富的文化内涵，它反映了不同地区和民族的精神面貌和生活情趣。魏晋南北朝时期，由于社会的巨大变迁，民族的大迁移、大冲突和大融合，儒、佛、道各种文化的相互交融与影响，社会风俗也随之发生巨大的变化，江西地区也不例外。

本章仅就士人习尚、生活习俗、婚俗与丧仪、民间信仰及畜蛊之风等方面，概述六朝时期江西地区的社会风俗。

第一节 士人习尚与民风嬗变

士大夫作为知识阶层，是中国古代文化和思想传承与创新的主要群体，始终活跃于社会上层和知识界。随着时代的发展，其习尚与精神面貌也为之一变。魏晋南北朝时期，江西士人在儒家思想的熏陶下，重礼义而尚气节。全境之内，民风也呈现出一定程度的变异，人民纯厚质朴，风俗纯清。

一、士人重礼义而尚气节

秦汉之际，江西地区为南服荒裔，知学者少。东汉以来，儒学渐兴，始有何汤受《尚书》于沛国桓荣，以才学知名，后教授皇太子；程曾兼通五经，以《严氏春秋》教授乡里；陈重、雷义俱习鲁诗、京氏易，唐檀习《韩诗》、《颜氏春秋》，徐稺习《欧阳尚书》、《颜氏春秋》，各有师承。三国东吴时，徐整又善《毛诗》及《今文孝经》，著书最丰。然此时儒学传播不广，学校未兴，郡中缺乏良太守予以提倡和劝导，民间犹未能家弦而户诵，故难以移其风而易其俗。

自晋代始，江西地区儒学大兴。西晋鄱阳内史虞溥始建学校，广招生徒，颁行条制，属县至者七百余人；豫章太守孔冲也兴学校，生徒来自四面八方，并亲自讲授；江州刺史华轶尤重典礼，更置儒林祭酒，专门负责学校教育，以弘扬儒家礼仪，于是风化大行。其后东晋陈留范宣家于豫章，以诵读为业，谯国戴逵等闻风宗仰，自远而至，诵读之声，有若齐鲁。太元年中，豫章太守范宁又立乡校，取郡中四姓子弟皆充学生，课读五经，远近至者千余人，由是江州人士并好经学，化二范之风也。其最著者，南昌雷次宗精《毛诗》、《三礼》，建昌周续之通五经五纬；而次宗子肃之、续之兄子景远也传其业。景远撰《仪礼》载于《宋书·礼志》，肃之著《礼记义疏》行于世。流风所被，沿及齐梁。梁豫章内史张绾在郡设学教授，四姓衣冠士子听者常数百人。时又有吴兴太守太史叔明，通《孝经》、《论语》，随邵伦王伦出镇江州，江州人士尽传其学。

在儒家思想的熏陶下，士大夫重礼义而尚气节。豫章等郡之俗，“其人君子尚礼”、“而道教隆洽，亦其风气所尚也”[①]。清代金谿学者王谟在论及家乡之风气时说：

> 尝闻太史公言，南楚豫章、长沙，其俗大类西楚，好辞巧说，少信。班固《地理志》演其说……吾乡风气，学士大夫尚气节，故其文亦往往激昂跌宕，有楚骚之遗；务质直，故其文无浮华绮靡之习，亦不至于巧而少信。自江左以迄六朝，非无作者，要不能以鞶帨为工，若熊中丞（熊远）、陶太尉（陶侃）诸所敷奏，皆经过远猷，固不当以雕虫论；其它湛咨议、熊武昌（远侄熊鸣鹄）、张长侍、雷通直、喻将作、吴朝请文集亦皆久亡，就令其流传于

① 《隋书》卷三一《地理志下》，第887页。

世，且未必能与颜（延之）、谢（灵运）、徐（陵）、庾（信）诸公分道扬镳也。……三百篇后，靖节（陶渊明）最为正声，非吾乡人所得私为宗派，且其前有汉李朝作张公德政九章，晋熊甫别王敦歌，皆善学楚辞。而宋齐之际，江州从事吴迈远尤攻乐府，长于风人赠答，又可为派别也。①

王谟从文学的角度，以六朝江西人物为例，以论证家乡士大夫尚气节的美德，故其文往往激昂跌宕，有《离骚》之遗风；务质直，故其文无浮华绮靡之习。不至于像司马迁、班固所说，豫章之俗好辞巧说，缺乏信用。

在文学上如此，在政治上尤为突出。陶渊明不愿为五斗米折腰，"翟家四世"累辟不仕，不与官场往来，终身隐居山林，正是士大夫们尚气节的典范。即使身入官场，一些士人也往往能重义轻生，亡躯殉节，东晋罗企生就是其中最突出的代表。

罗企生，豫章人。多才艺，初拜佐著作郎，以亲老家贫，求补临汝令，刺史王凝之请为别驾。荆州刺史殷仲堪镇江陵，引为功曹。及桓玄攻仲堪，仲堪更以企生为咨议参军。仲堪多疑少决，企生深为之担忧，对弟遵生说："殷侯仁而无断，事必无成。成败，天也，吾当死生以报之。"仲堪果败走，手下文武上千人竟无人相送，唯独企生跟随。路经家门，遵生紧紧抱住企生不让走。企生挥泪说："今日之事，我必死之。汝等奉养不失子道，一门之中有忠与孝，亦复何恨！"遵生抱得愈紧。仲堪于路等候，企生远远呼叫："生死是同，愿少见待。"仲堪见企生无法脱身，策马而去，后竟为桓玄所杀。桓玄至荆州，人士纷纷登门迎接，企生独不往，而营理仲堪家。有人劝他说："玄猜忍之性，未能取卿诚节，若遂不诣，祸必至矣。"企生正色道："我是殷侯吏，见遇以国士，为弟以力见制，遂不我从，不能共殄丑逆，致此奔败，亦何面目复就桓求生乎！"桓玄闻之大怒，然素待企生厚，于是派人对他说："若谢（谢罪之意）我，当释汝。"企生回答："为殷荆州吏，荆州奔亡，存亡未判，何颜复谢。"桓玄即刻将企生抓起来，派人问他还有什么话说，企生宁死不屈，并指斥桓玄说："使君既兴晋阳之甲，军次寻阳，并奉王命，各还所镇，升坛盟誓，口血未干，而生奸计。自伤力劣，不能翦灭凶逆，恨死晚也。"②玄遂害之，时年三十七，众人无不伤悼。先前，桓玄曾送给企生母亲胡氏一件羔

---

① 王谟《豫章十代文献略》卷二八《文苑列传序》。

② 《晋书》卷八九《罗企生传》，第2322—2323页。

羊皮衣,及企生遇害,即日焚之。

从罗企生的事迹中,不难看出豫章士人是如何地舍生取义、忠心事主。在军阀激烈攘夺的东晋王朝,像罗企生这种重信义、尚气节的士大夫绝无仅有。

民国八年重修《南昌县志》引《府志》叙本土风俗时说:

> 土夷人淳,家尚礼义。诗书之声,四封相接。士大夫惜名节,耻干谒,邻居有贵显者,或终身未尝往来;仕苟贪婪,转相唾骂,偶会,多不为礼。虽屠人牧竖,亦知揖让,而道经传之语。①

正是在浓厚的文化氛围中,家家养成了尚礼义,而士大夫惜名节的优良风气,而这种优良风气又决非一朝一夕所能形成,正是从魏晋以来逐步发展的结果。

二、民风嬗变,风俗澄清

民风是指区域居民在一定的历史条件和社会背景下,逐步形成的民间风气。它既是一种社会现象,又是一种带有普遍性的文化性格。随着历史的前进和社会的发展,民风也在不断发生变化。

自先秦至两汉,江南民风强悍,民轻悍好斗,难安易动。《汉书·地理志》在谈到当时吴地的风俗时说:"其民至今好用剑,轻死易发。"直到东汉末年仍是"江南精兵,北土所难,欲以十卒,当东一人"②。《隋书·地理志》也说:"其人本并习战,号为天下精兵。俗以五月五日为斗力之戏,各料强弱相敌,事类讲武。"西晋统一全国后,江南民风依旧,晋武帝为安定江南社会秩序,恩威并施,采取了一系列措施,但收效甚微,仍是"窃发为乱者相继"。古代江西地处"吴头楚尾",风俗略与吴同。

然而自东晋以来,江西民风逐渐发生变异,至南朝时,已是"庸庶敦庞,风俗澄清"了。平民百姓一个个敦厚笃实,风俗随之变得清明。但是敦厚笃实不等于怯懦,当时社会上流行"南人怯懦"的口头禅,在很大程度上是指门阀士族而言。南朝的门阀士族已趋于腐朽,他们凭借世资,虽无兵权,却仍然居于高官显

① 民国八年重修《南昌县志》卷五六《风土志》,第415页。

② 《三国志》卷六五《吴书·华覈传》,第1467页。

位,不耕不织,世享尊荣,生活奢华,完全变成了一群既不懂文,也不习武,懦弱无能的社会寄生虫,他们才是真正的“南人怯懦”者。

由于民风嬗变,豫章各郡人民的兴奋点也随之发生转移,他们已不再像自己的先辈那样沽勇好斗、轻死易发,而是“小人(指劳动人民)勤耕稼”,“俗少争讼,而尚歌舞”[①]。人民普遍变得朴实、勤劳而富有教养,这是江西社会的进步和文明程度上升的重要标志之一。

在中国古代，凡是尚武好战的民族或地区居民，大多数都是文化比较落后,文明程度不高,甚至处于不开化的蒙昧状态,如匈奴、鲜卑、女真等族。两晋以前的南方社会,民风强悍,民轻悍好斗,恰恰从一个侧面反映出南方的开发程度不如北方,在文化上与广大的中原地区尚有较大的差距。

江西民风嬗变有多方面的因素。

首先,应归功于这一时期教育事业的迅速发展。自两晋以来,虞溥、范宣、范宁等人相继在江西各地大办学校,发展教育,广泛传播儒家文化,培养了一批知识人才,影响及于广大民间,百姓耳濡目染,逐渐养成了读书知礼的良好风气。

其次,六朝江西地区虽不乏南渡侨民,但并非门阀士族聚居之地,门阀士族长期养成的腐朽恶习对本地影响甚微。

第三,南朝佛教广泛流布并深入人心,而佛教提倡行善、戒杀,以“五戒十善”作为基本戒条,这些观念也在江西民众中产生了一定的心理影响。

第二节
日常生活习俗

饮食与服饰是人们最基本的生活需求。六朝时期的江西各族人民的饮食习俗与衣冠服饰在秦汉的基础上出现了许多新变化，是江西地区文明发展程度的一个重要标志。

---

① 《隋书》卷三一《地理志下》,第887页。

一、饮食习俗

(一)主食与菜肴

江西的稻作农业有着悠久的历史,自东吴时起,水稻的栽培技术和稻米产量、质量都有了很大的提高,人们纷纷建立谷仓以储存稻谷。六朝时期,江西地区仍以稻米为主食。稻有籼稻、粳稻、糯稻之分,人们利用杵臼、踏碓、风车等工具脱去谷壳,加工成大米,或再用石磨将大米磨成米粉。主食的品种主要有饭、粥两种,还有米糕、米饼等。

这一时期,随着气候的转寒和北方人口的大量南迁,作为北方旱田作物的代表——麦及其他北方农作物也大面积南移。因此,除水稻外,麦、粟、菽、稷等多种农作物在江西地区也开始广泛种植。麦有大麦、小麦、春麦、冬麦等不同品种;菽是豆类的总称,有大豆、小豆、红豆、胡豆、蚕豆、豌豆等不同品种;粟,俗称小米;稷,别称粢、穄、糜,古为百谷之长,唐以后又以黍为稷,黍即黄米,形同小米而略大,带粘性。

麦加工成面粉后,具有一般粮食所不具备的韧性、色泽和口感,故能制成各种面食。当时,人们仍沿袭秦汉旧俗,把所有的面食都称作饼。如称笼蒸的面食为蒸饼,水煮和油炸的称汤饼(包括面条),烘烤、烙制的叫炉饼。人们还掌握了面粉发酵技术,称发面为酒溲面。

三国时,蜀汉丞相诸葛亮还发明了馒首。馒首的发明颇具戏剧性,宋人高承在《事物纪原》中说,诸葛亮南征孟获时,有人告诉他,蛮人打仗前有杀人用头祭神的陋习,据说这样做可以得到神灵的护佑。诸葛亮不愿杀人,就用猪肉、羊肉作馅,用面制成人头来祭神。祭神后,人们在享受祭品时,发现它非常好吃,于是就流传开来,并给它起名叫蛮首,后来演变成曼首,直至今天的馒首(馒头)。不过当时的曼首不是现在的馒头,而是带馅的包子。

西晋时,包子制作技术传遍南北各地,而且越做越小,越做越精,人们把这种小巧的包子称作"牢丸"。西晋文人束皙专门写了一首《饼赋》,讲的就是一家贵族请人吃牢丸的故事。可见,这时的面食品种比秦汉时期更加丰富。

菽曾是上古人们的主食之一,魏晋南北朝时期,菽已退居为副食,主要被用作造豉、做酱、制作豆芽和豆腐。晋、宋之际的著名田园诗人陶渊明常把麦、菽、粟等当作诗文的重要写作素材,如《有会而作》诗写道:"弱年逢家乏,老至更长饥;麦菽实所羡,孰敢慕甘肥。"《桃花源诗》写道:"……桑竹垂余荫,菽稷随时艺;春蚕收长丝,秋熟靡王税。"《归去来兮辞序》则说:"余家贫,耕植不足以自给。幼稚盈室,瓶无储粟。”《归田园居》诗第一首:“种豆南山下,草盛豆苗稀。”更是人们所熟悉的诗句,豆类就是菽。从中可以看出,六朝时期的江西人民除以稻米为主食外,也较为普遍地食用麦、粟、菽等粮食。

与主食相配合的是菜肴,菜肴更能体现饮食文化的风格。魏晋南北朝时期,是我国现今丰富多彩的菜系的积累和发展时期。

菜肴的构成必须具备三要素:一是主料,二是油料和调料,三是加工方式,其中主要是烹调术。

这一时期,江西地区的菜肴较秦汉时更为丰富。菜肴的主料分为天然产品和人工加工产品两大类。

天然产品包括植物类的瓜果蔬菜和动物类的禽畜鱼虾等。瓜果蔬菜的种类甚多,陆生的蔬菜主要有:菘、葵、韭、葑(蔓菁)、菲(萝卜)、蕨(苦菜)、萌(竹笋)、葱、蒜、瓜壶、菌等。菘,俗称白菜,也呼青菜,根肥,茎白,叶青而圆,故两呼之,秋末始种,是冬季常见的最好蔬菜,贫家和米煮之,号半粮。葵,土名蕲菜,煮时入米稍煮,味柔而滑。葱、蒜皆来自西域,原名胡葱、胡蒜,汉代已有。张华《博物志》称:“张骞使西域得之,又有胡蒜、泽蒜也。”泽蒜,俗呼为大蒜。北魏贾思勰《齐民要术》记载说:“泽蒜可以香食。”所谓香食,就是在菜肴中加入大蒜会使食物更香。汉以后,葱蒜传到南方各地,南方人烹饪时,常将大蒜头捣碎做成葅(蒜泥)用来调味,更胜葱、韭。瓜分冬瓜、倭瓜(俗呼北瓜,也称南瓜)、菜瓜、黄瓜(传自西域,原名胡瓜)、苦瓜、丝瓜等,当时以壶卢瓜最为常见。水生的菜果有蒲、藻、萍、菱、茭笋(茭白)、莲藕等。

六朝时期,江西的莲藕已非常著名,南昌近郊的莲塘即以佳藕得名。诗人陶渊明在自家的菜园中便种有多种蔬菜瓜果,其诗文多有描述,如《饮酒》诗第一首:“邵生瓜田中,宁似东宁时。”《止酒》诗:“好味止园葵,大劝止稚子。”《读山海经》诗第一首:“欢然酌春酒,摘我园中蔬。”《酬刘柴桑》诗:“新葵郁北墉,嘉穟养南畴。”《和郭主簿》诗第一首:“园蔬有余滋,旧谷犹储今。”作为田园诗人的陶渊明,只是在饮酒作诗之余,参加一些力所能及的农业劳动,尚且种有许多蔬菜瓜果,其他农家当更多。

六朝江西劳动人民还总结出一套种植和食用蔬菜瓜果的成功经验:“冬蔬菘芥,春蔬韭;夏蔬茄苋瓜瓠豆荚,秋蔬芹。冬蔬最珍,夏蔬最夥。菘芥御饥,盐菜终岁。薯芋旁飱,姜葱杂蔬也。”

魏晋以来,由于民族的大迁徙、大融合,南、北、东、西之间的经济文化交流较之前代更加频繁,蔬菜瓜果的品种更趋多样化。不仅中原和岭南地区的许多菜果已在江西各地种植,西北地区的西瓜、胡麻(芝麻)、紫葱、胡蒜、胡桃(核桃)、胡瓜(黄瓜)、胡豆(蚕豆)等也陆续植根于江西的土壤,大大丰富了人民的生活。

动物类品种也较前代丰富得多。"饭稻羹鱼"本是南方人的传统饮食习俗,江西地区因河湖密布、港汊纵横,淡水鱼类资源极为丰富,品种繁多,如鲤鱼、鲫鱼、鳜鱼、鲢鱼、鳙鱼、鳊鱼、白鱼、青鱼、鲩鱼(或称晚鱼、草鱼)、黄甲鱼、银鱼及黄鳝、泥鳅、龟、鳖、蟹、虾、螺、蚌等,不下数十种之多。由于掌握了多种捕捞方法,如结网、垂钓、以竹篱截河等,人们于农田之暇各携器取之,即便六七岁小儿也能取鱼。因此,六朝时期,鱼类仍是江西人民主要的菜肴之一。

猪、羊、狗、鸡向为北方人所喜食。魏晋以来,江西各地也大量饲养猪、羊、狗、鸡、鸭、鹅等家畜家禽。20世纪50年代以来,江西各市(县)陆续发掘的上百座六朝墓葬中,随葬品就有不少是滑石猪、青瓷鸡、鸭、鹅及猪、羊圈等明器,说明饲养此类家畜、家禽在江西地区已非常普遍。过去一直被北方人视作的美食,这时也成了江西人民的佳肴。江西各地还盛行养牛,有水牛、黄牛两种。不过,牛因农耕需要,六朝政权在许多时期禁止宰牛食用。

总之,六朝时期的江西地区,不再是单一的"饭稻羹鱼",作为菜肴主料来源的蔬菜瓜果和禽畜鱼虾,不断呈现多样化、丰富化的趋势。

油料和调料的品种也在不断增加。先秦时,菜肴用油仅局限于动物油,称为膏和脂。汉代以后,人们掌握了榨取各种植物油的技术,如豆油、菜籽油、麻籽油的制作方法。江西盛产豆类、油菜、油茶,汉代以后又开始种植胡麻(芝麻),故六朝时的江西地区除食用动物油外,同时大量食用豆油、菜籽油、茶油等;用胡麻榨的香油,因数量相对较少,主要用来调味。张骞通西域后,从西北引进的植物中有不少是调味品,如胡葱、胡蒜、茴香等。茴香主要产于北方,江西各地则大量种植胡葱、胡蒜。

在调味品中,酱和豉是中国古人的发明。先秦时只有肉酱,称作"醢"。到了汉代,人们学会了用豆制酱的方法,并开始写作"酱"。魏晋以来,人们制酱的技术日益提高。《齐民要术》中有《作酱法》一章,专门介绍了13种不同风味酱的做法。豉,古称"配盐幽菽"。菽,豆也;幽,密封也。《齐民要术》介绍造豉法,先将豆子蒸熟,再加上盐等调料,然后置于缸中密封,使之发生反应而制成美味的豉。醋也是重要的调味品。先秦时期,酸味的主要来源是梅。至汉代,人们学会了造醋。北魏时，用谷物制䊀酿醋的技术已相当成熟。《齐民要术》中记载有多种制䊀造醋法，并开始酿造陈醋。

六朝时期的江西劳动人民也普遍掌握了作酱、制豉、造醋技术。豉分甜豉、汁豉两种，甜豉即吃豉；汁豉味苦，取汁加于菜肴中，味道更鲜。江西习俗于七月七日造醋，先将糙米炒枯煮成饭，置蓼[①]其上，再装于醋瓮中蒸之，且日需三摇，否则醋不成。

菜肴的加工方法，通称烹调术。大部分菜肴加工离不开火，中国烹调术非常讲究"火候"，但仍有不少菜肴是生食。

许多瓜果蔬菜都可生食，如黄瓜、菜瓜、姜蒜、莲藕等。肉类也可生食，切得又薄又细的生肉片，加入调料后可直接食用，古代称作"脍"。脍的原料范围包括牛、羊肉和鱼肉，而以鱼肉为主。魏晋南北朝时期，无论南人、北人都喜食脍。当然南方人更爱吃生鱼片，称作鲙。属于生食的还有脯腊和菹齑。脯腊是经过腌制风干处理后的各类肉，吃脯腊时，一般不必再经烹熟，切碎加调料后直接配酒食用即可。菹齑是指各种腌菜，包括肉类和瓜果蔬菜。腌菜加工较为简单，原料来源较为丰富，故不但是普通百姓的常食之物，而且上层社会的宴席中也多有之，只不过加工粗细程度不同而已。以上食法在江西各地也较为流行。

过火处理是中式菜肴加工的主要手段。先秦时期，菜肴的烹制技术较为简单，主要有烧烤和蒸煮两种形式。秦汉以后，随着植物油的出现，炒、炸、煎、爆等多种烹调技术日臻完善，无论东西南北各地，概莫例外。

(二)饮料与果品

魏晋南北朝时期，人们在进食的同时，习惯用羹臛。羹是肉与果菜合煮的汤，臛是肉汤。然而在各类饮品中，最具代表性的是茶和酒。

我国是世界上最早种茶、制茶和饮茶的国家，茶文化源远流长。我国饮茶始于何时？目前尚无定论，但比较可信的时间应始于汉代。三国时，我国江南地区已普遍地把茶当作饮料，而逐渐养成饮茶的习俗。

前引《三国志》卷六四《吴书·韦曜传》载孙皓每次举行宫廷宴会时，常以茶荈当酒。这段史料至少说明如下三个问题：其一，吴主孙皓既能将茶荈密赐韦曜，也必然会赐给其他近臣或后妃、宫人，说明吴国宫廷中备有不少茶叶以供吴帝自用或赐与，善饮茶者大有人在。其二，韦曜作为侍中，备位大臣，又一度

① 蓼，一种叶味辛香的草本植物，有水蓼、马蓼、辣蓼等，花呈淡红或红色，古人用来调味。

得宠，其参与宫宴的次数必多，且一次能饮数升茶水，又不要求密赐其他汁水当酒，说明他嗜茶成性，可作为吴地嗜茶者的代表。其三，宫宴上备有茶水，茶又能代酒，说明当时吴地饮茶已较为流行。由此可知，我国饮茶的历史应该大大提前，而绝非始于三国时代。北方非产茶之地，其时不大可能有饮茶习惯，目前也无史实可证，如果有人饮茶，大概只是个别、偶然的现象。

两晋时期，随着种茶、制茶业的逐步发展，南方饮茶更为普遍，从而形成一种社会风气。其时，宴会必备茶水已属司空见惯，不独社会上层如此，民间也不例外。《世说新语》所载魏晋人物饮茶轶事甚多。东晋大司马桓温性节俭，每次设宴只有7盘茶果而已。他手下有位将军喜欢饮茶，每饮必至1斛2斗，茶量之大，令人咋舌。在日常交往中，人们常以茶待客，茶开始成为社交的媒介也正是出现在晋代。吴郡陆纳招待客人，所设唯茶果而已。大名士王濛不仅自己嗜茶成癖，还常常陪客人痛饮，客人不饮足、饮够则不许离去，致使造访的士大夫望而生畏，不免产生“水厄”之怨。

在南方饮茶风气的影响下，北方嗜茶者也日渐增多。西晋著名文人张载曾作《登成都楼》诗，盛赞巴蜀地区的茶叶：“芳茶冠六清，溢味播九区。”既能写出如此美妙的茶诗，说明他本人就是一位品茶行家。张载乃安平（今山东益都县西北）人，其父张收曾任蜀郡太守。太康初年（280年），他至蜀省亲，随后写了这首诗。不久回归故里，以后一直在中原地区为官，直至病卒于家。张载善于品茶，很可能是受蜀人影响的结果。西晋另一著名文人左思在其《娇女》诗中，生动地刻画了他的两个爱女不顾烟熏火燎，用嘴对炉吹火，急等吃茶的情景。诗中写道：

> 吾家有娇女，皎皎颇白皙。小字为纨素，口齿自清历。鬓发复广额，双耳似连璧。……其姊字惠芳，面目灿如画。轻妆喜楼边，临镜忘纺织。……心为茶荈剧，吹嘘对鼎鬲。脂腻漫白袖，烟熏染阿锡。①

左思，齐国临淄（今山东淄博市东北）人，少时闲居故里，后来其妹左芬入宫，遂移家洛阳，晚年徙居冀州，直至病故。左思一生虽未到过南方，但却与在洛阳为官的吴郡陆机、陆云兄弟关系至密。吴人早有饮茶习俗，左思一家爱上

① 南陈·徐陵《玉台新咏》卷二，第53—54页，成都古籍书店影印。

茗饮,也难免不受吴人的影响。

值得注意的是,与左思等人结为二十四友的襄城(今河南襄城县)人杜育还专门写了一首《荈赋》(也名《香茗赋》),这是我国目前所知的最早的一首茶赋。赋中描述了山谷中茶叶生长和茶农上山采摘的情景:

> 灵山惟岳,奇产所锺。……厥生荈草,弥谷被冈,承丰壮之滋润,受甘露之霄降。月惟初秋,农功少休,结偶同旅,是采是求。①

赋中还对烹茶用水、茶具的选择及茶水的成色作了生动的描述:

> 水则岷方之注,挹彼清流。器择陶简,出自东隅。酌之以匏,取式公刘。惟兹初成,沫成华浮。焕若积雪,晔若春敷。

杜育能作《荈赋》,其本人嗜茶和深谙茶道是毋容置疑的。在他结交的二十四友中,既有江南人,如吴郡陆机、陆云兄弟,更多的是中原各地人,如渤海石崇、欧阳建,齐国左思,中山刘琨等,他们皆以文才著称,聚集于权臣贾谧周围,终日宴饮游乐,吟诗作赋。联系前文所叙吴郡陆氏贯于以茶待客、左思的《娇女》诗及杜育的《荈赋》,可以推知二十四友常在一起品茗论茶应是情理之中的事,他们极可能个个都是嗜茶者。这说明,晋代中原人士饮茶已非少数,与三国时期相比,不可同日而语。杜育的《荈赋》也应是南北仕人共同切磋茶艺的结果,反映了晋代人饮茶已达到较高的水平。

南北朝时期,饮茶之风继续蔓延,尤其是南方各地日趋转盛。

从刘宋王朝起,不独世俗嗜茶,佛道之徒也开始视茶为日常生活不可或缺的重要内容,他们除自己饮用外,还以上等好茶款待施主、佳宾。宋孝武帝时,豫章王刘子尚、新安王刘子鸾等人亲临八公山访昙济道人。"道人设茶茗,子尚味之曰:此甘露也,何言茶茗!"②八公山寺并非名寺,昙济道人竟能拿出味如甘露的好茶待客,这在当时的佛道二教中就绝非个别现象了。

由于饮茶风气的普遍流行,这时茶也和粮食、鱼盐、瓜果、菜蔬一样,成为

---

① 严可均《全晋文》卷八九,第1978页。

② 陆羽《茶经》引《宋录》。

人们的日常饮品,被用来馈赠或赐与。梁刘孝绰在《谢晋安王饷米等启》中说:“传诏李孟孙教旨,垂赐米、酒、瓜、笋、葅(酸菜)、脯、鲊(腌鱼)、茗八种。”[①]晋安王即梁简文帝萧纲称帝前之封号,他博学多才,擅诗文辞赋,引纳文学之士,应接无倦。刘孝绰乃当世著名文士,故两人意趣相投。萧纲赐给刘孝绰米、酒、瓜、茗等物,与其说是赐与,不如说是馈赠,是文人之间的一种正常交往。唐宋时期,饮茶风气大盛,文人间常以茶相赠,互相作诗唱和,正是这种风气的延续。文人如此,民间一般人以茶馈赠亲友当不例外。

茶被当作供品而摆上灵台、庙堂,是南朝饮茶风气中又一突出的现象。齐武帝就曾下诏用茶祭祀生母的亡灵,“永明九年(491年)正月,诏太庙四时祭……高皇帝荐肉脍、葅羹;昭皇后茗、粣(粽子)炙鱼:皆所嗜也。”[②]昭皇后生前如此嗜茶,还幻想死后继续享受。齐武帝本人也如此,永明十一年七月,临崩前,他特意留下一道遗诏:“我灵上慎勿以牲为祭,唯设饼、茶饮、干饭、酒脯而已。天下贵贱,咸同此制。”[③]该遗诏一方面固然反映了齐武帝提倡节俭、反对奢靡的主张;另一方面也反映了在此之前民间已流行以茶为祭的习俗,以图通过诏书的形式将此习俗固定下来。

江西不乏产茶之地,茶也成为人们的日常饮品。本书第四章第三节在述及江西制茶业时曾谈到,六朝时期的浮梁县(今景德镇)出产的茶叶上乘,贾思勰在《齐民要术》中称“浮梁茶最好”,唐代发展成著名的商品茶基地,茶商云集。安成、庐陵等地也盛产茶叶,唐代时也成为重要的产茶地。1994年1月,在江西吉水富滩发掘了一座东吴晚期墓葬,出土了成套茶具,其中包括青瓷擂钵、带盖钵、盏托等,仅就茶托子而言,它是我国目前所见最早的实物。这就充分说明,早在三国时期,江西人民已开始养成饮茶的习惯,并掌握一定的制茶技术。两晋南北朝时期,南方饮茶风气十分盛行,江西人民将茶当作主要饮品应是不成问题的,这从考古发掘可资证明。在江西各地清理出的大量南朝墓葬中,出土的茶器甚多,如各种瓷壶、瓷碗、瓷杯、瓷盘、瓷钵等。1959年9月和1960年4月,江西省博物馆考古队曾先后两次在清江县城樟树镇东南八千米的潭埠地区发掘了11座南朝墓,在出土的数十件遗物中,有五盅盘1件。盘为直唇,平底,盘内

① 严可均校辑《全梁文》卷六〇引《茶经》,第3311页。

② 《南齐书》卷九《礼志上》,第133页。

③ 《南齐书》卷三《武帝纪》,第62页。

盛5小盅，皆与盘紧相粘合[①]。显然，这是成套茶具，在各种茶器中颇具代表性。

中国酒文化比茶文化的历史更为悠久。考古发掘证明，早在新石器时代晚期，人们已掌握了原始的酿酒技术，出现了发酵水酒。至夏代，酿酒技术正式见诸史籍，史书中有“仪狄作酒”、“少康作秫酒”的记载。仪狄是大禹之臣，是造酒的鼻祖。少康即杜康，他改进了造酒技术。殷商时，人们已学会了用籼造酒的技术，酿酒业大发展。甲骨文中除许多地方提到酒外，还有种类繁多的酒器，如尊、罍、壶、爵、卣、觚、斝等，这在商墓中也有大量发现。商代的贵族平民饮酒成风，商纣王嗜酒如命，《史记·殷本纪》说他“以酒为池，悬肉为林，为长夜之饮”，终于导致亡国。

魏晋南北朝时期，酿酒业已十分发达，仅《齐民要术》中就记载有十几种酿酒的方法。据有关专家研究，这些方法都极为先进。当时全国各地已出现多种名酒，如河东(今山西)人刘白堕酿出的酒，饮之香美而醉，经月不醒；北魏京师洛阳朝贵多出郡登藩，远相饷馈，逾于千里，以其远至，号曰“鹤觞”，也名“骑驴酒”。永熙(532—534年)中，南青州刺史毛鸿宾携酒上任，路遇贼，盗饮之即醉，皆被擒获，因又称此酒为“擒奸酒”。故当时游侠中流行这样一句话：“不畏张弓拔刀，唯畏白堕春醪。”还有一种“穄米酒”，酒味奇佳，平时酒量有一斗的，只能饮1.5升，饮3升必大醉，甚至会丧命。

魏晋玄学盛行，玄学名士有两大嗜好：一是酒，二是药(服寒食散)。他们公开宣称：“名士不必须奇才，但使常得无事，痛饮酒，熟读《离骚》，便可称名士。”[②]以嵇康、阮籍为首的“竹林七贤”无不嗜酒成癖，刘伶更是一个著名的酒鬼。他常乘鹿车，携一壶酒，让仆人扛着锄头跟在后面，说：“死便埋我。”妻子怕他伤了身体，泼了酒，毁了器，哭着劝他戒酒。他答应说：“甚善。我不能自禁，唯当祝鬼神，自誓断之耳。”并让妻子准备好酒肉于神前。刘伶跪下暗中祷告说：“天生刘伶，以酒为名，一饮一斛，五斗解酲，妇人之言，慎不可听。”[③]又马上饮酒进肉，直至大醉。以放达著称的毕卓曾对人说：“得酒满数百斛船，四时甘味置两头，右手持酒杯，左手持蟹螯，拍浮酒船中，便足了一生矣。”[④]东晋周顗曾以雅望获海内盛名，“后颇以酒失，为仆射，略无醒日，时人号为‘三日仆射’。”是说

① 江西省博物馆考古队《江西清江南朝墓》，载《考古》1962年第4期。

② 刘义庆《世说新语·任诞篇》，第398页，上海古籍出版社影印本。

③ 《晋书》卷四九《刘伶传》，第1376页。

④ 《晋书》卷四八《毕卓传》，第1380页。

他常常喝醉酒,一醉三日不醒。庾亮讽刺说:“周侯末年,所谓凤德之衰也。”[①]王忱少好酒,大发感叹说:“三日不饮酒,觉形神不复相亲。”一饮常连日不醒,终以酒精中毒而死。在魏晋人物中,嗜酒如命者大有人在,以上不过略举数例而已。

在六朝江西名人中,陶渊明堪称酒仙。他一生饮酒赋诗,怡然自乐。在做彭泽县令时,打算将县里拨给的公田全部种秫谷(糯谷),用来酿酒,说:“令吾常醉于酒足矣。”妻子再三请求种秔(晚稻),乃用1顷50亩种秫,50亩种秔。辞官归隐之后,进门的第一件事就是饮酒,其《归去来辞》说:“携幼入室,有酒盈樽。……引壶觞以自酌,眄庭柯以怡颜。”[②]在漫长的隐居生涯中,除在自家饮酒外,还常与众乡亲共饮,无论识与不识,有酒必至,遇酒则饮,酣醉便返。酒也成了他赋诗的重要题材,在现存的160多首陶诗中,提到酒的将近50首,其中不乏专门写酒的诗,仅《饮酒》诗便有20首,另有《述酒》、《止酒》诗各1首。他在诗中说“得酒莫苟辞”(《形赠影》诗)、“绿酒开芳颜”(《诸人共游周家墓柏下》诗),因为“酒云能消忧”、“酒能去百虑”(分见《影答形》、《九日闲居》二诗)。尽管他无日不饮,仍觉得没有饮够,从而留下深深的遗憾,“但恨在世时,饮酒不得足”(《拟挽歌辞》第一首)。这里我们不去分析诗人饮酒的动机,只是说明酒成了他须臾不可或缺的最重要饮品。从六朝时期的江西人民掌握了较高的酿酒技术,以及诗人常与众乡亲共饮的情况看,酒已成为人们的日常饮品。

江西各地盛产水果,果品也相当丰富。如前面提到的柑、橘、橙、柚、桃、李、梨、栗、杏、西瓜、石榴、杨梅等无不毕有,文献资料和考古发掘证明,当时的江西人民食用各类果品是极平常的事。

二、衣冠服饰

(一)冠冕与服饰

与饮食一样,衣冠服饰也是人们最基本的生活需求。中国古代的冠、帽是衣服的一种,称元服或头衣,故冠服泛指衣服。所谓服饰,有广义、狭义之分。从狭义而言即指服装,广义而言则包括服装、各类首饰、佩饰及容貌修饰等。魏晋南北朝时期,随着社会的进步,服饰文化越来越丰富,服饰除实用功能外,其审

① 《晋书》卷六九《周顗传》,第1851页。

② 《晋书》卷九四《隐逸陶潜传》,第2461页。

美功能、政治功能、伦理功能、交往功能等日益鲜明。

当时，人们所穿的衣服，可分为元服、体衣和足衣三类。

元服，即今天所说的帽子，其名目繁多，主要有冠、冕、弁、帻、幞头、帽等。冠是先秦时期贵族男子常穿的元服，先秦的礼仪规定，贵族男子在20岁时要举行加冠的仪式，称为冠礼，表示男子已进入成年，“年方弱冠”的成语即源于此。庶人到20岁时不加冠而戴巾，以示与贵族的区别，这一习俗一直流行到魏晋南北朝。不过，冠和帽的作用不同，它不是把头全部罩上，而只是用来固定发髻。冕是一种特殊形制的大礼帽，比冠使用级别更高，为封建帝王和高级官吏所专用。弁是一种用皮缝制的元服，上尖下大，形若覆杯。帻是一种便帽，主要由三部分构成：下部是一圈较宽的硬边，称颜题；顶部呈屋顶状，称帻屋；颜题延伸到脑后时向上翘，形成两个尖耳，称为帻耳。帻原为身份低贱者所服，后渐至社会上层。魏晋南北朝时期，无论南人、北人，各阶层都有戴帻的习惯。巾是一块裹头的布，最初是不分尊卑贵贱的，但在冠出现后，逐渐成为平民的元服。幞头，由巾转化而来。北朝周武帝将巾裁出四角，分别缀带，系于头后和发髻处，起名幞头。不过南方人很少使用。

汉魏以来，江西地区的百姓习惯着巾。东汉末，孙策夺取豫章郡，豫章太守华歆着巾出迎，表示自己已放弃太守的官职，只是以一个平民的身份来迎接。陶渊明隐居后，在家常常着巾。一次，郡太守去看望他，正赶上他酿的酒熟了，陶渊明取下葛巾来滤酒，滤完后又戴到头上。由此可看出当时名士的放诞作风。

帽在汉代的地位较低，使用的范围也较窄，只有未冠的小儿和蛮夷才戴帽。魏晋以后，帽逐渐扩大到社会各阶层，如著名隐士管宁在家经常戴皂帽；吴主孙权曾赐给大将朱然御织成帽，陆逊打了胜仗凯旋而归，孙权又脱下自己所戴的翠帽给陆逊戴上。东晋大名士王濛的帽子破了，自己上市去买，卖帽的老妪悦其貌，送给他一顶新帽。可见从宫廷到民间，成人已普遍戴帽，帽不再是小儿的专用品。

这时，江西地区不但有戴帽的习惯，比较讲究的还在帽上饰以金属花朵等装饰品。陶渊明的外祖父孟嘉“龙山落帽”的轶事佳话，说明晋代江州上层人士喜欢戴帽。前文提到的瑞昌马头西晋墓，曾出土了一青瓷堆塑谷仓，谷仓颈部的左、右、后三面，各有一人，头戴扁帽，身着长服，双手执杖，逐赶头上三只竖状展翅雀。这一考古材料则反映当时江西民间戴帽是很普遍的事。南昌市东吴高荣墓的随葬器物中,有金帽花饰10件,另加小菱形穿孔珠1件,桃形箔片3件,上有突起的猴首人身图案等。这些饰物大约都是用来装饰帽子的。高荣是个有身份、地位的官吏,一般平民百姓可能不会有帽饰,即便有,也没有这么讲究。

衣服,又称衣裳,古称体衣。自汉以来,通常所说的衣是指上衣,而裳虽然是下衣,却不是今天的裤子,而是裙。

魏晋承两汉之俗,人们仍喜穿深衣。深衣是将衣与裳分开裁剪,经中间缝合而连成整体的一种衣服。因其省工省料,穿着不拘场合,故广泛流行。东汉始称深衣为袍。单层的袍称为禅衣或单衣,厚实宽大的袍称为襜褕。用双层布帛制成的袍,叫复衣或复袍。冬天用的复袍,夹层间絮有麻、旧丝或绵等,如同今天的棉大衣。用毛皮制服成的袍则称为裘。深衣、袍都是外衣。还有一种披在肩背上的服装叫帔,因其形状似钟,故又称假钟,类似今日的斗蓬或披风。

当时的内衣名目繁多,如亵衣、襦、衫、心衣、抱腹、裲裆等。

亵衣是贴身穿的内衣,又称汗衣。

襦是短上衣,且多絮有绵,不絮绵的称单襦。制作襦的材料通常是布,也有用縠、纱、罗等丝织品的。一般百姓及清廉的官吏多穿布襦,上层人物或富豪之家多穿丝织品制作的襦。

衫是汉代延续下来的服装,是一种短袖内衣。

心衣的形制比较特殊,它是由一条宽布四角缀带而成,抱腹过肩,兜着下裆。是在家内暑天穿的私服,用以遮羞。

抱腹,类似今日农村的兜肚。

裲裆或作"两裆",也称"袙複",是汉末以来开始流行的新服装,汉魏之际刘熙《释名·释衣服》说:"两裆,其一当胸,其一当背也。"也就是说,它是由前后两块布缝制而成,分别遮住前胸和后背,相当于今日的砍肩、马甲,俗称背心。既可作内衣,也可穿在外面。裲裆有单、夹两种,有的还绣上花,男女通用。

下体之服,有裈、裲两种。裈犹今之短裤,过膝的叫袴或绔。但这种袴与今天的裤不同,无前后裆,类似幼童穿的开裆裤。《释名》:"袴,跨也。两股各跨别也。"当时汉族人为何要穿无裆裤?这是因为上衣下裳,上厕所时必须解开一层又一层的带,很不方便。正因为穿无裆裤,所以古人视箕踞而坐为无礼。

魏晋南北朝是个大变革的时代,社会较为开放,服装样式也有较大的变化,尤其是妇女服式变化更大。

三国后期,妇女们首次突破了传统的服装模式,创制出了一种"上长下短"

的新款式。《晋书·五行志》称,东吴孙休后,“衣服之制上长下短,又积领五六而裳居一二。”这是说,如果把此种服式连同衣领共分为五六份,而下裙长度仅占一二份。因为它突破传统而有所创新,故被晋代的干宝斥为“上有余而下不足”的“妖服”。

西晋初,流行的服式由上长下短变为“上俭下丰”,即上襦短小而下裙加长加宽。《晋书·五行志》载:“武帝泰始初,衣服上俭下丰,著衣者皆厌腰……至元康末,妇人出两裆,加乎交领之上。”这种服式的显著特点是上小而下大,上襦交领,外罩两裆,襦、裙合一,裙子上升及于腰部,中间束以衣带,即所谓“厌腰”。因穿着合体,更能显出女性的苗条、秀美和飘逸,故大受妇女的青睐而流传甚久。

两晋之交,社会发生剧变,服装变化尤为显著,正如葛洪所说:“丧乱以来,事物屡变。冠履衣服,袖袂才制,日月改易,无复一定。乍长乍短,一广一狭,忽高忽卑,忽粗忽细,所饰无常,以同为快。其好事者,朝夕仿效,所谓京辇贵大眉,远方皆半额也。”[①]这简直是一场服饰大革命,在中国服饰史上也极为罕见。不过,从总的趋势看,基本上朝着上短下长的方向发展。东晋初,上襦进一步变短,而衣带大大加长。南北朝时,着此装者仍不乏其人。

六朝时期,江西地区的服饰情况如何,我们从零星的史料及考古材料中,可略知其大概。1974年3月,江西省博物馆考古工作队在南昌市永外正街清理了一座晋墓(夫妻合葬墓),出土的遗物中有木简5件,木方1件。木简记载墓主是豫章郡南昌县人吴应,字子远,官拜中郎。木方则详细记载了吴应棺内随葬器物清单[②](见插图),全文如下:

故白练长裙二要,故白练裹衫二领,故白练复两裆一要,故白练夹两裆一要,故白练复袴一要,故白练复屌(裙)一要,故白练夹屌一要,故白练襦一领,故白练复衫一领,故白练夹衫一领,故黄麻复袍一领,故黄麻单衣一领,故白练复牟一枚,故犀导一枚。

故白绢巾一枚,故白絮巾二枚;故白布袜一量,故丝履一量,故白练被一首,故白绢帐一纽,故白练手抠一双;故王豘(小猪)二头。故白布手巾一

① 葛洪《抱朴子·外篇·讥惑》,第246页,上海古籍出版社,1990。

② 《江西南昌晋墓》,载《考古》1974年第6期。

枚,故黄布手巾一枚;故白练覆面巾一枚,故练枕一枚,故白布复巾一枚。故严器一枚,故铜镜一枚,故白练镜衣一枚,故白绢粉囊一枚。小女伦嫫故绀褠一领,小女伦嫫故五丝同心一枚。

故白布饰面巾一枚,故刷一枚,故练细栉(梳子)一枚,故絮粉囊一枚,故面脂一盒,故书箱一枚,故书砚一枚,故笔一枚,故帋(纸)一百枚,故墨一丸,故刺五枚,故流衣板一枚;故棺中笙一枚,故棺材一枚。

木简(西晋)

文中每一器物前均有一“故”字,系指吴应夫妇生前用过的物品。“要”、“领”、“枚”、“量”、“首”、“纽”等皆为当时南昌一带习惯用的量词,如一领就是一件等。

从木方文中可以清楚地看出,吴应夫妇生前常穿的服装有裙(即裳,下衣)、衫、袍、襦、袴、裲裆等。裙有长裙、复裙、夹裙3种,衫、袍、裲裆皆有夹、复两种。裲裆、白练衫、长短裙都是魏晋南北朝时期的新式服装,尤受妇女们的青睐。《三国志·魏书·钟繇传》注引《陆氏异林》曰:"(妇人)著白练衫,丹绣裲裆。"《晋书·五行志》载:"至元康末,妇人出两裆,加乎交领之上。"南朝齐梁时,裲裆衫更成为有代表性的流行衣着,男女皆服而成一时之风。因而,齐梁诗人常以"裲裆"入诗,如《梁鼓角横吹曲·琅邪王歌词》:"阳春二三月,单衫绣裲裆。"王筠《行路难》:"裲裆双心共一抹,袙複两边作八襊。"《玉台新咏》卷九引《读曲歌》:"裲裆别去年,不忍见分离。"又"竹廉裲裆题,知子心情薄。"萧骈还专门写了一首《袙複》诗:"的的金弦净,离离宝襊分。纤腰非学楚,宽带为思君。"显然,这里歌咏的是妇女所著裲裆,大都绣有各种花纹图案,即所谓"丹绣裲裆"、"单衫绣裲裆",而且还在裲裆上饰有漂亮的衣褶,所谓"八襊"、"宝襊"即是。

作为东晋人的吴应夫妇,生前已经大量着裲裆、白练衫、长短裙等新式服装,说明此等服装在豫章郡、至少在南昌地区已非常流行。吴应夫妇所着服装使用的材料多为"白练",白练即白绢,是比较好的丝织品;少数为黄麻布。吴应生前是地位较高的官吏,家中有钱,故衣料很讲究,至于一般平民就只能用布了。

陶渊明在谈到自己的艰苦生活时说:"代耕本非望,所业在田桑。躬耕未曾替,寒馁常糟糠。岂期过满腹,但愿饮粳粮。御冬足大布,粗絺以应阳。"(《杂诗》第八首)尽管诗人终年劳作,仍不免挨冻受饿,经常以糟糠为食。不奢望吃得饱饱的,但愿有粳米饭吃就不错了。冬天有厚布衣御寒,暖和天有粗絺(粗葛布)服遮身也就满足了。这便是一个贫苦农民日常生活的写照。南朝临川人周迪,生活简朴,"冬则短衣布袍,夏则紫纱袜腹"。这应是当时江西劳动人民最有代表性的冬夏服装。

不过,其时棉花种植还不够广泛,普通衣料所用的布多为麻布、葛布等。关于中国植棉的历史,最早可上溯到西汉中期。南北朝时期高昌(今新疆吐鲁番)地区的棉纺织业已具有一定规模,《梁书》卷五四《高昌传》记载说:其地"多草木,草实如茧,茧中丝如细纩,名曰白叠子,国人多取织以为布。布甚软白,交市用焉。"据有关专家考证,这是一种非洲棉,它是经中亚传入我国新疆的。还有一种亚洲棉(俗称"中棉"),原产地在印度,品质优于非洲棉,它经东南亚传入华南的时间比非洲棉传入新疆的时间要晚些。这种棉花古称"古贝"或"吉贝"。

元代以前,仅新疆、云南、两广、福建等部分地区种植棉花。宋末元初,棉花开始由东南和西北分两路向长江中下游和关陕、渭水流域一带迅速传播,产量大增,棉纺织技术也随之不断提高。

江西地区开始植棉和使用棉布也应是元初以后的事,《隋书·食货志》描述豫章郡一带妇女织造的“鸡鸣布”,便是当时江西有名的葛布。

在上述器物清单中,还有白绢巾、白絮巾、白布手巾、黄布手巾、白练覆面巾、白布复巾等各式手巾,这些手巾自然各有用途,可能有用来洗脸、洗澡的,有用来擦手的,大一点的还可用来当包袱包东西。可见,当时江西人民用手巾的习俗已非常流行。

江西同南方其他地区一样,夏天多蚊蝇,睡觉时须挂蚊帐。吴应墓器物中有“故白绢帐一纽”,这种帐是用白绢制作的,白绢轻薄透气、明亮,应是蚊帐无疑。这说明至迟在东晋时,江西地区已使用蚊帐。

吴应夫妇棺内的随葬器物中,还有不少是属于化妆用品一类。如严器即粧(妆)具,或称“严具”、“奁具”,是专门用来盛化妆品的小箱子,内装多件小盒,有“五子”、“七子”等名目,盒内脂粉、梳篦、刷子等一应俱全。铜镜、细栉皆化妆用具,絮粉、面脂是修饰容貌的化妆品,这些化妆用品大约都是装在严器内。

在江西地区的其他六朝墓葬中,还发现许多首饰和佩饰,如金环、银环、金手镯、银手镯、金圈、金圈饰、金发钗、鎏金银发簪等。这从一个侧面反映了江西人民、尤其是妇女注重容貌修饰的习俗。

(二)履、屐、靴、袜等

当时的鞋具、袜具被称为足衣。

鞋具的名目很多,主要有履、屦、屩、屣、屐、舄、鞮和靴等。履、屦、屩皆异音而同义,都是用葛、麻、皮、丝等不同材料制成的鞋,如吴应墓随葬器物中的履就是丝履,这种高级鞋只有富贵人家才能享受。穷人和罪徒只能穿用草编成的屣,即草鞋。舄是履下加木底的鞋,屐则完全是木制的鞋,鞋底装有齿,用以践泥。

六朝时,南方人普遍喜欢着屐,江西也不例外。1979年发掘的南昌市东吴高荣墓,随葬器物中有木屐2双,其中一双保存较好,底部前后有两条横高掌,前掌有铁钉足4枚,后掌有铁钉足3枚,屐长25厘米、掌高6厘米、另加铁钉足高1.5厘米①。东晋风流宰相谢安在接到从前线传来淝水之战的捷报时,压抑不住

① 《南昌市东吴高荣墓的发掘》,载《江西历史文物》1980年第1期。

激动的心情，以至在过门槛时，把屐齿都折断了。南朝刘宋文学家谢灵运常着屐游山玩水，上山则去前齿，下山去其后齿，人们把这种屐称作“谢公屐”。鞮是一种薄革小履，穿着轻便；靴是皮制的长统鞋，为少数民族服饰的一种。袜具一般用布或皮制成，吴应生前着的就是白布袜。

第三节 婚俗与丧仪

婚姻与丧葬是人生的大事，自古以来为中国人所重视。因此，不但相关的礼仪内容十分复杂，而且历代封建王朝的法律对此也有一系列严格的规定。中国又是一个多民族的大国，民风民俗千差万别，表现在婚俗、丧仪上也呈现出丰富多彩的特点。透过婚俗、丧仪，可以从一个侧面窥见不同地区、不同民族的文化风貌。

一、婚礼与婚俗

《礼记·婚义》说：“婚姻者，将合二姓之好，上以事宗庙，而下以继后世也，故君子重之。”正因为婚姻是事关敬祖、续嗣之大事，故历来备受重视，婚礼也被中国宗法社会视为各类礼仪之根本。

自西周以来，已逐渐形成婚姻“六礼”之制。一般男娶女嫁，要经过纳采、问名、纳吉、纳徵、请期、亲迎等六个程序。所谓“六礼”，实际上是男女双方完婚的三个阶段：(1)相亲，通过纳采和问名进行。男方首先通过媒人向女方表达通婚之意，女方同意后接受采礼，谓之“纳采”；男方再问得女方姓名、生辰，回去后占卜吉凶，谓之“问名”。(2)定亲，通过纳吉和纳徵进行。卜得吉兆后，定下婚姻之事，是谓“纳吉”；婚事既定，须送上定婚礼物，是谓“纳徵”。(3)成婚，通过请期和亲迎进行。男女两家商量成亲佳期，谓之“请期”；然后迎娶新娘，谓之“亲迎”。只有“六礼”皆备，婚姻关系才算确立。但实际上，一般平民对“六礼”的执行往往不那么严格。

迎娶新娘后，还有共牢合卺等一系列礼仪。所谓“共牢”，是新婚夫妇共用一个牢盘进食；“合卺”是喝交杯酒。《礼记·婚义》说：“共牢而食，合卺而酳，所以合体，同尊卑，以亲之也。”意思是说，通过共牢合卺，夫妻合为一体，感情更加亲密。成婚之后，婚礼并未完全结束，还要行“成妇”之礼，即新妇在婚后次日“谒见舅姑(公婆)”，及婚后三月行庙见之礼。至此，婚姻关系才能被家族承认。

魏晋南北朝时期，战乱频仍，社会动荡，婚姻“六礼”时断时续。汉末魏晋，“六礼”不行，遂兴“拜时”婚。因为在战乱的形势下，人们急于嫁娶，便顾不得“六礼”了。“拜时”婚的礼仪非常简单，女方父母遇到稍安定的日子，于仓促之间，将一块纱巾蒙在女儿头上，立刻送往男方家，新郎揭开盖头，新娘即拜舅姑，便算成婚。故杜佑《通典》指斥这种婚姻“六礼悉舍，合卺复乖”。当然，这只是一种权宜之制。自东晋成帝至南北朝，“六礼”逐渐恢复，但一遇大的战乱如侯景之乱，又马上为之不行。北朝后期，北齐政府曾重新厘定“六礼”之制。

魏晋南北朝是一个门阀制度盛行的时代，表现在婚俗上也有鲜明的时代特征。在婚龄上普遍流行早婚，早婚的年龄平均大约为男十五六岁，女十三四岁，不满十三岁而嫁娶的现象比比皆是。在联姻对象上实行士庶不婚，讲究门当户对，称为门第婚或身份制内婚。在血缘关系上，近亲婚现象颇多，如中表婚、甥舅婚、堂兄妹婚等。在人伦关系上不计行辈，姊妹同嫁叔侄，甥娶姑为妻，侄以孙女为妇等，只要年龄相当便结为亲。在物质要求上盛行财婚，“卖女纳财，买妇输绢”的“贾道”现象严重。此外，童婚、指腹婚、冥婚等也不乏其例。

自晋代以来，豫章崇儒兴学之风大行，江西人士并好经学，是以俗礼相沿，多合古义。此时江西地区的婚礼，大体遵循古“六礼”之制，但也有自己的特点。男子将娶，在迎亲的前一天，要冠带拜父母，并遍拜内外宗亲，父设宴延请宾客坐正席，子专席而坐，谓之“通婚礼”。迎亲之日，迎亲队伍须点着灯笼往妇家；新妇至，虽白昼也必举烛迎接。据说古代结婚必以夜，这样做是顺阴义。成婚后，新郎新娘要举杯互饮，曰“交杯”；既入洞房，要以盂盛饭，加肉其上，让新郎新娘共食，曰“孝顺饭”。这就是《礼记》所说的“合卺而饮，同牢而食”。新年正月，妇家要择日迎婿与女，曰“过门”。女方家呼婿为“新客婿”，以礼谒其家庙，遍拜其宗亲。女方宗亲须以酒席款待新婚夫妇，并以酒席之多寡决定居住之久暂。夫妇同归后，还要以礼向家庙祷告。未至新年，新妇不得归宁，否则视为私行，新郎将不以礼至妇家。

“婚不亲迎”是江西的又一俗礼。结婚之日，新郎不亲自去女方家迎娶新娘，只是在自家门口迎接。新妇至，新郎掀开彩轿绣帘，取簪插妇首，并取妇簪插于自己头上，曰“换簪”。也有不换簪的，而是取妇手所执如意或手饰置于怀中，曰“相亲”。彩轿抬至祖堂，一群小儿以楝子(一种不能食的野果)迎面撒去，曰“去煞”。

嫁女由房中抱出以登轿，不让女脚履地。据说如果女脚履地沾上灰土，会使母家贫困；实际上是依恋不舍，不肯让女儿离去的意思。女嫁三日，母家送衣饭；满月，送油；当暑，送消暑的食品。将生子，先一月，要备好小儿衣物送去，叫做“催生”。若生男，满月为之剃头，周岁为之“抓周”。然上述俗礼仅限于头胎。

“抓周”又称“试儿”、“试周”，是当时南方较普遍的习俗，不唯江西。熟悉南北风情的北齐人颜之推在《颜氏家训》中有详细的记述：

> 江南风俗，儿生一期（一周岁），为制新衣，盥浴装饰，男则用弓矢纸笔，女则用刀尺针缕，并加饮食之物，及珍宝服玩，置之儿前，观其发意所取，以验贪廉愚智，名之为试儿。亲表聚集，致宴享焉。自兹以后，二亲若在，每至此日，尝有酒食之事耳。①

六朝江西婚俗主要表现为童婚、门第婚和一夫多妻制。

童婚多表现为童养媳。贫穷人家常抱人女婴乳养，稍大后可帮助干活，既长可省婚财；生女之家，恐妨劳作，也愿抱送与人，故童养媳最多，实为变相的童婚。童养媳俗呼为“囤娘子”，言其如货而囤于家。

婚姻讲究门第，实行门当户对，是魏晋南北朝时期最盛行的婚俗，江西地区也不例外。家居寻阳的陶侃、周访两家堪称典型一例。陶侃之父陶丹，东吴时官拜扬武将军；周访的祖父周纂，为吴威远将军，父敏，左中郎将。扬武、威远都是杂号将军，居官八品；左中郎将为第七品，地位略高些。两家门第相当，皆系寒门庶族。陶丹去世得早，陶侃自幼与母亲相依为命，家境贫寒；周访救穷振乏，家无余财，两家的家境也相差无几。后来周访为县功曹，陶侃为散吏，访荐侃为主簿，两人的官位又相当。这样，无论从门第、家境、官位等方面看，陶、周两家可谓门当户对，所以周访与侃相与结友，并以女妻侃子瞻，结为儿女亲家。尔后，陶侃、周访相互支援，共成大业，为东晋王朝的巩固立下不朽功勋。

陶渊明的外祖父是江夏（今武昌）孟嘉，陶、孟二氏联姻同样是门当户对。陶侃因功勋卓著，官拜太尉，封长沙郡公，陶家自然进入大士族的行列。可江夏孟氏的门第也不低，孟嘉的曾祖父孟宗，东吴时官拜司空，居三公之位；祖父

① 王利器《颜氏家训集解》卷二《风操》，第118页，上海古籍出版社，1980。

揖，晋庐陵太守。地位之高可知。

孟嘉本人是位大名士，颇受太尉庾亮和外戚褚裒的器重。太尉庾亮领江州刺史，辟之为庐陵从事。一次，孟嘉还都建康，“庾亮引问风俗得失，对曰：‘还传当问吏。’亮举麈尾掩口而笑，谓弟翼曰：‘孟嘉故是盛德人。’”转劝学从事。褚裒时为豫章太守，元旦早朝见庾亮，裒有器识，亮大会州府人士，孟嘉坐得比较远。裒问亮：“闻江州（时江夏郡属江州）有孟嘉，其人何在？”亮曰：“在坐，卿但自觅。”裒历观众人，指着孟嘉对庾亮说：“此君小异，将无是乎？”亮欣然而笑，“喜裒得嘉，奇嘉为裒所得”，以后对孟嘉更加器重了。

桓温为征西将军，辟孟嘉为参军，对他也很器重。九月九日，温大宴于龙山，僚佐毕集。时佐吏皆着戎装，突然吹来一阵风，将孟嘉的帽子吹落于地，可他没有觉察到。桓温让左右不要声张，欲观其举止。过了好一会，孟嘉起身入厕，桓温才让人将帽子从地上拾起，并命孙盛作文嘲笑，连同帽子一起放在孟嘉座位上。“嘉还见，即答之，其文甚美，四坐嗟叹。”①这就是著名的孟嘉“龙山落帽”的故事。

孟嘉好酣饮，愈多不乱。后转从事中郎，迁长史。陶渊明嗜酒的名士风度，可能在很大程度上受到了外祖父的影响。孟嘉去世后，陶渊明撰《晋故征西大将军长史孟府君传》，以示对亲人的怀念。孟嘉身为名士，居官大将军长史，又深受朝贵们的器重，无论从官阶、地位而言，丝毫不亚于时任武昌太守的陶渊明的祖父陶茂。因此，陶、孟两家数代联姻。据《豫章书》载，陶渊明的母亲孟氏系孟嘉第四女，孟嘉本娶陶侃第十女，后以二女许配给侃子茂的两个儿子，一生渊明，一生敬远。在当时的社会风气下，这是合情合理的事。

再说陶渊明之妻翟氏，系寻阳柴桑翟汤宗女。陶、翟、骞号称寻阳三姓，翟汤又是著名的隐士，陶、翟二氏结秦晋之好，同样是门当户对。

如果门不当户不对，要联姻是很困难的。萧齐初，豫章南昌人胡谐之曾任江州别驾，刺史萧赜（即后来的齐武帝）委之以重任。建元二年（480年），官拜给事中、骁骑将军，居官四品，领兵兼统宿卫，地位颇高，权力也大。谐之祖廉之，官侍御史；父翼之，州辟不仕。从史籍记载来看，胡谐之算得上一个士族，甚至是中等士族。东晋南朝时，豫章胡氏是南昌的望族，与罗氏、熊氏、邓氏号称豫章4姓，但与侨姓士族王、谢、袁、萧及吴姓士族顾、陆、朱、张相比，还差一个等

① 《晋书》卷九九《桓温传孟嘉附传》，第2580、2581页。

级。因此，胡氏要与高门大族攀亲几乎不大可能，故齐高帝"欲奖以贵族盛姻"。因谐之一家是傒族，语音不正，所以派了四五个宫女前往其家教子女语。与贵族联姻还要靠皇帝去奖赏，足见其时门第等级之森严了。

官宦人家一夫多妻是当时江西地区又一突出的婚俗。《隋书·地理志下》记载说：

> 豫章之俗，颇同吴中，其君子善居室，小人勤耕稼。衣冠之人，多有数妇，暴面市廛，竞分铢以给其夫。及举孝廉，更要富者，前妻虽有积年之勤，子女盈室，犹见放逐，以避后人。……鄱阳、九江、临川、庐陵、南康、宜春，其俗又颇同豫章。

这里所说"衣冠之人"是指官绅、士大夫，他们居然同时有多名配偶，有妻有妾。及至被举为孝廉，社会地位提高，又嫌贫爱富起来，休掉前妻，另娶新欢。所谓"君子善居室"，就是指官绅、士大夫这些君子们，娶有三妻四妾，善于经营个人私生活而言。鄱阳、九江等郡的风俗又颇同豫章，说明一夫多妻是江西各地较普遍的现象。陶侃的父亲陶丹不过是个八品杂号将军，本已有妻，后又娶新淦湛氏女为妾而生侃。寻阳陶氏是寒门尚且如此，门第高的就更不用说了。

二、丧仪与丧俗

中国人崇尚孝道，主张"事死如事生"、"厚葬以明孝"，将生、死、丧看作人生三件大事。佛教传入中国后，"灵魂不灭"、"来生转世"的观念逐渐深入人心，丧葬更加引起人们的重视。早在先秦时期，中国就形成了一套繁琐的丧葬礼仪。魏晋南北朝时期，汉族的丧葬礼仪大体遵循传统，概括起来可分为殡殓、治丧、居丧守孝三个步骤。

殡殓礼仪，主要包括沐浴、易服、饭含、缠敛、设位、告丧、停殡等内容。人在弥留之际，家眷一定要守在病榻前，将轻柔的丝绵放在垂死者的鼻孔前"试气"，检验是否确实已死。这时，子女要全部赶回来奔丧，实在不能赶回者，也要寄物以吊，否则被视为不孝。人死之后，家眷拿着死者的衣服，反复呼唤死者名字，希望将其灵魂从幽冥之界唤回，这种招魂仪式叫做"复"。确定死者复生无望，方可为死者沐浴、梳洗、整容。还要将珠、玉一类物品放入死者口中，称为"饭含"。入棺前，要进行缠敛，即将尸首用被缠裹好。缠敛后，为死者设丧位，全家哭丧。

治丧礼仪，主要包括告丧、停殡、成服、卜阴宅、下葬等仪式。人死后，家眷要派人四出，向死者亲友告丧，称“赴告”。为死者穿上寿衣，在堂中停殡数日，称为“小敛”。小敛期间，亲友前来致奠，主人拜送答谢。小敛毕，举行入棺仪式，移尸棺中，称“大敛”。停殡待葬期间，死者亲属要按血缘关系的远近，分别穿上不同等级的丧服，称“成服”。同时，要请相士相地，卜阴宅，修坟墓。成服至下葬期间，每天一早一晚要在殡所哭泣，称为朝夕哭、朝夕奠。下葬之日，灵车载柩，家眷亲友齐穿丧服送葬。葬毕，死者亲属还要回到殡所，升堂而哭，称为“反哭”。

居丧守孝的礼仪比较复杂，主要体现在“五服”之制上。五服，是指5种不同的丧服，其中有“斩衰”、“齐衰”、“大功”、“小功”、“缌麻”等。穿何种丧服，要视与死者关系的亲疏而定。斩衰是一种不缝边的粗麻丧服，也是最重的丧服，通常是子女为父、妻为夫、孙为祖父所穿；缌麻是五服中最轻的一等，此丧服最为精细，一般由与死者关系较疏远的亲属服用，如女婿、外甥、堂兄弟、表兄弟等。斩衰要服丧3年，服丧期间，居官要去职，授官则不受；居庐墓，禁酒肉、娱乐，已婚者禁夫妻同居，未婚者不得聘娶等等。其他丧服都有不同的要求，这里不详述。

至于葬法，汉族人大多实行土葬。但由于宗教信仰不同，也有部分汉人实行崖葬、水葬或火葬的。

不同的时代，葬俗也有所不同。秦汉盛行厚葬，帝王将相、达官贵人多修建起规模巨大的陵墓，墓中埋有大量的随葬器物。魏晋时兴起一股薄葬之风，魏武帝曹操是提倡薄葬的第一人。临终前，他留下遗令：以日常衣服为殓装，不殉葬金玉珍宝。魏文帝曹丕严格遵父遗教，继续倡导薄葬。在曹操父子的影响下，西晋皇帝和十六国政权的不少君主也都循例薄葬。但至东晋后期，厚葬之风又开始抬头，一直蔓延到隋唐。

江西地区的丧仪与全国各地大同小异。服三年之丧者，孝子要脚穿用稻草编织的孝鞋，腰系稻草绳，手执以竹饰纸的哭丧棒；孝帽也用稻草编成，上有一梁，以白纸糊之，垂绵为瑱(挂在耳垂上的玉)，曰梁冠。五服皆用布，以长短为轻重之差。男子以麻辫发，妇女以麻加于髻上，既葬则除之，惟孝子及妇，百日乃除。古丧礼要“饭含”，然江西之俗不含，且忌以物入口。剪纸与布系于竹枝，曰“灵幡”，又称“魂帛”。灵柩出，必停于祠堂门外，以朝祖。出殡之日，僧人执灵幡居前，引柩出村，孝子手捧灵牌随灵幡后，众人随柩送葬。临墓穴启土，用肉一片、鸡卵、小鱼各一，以祭山神。葬毕，入室安灵位。三日傍晚，以粉米为饼祭于墓，曰“关山”，以安土神。用饼多寡以死者生年之数为准，一岁一枚。第三日夜，皆送火于墓。新年正月，亲戚各赠以财礼以助丧事，名曰“新香”。如葬不满百日，则不赙赠，次年正月补赙。如此等等，不一而足。

关于其他丧仪，南北各有不同。颜之推说：

> 南人冬至岁首，不诣丧家；若不修书，则过节束带以申慰。北人至岁之日(谓冬至、岁首二节)，重行吊礼；礼无明文，则吾不取。南人宾至不迎，相见捧手而不揖，送客下席而已；北人迎送并至门，相见则揖，皆古之道也，吾善其迎揖。

又说：

> 江南凡遭重丧，若相知者，同在城邑，三日不吊则绝之；除丧，虽相遇则避之，怨其不悯己也。有故及道遥者，致书可也，无书亦如之。北俗则不耳。江南凡吊者，主人之外，不识者不执手；识轻服而不识主人，则不于会所而吊，他日修名诣其家。

在哭丧方面，南北也各有异：

> 江南丧哭，时有哀诉之言耳；山东(谓太行、恒山以东，即河北之地)重丧，则唯呼苍天，期功以下，则唯呼痛深，便是号而不哭。

颜之推对南北朝风俗至为了解，从他的记载来看，似乎南人比北人更重丧葬礼仪。

豫章与江南一些地区，对丧葬礼仪甚至重到不可思议的地步。如南朝吴郡陆襄弱冠遭家祸，其父陆闲因事被杀；襄时年十四，乃终身布衣蔬食，不听音乐，口不言杀害；虽姜菜有切割，皆不忍食。江宁姚子笃，因母亲被火烧死，终身不忍食烧烤之物。豫章熊康，因父亲喝醉了酒遭奴仆杀害，终身不复尝酒。对此,颜之推慨叹道:“然礼缘人情,恩由义断,亲以噎死,亦当不可绝食也。”[①]

江西地区大都盛行土葬,且多于自家田中造墓。田土浅者不及尺,见黄壤即下葬;田土或厚不及寸,下即烂泥,则不可葬。造墓有两种形式:丘陵山区居民采用墓穴式,即深挖墓穴,富者以砖为椁,多系券顶砖室结构,平面呈长方形或凸字形;全墓分前后两室,有些还有甬道。墓内有数量不等的随葬器物。此种墓不易受到水的浸害,保存时间长。近几十年来,在江西各地发掘的上百座六朝墓中,90%以上为这种砖室墓,许多墓虽经千年以上仍保存完好。至于贫家,只能建土墓,草草下葬了事。而居住于湖乡的居民则采用以土培冢式,即将棺木浅埋田中,以土培冢间,墓突出地面呈圆锥形,高约二三米。用此墓者,一遇大水,往往有漂棺之患,极难保存。

第四节
民间信仰与畜蛊之风

民间信仰是民风民俗的重要表现形式之一。中国幅员辽阔,民族众多,风俗各异,民间信仰也各有特色。但由于古代生产力水平的低下,人们对各种自然现象和社会现象往往无法作出科学的解释,甚至加以崇拜,由此而产生诸多的世俗迷信。尤其是遭遇到魏晋南北朝这样的乱世,更加重了人们的苦恼和恐惧的心理,在对今生无望的绝境中,幻想来世转生天国,到达幸福的彼岸,从而导致世俗迷信更为严重,这是当时全国较普遍的现象。于是,各种鬼神信仰、精怪崇拜与神仙敬奉空前泛滥,淫祀、巫术盛行,从而构成民间信仰的重要内容。江西民间除有上述种种信仰外,更有畜蛊之风,一些心怀叵测者利用毒虫、疯狗等以害人,可谓乱中添乱。

一、鬼神信仰与精怪崇拜

自先秦以来,吴、楚之民便有鬼神信仰的陋习。《汉书·地理志》称:楚地“信巫鬼,重淫祀。”

清代金谿人王谟著《豫章十代文献略》,对桑梓的陋习记述甚详:

① 《颜氏家训集解》卷二《风操》,第85、100、101、109页。

> 豫章,故南楚也。其俗信机鬼[1]而重淫祀,常呜呜鼓角,鸡骨祈年,以至于灵衣桃茢[2],禳灾去病,利害悉听于巫。小民破赀产奔走祷祠者,不可胜数。经良两千石栾巴、顾邵、袁君正化谕法禁,犹不能革,盖其风气然也。而其它阴阳占候、医方卜筮,以及相人占梦诸术,虽间有精其业者而流传不广,亦难征焉。[3]

可见,古代江西民间信鬼神、重淫祀的风气由来已久,东汉中后期发展到十分严重的地步,魏晋南北朝时期逾演逾烈。王谟在书中提及的栾巴、顾邵、袁君正3位良太守,都是在此期间出现的敢于向鬼神进行公开挑战的著名斗士。

栾巴,魏郡内黄(今河南内黄县,一说蜀郡)人。东汉顺帝时,出任豫章太守。"(时)郡土多山川鬼怪,小人常破赀产以祈祷,巴素有道术,能役鬼神,乃悉毁坏房祀,翦理奸巫,于是妖异自消。百姓始颇为惧,终皆安之。"[4]栾巴雷厉风行地禁鬼神、翦奸巫的结果,使一郡获安,不愧为江西古代史上与鬼神进行大胆斗争的第一人。大约因为他禁鬼神卓有成效,所以后人将其神化,而说出一些"有道术,能役鬼神"的话来。

顾邵,东吴丞相顾雍之子,他在任豫章太守期间,崇学校,禁淫祀,捣毁山庙,禁绝鬼神,使全郡风化大行,搞得有声有色。

袁君正,袁昂之子,出身于名门大族。梁武帝时,出为豫章太守。他"性不信巫邪",时郡内有个大巫师名万世荣,自称有道术,为一郡巫长。一次,君正在郡偶患小疾,主簿熊岳向他推荐大巫师。巫师提出要病人拿来衣服当信物,君正遂将襦衣脱下派人送去;事后索取襦,巫师竟装神弄鬼地说:"神将送与北斗君。"君正大怒,使人搜检其身,结果在内衣中搜到了。于是以乱政为由,即刻将巫师"刑于市而焚神",从此"一郡无敢信巫"[5]。袁君正刑巫焚神之事颇具戏剧性,给了巫邪势力重重的一击。然而,一种不良社会风气毕竟是长期形成的,不可能一下子得到根本扭转。因此,在整个魏晋南北朝时期,江西民间的鬼神

① 机鬼:事鬼神以求福去灾。

② 桃茢(liè):古代迷信,用桃枝扎成苕帚以扫除不祥。

③ 《豫章十代文献略》卷三五《艺术传序》。

④ 《后汉书》卷五七《栾巴传》,第1841页。

⑤ 《南史》卷二六《袁君正传》,第716页。

信仰、淫祀等世俗迷信仍然十分泛滥。

其时,江西民间最崇信的是庐山庙神。据《神仙传》、南朝宋刘敬叔《异苑》等书记载,庐山庙神很灵验,能在帐中与人言语,饮酒投杯;商旅经过,若有祷请,则一时能使宫亭湖中分风,沿溯皆举帆,平安无事。顾邵曾派人捣毁庐山庙,结果举郡反对,庐山庙神则自称庐山君,夜晚找上门来与顾邵论理。顾邵毫不妥协,还是将庙捣毁了。宋刘义庆《幽明录》更将庐山庙神说得神乎其神:

> 孙权时,南方遣吏献犀簪。吏过宫亭湖庐山君庙请福,神下教求簪,而盛簪器便在神前。吏叩曰:"簪献天子,必乞哀念。"神云:"临入石头,当相还。"吏遂去。达石头,有三尺鲤鱼跳入船,吏破腹得之。

看来这位庐山庙神也很贪,见了珍宝便想要,只是因为犀簪是献给天子的,只好欣赏一下罢了。

庐山上有庙神,山下的鄱阳湖中则有彭蠡湖神,在湖中的大孤山上立有显济圣母庙,以供奉祭祀。

江西是半水乡,经常发生水患,故民间对龙王爷格外崇拜。各县都建有龙王庙,遇旱则求雨,逢涝则祈晴。如建在南昌盆江门外的龙王庙,是用来祭祀豫章吴城山小龙君的。德化县不仅建有龙王庙,还有龙坛,据说祈雨多应。九江下钟山龙王庙右则建有龙君庙,专祭洞庭龙。

魏晋以后,江西各地又开始信仰城隍神,许多郡县都建有城隍庙。城隍属土神,是迷信传说中主管某个城的神。因豫章城相传最早是由西汉灌婴将军修建的,所以江西民间便把他当成了城隍神而加以祭祀。有些城隍庙的规模相当可观,如临川(汉代临川属豫章郡)祭祀灌婴的城隍庙有外门3间,内门5间,城隍殿5间。神像居正殿墙壁中,画以云山,前置红漆木椅及黑漆书案。东西列两庑廊,殿后直舍3间,后殿3间。

此外,还有东岳行庙、三皇庙、天王堂及山川之神、日月星辰之神等等,多不胜数。

甚者连厕神也要加以信仰崇拜。传说陶侃微时,曾入厕,"见数十人,悉持大印。有一人,朱衣、平上帻,自称'后帝',云:'以君长者,故来相报。三载勿言,富贵至极。'"陶侃解完大便后,这些人都不见了,只见在大便堆上留下一颗上书"公"字的大印。这就是所谓"厕神",即"后帝"。厕神又称紫姑神,古来相传说是人家妾为大妇所妒,每以秽事相役使,五月十五日感愤而死。故世人于此日作其形状持于手中,当夜在厕所间或猪栏边迎接她,并祷告说:"子胥不在,曹姑亦归,小姑可出戏。"[①]子胥是其婿名,曹姑即其大妇也。待手中感觉有些重量了,便是神来,即设酒果祭奠。据说紫姑能占卜众事,卜未来蚕桑;又善射钩[②],好跳大舞。正月十五迎厕神的习俗始于东晋,盛于南朝,主要流行于江西鄱阳和湖北等地民间。最早记录厕神后帝(紫姑神)来历及民间正月十五迎厕神的习俗是南朝刘敬宣的《异苑》,后为《荆楚岁时记》、《初学记》、《太平御览》等多种书籍所引用。

既信神,又信鬼。六朝江西民间最为信仰的鬼是"黄父鬼"。传说这种鬼身材高大,胸臂呈黄色,变化无常,还能与人相通。刘敬叔《异苑·山灵》条对此有具体的描述:

> 庐陵人郭庆之,有家生婢,名采薇,年少,有美色。宋孝建中,忽有一人,自称山灵,如人裸身,形长丈余,胸臂皆有黄色,肤貌端洁,言音周正,呼为'黄父鬼',来通此婢。婢云:'意事如人。'鬼遂数来。常隐其身,时或露形。形变无常,乍大乍小,或似烟气,或为石,或为小鬼,或为妇人;或如鸟兽足迹,或如人,长二尺许;或似鹅,迹掌大如盘。开户闭牖,其入如神。与婢戏笑,如人也。

临川郡民间还信仰一种"刀劳鬼"。干宝《搜神记》记载说:

> 临川间诸山有妖物,来常因大风雨,有声如啸,能射人。其所着者,有顷便肿,大毒。有雄雌,雄急而雌缓,急者不过半日间,缓者经宿。其旁人常有以救之,救之少迟则死。俗名曰"刀劳鬼"。故外云曰:"鬼神者,其祸福发扬之验于世者也。"[③]

鬼神信仰之外,更有精怪崇拜。

人们认为自然界的万物皆有灵性,都会幻化成种种精怪,举凡山、石、草、

---

① 刘敬叔《异苑》卷五《厕神后帝》、《紫姑神》条。

② 射钩,又称施钩、牵钩,古代的一种集体游戏,即今天的拔河。

③ 干宝《搜神记》卷一二《刀劳鬼》条。

木、花、鸟、禽、兽等都会成妖作怪,或变为妙龄少女,或化作英俊丈夫,或扮成皓首老翁和年迈老妪,真乃变幻莫测,难以捉摸。其时,江西各地出现的所谓"鹿精"、"鼠精"、"竹精",乃至天空中的彩虹、地上沙石、日用布料等大量精怪作祟的故事,正反映人们对精怪的崇拜。与鬼神崇拜不同的是,这些作祟的精怪最终往往原形毕露,以人们战胜这些精怪而告终。

六朝志怪小说中,不乏对江西民间精怪崇拜的记述。干宝《搜神记》载:

> 陈郡谢鲲,谢病去职,避地于豫章。尝行经空亭中夜宿,此亭旧每杀人。夜四更,有一黄衣人呼鲲字曰:'幼舆,可开户。'鲲淡然无惧色,令伸臂于窗中。于是授腕,鲲即极力而牵之,其臂遂脱,乃还去。明日看,乃鹿臂也,寻血取获。尔后此亭无复妖怪。

这里讲的是东晋豫章郡内一空亭中鹿精作祟的事。谢鲲来此前,鹿精每每杀人,可当地人皆惧怕,任其为非作歹。谢鲲将鹿精治住了,才使该亭不再有妖怪。

同在豫章郡,还发生过老鼠精作怪的事:

> 豫章有一家,婢在灶下,忽有人长数寸,来灶间壁。婢误以履践之,杀一人。须臾,遂有数百人着衰麻服,持棺迎丧,凶仪皆备。出东门,入园中覆船下。就视之,皆是鼠妇。婢作汤灌杀,遂绝。[1]

鼠精被拟人化,说明人们对它的崇拜。女婢不信邪,硬是把一窝母老鼠用开水灌杀了。

临川郡又有竹精作怪:

> 临川陈臣,家大富。永初元年(420年),臣在斋中坐。其宅内有一町筋竹。白日忽见一人,长丈余,面如方相,从竹中出,径语陈臣:"我在家多年,汝不知。今辞汝去,当令汝知之。"去一月许日,家大失火,奴婢顿死。一年中,便大贫。

---

① 干宝《搜神记》卷一九《鼠妇》条。

陈臣因家有竹精而大富，却未能察觉而予以祭祀，导致竹精的离去，遂大贫。

《搜神记》又载：

豫章有戴氏女，久病不差。见一小石，形像偶人。女谓曰："尔有人形，岂人？能差我宿病者，吾将重汝。"其夜，梦有人告之："吾将佑汝。"自后疾渐差。遂为立祠山下。戴氏为巫，故名戴侯祠。[①]

一颗小石子居然也能成精，保佑人，戴氏因此而崇拜，专为之立祠。戴氏是个巫师，目的是借机装神弄鬼，坑人骗人。但在世俗迷信盛行的时代，却有相当的迷惑性。

托名陶潜撰的《搜神后记》也有类似记载：

豫章人刘广，年少未婚。至田舍，见一女子，云："我是何参军女，年十四而夭，为西王母所养，使与下土人交。"广与之缠绵。其日，于席间得手巾，裹鸡舌香。其母取巾烧之，乃是火烷布。

火烷布成了精，变为女子与刘广缠绵，本是荒唐事，却在民间流传开来，以至于被文人收入志怪小说。

同书还详细地记述了一则彩虹化为丈夫，而与妇人生子的荒诞故事：

庐陵巴邱人陈济者，作州吏。其妇秦，独在家。常有一丈夫，长丈余，仪容端庄，著绛紫袍，彩色炫耀，来从之。后常相遇于一山涧间。至于寝处，不觉有人道相感接。如是数年。比邻人观其所至则有虹见。秦至水侧，丈夫以金瓶引水共饮。后遂有身，生而如人，多肉。济假还，秦惧见之，乃纳儿著瓮中。此丈夫以金瓶与之，令覆儿，云："儿小，未可得将去。不须作衣，我自衣之。"即与绛囊以裹之，令可时出与乳。于时风雨暝晦，邻人见虹下其庭，化为丈夫。复少时，将儿去，亦风雨暝晦，人见二虹出其家。数年而来省母。

① 干宝《搜神记》卷四《戴侯祠》条。

后秦适田，见二虹于涧，畏之。须臾见丈夫，云："是我，无所畏也。"从此乃绝。

彩虹成了精怪，化为丈夫，数年出入陈家，常为邻人所见。后竟与陈妇秦生下一子，并将子带去。这在现实中本不可能发生的事，却被民间传得有声有色，足见人们对精怪的崇拜达到何种程度。

二、神仙敬奉与淫祀

魏晋南北朝时期，道教在江西各地得到广泛传播。龙虎山、庐山、西山、玉笥、麻姑、鬼谷、阁皂等山之仙灵窟穴，不下数十。而龙虎、西山尤为著名。龙虎山是中国道教的发祥地，历代天师世修其法；西山是神功妙济许真君逊成仙之所。张道陵、葛玄、葛洪、陆修静等道教代表人物都曾在江西各地留下了他们的足迹，产生了广泛的影响。而道教所宣扬的又主要是长生不死、飞升成仙。由此而导致江西民间对神仙的追求、信仰和崇拜。

东晋许逊是帮助家乡人民治水立有大功的英雄，据说后来成了仙，他便成了江西民间最受崇拜的神仙。有关许逊的轶闻甚多，在江西各地广为流传，如说他如何运用道法斩蛟治水，如何在东晋太元二年八月二日，于洪州西山举家42口拔宅升仙而去。升仙之际，曾从天上飘坠下一块锦帷，乡人便在这里修建了一座道观，取名游帷观(后改名玉隆万寿宫)。成仙之后，在南昌许多地方留下大量的仙迹遗物，如妙济观、咒剑井、旌阳丹井、井中铁柱等等。为了祭祀、纪念他，人们还在江西各地相继修建了十多所道观。

晋代豫章人吴猛一生为人治病，救死扶伤，造福桑梓，不仅是位杏林高手，而且道术高超，得秘法神符，道术大行。他虽然没有成仙，却成了受人尊敬的准仙人。有关他投符止风，不用舟楫而画水渡河，一宿船行千里的传说故事，正是江西民间对神仙的敬奉和追求的重要表现。

江西宁都有座金精山，山下有个金精洞，传说汉代女子张丽英在此飞升成仙。乡人便在山上修建一座仙女庙，其后名胜闻天下。魏晋以来，代代翻修，香火弥盛，以迄于明。人们常至庙中祭祀仙女以求雨。

南昌东南15里有座定山桥，传说汉代南昌尉梅福曾在桥旁溪水边垂钓。梅福，九江寿春人，通经学，曾任南昌尉。他敢于直言进谏，多次上书成帝，讥刺外戚王氏。元始中，王莽专政，梅福一朝弃妻子，去九江，不知所终，后来传说也成了仙。梅福在江西民间具有一定的影响,后人把他当作神仙崇拜,称之为"梅仙"。并在他垂钓之处构筑一庵观,曰"梅仙祠",又称梅仙道观。六朝时祭祀不断,唐贞观中改称太乙观,后屡毁屡建。

许逊、梅福等都是本地神仙,很自然地受到乡人的信仰和崇拜。对于外地神仙,江西民间同样格外敬奉。王子晋是传说中的古仙人,颇受后世景仰,唐李白有诗云:"吾爱王子晋,得道伊洛滨。"魏晋时,鄱阳等郡曾留下了子晋的仙迹。传说陶侃微时,遭父丧。有人身长9尺,相貌端庄秀伟,来到门前递上名刺(名片)。名刺上的字很古怪,不可识。陶侃心中诧异,知其非常人,亲自出庭拜送。此人告诉陶侃说:"吾是王子晋,君有巨相,故来相看。"①说完,脱下衣帽,换上仙羽服,骑鹄腾空而去。

企盼神仙相助,摆脱苦难,获得幸福,乃至飞黄腾达,这是中国古代民众最普遍的善良愿望。当这种愿望无法实现时,他们又往往通过某些名人因得神仙相助而到达幸福彼岸的虚幻故事,以求得自我心灵的满足。陶侃由寒微而发迹,乃至大富大贵,靠的是个人才能、顽强奋斗,以及时代给予的机遇,并非神仙相助的结果。将陶侃的发迹归结于仙人王子晋说他有"巨相"的虚幻故事,正是江西民间对神仙无限敬奉的表现。

鬼神信仰、精怪崇拜和神仙敬奉的结果是淫祀的盛行。所谓"淫祀",是指不符合封建礼制所规定范围之内的一切祭祀活动。东汉时期,淫祀即已盛行。时人的心态是,"祭祀必有福,不祭祀必有祸。是以病作卜祟,祟得修祀,祀毕意解,意解病已,执意以为祭祀之助。"②

魏晋以来,豫章民俗特信鬼神而重淫祀,淫祀的内容既有人格化的山川河泽,也有传说中的人物、先代乃至当代的帝王将相和普通百姓,甚至一些特殊的动植物,如鹿、蛇、鼠、竹、布等,都在祭祀之列。两汉魏晋之际,许多在江西地方史上较有影响的人物,如汉之灌婴、梅福、吴芮、徐孺子,吴之甘宁、太史慈,晋之陶侃、陶潜、许逊等,都被当作神,为之修观、建庙、立祠,四时祭祀。至于各类山庙、龙王庙、城隍庙更是不可胜数。

淫祀的结果,不仅给广大人民造成沉重的经济负担,也败坏了地方风俗,扰乱了社会治安。一些开明的地方官吏,如汉之栾巴、吴之顾邵、萧梁袁君正

---

① 刘敬叔《异苑》卷五《王子晋》条。

② 王充《论衡·祀礼》。

等,曾大毁山庙,严法禁,绝淫祀,犹不能革其陋风,以致一代一代蔓延下去,小民破赀产奔走淫祀者不可胜数。

三、巫术与畜蛊之风

世俗迷信中流传甚广的还有各种巫术。魏晋南北朝时期,巫术盛行,形式多样,如厌胜、风角、望气、占卜、占梦、相术等。厌胜是用念咒、伤害图形偶像等办法,以达到祸及仇家的一种巫术;风角是通过观察自然界中的风来占卜吉凶;望气即根据云气以占吉凶,两者都是术士祈求神谕的手段,也多用于政治方面。

其时,江西民间巫术很盛行,各地皆有巫婆、巫师,较为流行的巫术主要有跳神、占梦、以符水替人治病及各种相术。从《晋书》、《南史》等史籍及六朝志怪小说中,常常可以看到巫婆、巫师在豫章、鄱阳、临川、安成等郡活动的痕迹。豫章不但有巫师,还有巫长,如自称有道术的大巫师万世荣便为一郡巫长。所谓巫长,即为一郡巫师之首,很可能有自己的组织。安成郡也有巫师,而且很活跃。他们在各地大行巫术,愚弄百姓,骗取钱财。

跳神是江西民间盛行的巫术之一,即巫婆或巫师装出鬼神附体的样子,乱说乱舞,口中念念有词,说是替人驱鬼治病。刘义庆《幽明录》便生动地记载了东晋安成郡一巫师跳神之事:

> 安开者,安成之俗巫也,善于幻术。每至祠神时,击鼓宰三牲,积薪燃火盛炽,束带入火中,章纸尽烧,而开形体衣服犹如初。时王凝之为江州,伺王当行,阳为王刷头,簪荷叶以为帽,与王著。当时亦不觉帽之有异,到坐之后,荷叶乃见,举坐惊骇,王不知。

这位名叫安开的巫师与众不同,不仅会跳神,而且善于幻术(魔术)。祭神也很讲究,要击鼓,宰杀猪、牛、羊三牲,燃起一堆熊熊大火,而后进行表演。甚至敢在江州刺史王凝之面前装神弄鬼,凝之居然被迷惑住了。王凝之是位虔诚的道教徒,道教原本是由巫术发展而来,其信巫术是很自然的事。既然刺史崇尚巫术,巫术在民间的泛滥便可想而知。

占梦,俗称圆梦,即通过对梦的占卜来预测吉凶祸福。史称陶侃曾"梦生八翼,飞而上天,见天门九重,已登其八,唯一门不得入。阍者(看门人)以杖击之,因坠地，折其左翼。及寤，左腋犹痛”①。陶侃是否做过折翼之梦，不得而知，即使做过这样的梦，他自己也不会说，很可能是巫师通过陶侃其他的梦而占成这样的结果，以至传扬开来。

相术的范围较广，包括相面、相宅、相墓、相印等。其中相面流传最广，影响最大。周访、陶侃年少时，曾遇善相者陈训为之相面。陈训对二人说：“二君皆位至方岳，功名略同，但陶得上寿，周得下寿，优劣更由年耳。”这是魏晋之际发生在寻阳的一则著名的相面故事。陈训是当地有名的相士，据说他为周、陶二人相面相得很准，后来周访做了梁州刺史，陶侃位至荆州刺史，功名略同。周访小陶侃一岁，却死得比陶侃早，卒年六十一，陶侃则享年七十六。周访死后，陶侃官运亨通，官位扶摇直上，位至太尉，封长沙郡公，这便是陈训所说的“优劣更由年耳”。

相宅、相墓也为时人所重。修宅、建墓一定要选择风水宝地，否则便不吉利。东晋郭璞是占卜名家，曾为许逊相宅，相得豫章西山之阳，在一处名叫逍遥山的地方修宅居住。据说因为宅基地选得好，所以许逊后来成了仙。陶侃微时，父丧将葬，家中忽失牛而不知所在，一相士便跑来为之相墓，对他说：“前岗见一牛眠山汙(山凹)中，其地若葬，位极人臣矣。”又指一山云：“此亦其次，当世出二千石。”②陶侃按相士指点，寻牛找到了这块地，即将父葬其处；以相士所指别山给周访，访父死，葬其地。后来陶侃果拜太尉，位极人臣；周访为刺史，称著宁益，自访以下，三世为益州41年，如相士所言。

与此同时，豫章、鄱阳、临川、庐陵、安成等郡又兴起畜蛊之风。蛊即蛊毒，《隋书·地理志下》在谈到豫章等郡的风俗时说：

> 然此数郡，往往畜蛊，而宜春偏甚。其法以五月五日聚百种虫，大者至蛇，小者至虱，合置器中，令自相啖，余一种存者留之。蛇则曰蛇蛊，虱则曰虱蛊，行以杀人。因食入人腹内，食其五脏，死则其产移入蛊主之家。三年不杀他人，则畜者自钟其弊。累世子孙相传不绝，亦有随女子嫁焉。干宝谓之为鬼，其实非也。自侯景乱后，蛊家多绝，既无主人，故飞游道路之中则殒焉。

① 《晋书》卷六六《陶侃传》，第1779页。

② 《晋书》卷五八《周访传》，第1586页。

南朝梁、陈之际顾野王《舆地志》也记载说：

江南数郡有畜蛊者，主人行之以杀人，行饮食中，人不觉也。其家绝灭者，则飞游妄走，中之则毙。

《舆地志》所说江南数郡实指豫章、鄱阳诸郡。《隋书·地理志》根据东晋南朝人的有关记载，将此事叙述得更加详细。从这两条史料中不难看出，所谓蛊，就是于五月五日这天，把许多毒虫放在同一器皿里，让它们互相吞食，最后剩下不死的一种毒虫叫蛊，用来放在食物中害人，谋夺他人财产。如不留意，也会给畜蛊之家带来祸害，真可谓害人又害己。一些人以此为职业，子孙世代相传，甚至随女出嫁，可见此风之盛行。

除各种虫蛊之外，鄱阳郡还有人家畜养犬蛊。干宝《搜神记》记载说：

鄱阳赵寿有犬蛊。时陈岑诣寿，忽有大黄犬六七群，出吠岑。后余伯归与寿妇食，吐血几死，乃屑桔梗以饮之而愈。蛊有怪物，若鬼。其妖形变化，杂类殊种，或为狗豕，或为虫蛇，其人不自知其形状。行之于百姓，所中皆死。

所谓“犬蛊”，大约是一种特别豢养的毒狗、疯狗之类。人被咬如不及时治疗，往往会中毒而死。

其实，当时畜蛊之风并非仅仅局限于江南数郡，北方一些地方也有此种风俗。干宝《搜神记》还记述了荥阳等郡畜蛊之事：

荥阳郡(今河南荥阳县)有一家姓廖，累世为蛊，以此致富。后取新妇，不以此语之。遇家人咸出，唯此妇守舍。忽见屋中有大缸，妇试发之，见有大蛇。妇乃作汤，灌杀之。及家人归，妇具白其事，举家惊惋。未几，其家疾疫，死亡略尽。

可见，荥阳畜蛊之风也很盛行，廖家累世为蛊，并以此发了大财。干宝的家乡新蔡(今河南新蔡县)也有此风：

吾外妇姊夫蒋士,有佣客,得疾下血。医以中蛊,乃密以蘘荷根布席下,不使知。乃狂言曰:“食我蛊者,乃张小小也。”乃呼小小亡去。今世攻蛊,多用蘘荷根,往往验。蘘荷或谓嘉草。[①]

干宝外妇姊夫蒋士家中的一个佣客因中蛊毒而拉血，医师用蘘荷根给他治好了。蘘荷或称嘉草,多年生草本植物,茎、叶可编草鞋,根入中药。当时,蘘荷根是医治蛊毒的良药。中了蛊毒的人可用中药治愈,显然不是个别现象。

从上述史料可知,畜蛊之风始于东晋,盛于南朝而衰于梁末。侯景之乱发生后,南方各地因受战乱影响,蛊家近乎绝迹。

① 干宝《搜神记》卷一二《犬蛊》、《蛇蛊》、《张小小》条。

大事年表

194　**汉兴平元年**

豫章太守周术卒。袁术任命诸葛玄为豫章太守，玄携侄诸葛亮及亮弟均赴任。

195　**汉兴平二年**

汉朝更选朱皓代玄。皓向扬州刺史刘繇借兵攻玄，玄退，被迫离开南昌，投奔荆州牧刘表。皓旋为广陵相笮融所杀。繇讨融，融败死，繇也病卒。

197　**汉建安二年**

袁术称帝于寿春，自称仲家，署置公卿百官。

199　**汉建安四年**

袁术死，称帝失败。其堂弟袁胤率部曲投奔庐江太守刘勋，刘勋因粮草不足，告籴于豫章太守华歆。告籴不成，勋怒，出兵伐上缭，了无所得。

孙策乘机灭刘勋，夺取豫章郡，并分豫章为庐陵郡，以堂弟孙贲、孙辅分别任二郡太守。

200　**汉建安五年**

孙策卒，孙权立。豫章、庐陵等地山越不附，权分部诸将讨之。

203　**汉建安八年**

鄱阳诸县山越纷纷暴动，孙权遣诸将讨之。

205　**汉建安十年**

孙权使贺齐讨上饶山越，分上饶为建平县。

206 **汉建安十一年**

黄祖遣将邓龙率兵数千人入柴桑，周瑜追击，生擒之。

208 **汉建安十三年**

孙权使吕蒙擒黄祖。

曹操率大军席卷而南，直指荆州，孙权、刘备危急。诸葛亮见孙权于柴桑，共商拒敌大计。

赤壁之战中，孙、刘联军以少胜多，大败曹军，夺得荆州。

210 **汉建安十五年**

刘备向孙权借荆州。孙权分豫章立鄱阳郡。

213 **汉建安十八年**

豫章东部民彭材、李玉、王海等起兵为乱，众万余人。

214 **汉建安十九年**

南城、庐陵山越起，孙权命张昭、吕蒙讨之。

215 **汉建安二十年**

孙权、刘备中分荆州。

219 **汉建安二十四年**

吕蒙自寻阳"白衣渡江"，擒杀关羽，袭夺荆州。

225 **吴黄武四年**

鄱阳山越彭绮自称将军，众数万人。

234 **吴嘉禾三年**

庐陵山越李恒、罗厉等起为乱。

236 **吴嘉禾五年**

孙权立庐陵南部都尉。

242 **吴赤乌五年**

全国大疫。

243 **吴赤乌六年**

鄱阳民帅吴遽等为乱，孙权遣陈表破之。

诸葛恪屯兵柴桑。

246 **吴赤乌九年**

陆抗迁立节中郎将，与诸葛恪换屯柴桑。

257 **吴太平二年**

孙亮分豫章东部都尉立临川郡。

魏将诸葛诞举寿春降,亮拜陆抗为柴桑督,赴寿春。

鄱阳、新都民为乱,亮分遣诸将讨之。

259 **吴永安元年**

陶侃生。

264 **吴永安六年**

豫章山越张节等为乱,众万余人。

266 **吴宝鼎二年**

孙皓分豫章、庐陵、长沙三郡立安成郡。

282 **晋太康三年**

晋武帝改庐陵南部都尉为南康郡。

291 **晋元康元年**

晋惠帝割扬州之豫章、鄱阳、庐陵、临川、南康、建安、晋安,荆州之武昌、桂阳、安成合10郡,因江水之名而置江州,治豫章。

296 **晋元康六年**

陶侃入洛阳,被司空张华荐为郎中。

303 **晋太安二年**

张昌于安陆发动流民起义,随即破江州,占豫章,建立政权,署置百官。

陶侃投依荆州刺史刘弘,被辟为南蛮长史,率军于襄阳击张昌。

304 **晋永兴元年**

晋惠帝分庐江寻阳、武昌柴桑二县置寻阳郡,属江州。

张昌为荆州兵擒杀,起义失败。

305 **晋永兴二年**

陈敏据历阳起兵反晋,自称扬州刺史,相继占领豫章、庐陵等地。庐陵太守虞潭与诸军共平敏弟陈恢。

306 **晋光熙元年**

刘弘卒。陶母病逝。陶侃去职。

307 **晋永嘉元年**

晋怀帝置立湘州,桂阳郡从江州划出。

陈敏兵败,斩于建邺。

司马越以琅邪王司马睿为安东将军,都督扬州江南诸军事,镇建邺。

308 **晋永嘉二年**

华轶出为江州刺史,以杜夷为儒林祭酒,兴学崇儒。

309 **晋永嘉三年**

陶侃服丧期满,投依司马越,被用为参军。华轶荐之为扬武将军,驻屯夏口,司马睿加侃奋威将军。侃与华轶断绝关系。

311 **晋永嘉五年**

司马睿平华轶,定江州。

湘州爆发杜弢流民大起义。

312 **晋永嘉六年**

杜弢流民军入江州,荆州刺史周𫖮率兵讨弢,兵败,被革职。

315 **晋建兴三年**

司马睿以王敦为镇东大将军,加都督江、扬、荆、湘、交、广6州诸军事,兼江州刺史。王敦率陶侃、周访、甘卓共击弢。陶侃、周访平定湘州,杜弢流民军遭镇压。

陶侃战功卓著,晋升荆州刺史。因遭王敦排斥,左转广州刺史。

318 **晋太兴元年**

以王敦为江州牧,加荆州刺史。江州置牧始于此。

二月,庐陵、豫章、武昌、西阳地震山崩。

322 **晋永昌元年**

王敦于武昌举兵作乱,攻入建康。元帝以敦为丞相、江州牧,随后退回武昌。

十一月,大疫,死者十二三。

324 **晋太宁二年**

王敦二次举兵作乱,被官军击败,叛乱平息。

明帝以应詹为平南将军、江州刺史。

325 **晋太宁二年**

明帝以陶侃为荆州刺史、征西大将军。

326 **晋咸和元年**

应詹卒,温峤继为平南将军、江州刺史。

327 **晋咸和二年**

苏峻、祖约举兵反叛。

四月,豫章地震。

328 **晋咸和三年**

苏峻叛军攻克建康，庾亮西奔寻阳，投温峤。温峤、庾亮共推陶侃为盟主，同赴国难。侃率荆、江二州兵直指石头城下，在东路军的配合下，很快将叛乱平息。

329 **晋咸和四年**

陶侃晋升太尉、7州都督，封长沙郡公。

温峤拜骠骑将军，封始安郡公。温峤回镇，患齿疾，拔牙中风而死，时年42岁。

刘胤代峤为江州刺史。郭默乘机滋事，擅杀刘胤。

十月，柴桑庐山西北崖崩。

330 **晋咸和五年**

陶侃起兵讨郭默，斩之于军门。诏以侃为江州都督、领刺史。五月，大饥且疫。

334 **晋咸和九年**

陶侃病逝于樊溪，时年76。庾亮继为荆、江二州刺史。

340 **晋咸康六年**

庾亮卒。弟翼为荆州刺史，代亮镇武昌。

王允之出为江州刺史。

342 **晋咸康八年**

外戚褚裒为江州刺史。

343 **晋建元元年**

庾翼移镇襄阳，准备北伐。诏以翼兄冰为荆、江等7州都督，领江州刺史。

344 **晋建元二年**

庾冰卒。朝廷复以翼督江州。

345 **晋永和元年**

庾翼卒。朝廷以桓温为安西将军、荆州刺史。

王羲之出为江州刺史。

347 **晋永和三年**

桓温灭成汉。

352 **晋永和八年**

殷浩北伐失败，桓温上疏弹劾，浩被免为庶人。自此，朝廷内外大权尽归于温。

353 **晋永和九年**

五月,大疫。

356 **晋永和十二年**

桓温二弟桓云出刺江州。

360 **晋兴平二年**

桓云死,桓温以其五弟冲继为江州刺史。

365 **晋兴宁三年**

陶潜出生。

373 **晋宁康元年**

桓温死,临终前三分其地,以弟豁为荆州刺史,冲为扬、豫二州刺史,镇姑孰,代温居任;以豁子桓石秀为江州刺史。

377 **晋太元二年**

桓豁卒,桓冲都督江、荆、梁、益、宁、交、广7州诸军事,领荆州刺史,以其子嗣为江州刺史。

380 **晋太元五年**

自去冬大疫,至于此夏,民多绝户者。

381 **晋太元六年**

慧远法师入庐山。

六月,江、荆、扬三州大水。

383 **晋太元八年**

桓冲自领江州刺史。

三月,始兴、南康、庐陵大水,平地5丈。

384 **晋太元九年**

桓冲卒。朝廷以桓伊为江州刺史。

豫章王韬自称孝神皇帝,聚党数百人发动起义。

388 **晋太元十三年**

王凝之出为江州刺史。

389 **晋太元十四年**

范宁出任豫章太守,在郡大兴学校。

琅邪王司马道子以太原王忱为荆州刺史。

392 **晋太元十七年**

王忱死。殷仲堪出为荆州刺史。

393 **晋太元十八年**

六月,始兴、南康、庐陵大水,深5丈。

397 **晋隆安元年**

青、兖二州刺史王恭联合殷仲堪、桓玄举兵,司马道子杀王国宝、王绪,王恭罢兵回京口。

398 **晋隆安二年**

王恭二次举兵,与殷仲堪共推桓玄为盟主。王恭兵败被杀,殷仲堪黜为广州刺史,殷、桓退兵寻阳结盟。朝廷寻复仲堪职,乃各还镇。

399 **晋隆安三年**

桓玄火并殷仲堪、杨佺期。朝廷以玄为荆州刺史,兼江州刺史。

401 **晋隆安五年**

孙恩自海岛起兵作乱,刘牢之、刘裕击破之。

桓玄以兄伟为江州刺史。

402 **晋元兴元年**

桓玄举兵攻入建康,自总朝政,以兄伟为荆州刺史,桓石生为江州刺史。

孙恩寇临海,大败,投海死,余党推恩妹夫卢循为首领,继续作乱。

慧远组建白莲社,创中国佛教弥陀净土信仰。

403 **晋元兴二年**

桓玄禅代称帝,建国号曰楚,改元永始。

卢循泛海南走番禺,陷广州,又使其姊夫徐道覆攻始兴。

404 **晋元兴三年**

刘裕起兵讨桓玄,玄败归江陵。复聚兵东下,与刘裕大战于桑落洲,又败,后被杀。

405 **晋义熙元年**

陶潜出任彭泽令,年四十二。

朝廷以卢循为广州刺史,徐道覆为始兴相。

十月,大疫。

409 **晋义熙五年**

卢循、徐道覆欲乘虚攻建康,于赣南并力装船。

正月，寻阳地震，有声如雷。

410 **晋义熙六年**

卢循自始兴攻长沙，徐道覆沿赣江而下，相继陷南康、庐陵、豫章诸郡。江州刺史何无忌与徐道覆激战于豫章，无忌败死，江州遂失。刘毅复与卢循战于桑落洲，又大败，举朝惊恐。

411 **晋义熙七年**

刘藩斩徐道覆于始兴，卢循于龙编投水死。孙恩、卢循之乱全部平定。

412 **晋义熙八年**

庐陵、南康地4震。

416 **晋义熙十二年**

慧远法师圆寂。

420 **宋永初元年**

刘裕代晋建宋，南朝始。

424 **宋元嘉元年**

宋文帝刘义隆即位。

427 **宋元嘉四年**

陶潜卒。

436 **宋元嘉十三年**

宋文帝杀江州刺史、北府名将檀道济，“自毁长城”。

440 **宋元嘉十七年**

彭城王刘义康改授江州刺史。

445 **宋元嘉二十二年**

范晔等谋反伏诛，事连义康，义康被免为庶人。

447 **宋元嘉二十四年**

豫章人胡诞世、胡茂世兄弟杀太守，据郡反，欲立义康为帝。

451 **宋元嘉二十八年**

刘义康被诛，葬安成。

453 **宋元嘉三十年**

太子刘劭弑父篡位。武陵王刘骏起兵江州夺帝位，是为孝武帝。

454 **宋孝建元年**

江、荆、兖、豫四州同反，祸起江州，反叛旋被平息。宋孝武帝分荆、江八郡置郢州。

465 **宋泰始元年**

邓琬拥晋安王刘子勋起兵寻阳,天下同反。

466 **宋泰始二年**

刘子勋称帝寻阳,半年而败。

473 **宋元徽元年**

江州刺史、桂阳王刘休范起兵寻阳夺帝位,旋败。

479 **齐建元元年**

萧道成禅代称帝,国号齐。

499 **齐永元元年**

江州刺史陈显达起兵寻阳,旋败。

501 **齐中兴元年**

雍州刺史萧衍起兵,江州刺史陈伯之归降。

502 **梁天监元年**

萧衍代齐建梁,称帝改元,是为梁武帝。

535 **梁大同元年**

鄱阳郡人鲜于琛利用道教发动起义,众万人。

542 **梁大同八年**

安成人刘敬躬起义,众数万人。

544 **梁大同十年**

巴山郡王勤宗起义。

548 **梁太清二年**

侯景之乱发生。

549 **梁太清三年**

侯景攻破建康台城,梁武帝遭软禁,被饿死。

550 **梁大宝元年**

江州刺史、寻阳王萧大心举州降侯景,侯景将于庆攻陷豫章等地,江州人民纷纷起兵抗景。

陈霸先过大庾岭,蔡路养将兵二万人,拒之于南野。

551 **梁大宝二年**

陈霸先进兵江州平侯景,萧绎用为江州刺史。

王僧辩率众讨侯景，驻兵湓城。侯景势力被逐出江州。

552 **梁承圣元年**

陈霸先、王僧辩会师寻阳白茅湾，歃血为盟，共灭侯景。侯景被杀，侯景之乱平定。

梁元帝萧绎即位于江陵。

554 **梁承圣三年**

西魏陷江陵，梁元帝被杀，敬帝立。

555 **梁承圣四年**

陈霸先杀王僧辩，重新扶立敬帝。

556 **梁太平二年**

侯瑱拥兵据江州。

557 **陈永定元年**

广州刺史萧勃起兵反陈霸先，南江州刺史余孝顷引兵相会。

陈霸先禅代称帝，国号陈。

558 **陈永定二年**

王琳引兵东下与陈霸先对抗，余孝顷举兵响应，被俘，归顺朝廷。熊昙朗杀周文育。

559 **陈永定三年**

熊昙朗袭临川周敷，败走巴山郡。

560 **陈天嘉元年**

周迪、黄法氍共击熊昙朗，昙朗败死。

562 **陈天嘉三年**

周迪举兵对抗陈朝。

563 **陈天嘉四年**

周迪败逃山谷，官军攻克临川。

564 **陈天嘉五年**

周迪兵败复振，杀周敷。

565 **陈天嘉六年**

周迪败死。

567 **陈光大元年**

南豫州刺史余孝顷被诬以谋反罪伏诛。

576　**陈太建八年**

六州都督、征西大将军黄法氍卒，时年五十六。

589　**陈祯明三年**

隋灭陈，统一全国。

主要参考文献

司马迁《史记》,中华书局标点本,1966。
班固《汉书》,中华书局标点本,1962。
范晔《后汉书》,中华书局标点本,1965。
陈寿《三国志》,中华书局标点本,1959。
房玄龄《晋书》,中华书局标点本,1974。
李延寿《南史》,中华书局标点本,1975.。
李延寿《北史》,中华书局标点本,1974。
沈约《宋书》,中华书局标点本,1974。
萧子显《南齐书》,中华书局标点本,1972。
姚思廉《梁书》,中华书局标点本,1973。
姚思廉《陈书》,中华书局标点本,1972。
魏征等《隋书》,中华书局标点本,1973.。
司马光《资治通鉴》,中华书局标点本,1956。
明正德《建昌府志》。
清《江西通志》。
清·同治《饶州府志》。
王谟《豫章十代文献略》,乾隆三十九年刊本。
民国八年重修《南昌县志》。
吴廷燮《东晋方镇年表序》,收入《廿五史补编》,中华书局,1955。

严可均《全上古三代秦汉三国六朝文》,中华书局,1958。
李昉等《文苑英华》,中华书局,1966。
颜之推《颜氏家训》,王利器集解,上海古籍出版社,1980。
刘义庆《世说新语》,上海古籍出版社,1982。
李吉甫《元和郡县图志》,中华书局,1983。
赵翼《廿二史劄记》,中华书局,1984。
《全唐诗》,上海古籍出版社,1985。
许嵩《建康实录》,张忱石点校,中华书局,1986。
《历代高僧传》,上海书店,1989。
郦道元《水经注》,上海古籍出版社,1990。
葛洪《抱朴子》,上海古籍出版社,1990。
僧祐《弘明集》,上海古籍出版社,1991。
王应麟《玉海》,上海古籍出版社,1992。
杜佑《通典》,中华书局,1992。
娄近垣《龙虎山志》,江西人民出版社,1996。
干宝《搜神记》、(托名)陶渊明《搜神后记》、刘义庆《幽明录》、刘敬叔《异苑》,皆载于《汉魏六朝笔记小说大观》,上海古籍出版社,1999。
《陶渊明集》龚斌校笺,上海古籍出版社,1999。
乐史《太平寰宇记》,(出版社不详)
徐陵《玉台新咏》,成都古籍书店影印本。
董诰等编《全唐文》,中华书局影印本。
白居易《白氏长庆集》。
陆羽《茶经》。
《毛泽东选集》,人民出版社,1951。
范文澜《中国通史简编》(修订本),人民出版社,1964。
唐长孺《魏晋南北朝史论丛》,生活·读书·新知三联书店,1978。
钱钟书《谈艺录》,中华书局,1984。
高敏《秦汉魏晋南北朝土地制度研究》,中州古籍出版社,1986。
陈寅恪《魏晋南北朝史讲演录》,万绳楠整理,黄山书社,1989。
田余庆《东晋门阀政治》,北京大学出版社,1989。
汤用彤《理学·佛学·玄学》,北京大学出版社,1991。

周銮书等编《谷霁光史学文集》,江西人民出版社,江西教育出版社,1996。

许怀林《江西史稿》,江西高校出版社,1998。

江西省博物馆考古队《江西清江南朝墓》,载《考古》1962年第4期。

江西省文管会余家栋《江西抚州发现东晋墓》,载《考古》1966年第1期。

江西省博物馆《江西瑞昌马头晋墓》,载《考古》1974年第1期。

江西省博物馆《江西南昌西晋墓》,载《考古》1974年第6期。

许智范《南昌绳金塔西晋墓》,载《文物工作资料》1976年第5期。

刘林《南昌市东吴高荣墓的发掘》,载《江西历史文物》1980年第1期。

《大余二塘南朝墓葬调查》,载《江西历史文物》1980年第3期。

刘诗中《贵溪崖墓所反映的武夷山地区古越族的族属及文化特征》,载《文物》1980年第11期。

万德强《丰城县新发现青瓷窑址》,载《江西历史文物》1983年第4期。

李坊洪《上犹县发现西晋摩崖题刻》,载《江西历史文物》1984年第2期。

丰城市博物馆吕遇春、熊友俊《丰城出土长鼓舞人青瓷博山炉》,载《江西文物》1989年第1期。

万良田、万德强《江西丰城东晋南朝窑址及匣钵装烧工艺》,载《江西文物》1989年第3期。

李希朗《江西吉水晋代砖室墓》,载《南方文物》1994年第3期。

李希朗《江西吉水富滩东吴墓》,载《南方文物》1996年第3期。

赵德林《东晋宴乐图漆盘》,载《南方文物》1999年第4期。

孙家骅、詹开逊《手铲下的文明——江西重大考古发现》,江西人民出版社,2004。

图书在版编目(CIP)数据

江西通史·魏晋南北朝卷/周兆望著.—南昌:江西人民出版社,2008.1(2017.8 重印)
(江西通史/钟起煌主编)
ISBN 978-7-210-03655-5

Ⅰ.江... Ⅱ.周... Ⅲ.江西省-地方史-魏晋南北朝
Ⅳ.K295.6

中国版本图书馆 CIP 数据核字(2007)第 128782 号

江西通史·魏晋南北朝卷
周兆望 著
责任编辑:刘迪瑞
封面设计:同异文化传媒
出版:江西人民出版社
发行:各地新华书店
地址:江西省南昌市三经路 47 号附 1 号
学术出版中心电话:0791-86898330
发行部电话:0791-86898815
邮编:330006
网址:www.jxpph.com
E-mail:swswpublic@sina.com web@jxpph.com
2008 年 1 月第 1 版 2017 年 8 月第 3 次印刷
开本:787 毫米×1092 毫米 1/16
印张:20 插页:4
字数:330 千字
ISBN 978-7-210-03655-5

定价:70.00 元
承印厂:江西华奥印务有限责任公司印刷